KB013828

경상대학교 사회과학연구원 사회과학연구총서 48

대안사회경제모델의 구축

Constructing an Alternative Socioeconomic Model

경상대학교 사회과학연구원 엮음

정성진·장시복·그렉 샤저·하태규·김어진·최상한·김영수·김영석·윤자영 지음

한울
아카데미

차례

'헬조선'에서 대안모델 그리기

　　오늘날 한국에서 자본주의 계급구조가 얼마나 고착되었고 그 모순이 얼마나 심화되고 있는지는 '금수저', '흙수저', '헬조선'이라는 신조어가 일상어가 된 것만 봐도 알 수 있다. 이는 정도의 차이가 있기는 하지만 한국뿐만 아니라 2008년 글로벌 경제위기 이후 전 세계적 현상이기도 하다. 자본주의 체제의 모순과 위기가 격화되면서 기존 체제에 대한 대중의 분노와 저항도 고조되고 있다. 작년 미국 대선에서의 샌더스 돌풍은 그 단적인 예이다. 또 이번 한국의 '촛불혁명' 역시 '박근혜 게이트'가 방아쇠를 당기긴 했어도, 그 저류에는 현재의 사회경제질서, 즉 자본주의 체제에 대한 대중의 깊은 불만이 광범위하게 가로놓여 있다. 하지만 이와 같은 대중의 반체제 정서의 전 세계적 고양에도 불구하고, 자본주의 세계체제의 혁명적 전복과 새로운 포스트자본주의 사회의 구축은 아직 일정에 올라 있지 않다. 현 체제에 대한 대중의 반감은 작년 영국의 국민투표에서 유럽연합 탈퇴안 통과, 미국 대선에서 트럼프 당선, 한국의 '촛불혁명'이 부르주아 지배체제의 재편으로 귀결되고 있는 데서 보듯이, 반자본주의 급진 좌파 정치의 발전이 아니라, 민족주의, 인종주의, 파시즘과 같은 퇴행적 형태로 표출되거나, 개혁주의 정치가들에 대한 지지로 비껴가고 있다. 자본주의의 위기와 적대적 모순이 역사상 유례없이 심화되고 있음에도 불구하고, 자본주의 체제의 혁명적 전복과 포스트자본주의를 지향하는 급진 좌파는 왜 대중의 지지를 받지 못하고 있을까? 세계사적으로 전무후무했던 규모로 대중을 동원했던 한국의 '촛불혁명'이 어떻게 하여 고작 10년 전 노무현 정권 수준의

'좌파 신자유주의'의 재구성으로 이어지고 있는가?

여러 사정이 있겠지만, 필자는 급진 좌파가 추구하는 반자본주의, 공산주의 대안을 오늘날 대중이 더 이상 매력적인 것으로 여기지 않는 것이 그 이유 중 가장 중요한 것의 하나라고 생각한다. 자본주의는 '답'이 아니니 투쟁으로 전복하는 것이 우선이고, 포스트자본주의 사회를 어떻게 건설할지는 그다음에 고민해도 좋다는 식의 접근에 대중은 더 이상 공감하지 않는다는 말이다. 지난 세기말 '역사적 공산주의' 몰락 이후에는 더욱 그러하다. 자본주의보다 더 나은 사회가 아닌 것으로 판명된 '역사적 공산주의'와 비슷한 체제를 쟁취하기 위해 현재 자신이 살고 있는 자본주의를 버리는 '기회비용' 혹은 '체제전환 비용'을 감수하기보다는, 아무리 '헬'이어도 자본주의 안에서 뒹굴며 대안을 모색하겠다는 것이다. 이런 주관적·객관적 조건에서는 급진 좌파가 자본주의 체제를 비판하고 이를 전복하기 위한 운동 건설에 매진하는 것만이 능사는 아니다. 이와 함께 급진 좌파에게 긴급하게 요청되는 것은 자신들이 추구하는 반자본주의, 공산주의가 '지금 여기'의 대중이 선택할 수 있을 정도로 매력적인 체제임을 증명하는 것, 즉 포스트자본주의 사회의 멋진 스케치를 제시하는 것이다. 이를 위해서는 자유, 평등, 민주주의, 자율, 자기실현 등 '공산주의의 ABC'를 추상적으로 선전하는 것, 혹은 '역사적 공산주의'는 마르크스의 공산주의와 무관한 계급사회의 변종일 뿐이므로, '역사적 공산주의'의 파산에도 불구하고 마르크스의 공산주의는 여전히 유효하다면서, 마르크스 원전으로 복귀하는 것으로는 충분하지 않다. 오늘날 급진 좌파에게 요구되는 것은 '자유로운 개인들의 연합', 혹은 '노동시간 계산에 기초한 참여계획경제'로서 마르크스의 공산주의를 오늘날의 조건, 즉 21세기 대공황과 생태 위기 및 인공지능 기술의 발전이라는 새로운 조건에서 작동 가능한 모델로 구체화하고, 그 실행 가능성 및 자본주의에 비교한 우위를 시뮬레이션을 통해 증명하는 작업이다. 통념과 달리 이와 같은 공산주의 모델링과 시뮬레이션 작업은 마르크스가 비판했던 유토피아 사회주의자들의 전유물이기는커녕, 마르크스 자신의 주요 프로젝트였다. 이는 마르크스가 만년의 저작 『고타강령비판』(1875)에서 공산주의 '초기' 국면의 모델로 정식화한 '노동시간 계산에 기초한 참여계획경제'를 봐도 분명하다. 이와 같은 마르크스의 공산주의의 모델링 작업은 엥겔스가 『반듀링』(1878)에서 재확인했으며, 1917년 러시아 혁명 후 부하린과 프레오브라젠스키의 소련공산당강령 해설서인 『공산주의의 ABC』(1920)로 이어졌다. 하지만 그것으로 끝이었다. 이 책의 저자들은 1930년대 스탈린의 대숙청 과정에서 모두 '반혁명분자'로 조작되어 처형당했다. 이는 1930년대 이후 스탈린주의 소련과 이를 복제한 20세기 '역사적 공산주의'들이 실은 '공산주의의 ABC'를 부정한 '반공주의' 체제였음을 보여준다. 지난 세기 압살되고 잊혀진 '공산주의의 ABC'의 전통을 복원하는 것, 그리고 이를 공산주의 모델링과 시뮬레이션으로 발전시키는 것은 21세기 급진 좌파 프로젝트의 주요 부분이 되어야 한다. 이 책은 이런 프로젝트의 일환으로 준비되었으며 대안사회경제모델의 구축을 주제로 한 모두 아홉 편의 논문으로 구성되어 있다. 각 장의 주요 내용은 다음과 같다.

제1장 '노동시간 계산 계획모델의 평가: 소련의 경험을 중심으로'에서 정성진은 마르크스의 노동시간 계산에 기초한 계획경제의 관점에서 구소련의 경제 관리의 역사를 비판적으로 검토한다. 정성진에 따르면 1917~1991년 소련 경제는 노동시간 계산 모델에 기초한 계획경제가 아니었는데, 이는 재화와 서비스의 생산을 위해 필요한 노동시간 계산을 위해서는 투입산출표의 이용이 필수적임에도 불구하고, 소련에서 투입산출표가 처음 작성된 해는 1959년이고, 1989년 소련이 붕괴할 때까지 투입산출표가 경제 전체의 계획에 적용된 적이 없었기 때문이다. 정성진은 이 장에서 그 이유와 함께 21세기 조건에서 노동시간 계산에 기초한 계획경제 모델의 실행 가능성과 한계 및 '21세기 사회주의'에 대한 함의를 검토한다.

제2장 '경제계정체계와 대안사회경제'에서 장시복은 경제계정체계의 역사적 변화·발전과 이와 관련한 쟁점들을 분석하고 대안사회경제에서 경제계정체계가 어떻게 구성되고 작동해야 하는지를 검토한다. 이를 위해 장시복은 먼저 자본주의의 국민계정체계와 '현실' 사회주의의 실물생산체계를 비교하고 관련 쟁점을 살펴본 후 대안사회경제에서 경제계정체계의 작동 원리를 제안한다. 장시복에 따르면, 대안사회에서도 경제계정체계는 사라지지 않고, 대안사회경제의 생산 동기에 적합하게 사회적 필요와 사회 구성원의 삶의 질을 높이는 방향으로 변형될 것이며, 이에 따라 생산의 범위는 상당히 조정될 것이다. 또 장시복은 대안사회경제에서는 화

폐가 폐지되므로 경제계정체계의 평가체계는 노동시간단위와 같은 체계로 변경될 것이며, 자본주의에서와 같은 국민경제 단위의 경제계정체계는 민주적 생산통제의 단위인 지역경제 계정체계를 중심으로 재구축될 것이라고 전망한다.

제3장 '이행기 경제로서의 협동조합'에서 그렉 샤저(Greg Sharzer)는 협동조합이 급진적인 개혁과 자본주의 이후 경제 질서를 만들어낼 수 있는 가능성에 관한 마르크스주의 사상가들의 견해를 검토한다. 그렉 샤져는 협동조합을 자본주의 이후 대안사회의 기본 조직 형태로 간주하고 이를 자본주의 체제 안에서 구현 확대하려는 이른바 좌파 협동조합론에 대해 비판적이다. 그렉 샤저는 좌파 협동조합론은 협동조합을 위계적 시장 관계를 전복하고 비시장 경제로 이행하는 예시로서 간주하는데, 이처럼 협동조합을 사회 변혁을 위한 강령의 일부가 아니라 그 근본적 요소로 간주하는 것은 본질적으로 실용주의적인 마르크스주의의 협동조합론을 그 맥락으로부터 떼어놓는 것이라고 비판한다. 그렉 샤저에 따르면 협동조합은 자본주의 이후 사회의 경제 조직을 예시할 수 있지만, 협동조합을 특권화하는 것은 진화적 시장 사회주의의 가능성에 대한 환상을 조장하는 것이다. 그렉 샤저는 협동조합을 비롯한 '사회적 경제'의 성장을 통한 사회주의 부문의 점진적 건설을 이행 전략의 중심으로 삼는 것은 자본주의 국가를 타도하는 것을 일차적 목표로 하는 혁명적 사회주의보다 오히려 더 공상적일 수 있다고 주장한다.

제4장 '대안사회경제의 소유형식: 역사적 사례 평가'에서 하태규는 몇몇 '역사적 공산주의' 나라들의 소유권 제도들이 마르크스가 구상했던 자본주의 이후 대안사회의 소유 원리와 아무런 공통점이 없으며, 마르크스가 제시한 대안적 소유 원리는 오늘날 대안사회의 소유 원리로서 여전히 유효하다고 주장한다. 하태규는 먼저 소련에서 이른바 '사회주의적 소유'와 지적소유권 제도 및 상속법, 유고슬라비아 노동자자주관리 제도에서 '사회적 소유', 루마니아의 주택 몰수 정책 등의 사례를 검토하여, 이 '역사적 공산주의' 나라들의 소유 제도는 자본주의적 사적 소유와 마찬가지로 '그들의 소유'일 뿐이었으며, 마르크스의 대안적 소유 원리와는 아무런 공통점이 없다고 주장한다. 하태규에 따르면, 마르크스의 대안적 소유 원리는 대지와 생산수단의 처분금지 원칙하에 아래로부터 참여와 위로부터 조절을 통합하는 참여계획에 기초하

고, 총회와 추첨의 민주적 방식에 따라 토지와 생산수단을 공동 사용하고 이에 따른 공동 수익을 실제노동시간에 따라 분배받고 전 사회 구성원이 향유하는 원리로 이는 21세기 오늘날도 여전히 유효하다.

제5장 '대안사회경제와 새로운 소비 원리'에서 김어진은 자본주의 사회에서 소비의 문제점을 비판하고 대안사회의 소비 원리를 제시한다. 김어진에 따르면 자본주의 사회에서 소비는 생산의 계획된 진부화에서 비롯된 체계적 낭비와 인간과 자연 간의 물질대사의 파괴를 수반하는 반면, 자본주의 이후 대안사회에서는 상품의 물신성이 제거되고 노동의 소외가 사라짐에 따라, 개성과 창의가 넘쳐나고 인간과 자연 간의 선순환적 물질대사에 기초한 풍요로운 소비 패턴이 확립된다. 김어진은 오늘날 글로벌 경제위기가 심화되면서 소득이 증가하지 않는데도, 신용확대를 통해 소비를 늘리려는 위태로운 시도가 계속되는 상황에서는 대안사회의 새로운 소비 구조를 환기하고 새로운 소비 패턴을 강력하게 요구하는 것이 중요하다고 주장한다.

제6장 '대안사회에서 실현 가능한 의사 결정 원리와 구조'에서 최상한은 대안사회 이론의 유형별 의사 결정 원리와 구조를 비교하면서 대안사회에서 실현 가능한 의사 결정 구조를 제시한다. 최상한은 '자유로운 개인들의 연합'(마르크스)과 '리얼 유토피아'[라이트(E. O. Wright)]의 관점 및 고대 아테네의 직접민주주의와 1871년 파리코뮌의 경험에 기초하여 대안사회에서 실현 가능한 의사 결정 구조를 검토한다. 최상한은 특히 대안사회에서 실현 가능한 의사 결정 원리로서 비배제, 정치적 평등, 합의를 강조하고, 대의민주주의처럼 인민의 대표가 상급 단위의 의사 결정 구조에 참여하더라도, 파리코뮌처럼 인민이 그들을 지배하고, 통제할 수 있는 대리민주주의를 지향해야 한다고 주장한다. 나아가 최상한은 이것이 실제로 멕시코의 사파티스타 운동, 베네수엘라의 주민자치회의, 브라질의 주민참여예산제 등 대안세계화운동의 주요 사례에서 구현되었음을 보인다.

제7장 '풀뿌리 민주주의와 대안적 자치모델의 모색: 주민자치센터와 주민조직의 자치활동을 중심으로'에서 김영수는 주민자치센터의 자치활동을 중층적인 '관계 유형'으로 파악하고, 국가권력으로부터 독립되지 않은 '주민자치제도와 자치활

동'의 성과와 한계를 검토한다. 김영수는 먼저 주민자치형 권력 관계를 유지하고 있는 주민자치조직들은 공공 재원이나 공공 행정의 지원을 받으면서도 주체적인 자치활동을 전개하고 있으며, 이는 각급 지방자치단체의 힘과 주민자치조직의 힘이 서로 '힘 겨루기'를 하는 관계 속에서 이루어진다고 분석한다. 김영수에 따르면 이와 같은 주민자치형 권력 관계는 대안적 풀뿌리 자치모델의 원형으로서 각급 지방자치 단체의 권력에 대한 통제 및 관리, 감시와 소환을 가능하게 한다. 이로부터 김영수는 대안적 자치모델은 추상적 차원에서 모색될 것이 아니라, 주민자치형 권력 관계에서 제기되는 주민자치활동에 기초하여 구축되어야 한다고 주장한다.

제8장 '탈자본주의 사회에서의 교육'에서 김영석은 대안사회에서의 교육 원리와 교육시스템에 대해 검토한다. 김영석에 따르면 대안적 교육은 노동의 위계적 분업의 철폐 및 누구나 쉽게 접근할 수 있도록 교육자원이 공공재로 주어지는 시스템의 구축을 전제로 한다. 김영석은 먼저 대안적 교육시스템의 핵심을 노동의 위계적 분업의 철폐와 교육자원의 공공재로의 배분을 통한 학습자의 자기실현 촉진에서 찾는다. 또 김영석은 핀란드의 교육개혁 사례에 주목하여, 대안적 교육시스템이 자본주의 체제의 근본적 변혁으로 이어지는 것은 아니지만, 역으로 자본주의 체제의 개혁의 정도에 비례하여 대안적 교육시스템이 구축될 수 있다고 주장한다. 즉 더 개혁적이고 평등한 사회일수록 교육의 질도 더 높다는 것이다. 또 김영석은 교육 그 자체는 평등한 사회를 만드는 데 큰 기여를 하지 못하지만 평등한 사회를 만드는 데 필요한 시민적 각성을 하는 데는 효과가 있다고 덧붙인다.

제9장 '신자유주의 가족을 넘어: 돌봄의 정의로운 분배'에서 윤자영은 성인 근로자 모델에 기초했던 기존의 가족 모델을 대체할 수 있는 대안적 가족 모델과 돌봄노동 모델을 제시한다. 윤자영은 돌봄노동의 상품화를 조건으로 하는 성인 근로자 모델은 고용 중심 사회보호에서 남녀 불평등, 돌봄노동에 대한 시장 노동의 우위, 가족 내 성별 분업의 지속에 대해 무관심하다고 비판하고, 돌봄노동에 가치를 부여하는 것을 통한 성인 근로자 모델의 극복과 대안적 가족 모델의 구축을 주장한다. 윤자영에 따르면 가족 안팎에서 수행되는 돌봄노동을 '경제'의 한 부분으로 인정하고, 시장경제와 무급 돌봄 경제 간의 균형 있는 성장과 안정, 적정한 보상의 분배,

시장 영역의 가족과 돌봄에 대한 지배와 힘의 남용을 방지하고, 시장노동과 돌봄노동 수행 주체 간의 조화와 동등한 참여를 보장하는 것이 대안적 가족 모델의 핵심이 되어야 하며, 이는 우리나라 헌법 제119조 2항의 경제민주화의 정신을 구현하는 것이기도 하다.

이 책에 제시된 자본주의 이후 대안사회경제 모델의 구축 작업은 국내에서는 최초의 본격적 시도로서, 2013~2016년 경상대학교 사회과학연구원이 한국연구재단 대학중점연구소 지원사업으로 수행해온 '대안사회경제모델 연구'(NRF-2013S1A5 B8A01055117) 중 대안사회경제 모델의 구축과 적용을 중심으로 한 3차년도 연구 (2015.12.1~2016.11.30) 결과의 일부이며, 대안사회경제 모델의 시뮬레이션 부분은 조만간 별도의 단행본으로 출간될 예정이다. 이 책의 원고 수합과 편집을 위해 수고한 한울엠플러스(주) 김경희 씨께 감사드리며, 이 책이 자본주의 이후 대안사회경제 모델 구축 작업에 조금이라도 기여할 수 있기 바란다.

2017년 4월
필자들을 대신하여 정성진

제1장

노동시간 계산 계획모델의 평가
소련의 경험을 중심으로[*]

정성진 | 경상대학교 경제학과 교수

1. 서론

마르크스의 공산주의 경제는, 적어도 그 '초기' 국면에서는, 노동시간 계산에 기초한 계획경제로 특징지어진다. 이 장은 마르크스의 노동시간 계산에 기초한 계획경제의 관점에서 1917~1991년 소련의 경제 관리의 역사를 비판적으로 검토한다. 1917~1991년 소련 경제는 노동시간 계산 모델에 기초한 계획경제가 아니었다. 이는 재화와 서비스의 생산을 위해 필요한 노동시간 계산을 위해서는 투입산출표의 이용이 필수적임에도 불구하고, 소련에서 투입산출표가 처음 작성된 해는 1959년이고, 1989년 소련이 붕괴할 때까지 투입산출표가 경제 전체의 계획에 적용된 적이 없었다는 사실에서 확인된다. 1930년대 소련에서는 투입산출표의 원형으로 간주되는 물적 밸런스(material balance)가 경제 관리 수단으로 이용되었지만, 이는 재화와 서비스의 생산을 위해 투하된 직접 및 간접 노동시간을 계산할 수 있게 하는 투

* 이 논문은 2013년 정부(교육부)의 재원으로 한국연구재단의 지원을 받아 수행된 연구 (NRF-2013S1A5B8A01055117)이며, 초고는 한국사회경제학회 여름학술대회 (2016.8.19)에서 발표되었다. 학술대회에서 논평해주신 김영용, 박승호, 이채언 선생님께 감사드린다.

입산출표와는 거리가 멀었다. 투입산출표가 1945년 이전부터 소련 출신 경제학자인 레온티에프(W. Leontief)에 의해 개발되어 미국 등 주요 자본주의 국가들에서도 경제 관리를 위해 이용되었음에도 불구하고, 정작 소련에서는 경제 계획의 수단으로 채택되지 못했다. 이 장에서 그 이유와 함께 21세기 조건에서 노동시간 계산에 기초한 계획경제 모델의 실행 가능성과 한계, '21세기 사회주의'에 대한 함의를 검토한다.

2. 마르크스의 노동시간 계획경제론

마르크스는 자본주의 이후 새로운 사회인 공산주의에서는 초기부터 시장이 폐지되고 노동증서 제도를 이용한 노동시간 계획에 의해 대체된다고 보았다. 이는 『정치경제학비판요강』, 『1861~1863년 자본론 초고』, 『자본론』, 『고타강령비판』 등 마르크스의 주요 저작에서 반복 서술되고 있는 마르크스의 대안사회론의 핵심이다. 마르크스는 『정치경제학비판요강』에서 다음과 같이 말했다.

> "물론 공동체적 생산이 전제될지라도 시간 규정은 본질적인 것으로 남아 있다. … 모든 경제는 결국 시간의 절약으로 귀착된다. … 시간의 절약은 상이한 생산 영역에 대한 노동시간의 계획적 배분과 마찬가지로 공동적 생산의 토대 위에서 여전히 제1의 경제법칙이다"(마르크스, 2000, II권: 155).

마르크스의 공산주의에서 계획이란 생산·분배·소비 등 인간의 경제생활이 시장이나 국가와 같은 어떤 외적인 강제에 의해서가 아니라 인간 자신의 의지에 의해 자율적으로 통제되는 것을 말한다. "교환가치에 의해 생산 전체가 규제"(마르크스, 2004b: 1068)되는 자본주의와 달리 마르크스의 공산주의에서는 연합한 개인들이 생산을 규제한다. 마르크스는 『정치경제학비판요강』에서 자신이 지향하는 대안사회인 '자유로운 개인들의 연합'이 시장과 양립할 수 없음을 다음과 같이 분명히

했다.

"연합한 개인들에 의한 자신들의 전체 생산의 통제를 교환가치 및 화폐의 기초 위에서 상정
하는 것 이상으로 잘못되고 당치 않은 것은 없다. ··· 모든 노동생산물, 모든 활동 및 모든 부
의 사적 교환은 ··· 생산수단의 공동 소유 및 통제의 기초 위에서 연합한 개인들의 자유 교환
과 정면으로 대립된다"(마르크스, 2000, I권: 139~140. 강조는 마르크스).

마르크스는 「국제노동자연합 창립선언」, 『자본론』 3권에서 "생산 전체의 상호
관련이 맹목적인 법칙으로서 생산 당사자에게 강요"되며 "수요공급 법칙들의 맹목
적인 지배"가 이루어지는 "자본주의적 생산"과 달리, 공산주의에서 사회적 생산은
"사회적인 예측"에 의해 제어되며(마르크스, 1993: 10), "생산당사자들이 연합한 지
성으로서 생산과정을 자신들 공동의 제어하에 두게"(마르크스, 2004b: 308)된다고
말했다. 마르크스는 『1861~1863년 자본론 초고』, 『고타강령비판』에서도 다음과
같이 말했다. "노동이 공동인 경우에는 사회적 생산에 있어 인간들의 관계는 '사물'
의 '가치'로는 표현되지 않는다"(Marx, 1989c: 316-317). "생산수단의 공유에 기초한
협동조합적인 사회의 내부에서는 생산자들은 자신들의 생산물을 교환하지 않는
다"(마르크스, 1995: 375).

마르크스는 공산주의가 "자유롭게 사회적으로 된 인간들의 소산으로서 인간의
의식적 계획적인 제어"(마르크스, 1991: 100)이자, "연합한 생산자들의 제어"임을 강
조했다. 즉 공산주의에서는 "사회적으로 된 인간, 연합한 생산자들이 맹목적인 힘
에 의해 제어되는 것처럼 자신들과 자연 간의 물질대사에 의해 제어되는 것을 중지
하고 이 물질대사를 합리적으로 규제하고 자신들의 공동적 제어하에 두"며, "최소
한의 힘의 소비에 의해 자신들의 인간성에 가장 알맞고 가장 적합한 조건들하에서
이 물질대사를 수행한다"(마르크스, 2004b: 998).

마르크스는 『1861~1863년 자본론 초고』에서 공산주의 사회는 "사회가 하나의
계획에 따라 작동하는 것처럼, 생산수단과 생산력을 다양한 욕구의 충족에 필요한
정도에 따라 배분하며, 그 결과 각 생산부문에서는 사회적 자본으로부터 각 부문에

대응하는 욕구의 충족에 필요한 만큼의 양이 할당되는 사회"(Marx, 1989c: 158)라고 묘사했다. 마르크스는 1871년『프랑스 내전』에서도 당시 파리코뮌에서 협동조합 연합체가 하나의 공동 계획에 기초하여 전국의 생산을 조정하고 자신의 통제하에 두는 '연합 사회주의'의 실천 플랜에 착수했다는 점에 주목했다. "만약 연합한 협동 조합적 조직들이 하나의 계획에 근거하여 전국의 생산을 조정하고, 그것을 자신의 제어하에 두고, 자본주의적 생산의 숙명인 부단한 무정부 상태와 주기적 경련에 종지부를 찍을 수 있다면, 여러분 이것이야말로 공산주의, '가능한' 공산주의가 아니고 무엇이겠는가?"(마르크스, 2003: 92).

마르크스의 공산주의에서 거시경제 조절 원리는 '노동시간 계산'에 기초한 아래로부터 '참여계획'이다. 마르크스는 이를『고타강령비판』(1875)에서 다음과 같이 명확하게 정식화했다.

"생산수단의 공동소유에 기초한 협동적 사회에서 생산자들은 자신들의 생산물을 교환하지 않는다. 이는 생산물에 지출된 노동이 여기에서는 이들 생산물의 가치로서, 즉 이들이 갖고 있는 물적 특성으로서 나타나지 않는 것과 마찬가지다. 왜냐하면 이제는 자본주의 사회와 달리 개별적 노동은 더 이상 간접적 방식으로 존재하지 않고 총노동의 한 구성 부분으로 직접적으로 존재한다. 그리하여, 오늘날에도 그 애매모호함으로 인해서 논박의 여지가 있는 '노동의 성과'라는 용어는 모든 의미를 상실한다. 우리가 여기에서 다루는 사회는 자기 자신의 기초 위에서 **발전한** 공산주의 사회가 아니라, 자본주의 사회로부터 **생겨난** 공산주의 사회이다. ··· 따라서 개별적 생산자는 일단 여러 항목을 공제한 후 자기가 사회에 제공한 것과 정확히 같은 것을 사회로부터 돌려받는다. 그가 사회에 제공한 것은 그의 개별적 노동량이다. 예컨대, 사회적 노동일은 개별적 노동시간의 합계로 구성되며, 각 개별적 생산자의 개별적 노동시간은 사회적 노동일에 그가 부가한 부분이며, 사회적 노동일 중에서 그의 지분이다. 각 생산자는 (공동기금을 위한 자신의 노동을 공제한 다음) 자기가 이러저러한 양의 노동을 제공했다는 증서를 사회로부터 받는다. 그리고 이 증서를 가지고 소비수단의 사회적 재고로부터 이 증서와 동일량의 노동이 지출된 소비수단을 **인출한다.** 그가 사회에 어떤 형태로 제공한 것과 동일량의 노동을 그는 다른 형태로 돌려받는다"(마르크스, 1995: 375-6. 강조는 마르크스).

마르크스가 『고타강령비판』에서 정식화한 공산주의 '초기' 국면에서 노동시간 계산에 의한 계획 원리는 『자본론』 1권과 2권에도 제시되어 있다.

"공동의 생산수단으로 일하며 다양한 개인들의 노동력을 하나의 사회적 노동력으로서 의식적으로 사용하는 자유로운 개인들의 연합을 생각해보자. … 이 자유인들의 연합의 총생산물은 사회적 생산물이다. 이 생산물의 일부는 또다시 생산수단으로 쓰이기 위해 사회에 남는다. 그러나 다른 일부는 연합의 구성원들에 의해 생활 수단으로 소비된다. 따라서 이 부분은 그들 사이에 분배되어야 한다. 이 분배 방식은 사회적 생산유기체 자체의 특수한 종류와 이것에 대응하는 생산자들의 역사적 발전 수준에 따라 변화할 것이다. 다만 상품 생산과 대비하기 위해 각 개별 생산자에게 돌아가는 생활수단의 분배 몫은 각자의 노동시간에 의해 결정된다고 가정하자. 이 경우 노동시간은 이중의 역할을 하게 될 것이다. 정확한 사회적 계획에 따른 노동시간의 배분은 연합의 다양한 욕구와 해야 할 각종 사업 사이에 올바른 비율을 유지한다. 다른 한편으로 노동시간은 각 개인이 공동노동에 참가한 정도를 재는 척도로 기능하며 따라서 총생산물 중 개인적으로 소비되는 부분에 대한 그의 분배 몫의 척도가 된다. 개별 생산자들이 노동과 노동생산물에서 맺게 되는 사회적 관계는 생산뿐 아니라 분배에서도 매우 단순하고 투명하다"(마르크스, 1991: 99).

"사회적 생산일 경우에는 화폐자본이 폐기된다. 사회는 여러 사업 부문에 노동력과 생산수단을 분배한다. 생산자들은 어떤 증서를 받아서, 그것을 주고 사회의 소비용 재고에서 자신의 노동시간의 양에 해당하는 양을 인출하게 될 것이다. 이때 이 증서는 화폐가 아니다. 그것은 유통하지 않는다"(마르크스, 2004a: 429).

이상에서 보듯이 노동시간 계산 계획론은 마르크스의 공산주의 '초기' 국면의 핵심적 조절 원리이다. 이는 엥겔스의 『반듀링』(1878)에서 재확인된다.

"사회가 생산수단을 장악하고 그것을 직접 결합하여 생산을 위해 사용하자마자, 각자의
노동은, 그 특수적 유용성이 다르다고 할지라도, 곧바로 또 직접적으로 사회적 노동이 된
다. 그렇다면 어떤 생산물 가운데 포함된 사회적 노동의 양은 우회적으로 결정할 필요가
없다. 평균하여 얼마만큼의 사회적 노동이 필요한가는 일상 경험이 직접 그것을 보여준
다. 사회는 얼마만큼의 노동시간 수가 한 대의 증기기관이나 최근 수확된 1붓셀의 밀이
나 특정한 품질의 면포 100제곱야드 가운데 포함되어 있는지를 간단히 계산할 수 있다.
따라서 사회가 직접 또 절대적으로 알고 있는 생산에 투하된 노동량을 그 자연적이고, 절
대적이며 적합한 척도인 시간으로 표현하지 않고, 어떤 제3의 생산물, 즉 이전에는 더 나
은 것이 없어서 불가피했다고 할지라도, 상대적이며, 유동적이고, 부적절한 척도로 표현
한다는 것은 생각할 수조차 없었다. …사회는 사용대상의 생산에 얼마만큼의 노동이 필
요한지를 알 필요가 있다. 사회는 특히 노동력을 포함하여 생산수단에 보조를 맞추어 생
산 계획을 수립해야 할 것이다. 여러 사용대상의 유용효과가 상호 간에 또 그 생산에 필요
한 노동량과 비교되어 계획이 결정될 것이다. 사람들은 저 유명한 '가치'의 중개 없이 모
든 것을 아주 간단하게 처리할 수 있을 것이다. 생산을 결정할 때는 유용효과와 노동 지출
을 위와 같이 비교 평가하는 것이 공산주의 사회에서도 가치의 정치경제학적 개념에 남아
있는 모든 것일 것이라고 나는 이미 1844년에 말했다(『독불연보』, 95). 그러나 주지하듯
이 이 명제를 과학적으로 확증하는 일은 마르크스의 『자본론』을 통해서 비로소 가능하게
되었다"(Engels, 1987: 294~295. 강조는 엥겔스).

마르크스의 노동시간 계획론에서 노동증서가 핵심적 수단으로 활용되는 것을
근거로, 가라타니 고진(柄谷行人) 등은 마르크스 자신이 『철학의 빈곤』 등에서 펼쳤
던 프루동(Pierre Joseph Proudhon) 등의 노동화폐론에 대한 비판을 철회한 것이라고
해석한다. 그러나 마르크스가 말하는 노동증서는 화폐가 아니기 때문에 프루동 등
의 노동화폐와는 전혀 다르다. 마르크스는 시장을 폐지하지 않으면서도 '노동화폐'
의 도입을 통해 상품에 체화된 노동량에 따른 등가교환을 이룩함으로써 자본주의
적 착취를 폐지할 수 있다는 프루동 등의 노동화폐론은 "상품생산의 기초 위해서
'노동화폐'를 도입하려 하는 "천박한 유토피아주의"(마르크스, 1991: 87)라고 비판했

다.[1] 프루동 등의 노동화폐론이 자본주의 폐지 후 공산주의에서 '직접적으로 사회화된 노동'을 표현하는 '노동증서'를 매개로 한 노동시간 단위로의 계획 프로젝트와 아무런 공통점도 없음은 두말할 필요 없다(정성진, 2006; MHI, 2013). 공산주의 '초기' 국면에서 노동시간이 경제 조절자가 된다는 마르크스의 사상은 『고타강령비판』뿐만 아니라 『정치경제학비판요강』, 『1861~1863년 자본론 초고』, 『자본론』 등 여러 곳에서 반복해서 언급된 바 있는 마르크스의 일관된 사상이다.

3. 소련의 '계획경제'의 재검토 – 노동시간 계산 계획론의 관점에서

1) 레닌의 계획 개념

1917년 혁명 후인 1918년 레닌은 『국가와 혁명』에서 마르크스가 말한 공산주의의 '초기' 국면과 '발전한' 국면을 각각 공산주의의 제1단계와 제2단계로 분명하게 구별하고, 이 중 공산주의의 제1단계가 사회주의에 해당한다고 주장했다. 나아가 레닌은 사회주의, 즉 공산주의의 1단계에는 마르크스가 『고타강령비판』에서 말한 '부르주아적 권리'에 대응하여 "부르주아적 국가"가 잔존한다고 주장했다(Lenin, 1964). 나아가 레닌은 공산주의의 제1단계에서는 "계산과 통제"가 중요한 역할을 한다고 말했다.

"계산과 통제 — 이것은 공산주의 사회의 제1단계를 '조직'하기 위해서 이를 올바르게 기능하도록 하기 위해 필요한 주요한 것이다"(Lenin, 1964: 478).

---

1) 마르크스는 『정치경제학비판요강』에서 푸르동 등이 주장하는 '노동화폐'에 대해 생산물에 대상화된 사적인 노동시간은 가치척도로서 기능하지 못하며, 생산물에 대상화된 사적인 노동시간을 표시하는 전표가 존재한다 할지라도, 이는 수급 불균형과 생산성의 사회적 수준을 인식하는 지표로서 기능할 수 없다고 비판했다.

레닌은 1918년 4월 새로운 사회의 경제 운용의 어려움에 대해 다음과 같이 말했다.

"우리는 사회주의에 대해 알고 있다. 그러나 수백만 규모의 조직, 수백만 재화의 조직과 분
배 등에 대해서는 우리는 알고 있는 것이 없다. 옛 볼셰비키 지도자들은 우리에게 이것을 가
르쳐주지 않았다. … 볼셰비키 팸플릿에는 이것에 관해 아무 것도 없고, 멘셰비키 팸플릿에
도 이에 관해서는 아무 것도 쓰여진 것이 없다"(Lenin, 1965a: 296~297).

레닌은 혁명 후 러시아 경제의 운영 원리의 모델을 마르크스가 『고타강령비판』
에서 제시한 노동시간 계획론의 구체화에서 찾기보다 당시 독일의 전시경제, 국가
독점자본주의 계획경제에서 찾았다. 1918년 5월 레닌은 "'좌익적' 유치함과 소부르
주아적 심성"에서 다음과 같이 말했다.

"우리의 과제는 독일의 국가자본주의를 학습하고, 그것을 모방하는 데 노력을 아끼지 않
고, 또 그것을 빨리 모방하기 위해 주저하지 않고 독재적 방법을 채택하는 것이다. 우리
의 과제는 야만적인 러시아의 표트르 대제가 서구 문화 모방을 서둘렀던 것 이상으로 이
런 모방을 재촉하는 것이며, 야만주의와 투쟁하기 위해 거리낌 없이 야만적 방법을 사용
하는 것이다"(Lenin, 1965b: 340).

그런데 레닌처럼 사회주의와 공산주의를 구별하여 사회주의를 자본주의에서 공
산주의로의 이행기로 간주하는 것은 마르크스에서는 찾아볼 수 없다. 마르크스는
사회주의를 공산주의의 동의어로 사용했으며, 자본주의에서 '사회주의=공산주의'
로의 이행기에 해당하는 것이 프롤레타리아트 독재 시기라고 보았다. 레닌과 달리
마르크스에서는 사회주의는 바로 공산주의로서 자본주의에서 공산주의로의 이행
기인 프롤레타리아트 독재 시기 이후에 도래하는 무계급 사회이며 국가도 정치도
존재하지 않는다.[2] 이와 같은 레닌의 사회주의론은 나중에 사회주의에도 국가, 시

---

2) 레닌은 공산주의의 제1단계에서 부르주아 국가가 존속한다고 주장했던 반면, 마르크스는 공산주

장, 화폐도 존재할 수 있다는 시장사회주의론의 전거가 되었다. 1920년 "공산주의
란 소비에트 권력 더하기(plus) 전국적 전기 공급(electrification)이다"(Lenin, 1966: 419)
라는 레닌의 유명한 명제 역시 마르크스의 공산주의 관점에서는 성립할 수 없다.
왜냐하면 마르크스적 의미의 공산주의에서는 그 '초기'부터 국가는 부르주아 국가
뿐만 아니라 '소비에트 권력'도 사멸하고 존재하지 않기 때문이다. 무엇보다 레닌
에서 계획은 아래로부터 참여계획, 아래로부터 노동자대중의 민주적 통제라는 의
미보다는 당과 국가의 위로부터의 통제, 국가자본주의 트러스트의 운용 계획과 같
은 위로부터의 계획이라는 맥락에서 사용되었는데, 이는 민주적 참여를 핵심으로
하는 마르크스의 계획 개념과 큰 차이가 있다.

2) 전시공산주의 시기의 노동시간 계산 계획 구상

전시공산주의 시기(1918.6~1921.3) 레닌과 볼셰비키는 산업을 국유화하고 시장
의 폐지를 시도했다. 전시공산주의 시기는 화폐와 시장이 사라졌던 시기로서, 일각
에서는 공산주의 계획경제의 전조 혹은 원형으로 간주된다. 하지만 전시공산주의
는 말 그대로 전시라는 포위와 극단적인 결핍으로 강제된 배급 경제에 지나지 않았
다. 실제로 1920년 러시아의 공업 생산은 1913년의 15% 수준으로 저하했다. 반면
화폐 공급은 1918년 2배, 1919년 3배, 1920년 5배로 증가했다. "내전 시기의 점증하
는 필요는 끝없는 통화 증발과 급격한 물가 상승에서 느껴졌고, 이로부터 루블의 구
매력은 소멸했다"(Carr, 1952: 256). 초인플레가 진행되면서 고정가격은 명목적인 것

의에서는 처음부터 국가와 정치가 사멸한다고 보았다. 1875년 마르크스는 "바쿠닌의 『국가제와
무정부』에 대한 노트"에서 공산주의 사회에서 선거의 성격에 대해 검토하면서 다음과 같이 말했
다: "선거의 성격은 이 이름에 의존하는 것은 아니며 경제적 기초에, 투표자들의 경제적 상호관계
에 의존한다. 이러한 기능이 정치적이기를 중지하자마자, ① 정부 기능은 더 이상 존재하지 않는
다. ② 일반적 기능의 분담은 어떤 종류의 지배도 낳지 않는 실무적 문제가 된다. ③ 선거는 오늘날
과 같은 정치적 성격을 상실한다"(Marx, 1989b: 519). 마르크스는 이행기를 거쳐 계급투쟁이나 계
급적 억압의 필요가 없어지면 중간 단계 없이 정치적 통치의 기관들이 정치적 성격을 갖지 않는 관
리 기관들로 변화하는 국가 사멸의 과정이 곧바로 시작되는 것을 상정했다.

이 되었고, 고정가격으로의 분배는 무상분배나 마찬가지로 되었다. 공급인민위원 (Narcomprod)은 곡물과 다른 생산물, 공산품의 양에 기초하여 등가물을 계산했다. 강제 징발된 농산물은 상업이나 교환에 의해서가 아니라 공산품의 무상 분배, 배급 방식으로 보상되었다(Carr, 1952: 234). 카(E.H. Carr)가 말한대로 "전시공산주의의 금융적 특징은 화폐가 경제에서 사실상 제거된 것이지만, 이는 어떤 교의나 숙고된 계획에서 비롯된 것은 아니었다"(Carr, 1952: 246). 하지만 볼셰비키는 이처럼 전시라는 특수한 정세에 의해 강제된 화폐경제의 소멸을 공산주의의 도래로 착각 미화하고 인위적으로 촉진하려 했다. 1918년 12월 제2차 전 러시아 지역경제협의회 대회는 "화폐가 경제단위들의 관계에 끼치는 영향력이 궁극적으로 사라지는 것을 보고 싶다는 희망을 피력했다"(노브, 1998: 70에서 재인용). 1919년 3월 레닌은 볼셰비키 당 강령 초안에서 화폐의 폐지와 계획의 확대의 필요성을 강조했다.

> "분배 영역에서 소비에트 권력의 현재 과제는 상업을 계획되고 조직화된 전국적 규모의 재화 분배로 점차 대체하는 것이다. 그 목표는 전인구를 생산자 코뮌 및 소비자 코뮌으로 조직하여 전체 분배 기구를 엄격하게 집중함으로써 모든 필수 생산물을 가장 신속하고, 체계적, 경제적으로, 또 최소의 노동 지출로 분배하는 것이다. … 러시아공산당은 가능한 한 빨리 가장 급진적인 조치들을 도입하여 화폐의 폐지를 위한 길을 닦을 것이다. 최우선적으로 화폐를 저축은행 장부, 수표, 그 보유자에게 재화를 공공 상점에서 수취할 수 있는 권리를 부여하는 단기 어음 등으로 대체하고, 화폐가 은행 등에 예치되는 것을 강제할 것이다"(Lenin, 1965c: 115~116).

전시공산주의 시기의 대표적 이론가인 부하린(N. Bukharin)과 프레오브라젠스키 (E. Preobrazhensky)도 그들의 공저서인 『공산주의의 ABC』에서 노동자들이 생산수단을 집단적으로 소유하고 자신들이 필요로 하는 재화들을 공공 창고에서 가져가는 체제를 공산주의라고 묘사했다. 『공산주의의 ABC』는 노동자들로부터 충원되어 새롭게 훈련된 전문가들에 의해 관리되는 계획 관리 경제를 대안으로 제시했다.

"소비에트의 모든 구성원들이 국가 관리 사업에서 특정한 역할을 수행할 것이 절대적으로 필요하다. 모든 구성원들은 토론을 필요로 하는 문제들에 단지 의견을 전달할 뿐만 아니라 공동의 사업에 참여하고 그 자신이 특정한 사회적 역할을 맡아야 한다. … 소비에트 권력의 기본적 과제의 하나는 모든 국가 경제 활동을 국가에 의한 하나의 일반적 지도 계획으로 통일하는 것이다. … 공산주의 체제의 위대한 장점 하나는 자본주의 체제의 혼돈, '무정부성'에 종지부를 찍는다는 것이다. … 공산주의 사회의 기초는 산업의 조직, 또 무엇보다 먼저 국가 통제하의 산업의 합목적적 통제에 놓여 있다"(Bukharin and Preobrahensky. 1966: 190, 266. 강조는 부하린·프레오브라젠스키)

하지만 부하린과 프레오브라젠스키는 어떻게 수십만 개의 기업과 수백만 개의 생산물이 계획될 수 있는지, 생산자와 소비자들은 어떻게 행동할 것인지, 국가 계획이 기초할 정보는 정확하고 신뢰할 만한지 등의 문제에 대해서는 『고타강령비판』 이상으로 더 나아간 구체적 논의를 제시하지 않았다. 하지만 전시공산주의 시기 일부 공산주의자들은 화폐를 폐지하고 이를 노동시간을 비롯한 "자연적 단위"로 대체하자는 아이디어를 진지하게 검토했다. 이는 화폐가 무용지물이 된 상황에서 다양한 재화들을 노동시간과 같은 어떤 자연적인 공통분모로 표현해야 할 필요성에 연유한 것이기도 했다(노브, 1998: 72). "우리는 궁극적으로 루블로 하는 모든 계산을 폐지할 것이며 일수와 시간 수로 사용된 에너지를 계산할 것이다"(Carr, 1952: 264에서 재인용). 1920년 1월 전 러시아 국민경제협의회 3차 대회는 '노동 단위'(trudovaya edinista, tred)를 척도의 기초로 채택할 것임을 표명하고, 이를 검토하는 위원회를 구성했으며, 스트루밀린(S. Strumilin) 등은 노동시간 단위 계산 방법을 제안했다. 또 당시 '화폐 없는 경제의 문제들'을 다루는 소련 경제학자들 모임에서 나로드니키 경제학자 차야노프(A. Chayanov)는 각각의 생산물들의 양을 장부에 기록하는 방식으로 화폐가 대체되는 계획안을 제시했는데, 몇 년 후 물적 밸런스의 기원은 이것으로 소급될 수 있다(Nove, 1986: 53~59). 하지만 이런 시도는 학술적 논의의 수준 이상으로 나아가지 못했다.

하지만 전시공산주의 시기에 화폐가 실제로 소멸했던 것은 아니다. 1919년 2월과 5월 소련 정부는 새로운 루블을 도입하여 차르 시대의 루블을 대체했다. 전시공산주의 시기 화폐 폐지란 실은 서방 자본주의 은행들에서 볼 수 있는 장부상의 청산 거래에 불과했다. 전시공산주의 시기에도 화폐는 계산화폐로서 계속 기능했다. 소련 정부는 현금 거래는 중지했지만 장부 거래에서 화폐, 즉 루블을 계산 단위로 이용했다. 전시공산주의 이론가들이었던 부하린과 프레오브라젠스키도 『공산주의의 ABC』에서 사회주의 사회에서 화폐의 존재와 기능을 인정했으며 실제 화폐가 폐지되는 것은 공산주의로 이행한 다음에야 가능할 것이라고 보았다. 또 전시공산주의 시기 분배는 고정가격으로 이루어지는 국가기관의 배급뿐 아니라 '보따리 장사' 같은 사적 상업 유통에 의해서도 이루어졌다(Carr, 1952: 230).

3) 신경제정책과 노동시간 계산 계획의 모순

1921년 소련 정부는 신경제정책으로 전환하면서 전시공산주의 시기의 화폐 없는 현물 경제 도입 시도를 중단하고, 농민으로부터 곡물 강제 징발 중단, 현물세 도입, 잉여 농산물의 시장 판매 허용, 소규모 민간 상업 허용 등의 조치를 취했으며, 그 결과 경제가 회복되고 시장경제가 부활했다. 하지만 이 과정에서 협상가격 차 현상, 도시 식량 부족, 농촌에서 빈부 격차 확대 등의 모순들이 심화되었다. 트로츠키를 비롯한 좌익반대파는 이와 같은 신경제정책의 문제점들을 자본주의 부활의 전조로 간주하고, 이를 저지하기 위해서는 공업화와 계획경제에 더욱 박차를 가할 필요가 있다고 주장했다. 트로츠키는 계획경제를 집행할 기구인 고스플랜(Gosplan, 국가계획위원회)에 입법권 부여 등 기능을 강화할 것을 주장했다. 1921년 8월 트로츠키는 당 중앙위원회 전체회의에 제출한 글에서 다음과 같이 주장했다.

"경제활동을 감독하고, 그 영역에서 실험을 수행하고, 결과를 기록 배포하고, 경제활동의 모든 측면을 실제로 조율하고, 그리하여 실제로 조절된 경제계획으로 작동하는 진정한 경제 중심의 결여, 이러한 종류의 진정한 경제 중심의 부재는 연료 식량 위기에서 보듯이 경제에 막심한 타격을 가할 뿐만 아니라 새로운 경제정책 공약들의 계획된 조절된 구체화 가능성을 배제한다"(Swain, 2006: 134에서 재인용).

1922년 11차 당대회에서 트로츠키는 경제계획은 이론적으로 작성될 수 없으며 실제 모니터링을 통해 작성되어야 하며 대규모 국영 공업을 핵심 축으로 총괄되어야 한다고 주장했다. 하지만 트로츠키는 계획은 경제 관리에 당이 개입하는 것을 의미하지 않는다는 것, 당이 경제 문제에 과도하게 개입하는 것은 낭비적이라는 것, 경제는 당의 간섭이 아니라 전문가의 경제적 지도를 필요로 한다는 것을 강조했다 (Swain, 2006: 135에서 재인용). 1923년 4월 12차 당대회에서 트로츠키는 고스플랜은 노동국방위원회의 사령부(Staff HQ)가 되어야 한다면서 다음과 같이 주장했다.

"동지들, 나는 계획의 문제는 본질적으로 지도의 문제라는 것을 특별히 강조합니다. 우리는 경제에서 지도에 대해 너무 일반적으로 말해왔습니다. 하지만 분명히 경제에서의 지도는 다른 무엇보다 계획입니다"(Swain, 2006: 142에서 재인용).

트로츠키는 1923년 10월 8일 당 중앙위원회에 보낸 편지에서 다음과 같이 주장했다.

"당대회 이전보다 더 심하게 가장 중요한 경제 문제들이 적절한 준비 없이, 또 계획에 미치는 충격과는 무관하게, 졸속하게 결정되고 있다. … 경제의 관리란 존재하지 않는다. 꼭대기부터 혼돈이 시작되었다"(Swain, 2006: 146에서 재인용).

트로츠키가 보기에 당시 당 지도부는 공업의 지도적 역할을 이해하지 못하고 있었으며, 신용과 금융을 계획보다 우선하고 있었다. 트로츠키는 계획을 통해 공업과 농업 간의 불균형을 바로잡을 수 있고 이를 통해 고립된 소련에서도 사회주의 건설이 가능하다고 주장했다. 1920년대 트로츠키는 일국사회주의의 건설 가능성 자체를 부정하지는 않았다(Day, 1973). 또 1920년대 트로츠키가 구상했던 계획은 시장과 소비에트 민주주의에 의한 통제 허용 및 당으로부터의 독립성을 강조한다는 점에서 1930년대 이후 스탈린주의 계획과는 아무런 공통점도 없다(정성진, 2006). 실제로 1932년 트로츠키는 당시 소련에서 시장과 소비에트 민주주의를 제거하려 했던 스탈린주의 계획을 비판하면서 계획경제의 세 가지 조건으로 "① 중앙과 지방의 특별한 국가 부서, 즉 **계획위원회**의 위계적 시스템, ② 시장 조절 시스템으로서 **상업**, ③ 대중에 의한 경제구조의 살아 있는 조절 시스템으로서 **소비에트 민주주의**"를 제시했다. 트로츠키에 따르면, "이러한 세 요소, 즉 국가계획, 시장, 소비에트 민주주의의 상호작용을 통해서만 이행기 경제의 정확한 지도가 가능할 것이다"(Trotsky, 1973: 273. 강조는 트로츠키). 트로츠키는 다음과 같이 말했다.

> "계획은 상당 정도로는 시장을 통해 점검되고 실현된다. … 각 부서들이 입안한 청사진은 자신의 효율성을 상업적 계산을 통해 입증해야 한다. 이행기 경제는 루블의 통제 없이는 생각될 수 없다. 이를 위해서는 루블 환율이 안정되어야 한다. 안정된 화폐 단위 없이는 상업적 계산은 혼란을 야기할 뿐이다. … 경제 계산은 시장관계 없이는 생각될 수 없다. 체르보네트(chervonets)가 연계의 척도이다"(Trotsky, 1973: 274).

하지만 1920년대 트로츠키의 계획 개념은 여전히 지도를 강조한다는 점에서, 또 시장과의 상호작용이 필수적임을 강조한다는 점에서, 아래로부터 대중의 참여에 기초한 참여계획경제로서, 또 비시장 경제조절 원리로서 마르크스의 계획 개념과 큰 차이가 있다(Day, 1973; 정성진, 2006). 1920년대 트로츠키의 계획 개념이 시장을 필수적 요소로 포함하고 있는 것은, 그것이 자본주의에서 공산주의로의 이행기의 조절 원리로 제시되었기 때문이다. 실제로 트로츠키는 1917년 혁명 이후 러시아와 1930년대 스탈린주의 소련을 사회주의 혹은 공산주의 사회가 아니라 이행기 사회, 구체적으로 '관료제로 퇴보한 노동자국가'로 정의했다. 즉 트로츠키가 1920~1930년대 소련 경제에서 시장이 활용되어야 한다고 주장한 것은 그가 당시 소련을 사회주의가 아니라 사회주의의 전 단계인 이행기 사회로 보았기 때문이다. 트로츠키는 다음과 같이 말했다.

"소련이 이미 사회주의에 진입했다는 경솔한 주장은 범죄적이다. … 문제의 핵심은 우리
가 아직 사회주의에 진입하지 않았다는 것이다. 계획적 조절 방법을 마스터하기까지는
아직 갈 길이 멀다. … 이행기 사회를 지배하는 법칙은 자본주의를 지배하는 법칙과 다르
다. 그러나 이는 미래 사회주의의 법칙, 즉 검증되고 보장된 역동적 균형의 기초 위에서
조화롭게 성장하는 경제의 법칙과도 크게 다르다"(Trotsky, 1973: 260, 278).

물론 1920년대 신경제정책 시기 동안 계획의 중요성을 강조했던 것은 트로츠키
와 좌익반대파만이 아니다. 전시공산주의 종료 이후에도 소련 경제의 운용의 기본
원리는 시장이 아니라 계획이 되어야 한다는 데 공산주의자들은 이견이 없었으며,
1920년대 동안 계획경제의 구체적 입안과 운영 방법, 공업화의 방향 등에 관한 활발
한 토론이 진행되었다. 예컨대 밀류틴(Milyutin), 크리츠만(Kritsman), 스미트(Smit),
그로만(V. Groman), 스트루밀린, 바르가(Varga) 등 당시 일급 마르크스주의 경제학
자들이 다양한 계획경제 건설 방안을 제출하고 활발한 토론을 벌였다. 1920년 10
월부터 1921년 2월 사이에 일간 경제신문 ≪경제생활≫과 월간 경제잡지 ≪국민경
제≫에 출판된 글의 30%가 계획 방법에 관한 것들이었다(Remington, 1982: 589). 이
를 배경으로 1925년 고스플랜은 1923/24년 국민경제 밸런스 모델을 발표했다. 국
민경제 밸런스를 작성하는 데서 중요한 역할을 한 인물은 멘셰비키 혁명가이자 통
계학자였던 그로만과 마르크스주의 경제학자 스트루밀린이었다(Davies, 1960: 289;
Jasny, 1972: 104). 1923/4년 소련 국민경제 밸런스는 훗날 레온티에프가 투입산출분
석을 창안하는 초석이 되었다(Lenotief, 1960; Foley, 1998). 또 그로만은 1925~1926년
통제수치(control figures)를 작성했으며, 이에 근거하여 스트루밀린은 고스플랜의
1926~1927년 1차 5개년 계획안을 작성하는 데 주도적 역할을 했다(Davies, 1960:
290). 1920년대 신경제정책 시기 계획 논의에서는 전시공산주의 시기와 달리 노동
시간 계산에 기초한 계획안 입안은 사회주의로 이행 후의 과제로 밀려났다. 프레오
브라젠스키는 1926년 『새로운 경제학』에서 사회주의 경제는 "노동시간의 직접 계
산"의 기초 위에서 조절될 것이며 이는 자본주의에서 가치법칙과 같은 지위를 갖게
될 것이라고 주장했다(Preobrazhenky, 1965: 20).

1920년대 소련의 계획경제 추진 과정에서 원래부터 공업화와 계획을 강조했던 프레오브라젠스키와 같은 좌익반대파 경제학자들뿐만 아니라 그로만 혹은 긴즈베르크와 같은 이전 멘셰비키 마르크스주의 경제학자들도 중요한 역할을 했다. 트로츠키는 계획 전문가들을 보호하고, 당으로부터의 독립을 보장하려 했다. 그러나 스탈린은 1929년 반혁명 이후 초공업화를 강행하면서 1923/24년 국민경제 밸런스를 작성한 그로만은 물론 1차 5개년계획을 입안한 긴즈베르크(A. Ginzberg)까지 포함한 고스플랜과 국민경제최고회의의 계획경제 전문가들을 멘셰비키 반혁명분자 등으로 몰아 대거 숙청했다. 1923/24년 국민경제 밸런스는 볼셰비키의 적인 보그다노프(A. Bogdanov)의 '균형' 철학, '비례성의 법칙'에 근거한 것이라고 비판되었다(Remington, 1982: 589). 1923/24년 국민경제 밸런스가 "숫자 놀음"이라는 1929년 12월 스탈린의 다음과 같은 선언은 계획경제 전문가들의 물리적 제거를 예고한 것이다. "1926년 중앙통계국이 출판한 국민경제 밸런스는 대차대조표가 아니라 숫자 놀음이다"(Stalin, 1954a: 178). 1931년 3월 그로만, 루빈(I. Rubin), 긴즈베르크 등 저명 경제학자들 14명이 멘셰비키 반혁명분자들로 기소되어 숙청되었다. 긴즈베르크의 경우 그가 작성한 1차 5개년계획의 목표 성장률이 의도적으로 과소 책정되었다는 것이 중요한 숙청 이유였다. 스탈린주의 계획경제는 1917년 혁명 이후 경험을 축적한 사회주의 계획 전문가들이 물리적으로 제거된 위에서 추진되었다. 스탈린주의 소련의 '계획경제'를 어떤 의미에서도 계획경제라고 보기 힘든 또 하나의 이유이다.

4) 스탈린의 관리명령경제와 노동시간 계산 계획의 폐기

스탈린은 1929년 국가자본주의 반혁명 후 1차 5개년계획을 중심으로 계획경제를 전면 강행했다. 1929년 스탈린의 국가자본주의 반혁명을 계기로 하여 소련에서 계획경제는 전면화되었다. 고스플랜이 작성한 1700여 페이지에 달하는 『소련 국민경제 건설의 1차 5개년계획』이 1929년 4월 제15차 당협의회에서 승인되었으며 5월 출판되었다. 1929년 이후 계획이 산업성(ministry) 체제를 중심으로 급격히 시행되었으며 이를 통해 급속한 공업화가 시작되었다. 이와 함께 농촌에서 전면적인 강제집단화가 수행되었다. 이것은 경제체제 전체를 계획하고 관리하려는 사상 최초의 시도였다. 1931년 스탈린은 다음과 같이 선언했다.

"속도를 약간 늦출 수 있는지, 운동에 브레이크를 걸 수 있는지, 이러한 질문이 이따금 제기되고 있습니다. 동지들, 그럴 수는 없습니다. 속도를 늦추어서는 안 됩니다! 아니, 우리는 속도를 더 빨리 해야 합니다. … 우리는 선진국들보다 50년 혹은 100년 뒤처져 있습니다. 우리는 10년 안에 이 거리를 메워야 합니다. 그렇게 하지 않으면 우리는 파멸할 것입니다"(Stalin, 1954b: 40-1).

스탈린은 새로운 소련 헌법이 발표된 해인 1936년 소련은 공산주의의 1단계로 진입했다고 다음과 같이 선언했다.

"우리 소련 사회는 이미 기본적으로 사회주의를 실현하고 사회주의 제도를 만들어냈다. 즉 마르크스주의가 다른 말로 공산주의의 제1단계 혹은 낮은 단계라고 부르는 것을 실현했다. 즉 우리나라에서는 기본적으로는 이미 공산주의의 제1단계, 즉 사회주의가 실현된 것이다. 공산주의의 이 단계의 근본원칙은 주지하듯이 "각자는 자신의 능력에 따라서, 각자에게는 그 노동에 따라서"라는 공식이다. 우리 헌법은 이 사실을, 즉 사회주의가 성취되었다는 사실을 반영해야 하는가? 우리 헌법은 이 획득물에 기초를 부여해야 하는가? 물론 그렇게 해야 한다. 그것은 사회주의가 소련에서 이미 달성되고 획득되었기 때문이다"(Stalin, 1978a: 164).

그런데 위에서 스탈린은 노동에 따른 분배의 원리가 당시 소련에서 도입되었다고 주장하지만 이는 사실과 다르다. 예컨대 소련의 노르마 제도를 일종의 노동에 따른 분배 방식으로 간주하는 견해도 있지만 노르마 제도의 본질은 성과급임금제일 뿐이다. 성과급임금과 마르크스의 노동증서 제도가 아무런 공통점도 없다는 것은 두말할 나위도 없다. 스탈린주의 소련은 국가자본의 무산 노동대중 착취에 기초한 국가자본주의 체제였다. 스탈린주의 시기 동안 착취율은 상승했는데, 이는 노동

생산성의 급속한 상승에도 불구한 실질임금의 저하에서 분명하게 확인된다(노브, 1998: 235, 292, 319). 스탈린은 소련에서 사회주의 달성을 선언한 지 3년 뒤인 1939년 소련공산당 제18차 당대회에서 소련은 공산주의 사회의 고도의 단계로 나아가야 한다고 주장하면서, 주요 선진 자본주의국의 1인당 생산량을 추월하는 것을 그 기준으로 제시했다.

"경제적으로 주요 자본주의국들을 추월할 때에만, 우리나라에서 소비재가 넘치고 생산물이 풍족하게 될 수 있고, 공산주의의 제1단계로부터 제2단계로 이행할 수 있다"(Stalin, 1978b: 378~379).

그런데 스탈린이 이처럼 선진 자본주의 국가의 경제 수준을 추월하는 것을 공산주의 사회의 보다 고도한 단계에의 도달의 기준으로 삼는 것은 마르크스가 제시했던 공산주의 이념을 형편없이 실추시키는 것이다. 실제로 스탈린주의 소련의 계획의 주된 목적은 후발국으로서 선진 자본주의국을 필사적으로 따라잡는 데 있었으며, 결코 마르크스의 유산, 즉 진정으로 인간적인 노동과정 조직 및 분업과 인간에 의한 인간의 착취의 폐지를 실현하는 해방된 사회를 건설하는 데 있지 않았다(Ellman, 2014: 6). 소련에서 계획은 평등주의적 비시장 자원 배분 메커니즘이라기보다 후진국의 선진국 경제 추격 전략이었다. "사회주의 계획은 후진국에서 기원했으며, 그것의 주요한 목적은 그것을 채택한 나라들을 선진국의 대열로 추동하는 것이었다. … 사회주의 계획은 **주어진** 자원을 배분하는 시스템이라기보다는 자원의 **동원** 시스템이었다"(Ellman, 2014: 4, 15. 강조는 엘만). 마르크스에서 계획은 시장이 폐지된 공산주의 사회에서 자원 배분의 원리였음을 감안한다면, 후진국의 선진국 경제 추격 전략으로서 소련의 계획은 마르크스의 계획 개념과 아무런 관계가 없음을 알 수 있다.

스탈린주의 소련에서 계획은 실제로 다음과 같은 방식으로 실행되었다.[3] 우선 스탈린주의 관료는 계획경제에서 필연적으로 야기되는 복잡성(complexity)의 문제

---

3) 이하 스탈린주의 계획의 실행 과정에 대한 설명은 Gregory and Stuart(2014: 392~393)를 참조했다.

를 계획을 제한된 수의 산업에 집중하는 방식으로 해결하려 했다. 즉 고스플랜은 제한된 수의 생산물만을 계획했으며, 계획은 기업이 아니라 산업성을 대상으로 했다. 스탈린의 계획 방법은 선택된 핵심 산업부문에 대해 우선순위를 부여하고 비우선 부문에서 부족은 수용하는 것이었다. 5개년계획에서 핵심적 지표였던 물량 단위의 통제수치에는 곡물, 철강 등 가장 중요한 소수 품목만이 포함되었다. 게다가 고스플랜에서 재화와 서비스의 생산계획은 분류별, 품목별로 입안되지 않고 중분류 정도로만 집계 수치로 제시되어 있어서 기술적으로도 실행이 불가능했다. 1951년 5개년계획은 그 세부안에서도 단지 127개 생산물로 집계되어 있다 (Gregory, 2004: 117). 국민경제계획을 과학적으로 입안하기 위해 고안된 물적 밸런스(일종의 원시적 형태의 투입산출표)도 단지 60개로 집계된 생산물 단위로 발표되었다 (Gregory, 2004: 152). 당시 이미 2000만 개 품목의 재화와 서비스가 생산되고 있었는데 말이다.

소련 공산당의 지침은 국민경제 계획의 예비적 산출 목표인 통제수치로 전환되어 산업성을 통해 기업 수준으로 전달되었다. 이 통제수치는 위계를 통해 고스플랜의 물적 밸런스에 의거하여 조율 균형되었다. 최종적으로 다음 해 기업 운영의 상세한 지침을 포함한 기술산업금융계획(technpromfinplan)이 결정되었고, 이는 수용·이행해야만 하는 명령이었다. 계획은 백지에서 출발하는 것이 아니라 전년도 계획의 수정 업데이트를 기반으로 했다. 스탈린주의 소련 계획에 특징적인 것은 치열한 교섭, 다툼, 다양한 단위들 간의 상호작용, 지연 등이었다. 스탈린주의 계획은 투입산출표와 같은 수요와 공급을 균형시키는 정교한 기법을 실제로 사용하지 않았다. 따라서 스탈린주의 계획에서 일관된(consistent) 계획은 달성되기 어려웠고 최적(optimal) 계획은 애초부터 기대될 수 없는 것이었다. 나아가 스탈린주의 계획이 실제로 위와 같은 물적 밸런스 방식으로 운영되었던 것은 아니다. 무엇보다 스탈린주의 관료들에게는 물적 밸런스의 핵심인 국민경제의 밸런스, 즉 균형을 유지한다는 것은 우선순위에 없었다. 급속한 강제적 중공업화 과정에서 균형은 미덕이 아니었고 불균형은 감수되고 권장되기도 했다. 스탈린주의 소련의 계획은 사회적으로 합리적인 경제체제라는 마르크스적 의미의 계획경제와는 아무런 공통점도 없었으며, 계획이 결과를 결정한다는 기술적 의미에서도 '계획'되었다고 볼 수 없다. 스탈린주의 소련에서 계획은 모두 예비적인 성격의 것이었으며 당과 국가의 자원관리자가 언제든지 바꿀 수 있었다. 소련에서 "자원을 배분했던 것은 계획이 아니라 그들이었다"(Gregory and Stuart, 2014: 394). "계획에 대한 관리의 우위는 스탈린 시대 이래 소련 경제의 지배적 양상이었다. 관리가 고도로 집중되었기 때문에, 이런 양상은 모델 전체에 특징적이었다. 따라서 이 경제는 '중앙계획'되었다기보다 '중앙관리'되었다고 표현하는 것이 정확할 것이다"(Zaleski, 1980: 484).

소련에서 '계획'의 실행은 고스플랜이 입안한 5개년계획이 아니라, 산업성과 업종국(glavk) 및 기업 수준에서 이루어지는 항상 잠정적이고 또 끊임없이 수정되는 연간 계획, 분기별 계획, 월간 계획 등의 복잡한 집합으로 이루어졌다(Gregory, 2004: 111). 소련에서 이른바 '계획'은 마르크스적 의미의 계획과 아무런 공통점도 없다. 그것은 관리명령경제(administrative command economy)이었을 뿐이다(Gregory, 2004). 이는 5개년계획이 실제로 집행된 실행계획(operational plan)인 적이 한 번도 없었다는 데서도 알 수 있다. 5개년계획이 실행계획으로 만들어진 것도 아니고, 기술적으로 실행될 수도 없었기 때문에, 5개년계획에서 제시된 계획목표가 달성된 경우는 거의 없었다. 1차 5개년계획(1928~1933)은 평균 60% 이하로 달성되었으며, 계획목표치를 상당히 낮추어 발표한 2차 5개년계획(1933~1937)도 평균 70% 정도밖에 달성되지 못했다(Gregory, 2004: 118). 1933~1952년 소련의 계획에서 실제 성과는 계획된 성과와 너무 크게 괴리되었기에 이런 경제를 계획경제라고 묘사하기 어렵다. 이는 5개년계획이 대부분 계획 시작 연도가 한참 지난 뒤에야 승인 발표되었다는 사실에서도 짐작할 수 있다. 예컨대 1차 5개년계획(1928~1933)은 1929년 봄에 승인되었으며, 5차 5개년계획(1950~1955)은 1952년 8월에 승인되었다(Gregory, 2004: 119). 그리고 연간 계획, 분기별 계획, 월간 계획 등으로 구성된 실행계획조차도 계획 시작 전에 확정되는 경우는 거의 없었으며, 실행은 확정 계획이 아니라 거의 항상 '잠정', '예비' 계획에 의거하여 이루어졌다. 소련의 계획 실행 과정에서 실제 자원 배분 결정을 수행한 것은 계획 자체가 아니라 당과 국가기구의 자원관리자(resource manager)들이었다. 스탈린은 다음과 같이 말했다.

"우리 볼셰비키에게 5개년계획은 영원히 주어진 법 같은 것이 아니다. 우리에게 5개년계획은 다른 계획과 마찬가지로 경험에 기초하여 계획의 실행에 기초하여 더 정교해지고 변경되고 개선되어야 하는 1차적 접근으로서 승인된 계획일 뿐이다. … 단지 관료들만이 계획은 계획의 입안에서 끝난다고 생각할 것이다. 하지만 계획의 입안은 시작일 뿐이다. 계획의 진정한 지도는 계획이 모두 수합된 뒤에야 진행된다"(Gregory and Stuart, 2014: 394에서 재인용. 강조는 스탈린).

1930년대 스탈린주의의 계획은 신경제정책과 시장경제의 옹호자였던 부하린을 제거한 후 1920년대 트로츠키를 비롯한 좌익반대파가 주창했던 계획경제론을 채택한 것이라고 흔히 주장된다. 하지만 이는 사실과 다르다. 스탈린주의 계획경제는 1920년대 논의되어왔던 계획경제론의 부정 위에서 성립한 것으로 이는 어떤 의미의 계획과도 거리가 먼, 말 그대로 관리명령경제였다. 스탈린주의 소련에서 이른바 '계획'은 체제를 합리화하는 의식(ritual)의 기능을 수행했을 뿐이다(Ellman, 2014: 50). 소련에서 계획은 단지 대중들에게 좋은 날이 올 것이라는 것을 보여주기 위해 고안된 미래의 비전일 뿐이었다. "소련 체제에 근본적이었던 것은 계획이 아니라 다음과 같은 것들이었다. 즉 모든 의사 결정 수준에서 행정적 위계의 역할, 의사 결정에 대한 정치적·경제적 과정을 통한 대중의 통제의 부재 등"(Ellman, 2014: 14).

5개년계획은 실제로 집행을 목적으로 만들어진 실행계획이라기보다, 곧 서방 자본주의를 추월하여 '지상 낙원'이 도래할 것이라는 '공산주의의 약속'을 대중에 선전하고, 또 이를 근거로 현재 대중의 희생을 요구하기 위한, 그리고 소련 체제의 '우월성'을 대외적으로 과시하고 정당화하기 위한 '성장 비전', '미래 비전' 프로파간다에 불과했다.

4. 노동시간 계산에 기초한 계획의 방법: 물적 밸런스와 투입산출표

이상의 논의에서 옛 소련은 마르크스적 의미의 공산주의 계획경제, 즉 노동시간 계산에 기초한 계획경제와는 거리가 멀었다는 사실을 재확인했다. 하지만 옛 소련은 노동시간 계산에 기초한 계획의 방법 혹은 기술을 발전시키는 데 중요한 기여를 했다. 물적 밸런스와 투입산출표의 고안 및 계획에의 적용 시도가 그것이다. 이하에서는 이 두 가지 방법의 특징을 비교하고 현재적 유효성을 검토한다.

1) 물적 밸런스를 이용한 노동시간 계산 계획

소련의 계획에서 물적 밸런스는 금융적 계산을 대체한 것은 아니었지만 관리명령경제의 주요 부분이었다. 스탈린주의 소련에서 계획 업무의 대부분은 물적 밸런스를 계산하는 것으로 이뤄졌다.[4] 물적 밸런스는 통상 물량 단위로 표현되는 특정 물품에 대한 대차대조표로서, 1960년대 말 소련의 중앙계획당국은 1만 8000개 이상의 물적 밸런스를 작성 관리하고 있었다(Treml, 1967: 87). 물적 밸런스는 특정한 재화들의 물리적 단위로 작성된 대차대조표로서 이러한 재화들에 대한 필요와 이용 가능성 간의 균형을 달성하고 보장하는 것을 목적으로 한다. 즉 물적 밸런스는 특정한 생산물의 공급 계획을 그 생산물의 사용 계획과 비교한 것이다. 계획당국은 물적 밸런스에 기초하여 기본 공산품, 운수, 농산물 등에 대해 수요와 공급을 비교하고 시장가격에 의존하지 않고 그 균형을 추구한다. 스탈린주의 소련에서는 생산과 분배 계획을 위한 물적 밸런스와 함께 노동 계획을 위한 노동 밸런스, 에너지 부문의 계획을 위한 연료-에너지 밸런스, 재정 계획을 위한 재정 밸런스가 작성되었다(Ellman, 2014: 31). 물적 밸런스의 조정과 균형은 행정 당국의 개입을 통해 이루

---

4) 1977년 코즐로프(G.A. Kozlov)가 감수한 소련 정치경제학 교과서에도 다음과 같이 쓰여 있다. "사회주의 경제에서 필수적인 비례관계들은 밸런스 계획법(balance method of planning)에 의해 달성된다. 이 방법은 개별 부문의 개발계획을 그 부문에 원료, 설비, 인력, 금융자원을 공급할 수 있는 능력과 미리 비교할 수 있게 해준다. 계획과정에서 물적 밸런스 혹은 예산 (투입산출표), 비용표, 물리적 생산능력, 노동력 예산 등이 작성된다. 이 방법은 전국계획이나 지역계획 그리고 개별 기업계획들을 수립하는 데도 이용된다. 밸런스 방법을 이용하여 적절한 시간 내에 불균형을 찾아내고 제거할 수 있으며 경제 전체와 개별 지역들의 전반적 발전을 보장할 수 있다. 밸런스 방법은 계획목표 및 경제적 해결책의 과학적 최적치를 결정할 수 있게 해준다"(Kozlov et al. 1977: 105).

〈표 1-1〉 물적 밸런스의 구조

원천		사용
$X_1+V_1+M_1$	=	$X_{11}+X_{12}+\cdots+X_{1n}+Y_1$
$X_2+V_2+M_2$	=	$X_{21}+X_{22}+\cdots+X_{2n}+Y_2$
...	=	...
...	=	...
$X_n+V_n+M_n$	=	$X_{n1}+X_{n2}+\cdots+X_{nn}+Y_n$

주: X_i: i 생산물의 계획된 산출; V_i: i 생산물의 기존 재고; M_i: i 생산물의 계획된
수입; X_{ij}: 중간수요, 즉 계획된 j 생산물 생산에 필요한 i 생산물 투입; Y_i: i 생
산물의 최종수요, 즉 투자, 가계소비 및 수출.
자료: Gregory and Stuart(2014: 172).

어지며, 가격은 어떤 역할도 하지 않는다. 물적 밸런스는 소련뿐만 아니라 동유럽, 중국 등에서도 계획의 주요 수단으로 활용되었다. 물적 밸런스의 구조는 〈표 1-1〉, 〈표 1-2〉와 같다.

스탈린주의 계획 기술의 핵심은 〈표 1-1〉과 같은 물적 밸런스를 이용하여 균형된 혹은 일관된 계획안을 만드는 것이다. 그런데 계획 당국이 수십만 혹은 수백만 가지 생산물에 대해 이러한 물적 밸런스를 작성하는 것은 또 그것의 수요와 공급의 적절한 균형을 유지하도록 하는 것은 매우 어려운 일이다. 계획 당국은 기껏해야 이른바 경제의 "관제고지"로 간주되는 수백 개 정도의 생산물에 대해 물적 밸런스를 작성할 수 있을 뿐이었다(<표 1-3> 참조).

그런데 물적 밸런스는 아래와 같은 문제점들을 갖는다. 우선 〈표 1-1〉에서 산출 1단위를 생산하기 위해 필요한 투입재들의 양, 즉 X_{ij}를 결정하는 것이 극히 어렵다는 것이다. 계획당국자들은 투입을 산출과 연결시키는 기술계수는 통상 이전 계획년도 것을 사용했는데, 이 경우 그것이 과연 최적인지, 즉 산출 1단위 생산에 요청되는 최소의 투입량인지를 확인할 수 없다. 그래서 스탈린주의 계획 당국자들은 '이미 달성된 수준에서의 계획'(planning from the achieved level)을 기초로 하여 계획안을 작성할 수밖에 없었는데, 이 경우 기존의 역사적 패턴이 반복된다는 문제, 즉 기존의 자원 배분 유형에 고착되어 경제의 역동성이 떨어지는 문제가 발생한다. 수

<표 1-2> 물적 밸런스의 예시

	원천			중간 투입				최종 사용	
	산출	재고	수입	석탄산업	강철산업	기계산업	소비재산업	수출	국내 사용
석탄(톤)	1,000	10	0	100	500	50	50	100	210
강철(톤)	2,000	0	20	200	400	1,000	300	100	20
기계(대)	100	5	5	20	40	10	20	10	10
소비재(개)	400	10	20	0	0	0	100	100	230

주: [석탄 원천: 1,010톤=석탄 사용: 1,010톤], [강철 원천: 2,020톤=강철 사용: 2,020톤], [기계 원천: 110대=
기계 사용: 110대], [소비재 원천: 430개=소비재 사용: 430개]
자료: Gregory and Stuart(2014: 173).

<표 1-3> 소련에서 생산물의 기관별 배분 구조

연도	총품목 수	국가계획 위원회 (Gosplan)	국민경제 자문회의 (SNKh)	국가물자기술 조달위원회 (Gosnab)	주관리국 (산업성으로 집중)	지역 관리국
1966	21,677	1,904	1,243	-	18,530	-
1968	14,498	1,969	-	103	3,198	9,228
1970	15,043	1,908	-	178	1,070	11,887

자료: Ellman(1973: 35).

요와 공급의 균형을 잡는 것은 물적 밸런스의 핵심적 목적이지만, 설령 이를 통해 일관된, 즉 균형된 계획이 발견되었다 해도, 그 계획이 최적 계획이라는 보장은 없다. 최적 계획은 가능한 일관된 계획들 중에서 계획 당국의 목적을 극대화하는 계획이기 때문이다. 물적 밸런스의 가장 중요한 문제는 내적 정합성의 부재였다. 1960년대 소련 계획 담당자였던 넴치노프(Nemchinov)는 다음과 같이 말했다. "우리는 표가 아니라 물적 밸런스의 행(row)만을 갖고 있다. 행은 균형되지만 열(column)은 그렇지 않다"(Treml, 1967: 89에서 재인용). 나아가 물적 밸런스는 이른바 '2차 효과'(second-round effect)를 고려할 수 없다는 문제가 있다. 여기에서 '2차 효과'란 물적 밸런스에서 산출 혹은 투입 1단위 변화가 그 밸런스에서 다른 투입과 산출에 미치는 영향을 말한다(Gregory and Stuart, 2014: 174~175). 예컨대 강철이 더 필요할 경우, 강철을 더 생산하기 위해서는 더 많은 석탄이 필요한데, 석탄을 더 많이 생산하기 위해서는 예컨대 전기 등도 더 필요하다는 식으로 '2차 효과'는 경제 전체에 걸쳐 무한히 파급된다. '2차 효과'의 존재는 물적 밸런스에서 한 요소의 변화가 밸런스 전체에 걸친 변화를 야기한다는 것, 따라서 물적 밸런스의 한 요소만 바뀌어도 밸런스 전체를 다시 계산해야 한다는 것을 의미한다. 물적 밸런스에서는 $I+A+A^2+A^3+\cdots$ 로 표현될 수 있는 '2차 효과'의 총합 중 기껏해야 그 첫 두 항목 즉 $I+A$ 밖에 고려하지 못하며 이는 균형된 계획안의 도출을 불가능하게 한다(Hatanaka, 1967: 143).

흔히 물적 밸런스는 투입산출표의 초보적·원시적 형태이며 투입산출표의 위와 같은 한계들은 투입산출표에서 해결된다고 주장된다. 하지만 이러한 지적은 물적 밸런스의 원형인 국민경제 밸런스에 대해서는 해당되지 않는다고 할 수 있다. 국민경제 밸런스는 물적 단위로 작성된 투입산출표와 사실상 동일하기 때문이다. 최근에는 공산주의 계획의 목적에서 볼 때 물적 밸런스가 투입산출표보다 오히려 우수하다는 주장도 제기된다. 예컨대 그린(Green)은 척도의 복수성, 다양성이 공산주의 경제 조절에서 핵심적이라는 전제하에서 상이한 생산물에 대해 상이한 물적 단위들, 예컨대 톤, 미터, 제곱미터, 입방미터 등의 자연적 단위들(natural units)로 작성되는 물적 밸런스가 화폐 단위나 노동시간 단위로 작성되는 투입산출표에 비해 공산주의 경제 조절의 기준으로 더 우수하다고 주장한다. "물적 밸런스는 가령 트랙터의 값을 얼마의 돈이나 노동량으로 평가하는 것이 아니다. 그것은 트랙터의 생산을 그 생산에 들어가는 모든 요소들의 목록과 관련시킨다"(Green, 2000). 물적 밸런스에서 "우리는 생산물을 그것의 생산을 위해 필요한 모든 투입, 즉 원료, 노동, 소모된 기계 등과 연관시켜 고찰해야 한다. 그래서 가령 A라는 공정은 하나의 단일한 척도가 아니라 척도들의 목록으로, 예컨대 (3, 1, 4, 10, …)라는 식으로, 즉 강철 3단위, 석탄 5단위, 최종 제조 노동 4시간, 기계 10단위 등으로 평가되며, 공정 B는 (2, 6, 11, 2, …) 같은 식으로 평가될 것이다. 여기에서 공정 A는 노동과 기계를 더 많이 사용하는 반면, 공정 B는 석탄과 노동을 더 많이 사용한다. 어떤 공정이 더 나은가? 두 수치 (그것이 화폐액이든 노동량이든)를 비교하는 것과 달리 답은 분명하지

않다"(Green, 2000). "소련의 물적 밸런스와 미래 무계급 사회의 경제 계산의 공통점
은 이들이 사회의 생산을 물적 단위로 추적한다는 점에 있다. 또 그렇게 하기 위해
서는 소련판 물적 밸런스와 미래 공산주의 계획은 하나가 아니라 다수의 분리된 자
연적 단위들을 필요로 했으며 할 것이다. '물적 밸런스'의 경험은 경제 계획에는 어
떤 단일한 자연적 단위도 존재하지 않는다는 것을 입증했다"(Green, 2000). 그런데
그린의 주장처럼 노동시간과 같은 단일한 척도로의 계산을 거부하고 복수의 다양
한 물적 단위들로의 계산만을 수행한다면, 경제 전체의 거시적 조절에서 필수적인
총체적 통일과 균형을 어떤 방법으로 달성할 수 있을지 알 수 없다. 또 물적 밸런스
는 오늘날 자본주의에서도 전시경제나 초인플레이션 경우처럼 화폐로 해결 불가
능한 상황이나 긴급 물자 혹은 전략적 필요 물자의 조달을 위해 사용되었으며 현재
도 기업이나 가계, 정부 등 특정 경제주체의 수준에서 사용되고 있는 방식으로서,
그 자체가 포스트자본주의 사회주의적 계획 방식이라고 말하기 힘들다. 물적 밸런
스는 밀, 석탄, 강철과 같은 물질적 재화들을 그 자연적 단위로 측정한다. 하지만
투입산출표도 화폐나 노동시간 단위와 같은 단일한 척도가 아니라 복수의 물적 단
위로 작성될 수 있다는 점을 고려하면, 이 점에서 물적 밸런스가 우수하다는 주장
은 성립하지 않는다. 또 물적 밸런스는 투입산출표와 달리 생산부문만을 포괄하기
때문에, 비생산부문까지 포괄하는 투입산출표에 비교하여, 생산노동과 비생산노
동의 구분을 중시하는 마르크스의 접근에 더 충실한 것이라는 주장도 있다. 하지만
샤이크·토낙(Shaikh and Tonak, 1994)에서 보듯이 투입산출표도 생산부문과 비생산
부문의 구별이 불가능한 것은 아니다.

2) 투입산출표를 이용한 노동시간 계산 계획

1930년대 초 이 같은 물적 밸런스에 기초한 고스플랜의 계획은 그로부터 20년
후인 1950년대 말이 되면 거의 작동하지 않게 되었다. 1960년대 이후 소련 계획 당
국자들은 투입산출표를 기존의 물적 밸런스에 기초한 경제 관리의 문제점들을 해
결해줄 수 있는 방안으로 고려했다. 투입산출표의 계획에의 도입 시도는 1960년대

〈수식 1-1〉

$$① \qquad \sum_{j=1}^{n} x_{kj} + Y_k = \sum_{i=1}^{n} x_{ik} + V_k$$

[x_{kj}: k부문으로부터 j부문으로의 판매; Y_k: k 부문의 최종 수요; V_k: k 부문의 부가가치]

$$② \qquad a_{ij} = x_{ij}/X_j$$

[a_{ij}: 직접 물적 투입계수, j부문 생산으로의 i부문 투입의 j부문 총산출에 대한 비율]

$$③ \qquad R = (I-A)^{-1}$$

[R: 총 물적 투입계수 행렬(레온티예프 역행렬)]

$$④ \qquad X = Y(I-A)^{-1}$$

소련 계획에서 주요한 혁신이었다. 또 스탈린 사후 1950년대 말 들어 소련의 관리명령경제가 작동하지 않게 되면서 이를 타개할 수 있는 방법들이 모색되기 시작했으며 이 과정에서 스탈린 치하에서 억압받았던 수리경제학에 대한 연구가 부활했는데, 투입산출분석도 이 때 많은 관심을 받았다. 당시 주요한 계획 담당자였던 넴치노프는 투입산출표는 기원이 러시아에 있으며 계획에 유용하다는 점을 강조하면서 투입산출표를 계획에 이용하기 위해 노력했다(Ellman, 1973: 3).[5] 1958년 레온티예프의 주저 『미국 경제의 구조 연구』(1953)가 러시아어로 번역·출판되었다(Tretyakova and Birman, 1976). 1961년 고스플랜의 중앙통계국(TsSU)은 1959년 소련 투입산출표를 발표했다. 소련에서 투입산출표는 기존의 물적 밸런스를 개선할 수 있는 수단 정도로 기대되었다. 레온티예프가 고안한 투입산출표는 〈수식 1-1〉로 요약할 수 있다.

투입산출표에 기초한 계획 절차는 다음과 같이 요약될 수 있다. 먼저 과거의 경

---

5) 투입산출표를 고안한 레온티예프는 1920년대 자신이 소련 고스플랜 중앙통계국이 수행했던 1923/24년 소련 국민경제 밸런스 작성 작업에 참여하는 과정에서 투입산출표에 관한 구상을 갖게 되었다고 밝히고 있다.

험 및 계획된 기술진보에 기초하여 다음 두 직접투입계수 행렬(j부문 산출 단위당 필요 i투입)을 작성한다. A행렬 (n×n)[n부문에 대한 직접 물적투입계수 행렬], B행렬 (m×n)[m개의 기초자원(다양한 등급의 노동, 자본설비 등)의 직접 투입 필요량 행렬]. 다음 이 두 개의 행렬을 총투입계수 행렬(최종수요 단위당 필요 직접 및 간접 투입 필요량을 모두 반영하는 것)로 전환한다. 총물적투입계수 행렬 R은 I-A 행렬의 역행렬로 구한다. $R=(I-A)^{-1}$. 또 총기초자원투입계수 행렬 T는 B행렬에 R을 곱하여 구한다. $T=B(I-A)^{-1}$. 이상에 기초하여 최종수요의 대안적 배합의 효과를 고려할 수 있다. 즉 최종수요 Y의 구성 요소들의 실행 가능한 배합들이 결정되면 상호 정합적인 총산출 목표치 X의 집합들을 위의 식 ④에 의거하여 계산할 수 있다.

한편 코트렐·콕샷에 따르면 투입산출표를 이용한 노동시간 계획 모델은 다음과 같이 요약될 수 있다.[6] 먼저 노동에 대한 지불이 '노동증서'로 이루어지며, 소비자들은 사회적 기금으로부터 자신들의 노동 기여분을 인출한다. 물론 이 때 노동시간 공동 사용분(생산수단 축적, 공공재 및 서비스, 노동 불가능자에 대한 부조)을 조달하기 위한 세금은 공제된다. 이 모델에서 거시경제균형이 달성되기 위해서는 당해 연도의 노동증서 총발행량은 당해 연도 수행 노동 총량과 일치해야 한다. 또 랑게 (O. Lange)처럼 사회적 노동을 다양한 소비재 생산부문에 배분하기 위해서 소비재 시장가격을 사용하며, 스트루밀린처럼 사회주의 균형 상태에서는 각 부문의 사용 가치 생산량의 사회적 노동시간 지출량에 대한 비율이 동등해진다고 가정한다 (Strumilin, 1959: 3). 먼저 계획 당국은 최종소비재 특정 벡터의 생산을 요청하는데, 이 때 각 재화들에는 그것들에 포함된 사회적 노동량을 표시한다. 만약 개별 재화들에 대한 계획 공급량과 소비자 수요가 노동량 단위 가격 기준으로 일치하면 시스템은 균형이다. 수요와 공급이 일치하지 않으면 소비재 마케팅 당국은 가격을 조정하여, 대략적인 단기 균형이 달성될 때까지 공급 부족 재화 가격은 인상하고, 공급 과잉 재화 가격은 인하한다. 그리고 계획 당국은 다양한 소비재들에 대해 그것들에

---

6) 이하 투입산출표를 이용한 노동시간계산 계획 모델의 설명은 코트렐·콕샷(Cottrell and Cockshott, 1993b)을 참조했다.

포함된 사회적 노동량에 대한 시장청산 가격(이는 노동증서로 표시된다)의 비율을 검토하여, 이들이 장기에서는 모두 1로 동등해지는지 확인한다. 즉 사회적 노동량에 대한 시장청산 가격의 비율이 사회적 평균 이상인 재화는 생산을 확대하고 그 비율이 사회적 평균 이하인 재화에 대해서는 생산을 축소하는 방식으로 다음 해의 소비재 생산 계획을 수립한다. 한편 즉 목표 최종산출 벡터를 지지하는 데 요구되는 총산출을 투입산출표를 이용하여 사전에 계산하며 균형에 도달할 때까지 사전에 반복 조정이 이루어진다. 또 이상의 절차가 진행되기 위해서는 각 생산물에 포함된 직간접 투하노동시간이 계산되어야 하는데, 이는 〈식 ⑤〉와 〈식 ⑥〉에서 보듯이 n개의 선형 생산방정식에서 n개의 노동량 미지수를 역행렬을 계산하여 푸는 문제이므로 해결 가능하다.

〈수식 1-2〉

$$⑤ \qquad \lambda_j = \sum_{i=1}^{n} a_{ij}\lambda_i + l_j$$

$$⑥ \qquad \lambda = l(I-A)^{-1}$$

[λ_j: 재화 j의 생산에 직간접으로 투하된 노동시간; l_j: 재화 j의 단위 물량 생산을 위해 직접 투하된 노동시간; $a_{ij}(=x_{ij}/X_j)$: 재화 j의 단위 물량 생산을 위해 사용된 생산수단 i의 양]

　　투입산출표를 이용한 계획은 상호정합적인 총산출 목표치의 집합을 제공할 수 있다. 무엇보다 투입산출표는 물적 밸런스와 달리 역행렬 계산을 통해 유발된 간접효과, 즉 '2차 효과'를 모두 반영할 수 있는데, 이는 물적 밸런스에 비교할 때 투입산출표가 확실하게 우수한 점이다. 이는 기존의 물적 밸런스를 이용한 계획이 전반적인 균형을 보장하지 못한 것을 고려하면 중요한 진전이다(Treml, 1967: 94).
　　하지만 투입산출표는 기존의 소련 동유럽에서 계획경제의 수단으로 거의 이용되지 않았다. 1963년 소련의 주요한 계획 책임자였던 벨킨(V. Belkin)은 다음과 같이 말했다. "투입산출 기술은 충분히 완성되었지만, 실제 계획에는 사용되지 않았다"(Treml, 1967: 102에서 재인용). 동유럽의 경우 1960년대 말까지 20개의 투입산출표가 작성되었는데 그중 단 두 개만이 계획 모델표였다(Treml, 1967: 96). 또 투입산출표가 작성된 후에도 대개는 '실험적'(experimental)이라는 수식어가 붙여졌다(Treml, 1967: 101).

왜 소련에서 투입산출표는 실제 계획에 적용되지 못했는가? 우선 〈식 ④〉처럼 최종수요 Y에서 출발하여 총산출량 X를 계획하는 투입산출표에 기초한 계획은 총산출량 목표치 X를 계획당국이 먼저 정하고 소비 등 최종수요 Y는 잔여항으로 도출되는 기존의 물적 밸런스에 기초한 계획 방식과 역순이라고 할 수 있다. 이로부터 소련 관료들은 투입산출표에 기초한 계획에 대해 소비지향적 접근이며 경제성장을 저해할 우려가 있다는 등의 비판을 가했다(Treml, 1967: 104).[7] 하지만 투입산출표에 기초한 계획은 계획 당국의 재량의 여지의 감소, 즉 소련 관료 권력의 축소를 함축했다는 점에서 기존 소련 관료의 이익과 충돌했다. "중간재 공급의 관리 체제의 폐지에 대한 공포가 (투입산출표에 기초한 계획의 도입에 대한 필자) 반대의 기저에 놓여 있었다. 중간재에 대한 수요가 최종수요로부터 도출되는 순간, 물적 밸런스의 전 체제 및 기존의 행정적 공급 체제의 존재 이유가 문제시된다"(Becker, 1967: 128). 따라서 당시 소련에서 투입산출표가 작성되어 있고 투입산출분석이 기술적으로 가능했음에도 불구하고 이에 기초한 계획이 채택되지 못했던 것은, 기술적 이유, 즉 투입산출표 작성에 필수적인 전제인 역행렬 계산을 할 수 있는 컴퓨터 기술이나 정보 수집에 필요한 통신 기술의 미비(Cottrell and Cockshott, 1993b) 때문이라기보다는 주로 정치적 이유 때문이었다고 할 수 있다.

한편 투입산출표는 물적 밸런스보다 더 포괄적이라는 장점을 갖는 것으로 여겨

---

7) 예컨대 당시 '정통'(즉 보수) 스탈린주의 경제학자 차골로프(Tsagolov)는 '서술적 경제학'(정치경제학)과 '구성적 경제학'(투입산출 분석, 최적계획론 등 수리경제학)을 구별하여 후자의 필요성을 강조했던 새로운 수리경제학파 경제학들 (칸트로비치, 넴치노프, 페도렌코 등)에 대해, 이와 같은 구별은 옳지 않으며 하나의 정치경제학만이 있을 뿐이라고 반박했다(Ellman, 1973: 9).

지지만, 반드시 그런 것은 아니다. 실제로 투입산출표에서 포괄할 수 있었던 산업의 최대 수는 600개 정도로서 물적 밸런스에 비해 특별한 우위를 주장하기 어렵다. 나아가 투입산출표도 물적 밸런스와 마찬가지로 통합의 오류에서 자유롭지 못하다. 그렇다면 물적 밸런스에 기초한 계획에서 고질적이었던 통합의 오류 및 일관성(균형) 확보의 곤란은 투입산출표를 이용한다 할지라도 마찬가지라고 할 수 있다(Ellman, 1973: 32).

또 실행계획도 진정한 의미에서 계획이라기보다, 무엇을 생산하고 누구에게 공급할 것인가를 둘러싸고 기업들과 그들의 상부 기관 간에 맺은 잠정적 협약에 불과했으며, 이는 끊임없이 변경되었다. 최종 확정계획이란 것이 없었기 때문에 상부 위계들은 임의로 개입해서 실행계획을 수시로 변경시킬 수 있었다. 실행계획은 또, 중앙, 즉 정부(인민위원회)나 고스플랜이 아니라, 산업성, 업종국과 기업들 자신에 의해 입안되고 실행되었다. "소련에서 계획은 진정한 의미의 계획이 아니라 (빈번한 갈등을 수반하는) 일종의 우선순위의 체계일 뿐이었다"(Sapir, 1997: 229~230). 그래서 가장 중요하다고 상부 위계가 판단한 물자가 우선적으로 생산 공급되었으며 그렇지 않은 품목들은 항상 후순위로 밀렸다. 물적 밸런스는 사전적 계획에 의해서가 아니라, 언제나 사후적 조정과 관리를 통해서만 달성될 수 있었다. 소련에서 자원은 이른바 '계획' 당국자들의 '감'(feel)과 직관에 의해 배분되었다. 이른바 계획 당국자들은 계획에 필수적인 투입과 산출의 기술적 관계에 대해서도 거의 알지 못했다(Gregory, 2004: 211). 요컨대 구소련은 기술적 의미에서도 계획경제와는 거리가 멀었다.

5. 노동시간 계산 계획 모델의 평가

노동시간 계산에 기초한 계획은 마르크스의 공산주의론에서 핵심이다. 노동시간 계산에 기초한 거시경제 조절 계획은 전시공산주의 시기 소련에서 일시적으로 고려되었지만 신경제정책 이후 주변화되었으며 스탈린주의 관리명령경제하에서 사실상 폐기되었다. 하지만 1917년 혁명 이후 소련은 노동시간 계산에 기초한 계획을 비록 현실에서 구현하지 못했지만 그 방법의 측면에서 중요한 기여를 했다. 국민경제 밸런스(물적 밸런스) 및 투입산출표를 창안한 것, 이를 활용하면 노동시간 계산에 기초한 계획이 실행 가능함을 입증한 것, 나아가 이를 통해 노동시간 계산에 기초한 계획을 핵심으로 하는 마르크스의 '초기' 공산주의가 유토피아가 아니라 '리얼 유토피아'가 될 수 있게 한 것이 그것이다.

노동시간 계산 계획 모델은 마르크스 '초기' 공산주의의 경제 조절 메커니즘, 즉 자원 배분과 소득분배 메커니즘을 구체화하고 제도화한 성과이다. 하지만 노동시간 계획 모델, 혹은 노동증서 모델을 대안사회의 완결된 모델로 특권화하는 것은 노동의 폐지 경향을 핵심으로 하는 마르크스의 공산주의 이념과 상충된다(정성진, 2015; 정성진, 2016). 먼저 노동시간 계산에 기초한 계획은 공산주의 '초기' 국면에서 그 역사적 시효가 종료된다는 점에 유의해야 한다. 즉 노동시간에 따른 분배, 노동증서를 활용한 이른바 '등노동량 교환'은 그 자체 지속적으로 재생산되고 준수되어야 할 공산주의의 영원한 원리가 아니라, 자본주의의 유제, 즉 "결함"으로서 "처음부터" 극복되어야 할 과제이다. 마르크스가 『고타강령비판』에서 "그러나 이러한 결함은 자본주의 사회로부터 장기간의 산고(産苦) 후 막 빠져나왔을 뿐인 공산주의 '초기' 국면에서는 불가피하다"(Marx, 1989a: 87)라고 쓴 문장에서 "이러한 결함"이라고 지칭한 것은 "주어진 한 형태의 노동량이 다른 형태의 동등한 노동량과 교환"(Marx, 1989a: 86)되는 '등노동량 교환'의 원리, 혹은 "동등한 권리"의 원리라는 것이다(Lebowitz, 2015).[8] 실제로 마르크스는 공산주의 '초기' 국면에서도 "처음부터" 사회적 총생산물 중 상당 부분은 노동시간에 따라 개인들에게 분배되는 것이 아니라, 공동의 필요에 따른 분배를 위해 미리 공제된다고 보았다. "둘째로, 학교, 보건서비스 등과 같은 공동의 필요 충족을 위해 의도된 부분(이 공제된다. _필자). … 처음부터 이 부분은 현재 사회와 비교하여 상당히 증가하며, 새로운 사회가 발전함에 따라 더 증가한다"(Marx, 1989a: 85).

---

8) 하지만 라이브만(Laibman, 2014)은 이와 같은 레보비츠의 『고타강령비판』의 연속혁명론적 독해에 대해 마르크스를 아나키스트로 둔갑시키는 "유치한 무질서"라고 비판하면서, 기존의 단계론적 해석을 고수한다.

또 시장가격 단위 조절을 노동시간 단위 계산으로 대체한다고 해서 시장가격에 고유한 "결함"을 극복할 수 없다는 점도 지적되어야 한다. 푸르동의 노동화폐론에 대한 마르크스의 비판에서 보듯이, 푸르동이 제안한 '개별적' 노동시간 전표는 자원 배분과 분배의 기준으로 기능할 수 없으며, 이를 위해서는 노동시간 전표는 '사회적 필요' 노동시간 전표가 되어야 하는데, 이 때 '사회적 필요' 노동시간 전표란 화폐의 다른 명칭일 뿐이다. 이와 관련하여 투입산출표를 이용하여 상품의 가격으로부터 그것에 포함된 노동시간을 역전형을 통해 찾아낸 기존의 연구들은 상품의 가격이 그 상품에 체화된 노동시간에 비례하며, 따라서 '가치/가격' 비율, '잉여가치/이윤' 비율, '가치 이윤율/가격 이윤율' 비율이 대체로 '1'에 수렴한다는 사실을 보여준다.[9] 만약 이처럼 가격이 가치, 즉 사회적 필요노동시간에 비례한다면, 가격을 노동시간 단위로 '역전형'한다고 해서, 가격 단위 계산에서는 인식할 수 없었던 어떤 근본적으로 새로운 사실이 밝혀지는 것은 아니다. 나아가 시점 간 단일체계 해석(TSSI)의 관점에서는 〈식 ⑥〉에 의거한 역전형을 통해 계산한 재화와 서비스 생산에 직간접으로 필요한 노동시간은 마르크스적 의미의 가치와는 무관하다는 비판을 제기할 수 있다(Kliman, 2007). 또 역전형을 이용한 직간접 노동시간의 계산 절차는 본질적으로 불변자본(c)에 체화된 과거노동 시간을 현재 노동시간으로 환원하는 것이라는 점에서 마르크스적 가치 계산 절차라기보다 마르크스가 비판한 스미드의 v+s의 도그마에 빠지는 것이라고 비판될 수 있다.

또 노동시간 계산 모델은 모든 것을 노동으로 환원할 경우 해방된 공산주의 사회의 다양성을 제대로 반영할 수 없는 문제가 있다. 예컨대 자연과 환경 문제를 고려하는 데서 노동시간 계산 모델은 한계가 있다. 노동시간 계산 계획 모델을 특권화할 것이 아니라 그 한계를 인정하는 것이 필요하다. 노동시간 계산 모델의 옹호자들인 코트렐·콕샷도 다음과 같이 말했다. "우리는 노동시간 계산이 시장이 자원을 보존하는 데 실패하는 경우 자본주의보다 더 우수하다고 주장하지 않는다. 우리

---

9) 예컨대 샤이크·토낙(Shaikh and Tonak, 1994) 등. 1960년대 소련 고스플랜의 경제연구소도 앞의 〈식 ⑥〉에 의거하여, 또 투입산출표를 이용하여 노동시간 단위 계산을 시도하였으며, 총노동투입계수의 분산을 측정함으로써 '가치'로부터 가격의 괴리를 연구했다(Treml, 1967: 117).

는 노동시간 계산이 모든 계획 문제들에 대해 기계적인 결정 절차들을 제공한다고 간주하지 않음을 강조한다. 사회주의 사회는 상당한 환경적 충격을 수반하는 특정한 기술이나 프로젝트에 대한 민주적 토론에 개방적이며 환경적 고려가 노동 최소화라는 기준으로 측정된 '효율성'에 우선하는 것을 허용할 수 있다. 우리는 환경적 고려와 노동시간 계산이 하나의 스칼라양의 공통분모로 반드시 환원되는 것은 아니라는 생각, 또 이러한 고려들을 균형시키는 것이 그에 대한 의견들이 다를 수 있는 정치적 판단을 요청한다는 생각에 문제가 있다고 생각하지 않는다"(Cottrell and Cockshott, 1993a: 82). 마르크스는 자본주의의 본질적 "결함"의 하나인 착취를 '부등 노동시간 교환'이 아니라, '등노동시간 교환' 가정하에서 논증했다. 따라서 노동시간 계산 모델을 통해 '등노동시간 교환'을 확립하는 것만으로 자본주의의 "결함"이 정정되는 것은 아니다. 마르크스주의적 비자본주의·포스트자본주의 대안사회는 노동시간 계산에 의거한 '등노동시간 교환' 체제의 수립이 아니라, 소외된 노동과 추상적 노동시간의 폐지, 즉 가치 범주 그 자체의 폐지를 지향해야 한다. 최근 인공지능, 기계학습, 사물 인터넷(internet of things), 3D 프린팅, 등 기술의 발전에 따라 노동시간의 급진적 단축은 물론 생각하는 기계에 의한 인간 노동의 대체 가능성이 높아지고 있는데, 이것이 노동시간 계산에 기초한 계획을 핵심으로 한 마르크스의 '초기' 공산주의 모델에 제기하는 함의도 검토되어야 한다.

한편 후디스(Hudis, 2012)는 마르크스의 공산주의에서는 '사회적 필요노동시간'으로 정의되는 마르크스의 가치 범주가 폐기되므로 '사회적 필요노동시간'이 아니라 "실제적 노동시간"(actual labor time) 혹은 "개별적 노동시간"이 거시경제 조절원리가 된다고 주장했다. 풍요와 개성이 만개하는 마르크스의 '발전한 공산주의' 국면에서는 노동이 '활동'으로 전화되고 '사회적 필요노동시간'도 소멸하고, 노동은 '실제적', '개별적' 의의만을 가질 것이다. 하지만 마르크스의 '초기' 공산주의에 해당되는 참여계획경제에서 경제적 조절을 위한 계산 단위가 개별적 혹은 실제적 노동시간이 될 것이라고 보기는 어렵다. 아직 "시간의 경제"가 작동하고, 결핍을 완전히 극복하지 못한 '초기 공산주의' 국면에서는 마르크스의 '노동시간 전표' 구상에서 보듯이, 노동시간 계산에 기초한 계획이 불가피하다. 공산주의 '초기' 국면에서 경제 조절, 즉 계획의 주된 과제는 사회적 개인들에 의해 수행되는 재화와 서비스의 사회적 생산과 이들에 대한 사회적 필요를 고차적 수준에서 사전적으로 균형시키고 자연과 인간 간의 물질대사의 균형을 회복하는 것이다. 따라서 공산주의 '초기' 국면에서는 경제 조절을 위해 노동시간을 계산 단위로 활용하는 것은 불가피하며, 이 때 경제 조절, 즉 계획의 계산 단위로서 노동시간은 평균적 필요노동시간이라는 의미에서 사회적 필요노동시간이 될 수밖에 없다. 실제로 기존의 참여계획경제 모델들에서 계산 단위는 그것이 '지시가격'이든, '생산가격'이든, 혹은 '노동시간'이든, 모두 '평균' 개념이다.

노동시간 계산에 기초한 계획 모델은 기본적으로 '시간의 경제' 모델로서 마르크스가 『고타강령비판』에서 "자본주의로부터 갓 빠져나온", 즉 '초기' 공산주의라고 묘사한 국면의 경제 모델이며, 노동의 폐지를 핵심으로 하는 '발전한 공산주의'와 동일시될 수 없다. 따라서 한편에서는 노동시간 계산에 기초한 계획 모델의 경계를 마르크스의 공산주의 '초기' 국면에 한정하면서도, 다른 한편에서는 공산주의 '초기' 국면에서 이미 현재화되기 시작한 노동의 폐지 경향을 확장하는 것을 통해, 연속 혁명적으로 '발전한' 공산주의로 나아가는 것이 필요하다(정성진, 2015). 레닌의 『국가와 혁명』 이후 기존의 주류 마르크스주의는 마르크스의 『고타강령비판』에서 공산주의의 '초기' 국면과 '발전한' 국면을 각각 상이한 경제법칙이 작동하는 공산주의의 상이한 두 '단계', 즉 사회주의 단계와 '진정한' 공산주의 단계를 뜻하는 것으로 이해해왔지만, 이는 오히려 동일한 공산주의의 두 국면으로 이해되어야 한다. 그렇다면 '발전한 공산주의' 국면에서 '필요에 따른 분배'와 노동의 폐지는 먼 훗날의 과제가 아니라, 반자본주의 혁명과 동시에 "처음부터" 시도되고 달성할 과제로 설정되어야 한다. 또 인공지능, 생태 위기의 시대에 노동시간 계산 계획 모델의 적용 범위는 20세기에 비해 상대적으로 축소되었다고 할 수 있다. 그렇다고 해서 그린(Green, 2000) 등처럼 노동시간이라고 할지라도 단일한 척도로 공산주의 경제를 조절하려는 모든 시도는 결국 가치법칙과 자본주의의 부활로 이어질 수밖에 없다면서 노동시간 계획 모델을 폐기하고 노동시간과 같은 단일한 척도가 아니라 상이한 생산물과 노동의 질적 차이를 측정할 수 있는 복수의 척도를 경제 조절의 기준으로 제시하는 것에는 동의하기 어렵다. 공산주의 '초기' 국면과 '발전한' 국면의 구별 및 노동시간과 자유시간의 구별과 노동시간 단축 및 발전한 공산주의 국면에서 노동 폐지 전망을 핵심으로 하는 마르크스의 공산주의론은 노동시간 계산에 기초한 계획을 출발점으로 요청한다. 노동시간을 경제 조절의 계산 단위로 잠정적으로 활용하는 노동시간 계획 모델은 공산주의 '초기' 국면의 필수적 경과점이다. 노동시간 계산에 기초한 계획을 통해서 필요에 따른 분배의 확대와 노동 폐지, 즉 '발전한 공산주의'의 도래가 기획될 수 있기 때문이다.

참고문헌

노브, 알렉(Alec Nove). 1998. 『소련경제사』. 김남섭 옮김. 창작과 비평사.
마르크스, 칼(Karl Marx). 1991. 『자본론』, I권. 김수행 옮김. 비봉출판사.
_____. 1993. 「국제노동자협회 발기문」. 『칼 맑스 프리드리히 엥겔스 저작선집』, 3권. 최인호 외 옮김. 박종철출판사.
_____. 1995. 「고타 강령 비판 초안」. 『칼 맑스 프리드리히 엥겔스 저작선집』, 4권. 최인호 외 옮김. 박종철출판사.
_____. 2000. 『정치경제학비판 요강』, I, II, III권. 김호균 옮김. 백의.
_____. 2003. 『프랑스 내전』. 안효상 옮김. 박종철출판사.
_____. 2004a. 『자본론』, II권. 김수행 옮김. 비봉출판사.
_____. 2004b. 『자본론』, III권. 김수행 옮김. 비봉출판사.
정성진. 2006. 『마르크스와 트로츠키』. 한울.
_____. 2015. 「마르크스 공산주의론의 재조명」. ≪마르크스주의 연구≫, 12권 1호.
_____. 2016. 「참여계획경제 대안의 쟁점과 과제」. 심광현 외. 『좌파가 미래를 설계하는 방법』. 문화과학사.

Balderston, T(ed.). 2003. *The World Economy and National Economies in the Interwar Slump*. Palgrave.
Becker, A. 1967. "Comments." in J. Hardt(ed.). *Mathematics and computers in Soviet economic planning*. Yale University Press.
Brincat, S(ed.). 2014. *Communism in the 21st Century, Vol.1*. Praeger.

Bukharin, N. and Preobrahensky, E. 1966. *The ABC of Communism*. The University of Michigan Press.

Carr, E. 1952. *The Bolshevik Revolution 1917-1923, Vol. 2*. The Macmillan Press.

Cottrell, A. and Cockshott, W. 1993a. "Calculation, Complexity and Planning: The Socialist Calculation Debate Once again." *Review of Political Economy*, vol. 5, no. 1.

_____. 1993b. "Socialist Planning after the Collapse of the Soviet Union." *Revue européenne des sciences sociales*, Vol. 31, No. 96.

Davies, R. 1960. "Some Soviet Economic Controllers I." *Soviet Studies*, vol.11, No.3.

Day, R. 1973. *Leon Trotsky and the Politics of Economic Isolation*. Cambridge University Press.

Draper, H. 1978. *Karl Marx's Theory of Revolution, Vol.1 The Politics of Social Classes*. Monthly Review Press.

Ellman, M. 1973. *Planning Problems in the USSR*. Cambridge University Press.

_____. 2014. *Socialist Planning*, 3rd ed. Cambridge University Press.

Engels, F. 1987. *Anti-Dühring, MECW, Vol. 25*.

Foley, D. 1998. "An Interview with Wassily Leontief." *Macroeconomic Dynamics*, Vol. 2.

Green, J. 2000. "Labor-money and socialist planning." *Communist Voice*, No. 25~27. http://www.communistvoice.org

Gregory, P. 2004. *The Political Economy of Stalinism: Evidence from the Soviet Secret Archives*. Cambridge University Press.

Gregory, P. and Stuart, R. 2014. *The Global Economy and its Economic Systems*. South-Western Cengage Learning.

Hatanka, M. 1967. "Comments." J. Hardt(ed.). *Mathematics and computers in Soviet economic planning*. Yale University Press.

Hudis, P. 2012. *Marx's Concept of the Alternative to Capitalism*. Brill.

Jasny, N. 1972. *Soviet Economists of the Twenties: Names to be Remembered*. Cambridge University Press.

Kershaw, I. and Lewin, M(eds.). 1997. *Stalinism and Nazism: Dictatorships in Comparison*. Cambridge University Press.

Kliman, A. 2007. *Reclaiming Marx's 'Capital'*. Lexington Books.

Kozlov, G. et al. 1977. *Political Economy: Socialism*. Progress Publishers.

Laibman, D. 2014. "Quotology, Stages, and the Posthumous Anarchization of Marx." *Science and Society*, Vol. 78, No. 3.

Lebowitz, M. 2015. "'Build It from the Outset': An Infantile Disorder?" *Science and Society*, Vol.79, No.3.

Lenin, V. 1964. "The State and Revolution."(1918) *Collected Works*, Vol.25. Progress Publishers.

_____. 1965a. "Session of the All-Russia C.E.C."(1918.4.29) *Collected Works*, Vol. 27. Progress Publishers.

_____. 1965b. "'Left-Wing' Childishness and the Petty-Bourgeois Mentality"(1918.5.9). *Collected Works*, Vol. 27. Progress Publishers.

_____. 1965c. "Draft Programme of the R.C.P.(B.)."(1919.3) *Collected Works*, Vol. 29. Progress Publishers.

_____. 1966. "Our Foreign and Domestic Position and the Tasks of the Party." (1920.11.21). *Collected Works*, Vol. 31. Progress Publishers.

Leontief, W. 1925. 'The Balance of the USSR National Economy(A Methodological Critique of the Work of TsSU USSR)' *Weltwirtschaftliches Arkhiv*, October 1925.

_____. 1960. "The Decline and Rise of Soviet Economic Science." *Foreign Affairs*, January.

Marx, K. 1989a. "Critique of the Gotha Programme." K. Marx and F. Engels. *Collected Works*, Vol. 24. Progress Publishers.

_____. 1989b. "Notes on Bakunin's Book Statehood and Anarchy."(1875) K. Marx and F. Engels. *Collected Works*, Vol. 24. Progress Publishers.

_____. 1989c. *Economic Manuscripts of 1861-63. MECW*, Vol.32.

MHI. 2013. "Marx's Critique of Socialist Labor-Money Schemes and the Myth of Council Communism's Proudhonism." With Sober Senses,

  http://www.marxisthumanistinitiative.org/alternatives-to-capital/marx%E2%80%99s-critique-of-socialist-labor-money-schemes-and-the-myth-of-council-communism%E2%80%99s-proudhonism.html

Nelson, A. 2011. "Money versus Socialism." Nelson and Timmerman(eds.). *Life Without Money: Building Fair and Sustainable Economies*. Pluto Press.

Nelson, A. and Timmerman. F(eds.). 2011. *Life Without Money: Building Fair and Sustainable Economies*. Pluto Press.

Nove, A. 1986. *Socialism, Economics and Development*. Allen & Unwin.

Preobrazhensky, E. 1965. *The New Economics*. Clarendon Press.

Remington, T. 1982. "Varga and the Foundation of Soviet Planning." *Soviet Studies*, Vol.34, No.4.

Sapir, J. 1997. "The Economics of War in the Soviet Union during World War II." in Kershaw and Lewin(eds.). *Stalinism and Nazism: Dictatorships in Comparison*. Cambridge University Press.

Shaikh, A. and Tonak, E. 1994. *Measuring the Wealth of Nations*. Cambridge University Press.

Stalin, J. 1954a. "Concerning Questions of Agrarian Policy in the U.S.S.R." Speech Delivered at a Conference of Marxist Students of Agrarian Questions(1929.12.27). *Works*, vol. 12. Foreign Languages Publishing House.

_____. 1954b. "The Tasks of Business Executives." Speech Delivered at the First All-Union Conference of Leading Personnel of Socialist Industry(1931.2.4). *Works,* vol. 13. Foreign Languages Publishing House.

_____. 1978a. "On the Draft Constitution of the U.S.S.R.: Report delivered at the Extraordinary Eighth Congress of Soviets of the U.S.S.R"(1936.11.25). *Works,* vol. 14. Red Star Press Ltd.

_____. 1978b. "Report on the Work of the Central Committee to the Eighteenth Congress of the C.P.S.U.(B.)"(1939.3.10). *Works,* vol. 14. Red Star Press Ltd.

Strumilin, S. 1959. "On the Determination of Value and its Application under Socialism." *Problems of Economics*, Vol. 2, No. 8.

Swain, G. 2006. *Trotsky*. Pearson Education Ltd.

Temin, P. 1991. "Soviet and Nazi Economic Planning in the 1930's." *Economic History Review*, Vol. XIV No. 4.

Treml, V. 1967. "Input–output analysis and Soviet planning." J. Hardt(ed.). *Mathematics and computers in Soviet economic planning*. Yale University Press.

Tretyakova, A. and Birman, I. 1976. "Input-output analysis in the USSR." *Soviet Studies*, Vol. 28, No. 2, pp.157~186.

Trotsky, L. 1973. "The Soviet Economy in Danger."(1932.10.22) *Writings of Leon Trotsky* [1932]. Pathfinder Press.

Zaleski, E. 1980. *Stalinist Planning for Economic Growth in the Soviet Union, 1933-52*. University of North Carolina Press.

제2장

경제계정체계와 대안사회경제*

장시복 ǀ 목포대학교 경제학과 부교수

1. 서론

경제계정체계는 거시경제 통계를 모으고 공표하며 경제성과를 분석·평가하기 위한 포괄적인 회계체계다. 경제계정체계는 각종 경제활동과 경제주체들의 상호작용을 종합적이고 상세하게 제시하는 국민경제의 종합재무제표이자 통일된 기준에 따라 작성된 다양한 통계표로 구성된 거시경제 통계의 결정판인 것이다.

현실 역사에서 경제계정체계는 국민계정체계(System of National Accounts)와 실물생산체계(Material Product System)라는 형태로 존재했다. 자본주의 국가들에서는 1947년 국민계정체계의 국제적인 표준을 확립하기 위한 시도 이후 1953년, 1968년, 1993년, 2008년 모두 네 차례에 걸쳐 국민계정체계가 개정되었다. '현실' 사회주의 국가들에서는 1920년대부터 국민계정체계와 기본 원리가 상이한 실물생산체계를 사용했으며, 1990년대 초 '현실' 사회주의가 붕괴하고 경제체제가 사회주의에서 자본주의로 이행하는 과정에서 실물생산체계는 국민계정체계로 전환되었다.

국민계정체계와 실물생산체계의 역사적 변천 과정은 자본주의와 '현실' 사회주의라는 상이한 경제체제의 작동 방식, 국내경제와 세계경제의 변화·발전, 그리고

* 이 논문은 2013년 정부(교육부)의 재원으로 한국연구재단의 지원을 받아 수행된 연구 (NRF-2013S1A5B8A01055117)이다.

이들 계정체계의 통계를 구성하는 데 필요한 기법의 발전이 낳은 산물이었다. 그렇지만 국민계정체계와 실물생산체계의 역사를 살펴보면, 이 체계들이 생산의 범위, 금융서비스의 처리, 사회적 웰빙의 측정 등 여러 쟁점과 한계를 내포하고 있다는 것을 발견할 수 있다.

다른 한편 '현실' 사회주의의 실패에 대한 재평가와 경제공황과 사회적 불평등으로 상징되는 자본주의의 모순들이 적나라하게 드러나면서 최근 이를 극복하고 새로운 대안사회를 실현하는 데 필요한 경제체제의 논의들이 활발하게 전개되고 있다. 특히 대안사회경제의 작동 원리에 관한 논의들은 추상적인 차원을 벗어나서 종합적이고 구체적인 모형으로까지 발전하고 있다.

이와 관련해 이 글은 경제계정체계의 역사적 변화·발전과 이와 관련한 쟁점들을 분석해서 대안사회경제에서 경제계정체계가 어떻게 구성되고 작동해야 하는지에 대한 몇 가지 시사점을 얻으려 한다. 이를 위해 2절에서는 자본주의의 국민계정체계와 '현실' 사회주의의 실물생산체계에 대해 분석하고, 3절에서는 경제계정체계를 둘러싼 몇 가지 쟁점들을 살펴본다. 그리고 4절에서는 이 분석에 바탕을 두고 대안사회경제에서 경제계정체계의 작동 원리에 관한 몇 가지 기본 원리를 제시한다.

2. 경제계정체계의 역사적 변천

1) 자본주의와 국민계정체계

(1) 1953년 국민계정체계

현대적인 의미에서 국제적으로 이루어진 국민계정체계의 편제는 1947년 리처드 스톤(Richard Stone)[1]의 지휘하에 이루어진 '국제연맹 통계전문가 위원회 산

---

[1] 스톤은 제임스 미드(James Meade)와 함께 영국의 국민소득과 지출을 통합하는 작업을 통해 국민계정을 연구했으며, 이후 국민계정의 편제 원리 기초를 놓는 데 중요한 역할을 했다. 스톤은 그 공로를 인정받아 1984년 노벨경제학상을 수상했다. 스톤의 생애와 업적에 대해서는 Pesaran and

하 국민소득통계 소위원회'가 발표한 『국민소득의 측정과 사회적 계정의 구축 (Measurement of National Income and the Construction of Social Accounts)』에서 그 기원을 찾을 수 있다.[2]

이 보고서에서는 각 산업부문의 총계가 경제 기능에 따른 회계주체의 활동을 합쳐 계산된다. 거래를 수행하는 경제의 기본 단위인 회계주체는 생산적 기업, 금융 중개기관, 보험회사와 사회보장 대리인, (중앙정부를 포함한) 최종소비자와 대외부문으로 구분되었다. 그리고 이 보고서에서 주요 계정은 영업계정, 지출계정, 수입계정, 자본계정, 지급준비계정으로 구성되었고 개별 거래는 복식부기에 따라 계정에 기록되었다(United Nations, 1947).

1947년에 발간된 이 보고서는 국민통계의 국제적 통계표준을 만들기 위한 노력의 첫 번째 산물이었다. 그렇지만 이 보고서가 제시한 내용은 국민경제의 계정을 제시하기보다는 부문 계정의 합을 제시한 것이라고 할 수 있다. 또한 이 보고서는 보험에 대한 취급, 금융중개, 감가상각에 대한 규정, 공공부채의 이자, 간접세 등 국민계정체계를 확립하는 데 필요한 세부적인 문제를 해결하지 못했다(Vanoli, 2005).

1947년 보고서 발간 이후 국제연합은 국민계정체계의 구축에 심혈을 기울였고 그 결과로 1953년 『국민계정체계와 부표(A System of National Accounts and Supporting Tables)』라는 편제지침서를 발표했다. 1953년 국민계정체계는 1947년 보고서를 확대·발전시켜 일반적으로 적용할 수 있는 국민소득과 생산과 관련한 통계를 측정하기 위해 표준적인 국민계정체계를 확립하는 것을 목적으로 했다 (United Nations, 1953).

1953년 국민계정체계는 국민계정체계를 구성하는 데 필요한 기본 개념을 정의

Harcourt(2000)를 보라.

2) 이 보고서가 출간되기 이전까지 국민계정은 나라마다 편제 기준이 다르고 집계 방식도 각양각색이었다. 이로 인해 나라들의 경제상황을 비교할 수 있는 객관적인 기준이 존재하지 않았다. 이를 극복하기 위해 경제계정체계에 대한 국제적 통계표준을 확립하려는 시도가 1939년 4월 열린 통계전문가 위원회의 결정으로부터 시작되었고, 드디어 1947년 위원회의 연구결과가 이 보고서로 발표된 것이다.

하고 있다. 다시 말해 생산의 정의 및 범위, 중간재와 최종생산물의 정의, '총(gross)'과 '순(net)'이라는 개념의 구분, '국민'과 '국내'의 정의, 시장가치, 시장가격과 요소비용의 정의, 소비와 자본 형성의 구분, 개방경제, 금융문제, 산업분류, 거래의 표기 방법 등에 대한 논의를 엄밀하게 전개하고 있다(United Nations, 1953).

기본 개념을 논의한 이후 1953년 국민계정체계는 다음과 같은 6개의 표준계정을 제시했다. 국내생산계정, 국민소득계정, 국내자본형성계정, 가계·민간비영리기구의 경상계정 및 자본조정계정, 일반 정부의 경상계정 및 자본조정계정, 대외거래의 경상계정 및 자본조정계정. 국내생산계정은 생산 활동과 관련한 수입과 비용을 보여준다. 국민소득계정은 피용자보수, 기업소득, 자산소득, 기업의 저축과 직접세, 일반 정부의 소득 등 경제부문의 소득 활동을 총괄한다. 국내자본형성계정은 기업의 고정자본형성을 측정하는 계정이다.

또한 1953년 국민계정체계의 표준계정에는 각 경제주체들의 경상계정 및 자본조정계정이 존재한다. 가계, 민간비영리기구의 경상계정 및 자본조정계정은 가계 및 민간비영리기구의 경상계정에 해당되는 소비지출, 직접세, 정부로부터의 기타 이전, 저축 등을 보여주며, 자본조정계정에 해당되는 순자본이전과 저축을 제시했다. 이와 마찬가지로 1953년 국민계정체계는 일반 정부와 대외거래의 경상계정과 자본조정계정을 포함했다.[3]

1953년 국민계정체계는 거시경제통계를 체계적으로 구성하고 이들을 상호 관련시키는 기틀을 마련하기 위한 첫 시도라고 평가할 수 있다. 또한 이후 국민계정체계가 발전하는 데 필요한 기본 개념의 정의, 표준계정의 확립, 계정의 상호작용 원리 등을 명확히 했다는 점에서 의의를 가진다. 그렇지만 1953년 국민계정체계를 작성한 저작들도 인정하고 있는 것처럼, 이 체계는 국민계정체계의 단순한 첫 걸음에 불과했다(United Nations, 1968).

---

3) 다른 한편 1953년 국민계정체계는 12개의 기준표를 제시하고 있다. 이 표들은 국내총생산의 지출, 요소비용별 국내총생산의 산업출처, 조직형태별 국민소득, 국민소득의 분배, 국내자본형성의 구성, 총국내자본형성의 금융, 가계 및 민간 비영리기구의 수입과 지출, 민간소비지출의 구성, 일반 정부의 수입과 지출, 일반정부 소비지출의 구성, 대외거래, 농촌부문의 수입과 지출로 구성되었다.

〈표 2-1〉 국민계정체계에서 표준계정의 변화

	1953년 국민계정체계	1968년 국민계정체계	1993년/2008년 국민계정체계
경상계정	국내생산계정	상품계정 생산활동계정	생산계정
	국내소득계정	소비지출계정 소득지출계정	제1차 소득분배계정 제2차 소득분배계정 현물소득 재분배계정 소득사용계정
축적계정	국내자본형성계정가계, 민간비영리기구/일반정부의 경상계정 및 자본조정계정	자본형성계정 자본조달계정 재평가계정	자본계정 자산의 기타증감계정 금융계정
대차대조표	-	기초 및 기말 대차대조표	기초 및 기말 대차대조표 대차대조표증감계정
국외거래	대외거래의 경상계정 및 자본조정계정	경상거래 자본거래	경상계정 축적계정

자료: United Nations(1953, 1968, 1993, 2008).

(2) 1968년 국민계정체계

1953년 국민계정체계는 1960년 각국의 집계 방식에 관한 논평을 반영해 1차로 개정되었고 1964년 국제통화기금(IMF)의 『국제수지편람(Balance of Payments Manual)』과 집계 방식을 일치시키기 위해 재개정되었다. 그렇지만 이들 개정 작업은 1953년 국민계정체계를 부분적으로만 수정하는 데 그쳤다.[4]

이후 국제연합은 1968년 새로운 국민계정체계를 발표하고 이 지침에 따라 국민계정통계를 편제할 것을 권고했다. 1968년 국민계정체계에서 나타난 가장 큰 변화

---

[4] 1960년에 이루어진 개정 작업의 결과는 1953년 보고서와 동일한 제목을 단 『국민계정체계와 부표』라는 보고서로 발간되었다. 1960년 개정의 내용에 대해서는 United Nations(1960)을 보라.

는 국민소득통계와 별도로 작성되었던 산업연관표, 국민대차대조표 등을 유기적
으로 연결시킨 데 있다. 또한 1968년 국민계정체계에서는 법인기업, 금융기관, 정
부, 가계, 민간에 봉사하는 비영리단체 등으로 거래 주체를 확립했으며, 불변(실질)
가격 추계에 대한 여러 지침과 표준안도 제시했다(한국은행, 2014).

다른 한편 1968년 국민계정체계는 표준계정을 더 체계화했다. 〈표 2-1〉에서 알
수 있듯이 1968년 국민계정체계는 생산계정, 소득계정, 축적계정, 대차대조표, 해
외부문계정으로 표준계정을 구성하고 1953년 국민계정체계에 비해 표준계정을 더
엄밀화했다.

생산계정은 상품계정과 생산활동계정으로 세분되었다. 상품계정은 "상품가액
을 두 부분, 즉 상품의 기초가액(상품세를 가산하거나 보조금을 공제하기 전의 가액)과
상품세 및 보조금으로 분리해서 표시"했다. 생산활동계정은 "상품생산을 하는 산
업에 관한 계정과 일반적으로 시장에 공급되지 않은 서비스를 생산하는 정부 서비
스 생산자 및 민간 비영리 서비스 생산자에 관한 계정으로 구성되었다." 또한 소비
계정도 소비지출계정과 소득지출계정의 두 부분으로 분할되어 비금융기업, 금융
기관, 일반정부, 가계 및 민간비영리기구의 경상계정으로 기능했다. 다른 한편 축
적계정은 자본형성계정과 자본조달계정의 두 범주로 분리되었다. 자본형성계정은
토지, 광업권 등에 대한 지출을 표시하며, 재고투자와 고정자본형성에 관한 계정으
로 분할된다. 자본조달계정은 제도부문 대차대조표와 부합되었다. 마지막으로 해
외부문계정은 경상거래와 자본거래로 표시되었다(United Nations, 1968).

1968년 국민계정체계는 1953년 국민계정체계보다 더 체계화되었다. 1968년 국
민계정체계에서는 1953년 국민계정체계의 생산계정을 산업과 상품에 관한 투입·
산출계정으로 구분했고 순대부 또는 순차입의 흐름은 일국 경제의 제도 부문 및 부
차적 부문의 금융자산과 부채의 거래로 구분했다. 또한 일국의 소득지출 및 자본계
정은 이에 상응하는 제도 부문과 부차적 부문에 관한 계정으로 분류되었고 거래자
별 대차대조표계정과 국민대차대조표계정이 추가되었다. 그리고 1968년 국민계정
체계에는 재화와 용역의 공급과 처분에 관한 불변가격 자료가 포함되었다. 전체적
으로 1968년 국민계정체계는 현대적 의미의 국민계정체계의 기초를 확립했다고

평가할 수 있다(United Nations, 1968).[5]

(3) 1993년 국민계정체계

1993년 국민계정체계는 1970년대 이후 세계경제에서 일어난 변화의 산물이었다. 특히 스태그플레이션의 경험, 금융 산업의 발전, 세계화, 정부 역할의 변화 등 크게 달라진 경제 환경을 반영했다. 예를 들어 1993년 국민계정체계는 인플레이션에 의한 자산의 재평가를 기록하기 위한 별도의 계정을 만들고 달라진 금융 산업의 환경을 반영해 금융 혁신에 따른 금융 수단의 분류 기준을 재정립했으며 정부 활동의 역할을 부각했다(한국은행, 2000).[6]

〈표 2-1〉에서 볼 수 있듯이 1993년 국민계정체계는 경상계정, 축적계정과 대차대조표, 국외거래계정으로 구성되어 있다. 경상계정은 다시 생산계정과 소득계정으로 나뉘었는데, 특히 소득계정은 제1차 소득분배계정, 제2차 소득분배계정, 현물소득 재분배계정, 소득사용계정으로 세분화되었다. 축적계정은 제도단위 또는 제도부문이 소유하는 자산 및 부채와 그 변동을 기록하는 계정으로 금융계정, 자본계정과 자산의 기타증감계정이 있었으며, 대차대조표는 특정 시점에서의 보유 자산가액과 당해 자산의 소유자에 대한 금융채권 가액을 기록했다(United Nations, 1993).

1993년 국민계정체계는 이전 국민계정체계와 비교할 때 국민계정체계의 세부 내용에도 많은 변화를 가했다.[7] 예를 들어 1968년 국민계정체계에는 제도단위에 대한

---

5) 그렇지만 1968년 국민계정체계에는 한계도 존재한다. 이 체계에서는 자산 부채에 관한 정보는 간략히 취급했고 소득의 분배와 재분배에 관해서는 자세하게 다루지 못했으며 규모별 또는 가계구성별 개인소득분배에 관한 통계를 통합시키지 못했다. 또한 지역별 국민계정도 논의하지 못했다.

6) 또한 1993년 국민계정체계는 국제통계의 조화를 위해 국제연합, 경제협력기구(OECD), 국제통화기금 등 국제기구와 공동으로 개정되었으며, 경제활동 분류와 통계단위의 정의를 국제표준산업분류(ISIC)와 통일시키고 인구 및 고용지표를 국제노동기구(ILO)의 정의와 일치시켰다(한국은행, 2015).

7) 1968년 국민계정체계와 1993년 국민계정체계 사이의 변화에 대한 자세한 내용은 United Nations(1993)의 <부록 1>을 보라.

명확한 언급이 없지만, 1993년 국민계정체계에는 이를 명확하게 언급하며 "제도단위는 자기 책임하에 자산을 소유하거나 부채를 부담하는 경제활동에 종사하며 타 제도단위와 거래할 수 있는 경제적 실체"로 정의했다. 또한 법인기업 부문의 하위 분류에서도 1968년 국민계정체계는 금융 및 비금융기업을 공기업과 민간 기업으로 구분했지만, 1993년 국민계정체계에서는 이 구분이 공기업, 국내 민간 기업, 외국인 지배 기업으로 더 세분화되었다(United Nations, 1993).

그리고 1993년 국민계정체계에서는 실질국민소득 추계 방법을 기존의 고정가중법에서 연쇄가중법으로 변경할 것을 권고했다. 또한 달라진 경제 상황을 반영해 금융부문의 추계 방법을 개선했으며, 컴퓨터 소프트웨어 구입 및 개발에 대한 지출을 투자지출에 포함하는 등 무형자산의 중요성을 강조했다(한국은행, 2014).

(4) 2008년 국민계정체계

2000년대 들어 정보통신기술의 발전이 심화되고 연구·개발(R&D)과 같은 무형자산과 서비스업의 중요성이 한층 증대되었으며 생산과 소비 및 투자의 세계화가 더욱 진전되고 금융 산업의 비중이 더 커졌다. 또한 금융공황과 유럽의 재정위기 등을 거치면서 정부 및 공공부문의 건전성과 사회보장제도에 대한 관심도 높아졌다. 이를 반영해 국제기구는 2008년 국민계정체계를 발표했다(한국은행, 2014).

2008년 국민계정체계는 1993년 국민계정체계의 기본 틀을 유지했다. 2008년 국민계정체계에서는 국민계정을 크게 중심 체계와 기타 체계로 구분했다. 중심체계는 통합경제계정이 핵심을 이루는 가운데 공급사용표 및 투입산출표, 금융거래 및 금융자산·부채잔액표, 인구 및 노동투입표 등이 포함되었다. 기타 체계에는 중심 체계에 완전히 통합되기 어려운 특정 분야를 다루거나 특별 관심 사항에 대해 더 자세한 정보를 제공하기 위해 도입된 위성계정과 사회계정행렬이 포함되었다(United Nations, 2008).

그렇지만 세부 내용에서 2008년 국민계정체계는 1993년 국민계정체계보다 더 큰 진전을 이루었다. 우선 비금융자산과 관련해서는 연구·개발과 탄도 미사일 군함을 중간소비가 아니라 고정자본형성으로 취급했으며 자본서비스와 공공민간 동업관계를 새로 도입했다. 금융자산과 관련해서도 금융서비스의 범위를 확대하고 금융법인 하위 부문을 세분했으며 스톡옵션이나 고용연금기구에 대한 변경 사항도 포함했다.

국외거래와 관련해서는 세계화의 영향을 반영해 국경을 넘는 가공용 재화의 반출입과 관련해 임가공 수수료만 서비스로 계상하고 중계무역의 이익도 해당 재화의 생산으로 처리했으며, 초국적기업의 산출액을 관련 국가의 국민계정에 배분했다. 마지막을 정부 및 공공부문에서도 공공부문의 분류와 조세의 범주를 명확히 하고 정부보증, 정부지배 특수목적기구의 역할에 대해서도 명시적인 언급을 제시했다(한국은행, 2009).

지금까지 살펴본 국민계정체계의 역사적 변천을 보면 다음과 같은 특징을 확인할 수 있다. 첫째, 국민계정체계는 자본주의 경제체제의 성격, 특히 시장 중심의 경제 운영을 반영해 구축되었고 자본주의 경제의 역사적 발전에 따라 계정체제가 변화했으며 세부 항목에 수정이 가해졌다. 둘째, 국민계정체계는 생산, 소득과 소비, 자본축적과 금융, 대차대조표, 대외부문으로 점차 체계를 갖췄다. 셋째, 국민계정체계는 산업연관표, 국민대차대조표 등과 유기적으로 연결되었고, 다른 국제기구의 통계편성과 통일성을 유지하려 했다.

2) '현실' 사회주의의 실물생산계정

(1) 실물생산계정의 역사

시장 중심의 경제를 운용하는 자본주의 국가들과 달리, 중앙계획에 입각한 계획경제를 추진했던 '현실' 사회주의 국가들에서는 국민계정체계와 기본 원리가 다른 실물생산계정이 사용되었다. 실물생산계정은 1917년 사회주의 혁명으로 '현실' 사회주의가 성립된 이후부터 1990년대 초반 붕괴될 때까지 자본주의 나라들에서 적용된 국민계정체계와 나란히 사용되었던 것이다.[8]

1920년대 초반 소비에트 사회주의 공화국 연방(USSR)은 실물생산체계를 구축하

---

8) 실물생산체계의 역사적 적용과 변천에 대하서는 Arvay(1994)를 보라.

는 작업을 추진했다. 소련에서 최초의 국민소득과 기타 거시경제의 상세한 자료는 1923/1924년 회계연도에 공표되었으며, 이 체계에 대한 상세한 설명은 1926년 소련 중앙통계국의 수장인 포포프(P. I. Popov)가 발간한 출판물에 의해 이루어졌고, 이후 1920년대 후반과 1930년대에는 실물생산체계에 대한 공식 편찬물이 지속적으로 발간되었다. 또한 소련에서 채택한 실물생산체계는 소련의 영향하에 있던 다른 '현실' 사회주의 국가들에서 공통으로 적용되었다(Rangelova, 2007).9)

실물생산체계가 처음 자본주의 국가들에 소개된 것은 1957년 국제연합 산하 통계위원회에 의해서다. 이 위원회는 거시경제통계에 대한 국제 비교를 개선하기 위해 실물생산체계를 연구했다. 이후 1971년 이 위원회는 실물생산체계를 사용하는 '현실' 사회주의 국가들을 위해 사용 가능한 국제 권고 가운데 하나로 『국민경제 체계의 기본 원칙(Basic Principles of the System of Balances of the National economy)』을 발간하기도 했다.

1980년대 들어서 '현실' 사회주의 국가들도 국민계정체계와는 방법론적으로 상이한 원칙을 가진 실물생산체계를 국제적으로 비교하기 위해 적극적으로 노력했다. 그리고 1980년대 말 두 체계를 통합하려는 논의가 진행되었으며 특히, 실물생산체계의 범위를 확대하려는 논의가 활발하게 이루어졌다. 그렇지만 1989년 이후 '현실' 사회주의 국가들이 해체되고 시장경제체제로 이행하는 과정에서 실물생산체계는 소멸하고 이들 국가들에는 국민계정체계가 도입되었다.

(2) 실물생산체계의 구조와 추계 방식

'현실' 사회주의 국가들은 중앙계획경제를 표방했다. 중앙계획경제는 정치적으로 실현 가능한 자본의 축적과 자원의 완전한 사용을 통해 장기 성장의 극대화를 목표로 했다. 이를 실현하기 위해 중앙계획기구는 생산 설비와 생산과정과 같은 미시경제 정보를 상향하고 산출이나 투입과 같은 지침을 하향하며, 정부 기구와 국영

---

9) 실물생산체계를 적용한 사회주의 국가들은 다음과 같다. 알바니아, 불가리아, 중국, 쿠바, 체코슬로바키아, 동독, 캄보디아, 북한, 라오스, 몽고, 폴란드, 루마니아, 베트남, 유고슬라비아. 그런데 헝가리는 1968년이 되어서야 실물생산체계를 적용했다.

기업과 상호협력하에 계획을 조직하고 집행했다. 이 과정에서 실물생산체계는 '현실' 사회주의 국가들에서 계획경제의 원활한 작동과 발전에 필요한 통계의 측정에 중요한 역할을 했다(Marer et al., 1992).

실물생산체계는 '현실' 사회주의의 생산, 소비와 사회적 생산물의 축적을 종합한 것이었다. 실물생산체계의 계정은 국민계정체계의 계정과 유사하게 재화와 용역의 생산과 처분표, 국민소득의 생산 분배 처분표, 노동력 분배표, 국부통계, 고정자산대차대조표로 구성되었다. 재화와 용역의 생산과 처분표는 산업연관표, 산업별 상품산출표, 산업별 상품투입표의 기능을 했다. 국민소득의 생산 분배 처분표는 실물생산부문에서 생산한 소득의 흐름을 나타내는 표로서 소득의 분배와 처분을 나타냈다. 노동력분배표는 생산 활동 및 제도부문별 노동력의 배분 상황을 나타내는 표였다. 국부통계는 고정자본, 재고자산, 천연자원 등의 유형자산을 초기와 말기의 잔액, 그리고 기간 중의 증가분을 기록하며, 고정자산대차대조표는 고정자산을 자산형태별 및 생산활동별로 작성되었다(한국은행 조사제2부, 1988; Vanoli, 2005).

그런데 실물생산체계에서는 생산을 물질재를 생산하는 노동에 의해 이루어지는 것으로 파악한다. 다시 말해 이것은 국민소득이 실물생산 영역에서만 창출되는 물질재의 총합에 의해 결정된다는 것을 의미하는 것이다. 이에 기반을 두고 실물생산체계는 경제를 '실물부문'과 '비(非)실물 부문'으로 구분했다. 실물생산체계에서 실물부문은 공업, 농업, 임업, 운수, 통신, 수선, 보관, 배분업 등이 해당되었다. 그리고 나머지 부분은 비실물 부문으로 간주되었다(Boss, 1986; Vanoli, 2005; Rangelova, 2007).[10]

예를 들어 소련의 경우, 실물부문의 산업에는 제조업과 광업뿐만 아니라 전력산업과 기계 수리 등도 포함되었다. 그리고 식품가공과 같은 농업기업이 수행하는 산

---

10) 실물생산체계는 마르크스의 가치이론에 방법론적 근거를 두고 있다. 특히 마르크스가 제시한 생산적 노동과 비생산적 노동의 구분은 중요한 이론적 근거가 되었다. 마르크스는 생산적 노동을 생산물을 생산하는 노동으로 파악하기도 하고, 잉여가치를 생산하는 노동을 생산적 노동으로 파악하기도 한다. 실물생산체계는 생산물을 생산하는 노동이라는 규정에 따라 생산물을 물질적 생산물과 물질적 서비스로 한정한다.

업생산은 상황에 따라 통계에 포함될 수도 있고 그렇지 않을 수도 있다. 또한 소련의 실물생산체계는 서비스를 실물서비스와 비실물서비스로 구분하고, 실물서비스에 해당되는 운송, 통신, 도매업과 배분업을 실물생산에 포함시켰다(World Bank. 1992).

이 기준에 따라 '현실' 사회주의의 실물생산체계에서 총산출은 실물부문에서 생산된 재화와 실물서비스로 구성되며 총산출은 중간소비나 최종소비, 순고정자본형성, 재고증가, 수출 등으로 처분된다. 그리고 실물생산체계에서는 고정자본소모를 생산수단의 일부가 재화에 이전된 것으로 보아 중간소비로 처리했으며, 총산출에서 고정자본소모를 제외하면 순실물생산을 얻을 수 있었다.

다른 한편 실물생산체계에서 국민소득은 국영기업과 협동조합에서 창출되었다. 국영기업에서 창출된 소득은 노동자들에게 임금 형태로 지급되었고 잉여소득은 일부는 거래세의 형태로 국고에 귀속되었으며, 나머지는 기업이윤 형태로 기업소득이 되었다. 그리고 협동조합이 창출한 소득은 농민들에게 임금으로 지급되었고 잉여소득은 국영기업과 유사하게 일부는 국고로 나머지는 이윤 형태로 협동조합의 소득이 되었다. 그리고 이렇게 1차로 배분된 소득은 재정이나 금융거래 또는 부문 간 거래를 통해 재분배가 이루어졌다(한국은행 조사제2부, 1988).

'현실' 사회주의의 실물생산체계를 명확하게 이해하기 위해서는 〈그림 2-1〉과 같이 이를 자본주의의 국민계정체계와 비교해보는 것이 필요하다. 국민계정체계에서는 국민총소득(GNI)과 국내총생산(GDP)이 사용된다. 국민총소득은 국내총생산과 국외수취순소득(국외수취요소소득에서 국외지급요소소득을 공제한 값)의 합으로 주어진다. 또한 국내총생산은 국민순소득(NNP)과 고정자본소모의 합이며, 국민순소득은 국민소득과 간접세를 합한 것이다. 한 나라 경제의 생산과 관련한 가장 기본 지표로 사용되는 국내총생산은 국민순소득(NNI)과 고정자본소모의 합으로 구성된다. 국민순소득은 시장가격과 요소비용에 의해 측정되는 국민소득(NI)과 간접세의 합으로 이루어진다.

그런데 국민계정체계와 달리 실물생산체계에서 가장 중요한 개념은 실물순생산(NMP)이다. 실물순생산은 실물생산부문에서 생산된 물질재와 실물서비스로 구성

〈그림 2-1〉 국민계정체계와 실물생산체계의 개념 비교

국민계정체계				실물생산체계	
국민총소득(GNI)					
국외수취 순소득	국내총생산(GDP)				
	고정자본소모	국민순소득(NNI)			
		간접세	국민소득 (NI)	실물총생산	
			비실물영역 소득	실물순생산 (NMP)	고정자본소모
			실물영역 소득	실물영역의 국민소득	

자료: Rangelova(2007).

되며 국민계정체계의 국민소득에 대응되는 개념이다. 따라서 국민계정체계와 실물생산체계에서 국민소득을 비교해보면 국민계정체계에서는 비실물부문에서 발생한 부가가치가 포함되지만 실물생산체계에서는 제외된다. 다른 한편 실물순생산과 고정자본소모를 합산하면 실물총생산이라는 가장 넓은 의미의 개념을 도출할 수 있다.

전체적으로 '현실' 사회주의 국가들에서 사용했던 실물생산체계는 자본주의 국가들의 국민계정체계에 비해 생산의 범위를 매우 좁게 해석했다. 이는 '현실' 사회주의 나라들이 시행한 중앙계획경제의 운용을 반영한 것이었다. 또한 계획경제에서 비실물서비스, 특히 금융과 같은 부문은 사회주의 경제체계의 발전에서 불필요하거나 비생산적으로 여겨졌던 성격을 투영한 것이기도 했다. 그 결과 실물생산체계는 국민계정체계에 비해 생산의 범위나 규모가 작고 비실물 부문의 역할이 매우 제한적인 특징을 가지게 되었다.

3. 경제계정체계를 둘러싼 쟁점들

1) 생산의 범위

1953년 국민계정체계에는 "생산이 재화와 서비스의 영역을 설명할 수 있는 기본 개념이지만, 넓은 의미에서 모든 생산이 국민계정체계에 들어가는 경제적 생산의 개념에 포함되지 않는다"고 언급하며 국민계정에 포함되는 생산과 그렇지 않은 생산을 가능한 한 명확하게 구분할 필요성을 제기했다(United Nations, 1953).

그렇지만 이후의 국민계정체계의 발전 과정에서 생산의 범위가 명확하게 정의된 것은 아니었다. 예를 들어 가장 최근의 국민계정체계인 2008년 국민계정체계에서는 생산을 "제도단위가 자신의 통제와 책임하에 노동, 자본, 재화, 서비스 등의 투입물을 사용해 재화와 서비스의 산출물을 생산하는 활동"으로 정의한다(United Nations, 2008). 그렇지만 이 정의는 일반적인 정의일 뿐이며 실제 국민계정체계에서 생산의 범위를 어떻게 규정할 것인가는 여전히 애매모호한 것이다.

특히 생산의 범위에 생산의 산출물인 재화뿐만 아니라 서비스도 포함된다는 점에서 이 애매함은 해결되기 쉬운 과제는 아니다. 다시 말해 서비스라는 개념은 명확하게 정의되기 어렵기 때문에 서비스와 서비스가 아닌 것을 구분하는 절대적 기준은 존재하지 않으며 각 경우에 따라 그 포함 여부가 달라질 수밖에 없는 것이다.

2008년 국민계정체계에서 서비스는 "생산이 한 단위가 다른 단위의 이익을 위해 수행할 수 있는 활동으로 제한"한다. 그리고 "서비스는 그것을 소비하는 단위의 상태를 변화시키거나, 생산물 혹은 금융자산의 교환을 용이하게 하는 생산 활동의 결과인데 이들 서비스를 각각 '변화유발서비스'와 '마진서비스'라고 명명"한다(United Nations, 2008).

다른 한편 2008년 국민계정체계는 서비스에 포함되지 않는 항목을 제시한다. 이와 관련해 대표적인 것은 가계가 자가 소유 주택의 주거 서비스와 유급 가사 종사자에 의해 생산되는 서비스를 예외로 한 자가 소비를 위해 수행하는 서비스다. 또한 오염물질 배출과 같은 외부효과는 합법적인 생산 과정에서 발생하지만 국민계

정체계에서는 그것의 의제가치를 평가하지 않는다.[11]

결국 경제계정체계는 생산이라는 추상적 개념을 경제체제의 성격에 따라 양화해 통계로 집계하기 때문에 양화의 기준을 분명하게 제시하기는 힘들다. 특히 서비스라는 개념을 정의하기 어려운 상황에서 생산의 범위를 명확하게 구분하는 것은 쉬운 일은 아니다. 게다가 자본주의 국가들의 국민계정체계는 시장에서 거래되는 재화와 서비스로 생산의 범위를 한정하며, '현실' 사회주의 국가들의 실물생산체계는 물질생산과 물질서비스만을 생산으로 규정한다. 따라서 생산의 범위는 경제체제의 성격의 변화에 따라 다양하게 규정될 수밖에 없었다.

2) 금융서비스의 추계

두 번째 쟁점은 금융서비스의 추계와 관련된 것이다. 특히 금융을 비실물 생산으로 파악하는 '현실' 사회주의의 실물생산체계를 별도로 한다면, 금융서비스의 취급 문제는 국민계정체계에서 중요한 문제다. 국민계정체계에서 생산의 범위에는 재화와 서비스가 포함되며, 이에 따라 금융서비스도 생산으로 취급하고 있다. 그런데 금융이 생산으로 포함되는 국민계정체계에서는 중요한 문제는 금융서비스를 어떻게 측정할 것인가와 관련되어 있다.

국민계정체계에서는 은행부문의 생산을 산출하는 방식으로 금융중개서비스(FISIM: Financial intermediation services indirectly measured)를 사용한다. FISIM은 금융중개로 은행이 얻은 총자산소득에서 그들이 지불한 총이자를 제외한 것으로 은행의 금융중개소득, 금융서비스와 기타 금융소득이 포함된다. FISIM의 추정 방법은 "산업 및 가계의 지급이자는 중간소비로 계상하지 않고 수입이자도 총산출에 포함하지 않는데, 금융기관의 수입이자와 지급이자를 이와 동일하게 처리하면 금융기

---

11) 국민계정체계에서 흥미롭게도 생산의 범위에 불법이지만 경제적 의미에서 생산에 해당하는 예로 마약의 제조와 배급, 사람과 재화의 불법적 형태의 운송, 매춘과 같은 서비스 등을 포함시키고 있다. 이들은 시장의 유효수요가 있는 재화와 서비스를 산출하는 생산과정일 경우 국민계정체계의 생산범위에 포함되는 것이다.

관의 총산출에 계상되는 것은 송금수수료와 같은 실제 서비스밖에 없게 되는 문제"
를 해결하려 고안한 것이다(EC et al., 2009; 한국은행, 2012).

그렇지만 FISIM의 추정 방법과 관련한 논의를 제외하더라도 이 방법은 금융부
문의 생산을 정확하게 반영하지 못하고 있다. 예를 들어 뱅크 오브 아메리카(Bank
of America)라는 은행은 금융중개기능과 금융투자를 동시에 수행하며, 이에 따라 금
융중개수입과 금융투자수입을 동시에 얻는다. 그렇지만 FISIM에는 이 은행이 금융
투자로부터 얻은 소득은 포함되지 않는다. 이에 따라 이 은행에서 생산은 금융중개
만으로 축소되고 마는 것이다.

다른 한편 1980년대 이후 금융부문이 급격히 성장하고 금융이 국내총생산에서
차지하는 비중이 증가하면서 '국내총생산의 금융화(financialization of GDP)'라는 문
제도 중요한 쟁점으로 제기되고 있다.[12] 특히 2008년 세계경제공황 이후 금융의
역할에 대한 부정적 견해가 확산되면서 금융서비스를 생산으로 볼 것인가의 문제
가 새로운 조명을 받고 있는 실정이다.

예를 들어 미국의 경우 금융부문의 활동이 비약적으로 증가하면서 금융부분이
국내총생산에서 차지하는 비중이 점차 커지고 있다. 미국경제에서 금융부문(금융,
보험과 부동산)이 국내총생산에서 차지하는 비중은 1980년 15.70%에서 2015년
20.27%까지 증가했다. 이것은 금융부문이 미국경제에서 1/5을 차지하는 것을 의미
하며 생산에서 금융이 차지하는 비중이 크게 증가한 것을 반영한다(Chang, 2016).

그런데 이러한 현상은 경제학에서 전통적인 실물경제의 성장이 금융에 의해 주
도되는 금융화된 성장의 문제를 야기한다. 다시 말해 실물경제의 성장이 금융자본
의 활동에 의해 좌우되고 금융자본의 경제적 성과에 따라 성장이 영향을 받는 상황
이 벌어지고 있다는 것이다. 그 결과 금융서비스의 추계 문제뿐만 아니라 금융서비
스를 생산의 범위에 넣을 경우, 경제성장이 왜곡될 수 있는 여지가 존재한다.

---

12) 국내총생산의 금융화에 대한 자세한 논의는 Assa(2017)을 보라.

3) 사회적 웰빙

마지막으로 최근 논의되는 국민계정체계에서 사회적 웰빙을 어떻게 처리할 것인가의 문제가 제기된다. 사회적 웰빙은 2009년 스티글리츠 위원회에서 발표한『경제적 성취 및 사회발전 측정에 관한 보고서(Report by the Commission on the Measurement of Economic Performance and Social Progress)』를 통해 공론화되었다.[13]

스티글리츠 보고서는 삶의 질을 측정하는 방법과 관련해서 국민소득통계의 문제점을 보완할 필요가 있다고 지적한다. 이 보고서에는 국민계정체계와 관련해 국내총생산의 추계 방식에서 제기되는 품질 변화, 소득 및 가격의 이전의 측정, 공공서비스 관련 가격 및 품질의 측정 등에 대한 문제를 지적한다.

그러면서 스티글리츠 보고서는 삶의 질을 측정하는 데 필요한 객관적 기준을 제시하려 한다. 이 보고서는 삶의 질은 인간의 주관적 요인을 담고 있기 때문에 이를 양화하기는 쉽지 않지만, 삶의 질을 측정하기 위한 8가지의 객관적 요인을 다음과 같이 제시했다. ① 첫째, 수명, 사망률, 질병 등을 포함하는 보건, ② 교육, ③ 개인활동, ④ 정치적 목소리와 지배 구조, ⑤ 사회적 연계, ⑥ 환경, ⑦ 범죄, 사고, 자연재앙을 포함하는 개인적 불안전성, ⑧ 실업, 병, 노령을 포함하는 경제적 불안정(Stiglitz et al., 2009).

스티글리츠 위원회의 보고서가 발간된 이후 삶의 질을 측정하기 위한 국제적인 노력도 이루어지고 있다. 예를 들어 2011년 국제경제협력기구는『무엇이 삶인가?: 웰빙의 측정(How's Life?: Measuring Well-being)』에서 웰빙을 측정하는 11개 영역 중하나로 주관적 웰빙을 별도의 영역으로 포함했으며, 2013년에는『주관적 웰빙 측정을 위한 가이드라인(OECD Guidelines on Measuring Subjective Well-being)』이라는 보고서를 발간했으며 2012년부터 국제연합은『세계행복보고서(World Happiness Report)』를 발간하고 있다.

사회적 웰빙의 측정 문제는 시장에서 거래되는 재화와 서비스에 초점을 맞추는

---

13) 스티글리츠 위원회의 출범 배경, 구성원, 주요 활동과 내용에 대해서는 박명호(2009)를 참조하라.

국민계정체계가 자본주의 사회의 모순들을 정확하게 반영하고 있지 못하며, 오히
려 이 모순들을 왜곡하는 결과를 가져온다는 점을 환기시켰다. 다시 말해 국민계정
체계에서 양화된 수치만으로는 인간의 행복이나 삶의 질을 평가하기 어렵기 때문
에 이를 극복할 수 있는 새로운 대안적 경제계정체계의 구축이 필요하다는 점을 강
조한 것이다.

4. 경제계정체계 논의가 대안사회경제에 던지는 시사점

지금까지 살펴본 것처럼 경제계정체계의 역사는 거시경제의 종합적이고 일관된
통계 구축을 위한 노력의 과정을 보여준다. 또한 경제계정체계의 역사는 자본주의
국가들이든 '현실' 사회주의 국가들이든 해당 경제체제의 성격을 직접적으로 반영
하고 있다. 마지막으로 생산의 범위, 금융서비스의 취급, 사회적 웰빙의 문제로 요
약되는 경제계정체계의 쟁점들은 그 경제체제의 문제점을 드러내주고 있음을 부
인할 수 없다.

그렇다면 자본주의와 '현실' 사회주의의 모순들을 해결하는 과정에서 형성될 대
안사회에서는 경제계정체계가 어떻게 구축되어야 하는 것일까? 이 질문과 관련해
서 명심해야 할 것은 대안사회의 경제체제에서도 경제의 종합적이고 일관된 체계
를 파악하기 위한 수단이 필요하다는 점이다. 다시 말해 대안사회경제에서도 생산,
분배, 유통, 소비라는 경제문제는 사라지지 않으며, 고도의 경제성장뿐만 아니라
적절한 투자와 기술혁신이 필요할 것이다. 따라서 대안사회에서도 경제계정체계
는 사라지는 것이 아니라 그 경제체제의 성격에 맞게 변형될 것이다.

이와 관련해서 가장 핵심이 되는 문제는 대안사회의 경제체제가 어떤 원리로 작
동될 것인가다. 지금까지 제시된 대안사회의 경제체제와 관련한 논의들은 아직 현
실의 역사에서 실현되지 않은 미래의 사회형태에 대한 것이다. 다시 말해 대안사회
경제와 관련한 논의는 아직은 현실성의 영역이 아니라 가능성의 영역에 놓여 있다.
그러므로 대안사회경제의 작동 원리나 성격에 대한 논의는 이 가능성의 영역에 놓

여 있는 경제체제의 기본 원리를 제시하고 있다.

이와 관련해서 최근에 논의되고 있는 대안사회경제모형은 대체로 다음과 같은 기본 원리를 공유하고 있다.[14] 첫째, 대안사회경제에서 소유 형태는 사적 소유가 아닌 사회적 소유를 지향한다. 그런데 사회적 소유는 여러 형태를 띨 수 있다. 예를 들어 앨버트와 하넬(Albert and Hahnel, 1991)의 파레콘(Parecon)에서는 노동자평의회가 사회적 소유의 주체가 된다. 이와는 달리 드바인(Devine, 1988)의 협상조절모형에서 사회적 소유는 "관련된 자산의 사용에 의해 영향받는 이들에 의한 소유"로 규정된다. 이처럼 사회적 소유는 여러 형태를 띨 수 있으며, 그 형태는 아직 확정적인 것이라고 볼 수 없다. 그럼에도 대안사회경제에서는 사적 소유가 배제되고 사회적 소유가 확립된다는 점은 명확하다.

둘째, 대안사회경제에서 생산은 사적 이윤의 추구가 아니라 사회적 필요, 즉 사회 구성원의 필요욕구를 충족시키는 것을 동기로 한다. 자본주의는 이윤 추구를 생산의 동기로 하는 독특한 경제체제다. 이윤을 늘리기 것은 자본의 지상명령이고 모든 생산은 이윤의 확대에 초점을 맞춘다. 그렇지만 대안사회경제에서는 생산의 동기가 사적 이윤의 추구가 아니라 사회적 필요다. 다시 말해 대안사회경제에서는 구성원 개인들의 필요욕구를 충족시키는 것이 중요하며, 이에 따라 자본주의적 의미의 상품교환관계는 사라질 것이다.

셋째, 대안사회경제에서는 민주적 통제나 참여계획에 의해 경제가 조절된다. 대안사회경제는 자본주의에서처럼 무정부성이 지배하지도 않고 '현실' 사회주의에서처럼 중앙계획기구가 경제를 조절하지도 않는다. 투자결정, 가격설정, 혁신과 기술진보, 경제성장은 사회 구성원들이 민주적 의사 결정을 통해 이루어진다. 이에 따라 민주적 의사 결정과 통제하에서 상호연관성을 가진 거시경제계획이 수립되고 집행되며 경제 전체가 조절된다.

넷째, 대안사회경제에서는 노동에 대한 착취와 소외가 극복될 것이다. 노동일은

---

14) 대안사회경제모형 중 앨버트와 하넬의 '파레콘', 드바인의 '협상조절' 모델 및 콕샷(P. Cockshott)과 코트렐(A. Cottrell)의 '노동시간 계획모델'에 대한 비판적 검토는 정성진(2006)을 보라.

체계적으로 줄어들며 분업도 서서히 극복될 것이다. 마지막으로 대안사회경제에서는 분배가 필요에 따라 이루어질 것이다. 대안사회경제에서는 생산의 동기가 사적 이윤의 추구가 아니라 사회적 필요의 충족이므로 생산된 생산물의 분배 또한 사회적 필요에 따라 이루어질 것이다.

그런데 이러한 대안사회경제의 기본적인 작동 원리는 대안사회에서 경제계정체계에 몇 가지 시사점을 던져준다. 첫째, 앞서도 언급했지만 대안사회에서도 경제계정체계는 사라지는 것이 아니라 사회적 필요라는 대안사회경제의 생산 동기에 적합하게 변형될 것이다. 그리고 그 성격은 자본주의의 국민계정체계나 '현실' 사회주의의 실물생산체계와는 달리, 사회 구성원의 필요욕구를 충족시키고 삶의 질을 높이는 방향으로 정립될 것이다. 따라서 대안사회경제에서 생산의 범위는 상당히 조정될 것이다. 대안사회경제에서는 생산의 동기가 사회적 필요이기 때문에, 시장거래 중심의 국민계정체계나 계획 중심의 실물생산체계와는 달리 생산의 범위가 더 명확해지고 생산부문의 범위와 성격이 폐지·축소, 확장, 전환될 것이다.

이와 관련해 김어진(2015)은 대안사회경제의 산업구조모형을 제시한다. 이 논의에 따르면 대안사회경제에서는 사회적 필요와 무관한 산업은 전면적으로 폐기될 것이다. 예를 들어 자본주의적 경영과 관련된 많은 '특수한 기술', 즉 광고, 마케팅 등과 이윤에 종속된 소비 행태가 사라져 관련 산업은 조정될 것이다. 또한 군수사업이나 금융 관련 산업도 폐지될 것이다. 다른 한편으로 대안사회경제에서는 필요를 충족하기 위해 구성원의 기본적인 필요욕구를 충족시키는 산업부문이 확대될 것이다. 먹을거리, 보건, 사회복지, 교육, 예술, 스포츠 등 사회 구성원 각각의 삶의 질을 높이는 데 기여하는 산업들은 확대될 것이다. 또한 여러 산업들은 대안사회경제의 목적에 맞게 양적으로나 질적으로 전환될 것이다. 예를 들어 농업은 생태적 농업으로 광업은 재생 가능한 에너지 산업으로 재전환될 것이다.

이러한 생산의 범위의 재정립은 국민계정체계에서 생산의 범위와 관련해 쟁점이 되고 있는 가사노동의 포함, 사회적 웰빙의 측정과 같은 문제를 대안사회의 경제계정체계에 포함시키고 사회 구성원의 삶의 질과 행복에 초점을 맞춘 계정체계의 구축을 가능하게 할 것이다. 또한 생산의 범위의 재정립과 함께 대안사회경제에 적합한 산업의 재전환은 국민계정체계에도 존재하는 산업연관표의 재구성을 통해 대안사회경제에 적합한 산업부문의 재분류를 통해 이루어질 수 있을 것이다.

둘째, 대안사회경제에서는 계정체계의 평가체계도 화폐 단위가 아니라 노동시간 단위와 같은 다른 체계로 변경되어야 할 것이다. 대안사회경제에서는 화폐가 폐지되거나 단순한 교환수단의 기능만을 할 것이므로, 경제계정체계도 이에 상응해 평가체계를 다른 대체물로 전환해야 하는 것이다. 그런데 평가체계의 변경은 계산가능성의 문제를 야기할 수 있다. 예를 들어 화폐와 가격을 폐지하고 노동시간을 단위로 자원을 배분하고 소득을 분배하는 경우, 그것을 계산하는 데 필요한 투입-산출 관계의 연립방정식이 수천만 개 필요할 수도 있을 것이며 이 경우에는 계산가능성의 문제가 제기될 수밖에 없을 것이다. 그렇지만 오늘날의 과학기술의 발전을 고려한다면, 이것이 완전히 불가능한 것은 아니며 대안사회경제의 계정체계에서 노동시간 단위를 측정 단위로 사용하는 것은 충분히 가능한 것이다(정성진, 2006).

셋째, 대안사회경제의 작동 원리 가운데 핵심을 이루는 생산의 민주적 통제를 통한 경제 조절을 고려하면 대안사회경제의 계정체계의 편제 방식에도 전면적 수정이 불가피하다. 이와 관련해서 핵심은 대안사회경제에서 경제단위가 국민경제에서 생산통제 단위로 전환되는 것이다. 다시 말해 생산의 계획과 통제가 생산자평의회와 같은 민주적 생산통제하에서 이루어진다면, 국민경제 단위의 경제계정체계는 민주적 생산통제의 단위인 '지역'경제계정체계를 중심으로 재구축되어야 할 것이다.

현실적으로 지역경제계정체계는 상이한 생산통제 단위의 상호 연관된 계정체계를 구축하는 것을 의미한다. 다시 말해 국민계정체계의 지역계정을 대안사회경제의 생산통제 단위에 적합하게 활용하는 것과 유사한 방식을 고안할 필요가 있는 것이다. 이 경우 해당 생산통제 단위에서 생산되지 않는 재화나 서비스는 다른 지역의 생산통제 단위와의 상호교류를 통해 채워야 할 것이며, 따라서 지역경제계정체계를 연결하는 결합경제계정체계의 구축이 필요할 것이다.

오늘날 경제공황과 사회적 불평등 등 자본주의 모순들은 더 심화하고 있다. 세계화, 금융화, 기술 발전으로 상징되는 자본주의의 발전은 양적인 성장을 이루어냈을

지는 모르지만, 자본주의 사회를 사는 대다수 구성원들의 행복을 담보해내지는 못하고 있다. 다른 한편 '현실' 사회주의 실험의 실패는 자본주의 이외의 새로운 사회에 대한 상상력을 제약하는 걸림돌로 작용하고 있다. 이런 상황에서 종합적이고 구체적인 수준에서 대안사회경제를 재정립하려는 시도는 자본주의 모순들을 극복하고 대안을 마련하려는 사회적 실천에 많은 영감을 주고 있다.

그렇지만 대안사회경제와 관련한 논의는 더 구체적인 수준에서 풍부하게 제시될 필요가 있다. 이런 점에서 이 글은 경제계정체계의 역사적 변천과 쟁점들을 살펴보고 대안사회경제에서 경제계정체계를 구축하는 데 필요한 몇 가지 시사점을 제시했다. 대안사회경제가 아직 가능성의 영역에 놓여 있기 때문에 이 글에서 제시한 몇 가지 시사점은 현실성의 영역으로 구체화되기에는 무리가 있을 것이다. 그럼에도 대안사회경제와 관련한 논의를 경제계정체계의 측면에서 바라보려는 시도는 앞으로 더 구체화시킬 필요가 있을 것이다.

참고문헌

김어진. 2015. 「대안사회경제의 산업구조 모델」. ≪마르크스주의 연구≫, 제12권 제1호, 경
　　　상대학교 사회과학연구원.
박명호. 2009. 「스티글리츠 위원회와 경제사회 발전지표」. ≪EU학 연구≫, 제14권 제2호, 한
　　　국EU학회.
정성진. 2006. 「'21세기 사회주의'와 참여계획경제의 가능성」. ≪진보평론≫, 제30호.
한국은행. 2000. 「1993 SNA의 주요 개정내용과 이행계획」. ≪국민계정리뷰≫, 제1호.
_____. 2009. 「2008 SNA의 주요 개정내용과 향후 과제」. ≪국민계정리뷰≫, 제4호.
_____. 2012. 『우리나라의 분기 국민계정』. 한국은행.
_____. 2014. 「국민계정의 새로운 국제기준 이행」. ≪국민계정리뷰≫, 제3호.
_____. 2015. 『우리나라의 국민계정체계』. 한국은행.
한국은행 조사제2부. 1988. 『공산권의 국민계정체계 해설』. 한국은행.

Albert, M. and Hahnel, R. 1991. *The Political Economy of Participatory Economics*. Princeton University Press.

Arvay, J. 1994. "The Material Product System(MPS): A Retrospective." Kenessey, Z(ed.). *The Accounts of Nations*. IOS Press.

Assa, J. 2017. *The Financialization of GDP*. Routledge.

Boss H. 1986. "Origins of the Soviet Material Product System." *Canadian Slavonic Papers*, Vol. 28, No. 3.

Chang, Sibok. 2016. "Marx's Fictitious Capital and the Financialized Growth of US Economy since the 1980s." Macroeconomics Seminar. Department of Economics, Umass.

Devine, P. 1988. *Democracy and Economic Planning*. Westview Press.

EC et al. 2009. *System of National Accounts 2008*.

Marer, P., Aravay, J., O'commor, J., Schrenk, M., and Swanson, D. 1992. *Historically Planned Economies*. World Bank.

Pesaran, M. and Harcourt, G. 2000. "Life and Work of John Richard Nicholas Stone 1913~1991." *Economic Journal*, Vol. 110, Issue 461.

Rangelova, R. 2007. "Different Methodologies for National Income Accounting in Central and Eastern European Countries, 1950~1990." Discussion Paper, DP/62/2007. Bulgarian National Bank.

Stiglitz, J. E., Amartya S., and Fitoussi, Jean-Paul. 2009. "Report by the Commission on the Measurement of Economic Performance and social Progress." www.stiglitz -sen-fitoussi.fr.

United Nations. 1947. Measurement of National Income and the Construction of Social Accounts.

_____. 1953. A System of National Accounts and Supporting Tables.

_____. 1960. A System of National Accounts and Supporting Tables.

_____. 1968. A System of National Accounts. United Nations.

_____. 1993. A System of National Accounts. United Nations.

_____. 2008. A System of National Accounts. United Nations.

Vanoli, A. 2005. *A History of National Accounting*. IOS Press.

World Bank. 1992. Statistical Handbook: States of the Former USSR.

제3장

이행기 경제로서의 협동조합[*]

그렉 샤저 | 경희대학교 글로벌커뮤니케이션학부 교수·경상대학교 사회과학연구원
특별연구원
[옮긴이] 오병헌 | 경상대학교 정치경제학과 박사과정

1. 머리말

좌파 지지자 다수는 협동조합이 포스트-자본주의 미래의 일부분일 뿐만 아니라 그것을 만들어내는 중심 도구라고 주장한다. 초기 사회주의 운동의 활동가들도 비슷한 문제들과 씨름했는데, 이들의 통찰은 다음 세 가지 명제로 정리할 수 있다. 첫째, 운동의 창설자인 로버트 오언(Robert Owen)부터 그 비판자인 마르크스, 룩셈부르크, 레닌에 이르기까지 전통적으로 좌파의 협동조합에 대한 입장은 기업들이 비용을 절감하고 가치법칙에 순응하도록 강제하는 글로벌 시장에 의해 협동조합이 제약을 받는다는 점에 동의한다. 이것은 자본주의로부터 점진적인 사회주의적 변혁을 불가능하게 한다. 둘째, 협동조합은 포스트-자본주의 경제조직의 맹아적 모습이지만, 이것의 교육적 가치는 시장경제에서 운영된 것의 부정적 경험 때문에 희

* 이 논문은 영어로 출판된 필자의 논문, Greg Sharzer, "Cooperatives as Transitional Economics," *Review of Radical Political Economics*, 온라인판 (July 7 2016, https://doi.org/10.1177/048661341 5627154)을 완역한 것이며, 경상대학교 사회과학연구원이 수행한 한국연구재단 대학중점연구소 지원과제 '대안사회경제모델 연구'(NRF-2013S1A5B8A01055117) 연구 결과의 일부이다. 경상대학교 사회과학연구원과 정성진 교수에게 이 논문과 관련된 연구에 참여할 수 있도록 해준 데 대해 감사드리며, 울라 그라파드(Ulla Grapard), 크리스토퍼 건(Christopher Gunn), 마크 클라인딘스트(Mark Klinedinst)의 사려 깊은 논평에도 감사드린다.

미해질 수 있다. 셋째, 마르크스, 레닌 그리고 인터내셔널로 알려진 사회주의당 그룹에 의한 협동조합에 대한 지지는 노동자운동이 어떻게 국가권력을 장악하는가라는 문제보다는 부차적이었다. 볼셰비키에게 러시아에 있는 협동조합을 지지하는 것은 소비에트 경제를 부흥시키기 위한 실용적인 수단이었다. 따라서 협동조합을 사회 변혁을 위한 강령의 일부가 아니라 그 근본적 요소로 간주하는 것은 본질적으로 실용주의적인 마르크스주의 협동조합론을 그 맥락으로부터 떼어놓는 것이다. 이행기적 경제형태로서 협동조합의 힘은 포스트-자본주의 사회의 집단적 노동 관행을 통해 드러나지만, 이는 그 사회를 창출하는 전략적 문제에 종속되어 있다.

협동조합은 다양한 성격의 조직들을 포괄하는데, 여기에서는 생산, 유통 혹은 소유권의 특정한 양상이 집합적으로, 기업 소유자나 기업 내의 노동자들에 의해 운영된다. 가장 민주주의적으로 운영되는 협동조합은 대체로 구성원 사이에 이윤을 공유하고, 건강보험과 고용보험을 제공하며 기업 내의 임금격차를 제한한다. 이 장은 협동조합이 급진적인 개혁을 만들어내거나 포스트-자본주의적 경제 질서를 만들어내는 가능성에 초점을 맞춘다. 이 장에서 좌파적 협동조합이라고 지칭하는 것은 민주적 기업이 노동조합이나 지역사회와 연계하여 주주와 기업노조를 추동하는 이윤 동기를 제거할 수 있다고 전망한다. 협동조합은 직접 민주주의를 통해 지역사회의 필요를 충족시키는 사회 제도를 건설함으로써 위계적 시장 관계를 전복하고 비시장 경제로 이행하는 예시로 자리매김할 수 있다는 것이다.[1]

---

1) 글로벌 협동조합 부문의 규모에 관해서는, 어떻게 400만 명을 고용하고 연간 19조 달러를 벌어들이는지를 포함하여, 라플뢰르·메랭(Lafleur and Merrien, 2012)을 참고하라. 리처드(Richard, 2012: 12~15)는 이러한 자본의 대부분을 회원이 소유하는 뮤추얼 펀드와 보험회사가 소유하고 있음을 보인다. 이를테면 2010년 캐나다의 뮤추얼펀드가 2600억 캐나다달러를 보유했을 때, 캐나다의 비금융 협동조합은 단지 109억 캐나다달러를 보유했을 뿐이다. 유럽 협동조합의 발전과 그것의 시장 정의적 기반에 대해서는 와이먼(Whyman, 2012), 조사(Jossa, 2012), 시트린(Si trin, 2013)을 참고하라. 민주적 협동조합의 실제는 마스자렉(Marszalek, 2012b), 스태너드(Stannard, 2014)를 참고하라. 이행기적 변화 수단으로서의 협동조합에 대해서는 벤-라파엘(Ben-Rafael, 2001), 칼슨(Carrlson, 2008), 콘포스와 토머스(Cornforth and Thomas, 1990), 데이비슨(Davidson, C. 2011), 앨페로비츠(Alperovitz, 2014)에 인용된 가스트(Gast), 네스(Ness, 2012), 울프(Wolff, 2014a)를 참고하라. 남미의 '핑크 웨이브(pink wave)' 경제에서 협동조합에 관한 활발한 논의는 아쉽게도 이 장의

좌파적 협동조합의 큰 장점은 그것이 단지 정부나 노동규율만이 아니라 사회적 관계를 변혁하는 사회운동에 대한 칼 마르크스의 비전으로 돌아간다는 것이다. 이러한 해방의 유산을 되찾는 것은 "대안이 없다"는 것이 정치담론의 범위를 제약하고 있는 긴축 시대에 틈을 내는 것이다. 그럼에도 마르크스와 협동조합 운동에서 그의 후계자들이 참여했던 논쟁의 세부 사항에서는 문제들이 남아 있다. 시장의 강제, 교육의 역할, 정치 전략 등의 문제들이 그것이다.

2. 경제적 대안으로서의 협동조합

협동조합이 주도하는 경제적 전환의 과정에서 조합원들은 국가와 사회 제도적 차원에서 작은 수준의 개혁부터 임금과 협동조합의 기반을 위한 더 관대한 정부 재정을 요구할 수 있다(Alperovitz and Albert, 2014). 혹은 협동조합 주도의 경제적 전환은 특별한 요구 사항을 만들지 않을 수도 있다. 시트린(Sitrin, 2013)에 따르면 아큐파이나 볼리비아 반사유화 투쟁 같은 운동은 "요구 사항을 공식화하거나 그것을 시행할 사회적 제도를 요구"하지 않는데, 이는 그렇게 할 경우 보수화가 초래되기 때문이다. 그 대신 노동자-소유 및 경영 협동조합은 지역사회에서 "수평적 연대, 공유, 민주주의 및 사랑"에 기초한 민주적 계획을 추진할 수 있다.

2008년 경제 위기는 협동조합적 생산을 촉진할 수 있었다. 협동조합의 옹호자들은 협동조합이 노동자들로 하여금 경제공황의 비용을 분담하도록 한다는 점을 인정하면서도, 폐기된 생산시설을 활용하는 데서 진보적 잠재력을 발견한다 ("Myth Part 1," 2014). 이를테면 2008년 시카고에 있는 리퍼블릭윈도앤도어스 (Republic Windows and Doors)의 노동자들은 그들의 공장을 점거하고 직접 공장을 운영하고 있다(Taylor, 2014). 대규모의 작업장 폐쇄, 실업률 증가 그리고 기술 발전은 소규모 협동조합에 대한 새로운 기회를 만들어내기도 한다(Curl, 2010: 14).

_____

범위를 벗어난다.

장기적으로 운영되는 협동조합에 수반되는 문제점을 살펴보면, 협동조합은 민간 기업보다 적은 자원과 덜 훈련된 직원과 함께 시작하고 주식 발행을 통해 자본을 조달할 수 없으며 만약 자본 조달에 성공하더라도 관료화의 위험을 감수하게 된다(Cornforth and Thomas, 1990: 456; Baldacchino, 1990: 464). 벤-네어(Ben-Ner, 1984)는 협동조합이 비용을 절감하기 위해 임금노동자를 고용할 경우, 그들은 결국 일반적인 민간 기업으로 전환된다는 점을 지적한다(248). 협동조합은 반순환적 성격을 갖는다. 즉 공황기에 번영하고 경제가 나아졌을 때 시장 규범에 순응한다(Ben-Ner, 1988: 310; Perotin, 2006: 303). 건(Gunn, 2000)은 높은 창업 비용으로 인해서 "소유 관계와 사회적 잉여의 전유에서 근본적 변화가 없는 한 대부분의 민주적 [협동조합적] 관리 형태 계획을 … 비현실적인 것"으로 한다고 인정한다(456). 그러나 지원 기관 혹은 "협동조합 지원 조직(cooperative support organization, CSO)"은 불균형을 완화하도록 도울 수 있다(Cornforth and Thomas, 1990: 453). 일부 CSO는 토지 신탁, 공동체 농장, 신용 조합(Nangwaya, 2013), 대안학교, 은행 그리고 연구기관(Baldacchino, 1990: 471), 지방자치 시설의 공공 소유(Alperovitz and Albert, 2014) 등을 포함하며 금융, 훈련, 관리 그리고 시장 진입장벽 극복을 위한 경영과 행정 업무를 제공한다(Cornforth and Thomas, 2014: 454). 건(Gunn, 2000)은 협동조합 기업이 어떻게 지역사회와 수평적 관계를 형성함으로써 성장하고, 우호적인 국가와 구조에 의해 제도화되는지에 대해 서술한다(457). 협동조합을 통해 생산수단의 소유권을 노동자 계급에게 점진적으로 이전하는 것은 협동조합의 생존 가능성을 보장하는 것을 넘어, 울프(Wolff, 2014b)가 "사회주의적 부문의 확장을 위한 조건의 건설"이라고 말하고, 앨페로비츠(Alperovitz, 2014)가 "이행기의 제도적 권력 관계의 정치경제학"이라 부른 "새로운 민주적 사회적 경제"를 창출할 수 있다.

협동조합이 성장하여 자본주의 경제를 "넘어선다"는 사상에는 역사가 있다. 19세기 유럽의 '협동조합 연합(cooperative commonwealth)' 사상은 기업을 집단적으로 조직하고 노동자와 구성원에게 이윤을 분배하는 자급자족적 네트워크를 주장했다. 부유한 영국 산업 경영자였던 로버트 오언은 그의 목화공장 노동시간을 17시간에서 10시간으로 줄이고 노동자를 위한 교육과 주거를 제공했다. 오언은 이러한 경험을 바탕으로 교육, 성별 노동 규범을 평등하게 실천하는 소규모 협동조합 공동체의 구성을 주장했다(Robert Owen Group). 사회적 갈등을 완화하기 위한 그의 시도는 영국 협동조합 운동에 영감을 불어넣었으며 협동조합 원칙의 지침이 되었다. 실제로 오언은 계급갈등에 반대하고 노동자들의 자기해방 노력을 불신했다. 오언(1816)은 일반화된 협동조합을 "가난하고 무식하고, 교육받지 않고 훈련받지 않은 이들을 훈련하고 관리하는 데서의 개혁"이라 부르고, 이는 사회적 질서를 유지하는 데 기여할 것이라고 말했다. 노동자들은, 잘 다뤄진다면, "당신(자본)에게 상당히 높은 만족감을 제공할 필수적 기계"가 될 것이다(Webb, 1904: 14)에 인용된 오언의 말].

그러나 오언은 협동조합이 시장경제에서 독립적인 단위로 기능할 수 없다는 것을 깨달았다. 오언은 프루동과 같은 당대의 시장사회주의자들처럼 생산물을 그 비용대로 교환하는 협동조합의 노동 시스템을 지지했다. 하지만 프루동과는 달리 오언은 이러한 생산물들을 만드는 독립적인 소(小)소유자 계급이 산업혁명에 의해 해체되는 것을 봤다. 오언은 사회 혁명에 대해 완고하게 반대했으면서도, 자본주의가 이미 공장 생산을 집산화했으므로, 최종적 단계는 토지소유와 교환을 집산화하는 것, 다시 말하여 교역과 생산을 계획하는 것이라고 믿었다(Webb 1904: 27).

3. 칼 마르크스

마르크스는 이러한 기록을 기존 사회주의에 대한 자신의 비판에 반영하였다. 협동조합 지지자들은 마르크스의 노트를 조합하여 마르크스를 협동조합의 동조자로서 묘사했다.[2] 협동조합이 마르크스의 자본 비판에서 중요한 측면이라는 것은 절대적으로 옳다. 왜냐하면 협동조합은 생산에서 자본가들의 불필요성을 증명하기 때문이다. 그러나 그것은 또한 이러한 전략의 성격에 대해 과도하게 상세한 처방을

---

2) 예컨대 드 퓨터·다이어-위더퍼드(de Peuter and Dyer-Witherford. 2010:33), 조사(Jossa, 2005, 2012), 레보비츠(Lebowitz, 2014), 라니스(Ranis, 2012) 등을 참조하라.

제시하지 않으면서도 이러한 비판으로부터 정치 전략이 어떻게 도출되는지를 보이려는 마르크스의 프로젝트이기도 하다. 협동조합에 대한 마르크스의 전략적 지침에서 가장 구체적인 것들은 1864년과 1866년에 열린 국제노동자협회(IWA)의 강령이다. 이후 세대의 마르크스주의자들은 협동조합을 더욱 완벽하게 혁명전략에 포함할 수 있게 되었다.

마르크스에게 협동조합이란 생산과 소유권 사이의 모순적 관계를 압축한 것이다. 마르크스는 1866년 IWA 대표자들에게 12개 강령 중 하나에서 협동조합을 논의했다. 마르크스는 협동조합이 "자본에 대한 **노동의 종속**이 자유롭고 평등한 생산자들의 연합에 의해 [극복될 수 있음]"을 입증한다고 말했다. 그러나 이러한 연합에 대한 개별적 시도들은 "**사회의 전반적 조건의 변화**" 없이는 또 "국가 권력이 자본가들과 지주로부터 생산자에게 옮겨지지 않고는 실현될 수 없다"(강조는 원문의 표기를 따름).

마르크스는 『자본론』 3권에서(1959)에서 협동조합의 모순적 역할을 탐구했다. 협동조합은 "낡은 형태 속에서 새로운 것의 맹아를 나타내지만…그들은 현재 조직에서는 기존 체제의 모든 결함을 재생산할 수밖에 없다." 또 이런 결함이 생겨나는 까닭은 "자본과 노동 사이의 대립이 그들 내부에서 극복되며, 처음에는 연합의 노동자들이 그들 자신의 자본가로 되는 방식으로 극복"되기 때문이다(305). 여기에서는 "처음에는" 이라는 수식어는 정치적 개입 없이는 협동조합은 자본의 새로운 형태로 시장에 재통합될 것이라는 점을 시사한다.

1881년 마르크스는 러시아 촌락의 농촌공동체인 미르(mir)가 자본주의 산업에 의해 파괴될 것인가라는 질문을 받고서 러시아의 이행기 정치에 대한 질문으로 돌아왔다.[3] 마르크스는 전자본주의와 비자본주의 구성체에 대한 수년간의 연구를

---

3) 미르는 협동조합이 아니었다. 오히려 미르는 토지를 공동소유하는 촌락이고 가장(heads of families)이 토지 이용을 결정하고 세금을 징수했다. 농민들은 납세에 대한 책임 때문에 자발적으로 미르를 떠날 수 없었고 경작은 중세적 방식으로 이루어졌다(Nove, 1992: 11). 이 논쟁에서 미르가 중요한 것은 미르가 한 소유자가 아니라 촌락 구성원들에 의해 집단적으로 관리되었고, 경작이 고용 임노동보다는 가족구성원에 의해 수행되었기 때문이다(Chayanov, 1991: 5). 이로부터 마르크스는 이들을 자본주의를 통해서 또 자본주의를 경과해서도 살아남을 수 있는 능력을 갖춘 비자본주의적 형태라고 보았다.

바탕으로 그러한 파괴가 필연적이라는 점을 부정했다. 서유럽에서 대규모 자본주의적 소유의 발전은 소규모 자본주의적 소유의 집중으로부터 왔다. 그러나 러시아 농민들은 자신들의 토지에 대한 소유권이 없었기에 소유권의 집중이 불가능했다. 그 대신에 러시아 공동체의 국가적 크기와 사회적 비중은 그들의 집단성을 유지할 수 있도록 했고, 서유럽 농민 공동체가 겪은 폭력과 인클로저 없이 기계화된 농업의 이익을 잠재적으로 얻을 수 있게 했다. 마르크스는 미르가 러시아 혁명의 핵심이 되어 자신들의 집단적 생산을 사회 전체로 확산시킬 수 있다고 생각했다. 마르크스는 1882년 『공산당 선언』 서문에서 이런 희망을 반복적으로 표현하면서, 자본에 의한 인클로저나 사유화 없이 공동체적 소유가 직접적으로 공산주의화될 수 있다고 시사했다.

이것은 자본주의가 경직된 발전 단계를 거쳐 진보할 필연성은 없으며(Anderson, 2010: 228) 공동체적 소유는 사회주의의 기초로 여겨질 수 있다는 것을 의미한다. 하지만 지배계급은 자신의 힘을 행사하여 협동조합적 사회 형태를 파괴할 수 있다. 마르크스(1881)는 자술리치(Zasulich)에게 다음과 같이 설명했다. "강력한 반작용에 의해 파괴되지 않는다면 [국가와 소유자들의] 파괴적 결합은 자연스럽게 농촌공동체의 죽음을 초래할 것이다." 마르크스의 방법의 중요성은 역사적 필연성에 대한 신중함에 있다. "그것이 함축하는 사적 소유라는 요소가 집산적 요소를 압도하거나, 혹은 그 반대 상황이 발생한다. 모든 것은 그것이 처한 역사적 맥락에 달려 있다." 미르의 집단적 소유는 공동체 구성원의 소규모 재산 축적 같은 내부적 압력에 의해 혹은 국가의 징세 같은 외부적 압력에 의해 사적으로 전유되는 경향이 있었다. 평등주의적 경제조직은 그 자체만으로는 사회 변혁으로 인도되지 않는다. 협동조합에 대한 평가에서 마르크스는 자신의 생애 전체를 통해 놀라울 정도로 일관되었다. 즉 협동조합은 비자본주의적 질서의 가능성을 입증하지만 그것의 실현은 정치적 운동에 달려 있다는 것이다.

4. 마르크스를 받아들이며

조사(Jossa, 2005, 2012, 2014)가 보기에『공산당선언』과 파리 코뮌에 대한 마르크스의 저술들은 협동조합이 "포괄적 계획에 따라 국내 생산 체계를 조직하는 수단"(2005: 6)임을 증명하는 것이다. 1864년의 연설과『자본론』3권은 생산수단의 사적 소유 없이도 집단적 노동이 가능함을 보여준다. 그러므로 마르크스는 협동조합 경제가 "실현 가능할 뿐만 아니라 역사 속에서 출현할 수밖에 없으며", 강제적 노동을 자발적 노동으로 대체한다고 보았다(Jossa 2014: 285). 라니스(Ranis, 2012)는 집산적 생산의 잠재력과 사적 소유하에서 그것의 한계 사이의 격차는 "명백히 오늘날 노동자 계급의 협동조합"이 사회적 소유의 새로운 형식으로서 "진입해 들어갈 수 있는 틈새"라고 주장했다. 그는 마르크스의 1864년 연설을 인용하며 "이 위대한 [협동조합]의 사회적 실험들의 가치는 아무리 과대평가해도 지나치지 않다". 왜냐하면 이건 소유를 독점하고 있는 자본가 계급이 불필요하다는 것을 보여주기 때문이다. 심지어 마르크스는 협동조합은 1848년 혁명에서 선포된 보편적 자유의 "실천적 결론"이라고 했다.

그러나 마르크스는 그다음 문단에서 협동조합이 "독점의 기하급수적 성장을 억제할 수 없으며, 대중을 해방시킬 수도 없고 그들의 비참함을 눈에 띌 정도로 덜어줄 수도 없다"고 했다. 사실 그것은 자본주의를 유지하는 데 이해관계를 가진 이들의 가림막 구실을 하며, 자선사업가들이 협동조합을 지지할 여지를 만들어준다. 마르크스(1864)는 전국적 규모의 협동조합의 발전을 지지했지만, 자본가들이 정치적으로 자신들의 "경제적 독점"을 방어할 것이란 점을 알았다. 그래서 "정치적 권력을 장악하는 것은 노동자 계급의 위대한 의무가 되었다"고 말했다. 이와 같은 마르크스의 논지는 1866년 IWA 회의에서의 연설,『자본론』3권 및 러시아에 관한 논의에서도 동일하게 제시된다.

그러므로 "자본주의에서 중요한 대립은 사회적 계획과 무정부적 시장이라기보다 자본과 노동 사이의 계급 투쟁"이기 때문에 "마르크스가 협동조합을 코뮌의 '진정으로 민주적 제도'의 경제적 귀결로 보았다"[Jossa(2005: 7, 각주 2번)에서 인용된

Easton의 말]는 주장은 논쟁의 핵심을 회피하는 것이다. 계획의 사회주의가 위로부터의 사회주의의 다른 형식이라는 것은 분명하며 드레이퍼(Draper, 1966)는 이를 노동계급에 의한 것이라기보다는 엘리트주의적 기술지배에 의한 것이라고 보았다. 그러나 협동조합이 파리 코뮌의 기반이자 의의라고 주장하는 것은 코뮌의 성취를 절단하고 사건의 역사적 순서를 뒤집는 것이다. 권력 장악이 먼저였다. 마르크스가 "공동 계획에 의한 국가적 생산", 궁극적으로 "가능한 공산주의"의 기반으로서 협동조합을 주장한 것과 어떻게 거기에 도달하는가에 대해 아래와 같이 묘사한 것은 서로 모순되지 않는다. 즉 코뮌은 "본질적으로 노동자 정부였고, 착복하는 계급에 대항하는 생산하는 계급의 투쟁의 산물이며 그 아래서 노동의 경제적 해방을 달성하기 위해 최종적으로 발견된 **정치적 형태**이다"(1902: 78, 강조는 추가). 엥겔스(1902)는 다음과 같이 말했다. "코뮌은 처음부터 노동자 계급이 국가에서 우위를 획득하면 낡은 정부 기구를 가지고서는 더 이상 관리해나갈 수 없다는 것, 또 이 노동자 계급은…지금까지 자신들을 향해 휘둘러졌던 낡은 억압기구들을 제거해야 한다는 것을 인정해야 했다"(17). 협동조합은 국가와 사적 소유의 장악을 포함하는 다양한 정치적 과정의 한 산물이지, 그것의 느린 집산화가 아니다. 이러한 관점은 마르크스의 혁명적 의제에 동의하지 않는 사람들도 공유했다.

5. 비어트리스 웹

페이비언[4]인 비어트리스 웹은 협동조합을 "잔인한 혁명을 통한 아나키적 유토피아를 갈구하는 외제 사회주의"와 대비했다(1904: 16). 협동조합은 노동자들이 국가권력을 장악할 것을 요구하지 않는 점진적 사회주의의 한 형태였다. 하지만 웹은 오언처럼 정부의 개입 없이 공공복리가 가능하다고 생각하지는 않았다. 그리고 마

---

4) 페이비언은 지방 및 국가 당국을 통한 진보적인 지적 리더십을 옹호하는 반마르크스주의적 사회주의자들이다. 레오폴드·맥도날드(Leopold and McDonald, 2012: 1845), 드레이퍼(Draper, 1966)를 참조하라.

르크스처럼 사회적 협동조합에 대한 구조적 장벽을 보았다(22, 193). 협동조합은 국가경제의 작은 틈새를 메웠지만 그 나머지 영역으로 확장하지는 못했다. 협동조합은 생산과 판매로부터 이윤을 걷어내고 기업 내부적으로는 품질의 저하를 막고 비용을 절감할 수 있겠지만 외부적으로 비협동조합 경쟁자들은 이전과 같은 방식으로 운영할 것이다. 협동조합 상품의 낮은 가격은 자본가들이 그에 비례해서 임금을 깎을 수 있게 하였다. 협동조합은 지방 정부처럼 조세 등을 통해 자금을 조달할 수 없었다. 문제는 그들의 경쟁적 시장 환경이었다. "협동조합 국가가 경쟁적 산업체계에 포위되어 있는 한…노동비용 절감에 대한 유일한 예외로 남아 있을 수 없게 된다."(198). 이로 인해 "[기업과 부문 안에서] 민주적 통제가 개별적 이윤 생산에 대한 효과적 대안이라고 교조적으로 주장할 수는 없게 되었다"(209). 노동조합과의 동맹은 민간 기업들에게 협동조합 수준의 임금과 가격을 맞추도록 압력을 행사할 수 있지만, 이것은 산업 전반에 걸친 단체교섭을 필요로 하고, 궁극적으로는, 웹의 반혁명적 정서에도 불구하고, 생산의 민주적 계획을 필요로 한다(217).

6. 시장의 강제에 대한 1차 세계대전 이전의 비판

로자 룩셈부르크는 독일 사민당(SPD)의 개혁주의에 대한 투쟁으로 잘 알려져 있는데, 그녀 역시 시장 강제가 협동조합에 부과하는 한계를 강조했다. 경쟁의 결과, 무자비한 "착취는…각 기업의 생존의 조건이 된다." 생산자 협동조합의 노동자들은 "스스로가 자본주의적 기업가로서의 역할을 해야만 하고" 시장을 우선시하는 것에 적응하거나 파산하게 된다(1908: 46). 그들은 고객 기반이 보장된 소비자 협동조합과의 제휴를 통해 자신을 보호할 수 있고, 그렇게 함으로써 "자유 경쟁 법칙의 영향을 인위적으로 제거하려 한다." 하지만 개별 소비자들은 오직 작은 가정용품만 구입한다. 석유 생산과 조선업 같은 주요 산업은 소비자 협동조합에 판매하지 않으며 따라서 소비자 협동조합은 "일반적 사회 변혁의 도구로 진지하게 고려될 수 없다." 룩셈부르크는 협동조합을 "중소 상업자본"에 대한 공격, 혹은 덜 자비롭게도, "자본주의라는 나무의 잔가지"에 대한 공격의 주체로만 인정했다(47). 비록 협동조합이 모든 자본주의적 기업을 파산으로 몰아넣더라도, 재화를 구매할 고객은 있어야 할 것이다. 이것은 완전 고용을 요청하며, 이는 다시 자본주의적 공황의 폐지와 생산의 완전한 사회적 계획을 필요로 한다(Luxemburg, 1899).

이것은 프랑스 사회당 당수인 쥘 게드(Jules Guesde)의 주장과 비슷하다. 게드(Guesde, 1910)는 좌파가 협동조합을 종파주의적으로 거부하는 것에 단호하게 반대했다. 왜냐하면 이는 노동계급 조직에 대한 영향력을 자본가 계급에게 넘겨줄 것이기 때문이었다. 그러나 게드는 협동조합의 구조적 한계를 보았다. 즉 노동자들이 경영진을 제거하여 그들의 노동력의 가치의 더 큰 부분을 수취하거나, 소비자 협동조합이 시장 자체를 대체하지 않고 상품 가격을 대폭 낮춘다면, 낮은 임금과 인플레이션은 비용 절감을 무색하게 할 것이다. 게드는 협동조합 회의에서 다음과 같은 원리를 말했다. "당신이 협동조합에서 무슨 일을 하든 간에 당신은 오늘날의 이윤 사회에서 생산과 교환이 결정되고 규제되는 법칙에 지배되지 않을 수 없다." 엥겔스도 1872년 『주택 문제』에서 비슷한 주장을 했다(1988). 즉 엥겔스는 지대를 통제하는 투쟁에서 성공은 저축을 지주로부터 자본가에게 이전했을 뿐이며 그 결과 임금이 떨어진다는 점을 경고했다(345).

이상의 분석에서 공통적인 것은 협동조합의 잠재력을 보다 광범위한 자본주의 정치경제의 속에 맥락 지우는 것이다. 오언과 웹(Webb) 같이 지배적 질서를 지지한 이들조차도 시장 안에서 사회화된 소유는 사적인 이윤을 추구하는 경쟁자들로부터 넘을 수 없는 장벽에 부딪히리라 예견했다. 마르크스는 협동조합이 사회화된 생산의 가능성을 증명한다는 것을 알았지만, 그는 그 가능성이 프롤레타리아트의 정치적 지배 없이는 실현되지 않을 것이라는 점을 거듭 강조했다. 레닌과 룩셈부르크는 공통적으로 "자유경쟁의 법칙"은 비자본주의 기업들과의 경쟁에서 자본가들이 승리하는 것을 보장한다고 지적했다. 이후 협동조합에 대한 비평가들은 협동조합이 가치법칙을 극복하는 데 실패했으며, 결국 노동자들을 자본주의에 재통합하는 것으로 귀결되었다고 주장했다.[5] 어째서인가?

7. 외부에서의 시장 강제

협동조합의 장기적 존속에 대한 인터내셔널의 의구심은 가치형태 비판에 기반을 두고 있다. 마르크스는 자본주의적 생산을 추동하는 비용 압력을 사회적으로 필요한 추상노동시간(SNALT), 즉 노동자에게 주어진 특정한 사회적, 경제적, 문화적 조건에서 상품을 생산하는 데 소요되는 평균적 시간이라고 말했다. 자본가들은 SNALT를 낮추기 위해 부단히 투쟁하는데, 이를 위해 노동일 연장과 임금 삭감을 통한 생산성의 향상, 가치생산의 강도를 증대시키기 위한 신기술 활용, 혹은 단순히 더 싸게 생산할 수 있는 곳으로의 이전 등을 도모한다. 상품에 체화된 가치의 양을 낮춤으로써 그 상품의 판매로부터 획득된 증대된 이윤은 다른 생산자들이 비슷한 변화를 도입하도록 부추긴다. 그리하여 경쟁은 끝없이 계속되며, 상품에 포함된 가치를 더 낮추는 데 실패한 자본가들은 파산하거나 더 효율적인 기업에 흡수된다(Fine, 1979: 276).

협동조합이 고임금과 대안적 유통망에 소요되는 자금을 대기 위해 의존하는 가격은 SNALT 이상으로 매겨지는데, 그래서 유지하기 힘들게 된다. 이것은 시장에서 교환되는 것은 구체적 가치가 아니라 추상적 가치이기 때문이다(McNally, 1993: 151). 끊임없이 변화하는 수요와 공급의 비율은 시장을 통해 불완전하게 생산해야 하는 상품의 수, 품질 그리고 가격을 나타낸다(156). "가격의 과도한 상승, 과잉생산과 산업의 무정부성의 다른 양상들"은 SNALT의 변동에서 비롯된 것이다(57). 규모가 계속 증대되는 민간 기업은 비용 절감을 위한 끝없는 투쟁 속에서 시장 독점을 시도하도록 강요당한다. 사회적 계획이 없다면 시장 부문은 일관된 공정 거래를 하도록 분리되고 통제될 수 없다. 만약 협동조합 기업이 이윤 추구 기업을 경쟁에서 이긴다면, 결국 자본은 협동조합과 동일한 부문으로 흘러들어가 협동조합의 높은 이윤을 따라잡고 중화시킬 것이다(34). 사적 경영의 부정, 민주적 노동 조직, 그리

---

5) 협동조합을 역사적으로 무의미한 전자본주의적 생산형태로 간주하는 반시장사회주의 입장은 LIP(1973)과 ICC(2005)를 보라. 시장사회주의를 이론적으로 논박한 것으로는 맥날리(McNally, 1993)를 보라.

고 경영자 보수와 노동자 보수 간의 작은 격차(Ben-Ner, 1988: 296) — 이것들은 협동
조합을 구성원들에게 매력적으로 만들어주며, 대안적 경제질서를 예시하는 양상들이다 —
는 시장 강제를 없애지 못하기에 협동조합 기업의 내부 조직을 반민주적 방식으로
바꾸는 압력이 계속된다.

협동조합은 흔히 공황기에 형성되고 번성하지만, 역설적으로 협동조합은 잘 나
갈 때 문제에 부딪힌다. 벤네어(Ben-Ner, 1984: 255; 1988:300)는 협동조합이 높은 임
금을 지불한다 하더라도, 협동조합은 은퇴한 구성원 대신 직원을 고용하여, 은퇴한
구성원들에게 혜택이 유지되도록 유도한다는 점을 지적했다. 웹(1904)은 자신들의
제조 공정을 해외에 이전하여 이익을 얻는 성공적인 협동조합이 기존 구성원의 수
익을 증대시키기 위해 새로운 구성원의 가입을 제한할 수 있으며, 국내에서도 비구
성원 대상 거래를 시작한다고 경고했다(231). 스페인에서 가장 큰 협동조합인 몬드
라곤(Mondragon)에 대한 논의는 이 논문의 범위 밖이지만 웹이 몬드라곤과 세계의
남반부에 있는 비협동조합 공장과의 협력관계 및 유럽의 소매상 운영에서 비회원
고용을 예측(Fagor, 2014)했던 것은 가치형태 분석의 설명력을 입증한다. 페로탱
(Perotin, 2006)은 프랑스에서 협동조합이 실패한 어떤 강력한 경험적 이유도 찾지
못했는데(307) 가치형태분석은 협동조합이 가치 하락(de-valorization) 시기에 형성된
다고 주장하는데, 이는 이 시기에 자본이 부족한 기업이 반수공업적 산업에서 영업
할 수 있는 여지가 생겨나기 때문이다. 하지만 기업은 높은 이윤을 얻기 위해 노동
자를 기계로 대체하여 자신들의 생산성을 높여야만 한다. 대기업들은 쪼그라든 총
잉여에서 자신들의 몫을 더 차지하려 하고, 이에 대응하여 협동조합의 노동자들은
이런 모순을 자기착취를 통해 내부적으로 해결하려 한다(LIP, 1973). 민간 기업과
비교할 때 협동조합의 장점은 구성원들과 조직의 일체감과 구성원들이 수익을 공
유할 수 있다는 점이다(Ben-Ner, 1988: 299). 그러나 협동조합이 다른 기업에 비해
가치법칙의 영향을 덜 받는 것은 아니다. 사드-필류(Saad-Filho, 2002)가 설명하길
"자본주의 경제에서 **본질적 분리**는 임금노동자와 자본가 계급이 독점한 생산수단
간의 분리이다"(56, 강조는 원문에서). 윈(Winn, 2013)이 지적했듯 그와 같은 독점은
가치법칙에 각인되어 있는데, 이 가치법칙이 자본주의에서 노동력의 판매를 관리

한다. "노동자 자주관리기업에서는 노동자들은 통상적인 '임금'을 받지 못했음에도 불구하고, 또 생산수단을 소유하고 있음에도 불구하고, '그들 자신의 자본가'이며, 여전히 가치라는 추상적 '논리'의 지배를 받고 있다." 드 퓨터·다이어-위더퍼드(de Peuter and Dyer-Witherford, 2010)는 협동조합의 이중성을 포착하여 다음과 같이 말했다. 협동조합은 자본주의하 노동 소외를 완화할 수 있는 자발적 노동의 형태를 보여주기는 하지만, 이들은 "보다 광범위한 자본주의적 경제 안에서 작동하기에, 시장의 규율이나 상품 형태의 헤게모니를 피하지 못한다"는(44) 분석으로부터 인터내셔널은 자본과의 정치적·경제적 대립을 통한 계급투쟁을 중시했다.

8. 교육으로서의 협동조합

협동조합에서 중요한 점은 단순히 경제가 조직되는 방식만을 바꾸는 것이 아니라 그 경제를 구축하는 개인을 변화시키는 것이다. 오언은 협동조합이 참여자들의 경쟁에 대한 집중과 개인주의를 감소시키기 위해 노력하리라 생각했다. 그는 국가와 자본이 이러한 관대함을 공유하여 생산수단을 쉽게 내어줄 것이며, 노동자들이 이러한 생산수단 사용에 대해 자본가에게 대가를 지불할 것이라고 믿었다(Anikin, 1979: 375). 하지만 마르크스는 독일의 사회주의자 페르디난트 라살러(Ferdinand Lassalle)가 정부의 보조금으로 테크노크라트나 박애주의적 엘리트의 지도에 따라 사회적 협동조합을 만들 수 있다고 믿었다고 거리낌 없이 비판했다(Draper, 1966). 마르크스(1875)에게 협동적 노동이 일반화되기 위해서는 노동자계급 스스로가 직접 정치권력을 장악해야 하기에 협동조합은 그것이 독립적인 노동자 계급 조직을 나타내는 정도만큼만 중요한 것이었다. 왜냐하면 그래야 노동자들의 자기통치에 대한 자신감이 형성되기 때문이다.

룩셈부르크(1899)는 사회적 변화와 의식 사이의 관계를 검토하여 개혁은 그것이 계급의식적 노동자들의 조직화된 정치적 표현을 건설하는 데 기여하는 정도만큼만 중요하다고 주장했다. 즉 사회주의자들의 과제는 "우리의 경제적·정치적 힘을

키우고 권력을 장악하기 위해 … 첨예한 계급투쟁을 지도하는 것을 통해 기존 질서
로부터 작은 개혁을 끌어내는 것이다." 이러한 전략적 관계를 이해하지 못하는 것
은 룩셈부르크의 입장을 "혁명 아니면 아무것도 아닌 것"로 희화화하는 것이다. 예
를 들어 조사(Jossa, 2005)는 다음과 같이 주장한다. "마르크스와 엥겔스는 변혁을
모든 생산수단의 즉각적인 국유화 및 전면적인 중앙집권적 계획의 동시적 착수로
생각하지 않았다." 그래서 "협동조합은 시장을 즉각 폐지하지 못했다고 비난될 수
없다(11). 그러나 이것은 룩셈부르크가 뜻한 바가 아니다. 오히려 모든 방법은 목표
에 맞춰 판단되어야 한다. 그리고 여기에서 목표란 "지배적인 자본주의 경제질서
의 완전한 변혁인데, 이는 오직 국가권력의 장악을 통해서만 획득될 수 있으며, 기
존 사회의 한계 내에서의 사회 개혁의 경로로는 성취될 수 없다"(1899).

자본주의적 소유를 점진적으로 전유하는 것에 대한 이와 같은 비판이, 룩셈부르
크(1908)가 제기하였듯, 교육적 가치를 갖는 개혁으로서의 협동조합을 무효화하는
것은 아니다. "사회주의 운동의 관점에서 노동조합 투쟁과 우리의 의회에서의 실
천은…프롤레타리아트의 의식을 사회주의적으로 만들고 프롤레타리아트를 하나
의 계급으로 조직한다." 오늘날 몇몇 협동조합의 지지자들은 협동조합의 변혁적
가능성을 계급의식[6]을 제고하거나 노동자 계급에 의한 그람시적 진지전의 요소라
는 데서 찾는다(Baldacchino, 1990: 465). 레보비츠(Lebowitz, 2014)는 협동조합의 목표
가 소득의 극대화이므로 인간의 필요를 위한 생산을 보장하는 것이 아니라고 경고
했다. 그러나 협동조합은 노동자들에게 기업의 우선순위를 결정할 수 있는 힘을 부
여하고 집단적으로 일하는 방법을 가르친다. 한 협동조합 지지자는 다음과 같이 물
었다. "만약 노동자들이 자신들의 작업장을 운영하는 실험을 할 수 없다면, 어떻게
그들에게…사회 전체를 운영하고 … 그것을 보호하기 위해 자신들의 국가를 만들
것을 기대할 수 있겠는가?" 노동자들은 기업 내부와 외부에서 생산을 조직하는 방
법과 계획을 수행하는 방법을 익힌다(Myth Part 2, 2014). 협동조합은 "교육받지 못

---

6) 이를테면 두나옙스카야(Dunayevskaya, 1951), 레보비츠(Lebowi tz, 2014), 울프(Wolff, 2014a, 2012
   "비-착취적", 2011).

하고, 무지하고, 종종 다른 이들에 의해 통제받는 탈 숙련된" 노동자를 다재다능한 사람으로 만든다(Wolff, 2014b). 이는 집산주의와 민주주의 심성을 불어넣어 노동자들이 기업과 지역사회의 건전성에 책임을 갖게 하고, 시장의 힘에 대한 완충 장치를 제공하며, 낭비를 제거하고, 효율성을 증대할 수 있도록 한다(Shot-gun Marriage, 2012; Nangwaya, 2013). 그러므로 협동조합은 집단적인 작업장 민주주의에 대한 이데올로기적, 문화적 장벽을 극복하는 도구가 될 수 있다(Cornforth and Thomas, 1990: 459; Baldacchino, 1990: 475).

더 근본적으로 협동조합이 경제적 단위로서 실패했을 때조차도 협동조합은 국가에 대한 저항의 기초를 제공하고, 계급의식을 건설하고 소외감을 줄이며 노동자가 생산을 계획하는 것에 대한 확신을 줄 수 있다(Marszalek, 2012b; Ranis, 2012). 공동체적 소유권에 대한 작은 규모의 실험이 점진적으로 성장하면 좋은 사례의 힘을 통해 노동자들에게 그 가치를 입증할 수 있게 된다(Alperovitz, 2014). 마스자렉(Marszalek, 2012a)은 러다이트와 코뮤나드의 경험을 "실용적 공상"이라고 표현했는데, 이는 이들의 "경제적 자치"를 위한 투쟁이 "거대한 적대적 경제에서 거의 의미 없는 경제적 요인"이었기 때문이다. 그러나 민주적 과정에 대한 집단적 학습 과정은 협동조합을 자본주의를 뛰어넘는 가치 있는 도구로 만든다. 레보비츠(Lebowitz, 2014)는 사회주의가 "단순히 소유관계를 바꾸는 것만은 아니며 … 생산관계, 사회관계 일반, 그리고 태도와 생각을 바꾸는 것"이라는 데 동의한다.

9. 사회화의 문제

협동조합을 만드는 것은 사회적 변혁을 일으킬 교육적, 정신적 발판을 건설하는 것이라고 간주된다. 그런데 외부에서의 시장 강제를 피할 수 없고, 노동자들을 기업 건설 과제에 끌어들이고 있는 사회적 기업은 그럼에도 불구하고 포스트-자본주의 사회를 체현해야 하는 과업을 떠맡는다. 이를 바꾸기 위해 사회주의자들은 "**기업의 사회화**를 재개념화하여 그것이 기업 내부 조직을 변화시키는 것을 의미하게 해야 한다." 기업의 민주화에 초점을 맞추는 것만으로도 노동자들은 포스트-자본주의 사회가 어떻게 작동하고, 노동자들이 "경제적 토대를 통제함으로써" 어떻게 "실질적인 경제적 권력을 행사"할 수 있는지를 노동자들에게 구체적으로 보여줄 수 있다(Wolff, 2014b, 강조는 원문). 더 많은 협동조합이 다른 생산적 서비스와 소비자 서비스로 확대되면 될수록, 그들의 모델은 더욱 "필연적으로 자본주의적 생산과 자본주의 국가의 서비스 제공의 대안으로 자리 잡을 것이다." 이것은 우리를 위한 사회 조직에서 지배계급이 필요 없다는 것을 보여주는 "살아 있는 사례"이다("Myth Part 2," 2014).

　사회주의적 생산이 거시적 사회 관계뿐만 아니라 미시적 사회 관계를 변화시킬 것을 요청하며, 단지 소유권을 한 지배계급으로부터 다른 지배계급으로 이전시키는 것만을 요청하는 것은 아니라는 것은 명백하다. 그러나 공황기나 침체기에 협동조합의 교육적 가치는 참여자들에게 동기부여를 하는 것과 마찬가지로 쉽게 참여자들을 지치고 타락시킨다는 것이다. 협동조합이 변혁적 기관으로서 실패할 때도 그것은 교육적 가치를 갖는다. 웹이 보기에 대부분의 노동자들은 자발적 연합에 헌신하기에는 자신들의 생활 조건들로 인해 너무나 지쳐 있는 반면, 부자들은 방탕한 소비에 너무나 열중한다. 이것은 자본주의적 시장 자체에 각인되어 있다. 앨페로비츠·앨버트(Alperovitz and Albert, 2014)는 분명하게 시장은 "근본적으로 단순히 소유주의 이윤뿐만 아니라 그 노동자들의 잉여, 즉 과잉인구를 극대화하는 엄청난 인센티브"를 만들어낸다고 말했다. 이것은 "동일한 종류의 행위들, 즉 공모, 환경을 청소하지 않는 것, 가속화, 약한 노동자 착취" 등을 초래한다. 민간 기업과의 경쟁은 협동조합이 평등주의적 경영의 결정을 뒤집도록 강요할 것이다. 앨버트(Albert)는 아르헨티나 협동조합 노동자들이 경영 관리를 전문화할 필요성 때문에 그들의 평등주의적 작업장에 위계를 다시 도입했다는 것을 예로 들었다. 노동자는 분할되었으며 회사를 운영하는 일상적 업무로부터 소외되었다. "[시장의] 압력은 느리지만 분명하게 구래의 노동 분업을 다시 도입하고 있다." 테라 크레마다(Tera Cremada, 2013)는 다음과 같이 직설적으로 주장한다. "운영하는 이들의 식탁에 음식을 올리는 일"을 하는 급진적 공동체 협동조합조차도 조만간 자신들의 수익성에 대해 신경

쓰게 되고 결국 그것은 자신들의 손에서 폭발할 것이다."

인터내셔널의 협동조합원들은 노동자 협동조합이 종종 자본결핍을 겪으며 민간 대출 혹은 국가대출에 대한 의존은 그들을 파산의 위험에 놓이게 한다고 지적했다. 조직은 기술적 전문성이 없었고 자본주의에 특유한 생산 공황에 처했다[Riddell, 2012: 829)에 인용된 라우리단(Lauridan)의 말]. 게드(Guesde, 1910)는 협동조합이 결과적으로 보수화되었다고 지적했다. "협동조합의 작동은 오늘날, 사회주의와 같은 점이라고는 하나도 없다" 왜냐하면 회원들은 그날그날의 수요에 맞춰 사업을 운영하고 있다. 그 결과 "사회주의 사상 혹은 사회주의적 대중 교육을 위한 어떤 여지도 남지 않게 된다." 대중의 "유일한 해방의 수단"은 "정치권력을 장악하고, 그것의 도움에 힘입어, 자본주의적 소유를 장악"하는 것이다. 협동조합이 실패할 경우 사기 저하는 회원들에게 변혁적 정치를 깡그리 불신하도록 가르칠 것이다.

오늘날 협동조합 지지자들도 시장 우선의 내부화의 효과를 지적한다. 몬드라곤 네트워크에 대한 카슈미르(Kasmir, 1996)의 철저한 연구에 따르면 협동조합이 무노조 작업장을 유지하는 것은 유연하고 불안정한 노동규율을 쉽게 강제할 수 있게 한다(184). 비슷한 관행이 종업원지주제도(Employee stock ownership plans, ESOPs)를 통해 조합원 소유주들에게 발생하고 있는데, 여기에서 노동자들은 자신의 일자리를 지키고 기업의 수익성을 지키기 위해 실패한 자신의 회사주를 구입하도록 권장되며 때로는 자신의 연금을 회사주식과 교환한다(Ben-Ner, 1984; Bell, 2006). 평의회-공산주의 저널인 《네가시옹(Negation)》(LIP, 1973)이 주장하듯이, 공장 통제에 대한 선택은 종종 강요되었고, 노동자들은 생산수단과 재생산수단의 소유로부터 자유롭게 되었다가 결국 자본을 스스로 체화하는 것으로 귀결되었다. 집산적이고 자주관리적이며 민주적이지만 전혀 자율적이지 않은 자본 말이다. 예를 들어, 1973년 프랑스의 LIP 시계 공장 점거에 대한 서술은 자주관리의 모순적인 심리적 효과를 보여주고 있는데, 여기에서 상사에게 더 이상 대답하지 않아도 된다는 자신감은 공장이 새 물자나 기계를 조달하기 위한 자금을 확보하지 못하게 되자 사기 저하로 바뀌고, 동정적인 좌파의 "연대 시장"이 빠르게 고갈되었다. 1979년 기업 파산 때 경찰은 폭력적으로 공장을 탈취했고 기업 노조는 이를 관망했다. 이는 시장 내에서의 투쟁의 비극적 코드이다. "이러한 한계는 자주관리를 일반화하는 데서의 실패에서 비롯된 것이 아니라, 오히려 정반대로 파산 기업의 노동자 자주관리라는 투쟁의 '논리적 어리석음'에서 비롯된 것이다."

"협동조합 그 자체에 어떤 사회주의적 가치를 부여할 수는 없다. 그것은 새로운 사회의 요소들을 준비조차 하고 있지 않다"는 게드(Guesde, 1910)의 서술에는 하나의 적극적 비판이 포함되어 있다. 계급의식적 노동자들은 "협동조합보다 훨씬 전에 존재했고 협동조합과는 비견될 수 없을 정도로 빠르게 진전되는 자본주의적 집적에 의해 물적으로 또 조직적으로" 준비된다. 자본주의적 노동 분업은 계급의식으로 인도되는 모순을 만들어낸다. 협동조합이 이러한 교육 사업을 대신할 필요는 없으며 그를 위한 물적 토대를 만들어내는 것은 더욱 아니다. 하지만 다음과 같은 질문은 여전히 남는다. 협동조합은 사회 변혁의 주체로서 어느 정도로 정치적인 행동을 할 수 있는가?

10. 정치적 전략으로서의 협동조합

울프(Wolff, 2014a)는 "만약 자본주의적으로 조직화된 기업이 노동자 자주 지도 기업(Workers Self-Directed Enterprises, WSDEs)으로 변하는 사회적 변혁이 발생한다면, 이는 자연적·문화적·정치적 조건의 변혁을 의미할 것이다"라고 하였다. 소유권에 대한 도전은 여전히 중요한데, "기업의 민주화 문제가 소유의 사회화와 계획적 분배를 대체할 수 있는 것이 아니다." 하지만 협동조합 지지자들에게 외부적 강제의 장벽은 내부적인 문제에 비해선 부차적인 것이다. 레보비츠(Lebowitz)와 울프는 모두 20세기 사회주의 국가의 실패 원인을 위계적 미시 관계를 손대지 않고 소유의 사회화와 계획을 시도했기 때문이라고 주장한다. 이와 대조적으로 협동조합의 큰 장점은 자본과 국가 양쪽에 대한 자율성이다. 울프는 WSDE에서는 "노동자들이 자본가를 대체하여 자신들로 교체한다. 이건 [사회적] 변혁 과정의 다음 단계가 되어야 한다"고 하였다[(Ness, 2012)에서 인용]. 협동조합은 주변화된 사람들의 이해관계를 무시하고 배신한 정당의 대안이 될 수 있다(Nangwaya, 2013). 만약 급진주의자들이 국가권력을 추구하다가 기꺼이 혹은 마지못해 지배계급을 대신해 자본주의를 관리하기에 이르면 ― 이는 재임 중 신자유주의적 정치를 실천한 사회민주당의 기록을 고려할 때 공정한 평가이다(Albo, 1996: 47) ― 이러한 구조는 체제 내부에서는 도전받지 못하게 된다. 협동조합은 고삐가 풀린 채 세계화된 자유시장과 국가사회주의의 관료적 횡포 양쪽에 대한 세 번째 대안이 된다.

이로부터 좌파적 협동조합은 전략적인 정치 의제를 만들지 않는 것에 대해 폭넓게 합의한다. 시트린(Sitrin)은 스페인의 한 퇴거 반대운동 활동가의 사회적 변화에 관한 저술을 다음과 같이 인용한다. "우리는 그것을 할 수 있는 방법을 완벽하게 몰라도 별 상관없으며 마술적인 처방 또한 모른다. 가장 중요한 것은 우리가 이 국면을 돌파할 수 있는 순간을 찾고 있다는 것이다." 이와 같이 이론이 아니라 결과를 강조하는 것은 웹(1904)의 비판을 되풀이하는 것이다. 웹은 협동조합을 "말이 아니라 실천 속에서 자신을 발견하는 사회주의"(Webb, 1904: 16)라고 보았다. 마스자렉(Marszalek, 2012a)도 협동조합은 이론화에 대한 것이 아니라 실천적 과제에 대한 것이라고 말했다. "우리는 우리의 일에 어떤 낙인을 찍는 것, 특히 정치적 꼬리표를 붙이는 것을 주저하며, 그 대신 경제적 및 인간적 문제에 대한 문제해결에 우리의 능력을 집중한다." 발다키노(Baldacchino, 1990)는 한 학술논문에서 비판 자체가 쓸데없다고 주장했다. "노동자 협동조합이 자본주의를 구원하는지, 혹은 사회주의적 변혁에 참여하는지는…학계에서 중요한 논쟁 주제일 수는 있다. 그러나…산업민주주의가 우선적 과업인 사람들에게 최우선적인 관심사는 이것을 어떻게 굴러가게 하는가이다"(476). 앨페로비츠도 "중요한 점은 궁극적인 이론적 최종적 상태가 아니라 이행기적 형태이다"라고 밝혔다. 앨버트는 다음과 같이 서술했다(Alperovitz and Albert, 2014). "우리는 이루어질 수 없는 것을 하기 위해 거리로 나서지 않는다.… 이상적 관계를, 마치 그것이 하룻밤 새에 만들어질 수 있는 것처럼, 창조하려 하는 것은 그다지 의미가 없다."

대안을 향한 이러한 탐색은 사회적 변화를 위한 거대계획에 대한 불편함에 따른 것이다. 협동조합은 "노동자의 어깨로부터…자본주의 사회의 하중"을 들어낼 수 없으며, 따라서 이러한 노동자 통제의 맹아적 형태가 "사회주의자들이 추구하는 미래상을 순수하게 반영하지 못한다"는 것은 놀랍지 않다. "사회주의적 혁명의 전제조건"은 더 많은 시간을 필요로 한다("Myth Part 1," 2014). 이것이 함축하는 바는 분명하다. 보다 광범위한 혁명적 전략에 협동조합을 통합시키려는 자는 몽상가이거나 나쁜 놈이다. 실제로 "순수한 것"에 대한 추구는 협동조합에 대한 비평가들의 견해를 "특정한 역사적·문화적 뿌리로부터 단절되고, 모든 형태의 사적 소유권을 폐지하는 사회주의"로 이끈다(Ben-Rafeal, 2001: 194). 사회주의 정치를 착근시키는 데 있어 급진주의자들의 이러한 무능함은 러시아혁명과 중국혁명에 대한 이들의 무비판적 지지로 이어졌으며, 그로 인한 불가피한 결과로 "국가로부터, 국가를 통해, 국가에 의해 수립된 사회주의 혁명은 그 어떤 것이든 새로운 착취적 계급체제로 타락했다."

이러한 논의의 뿌리에는 자본주의 국가에 대한 상반된 평가가 깔려 있다. 즉 어떤 이들은 국가를 점유의 정도에 따라 변혁될 여지가 있는 일련의 매개된 관계들이라고 보는 반면, 고전적 전통에서는 레닌(1943)처럼 다음과 같이 주장한다. "계급 간 적대가 객관적으로 화해되지 못하는 한 국가는 언제 어디서건 만들어진다. 그리고 반대로 국가의 존재는 계급 간 대립이 화해 불가능하다는 것을 증명한다." 전자의 입장은 변혁적 협동조합의 토대가 되었으며,[7] 인터내셔널은 후자의 입장을 고수하였다.

관계적 국가 입장은 마르크스의 협동조합에 대한 지지도 그렇게 해석한다. 예를 들어 조사(Jossa)는 다음과 같이 주장한다. "'국가에 대한 [마르크스의] 관점에서 협동조합적 생산은 현존하는 자본주의 체제에 대한 단순한 부정이 아니라 부정하면서 보존하는 변증법적 초월의 문제였다"[Jossa(2005: 7)에 인용된 Easton의 주장]. 그러므로 협동조합은 "자본가 계급에 [의한]… 생산수단의 독점…을 무너뜨리는 조치를

---

7) 자본과 국가의 위계질서로부터 자유로운 비자본주의적 공간의 필요성에 대해서는 칼라리·루시오(Callari and Ruccio, 2010), 레스닉·울프(Resnick and Wolff, 1988, 2013)를 참고하라. 콘월(Cornwell, 2012)과 깁슨-그레이엄(Gibson-Graham, 2006)은 각각 자율주의와 포스트-마르크스주의를 원용하여 어떻게 자본주의 내에서 대안적 사회제도가 협동조합의 새로운 공간을 열어내는지를 묘사한다.

취하는 계급의 독립적인 행동을 대표한다"("Myth Part 2," 2014). 조사는 자본주의 내에서 소유의 집단화가 사회주의 이행으로 인도될 수 있다는 점을 내비치며 다음과 같이 언급한다. "특정 시기의 혁명은 생산방식의 변화와 동일시되는데, 자본-노동 관계를 역전하는 생산자 협동조합 체계는 국가 전복에 실패하더라도 혁명을 이룩할 것이다"(Jossa, 2012: 408). 자본주의 국가가 사유 재산의 수탈을 허용할 것인가? 조사에 따르면 오늘날의 정당은 대중의 지지를 얻기 위한 수단으로 "경제적 특권계급과 대비하기 위해 필요한 '일반적 강제 수단'이 임금노동을 일체 금지하는 의회법이 될 수 있음을 부정할 이유가 전혀 없다"(Jossa, 2005: 7).

그런데 이와 같은 주장은 사회 변혁의 단계론적 공식과 유사하다. 즉, 경제적 대안을 세우는 것에 집중하고, 정치 투쟁은 뒤에 하거나 아예 하지 않을 수도 있는 것이다. 하지만 『공산당 선언』을 단계론적 방식으로 읽기는 무척 힘들다(11)(Marx, 1902: 70). 마르크스와 엥겔스가 파리 코뮌으로부터 국가권력 장악의 필요성에 관해 도출한 논리에 따른다면 말이다. "노동자 계급은 기존의 국가기구를 단순히 장악할 수도 없을 뿐만 아니라, 그것을 자신의 목적을 위해 휘두를 수도 없다"(Marx, 1902: 70). 바로 이러한 이유로 마르크스는 부르주아적 공화주의자들이 파리의 혁명적 방어에 실패한 이유를 설명하는 데 많은 시간을 쏟았던 것이고, 마르크스는 원형 파시스트(proto-fascist)인 루이 보나파르트(Louis Bonaparte)에 대항하는 계급 간 동맹의 실패에서 이미 이를 확인한 바 있다(1978: 99). 조사는 마르크스의 혁명주의가 청년 마르크스의 철학적 허무주의에서 비롯된다고 주장했지만, 마르크스가 국가권력에 대한 노동자들의 정치적 장악을 반복해서 호소했던 것은 계급사회의 발전 방식에 대한 자신의 분석으로부터 직접 나온 것이다. "화해 불가능한" 이해관계를 봉합하기 위한 수단으로서 국가의 존재는 어째서 마르크스가 협동조합을 정치적 변혁을 위한 훨씬 광범위한 투쟁의 한 부분으로 인정했는지를 설명한다. 마르크스만 그렇게 주장한 것은 아니다.

우량 경작지를 지방자치 소유로 하여 농민의 손에 쥐어주겠다는 러시아인[역주: 멘셰비키인 코스트로프(Kostrov)와 라린(Y.Larin)]의 제안에 대해 레닌(1907)은 이것이 자본주의적 재산권에 대한 공격으로서 계급 갈등을 심화시킬 것이라고 주장했다.

그는 수사적으로 다음과 같이 물었다, 만약 지방자치를 통해 점진적으로 '집산적 소유권'이 확장되고 생산을 '사회화'할 수 있다면 사회 혁명이 무엇 때문에 필요하겠는가? 그는 동시대의 좌파적 협동조합들과 함께 지방자치 사회주의가 강력한 교육적 요소를 갖는다는 데 동의했다. 하지만 그것은 노동자 운동의 초점을 "점진적"인 혹은 "하수도" 사회주의로 전환시켰는데, 이는 시 예산이 "지엽적 지방적 문제"를 개선하는 동안 거대한 지출계획은 부르주아의 통제하에 두는 것이었다.[8]

룩셈부르크는 노동자 운동이 "정치적 혁명을 성공적으로 수행할 수 있게 되기 전에는 오늘날의 사회 질서의 틀 안에서는" 경제적 권력을 얻을 수 없으리라 주장했다. 룩셈부르크는 이런 결론을 내린 근거로 독일사민당(SPD)이 어떻게 개혁 입법과 노동조합 그리고 협동조합을 우선했는지를 설명했다. 특히 마지막 두 가지는 민간 기업의 이윤 추구 범위의 감소를 통한 "생산조건에 대한 점진적으로 확대되는 통제"라는 목적을 공유한다. SPD에게 이것은 "사회주의의 점진적 실현 수단"[Luxemburg(1908: 19)에 인용된 슈미트의 말]인 반면, 룩셈부르크에게 이들은 모두 시장 강제에 의해 제약된다. 즉 협동조합은 그 자신의 주변화로 인해, 또 노동조합은 전체적인 노동의 공급이나 글로벌 상품 가격에 대한 자신들의 영향력 결여에 의해 시장 강제의 제약을 받는다(21). 이러한 한계들은 실제로 모든 개혁들에 해당되는데, "자본주의 경제의 직접적인 사회주의화의 수단으로 간주되는 개혁은 그들의 통상적 효력을 상실할 뿐만 아니라 권력 장악을 위해 노동계급을 준비하게 하는 수단이기도 중지한다"(Luxemburg, 1908: 32).

이러한 투쟁은 초기 사회주의 전통에서 사활적인 것이었다. 게드(Guesde, 1910)는 협동조합의 "유일한 가치"는 "전투적인 사회주의"를 건설하는 정당들에게 자금을 대는 것이라고 생각했다. 볼셰비키는 자본주의 경제에서 협동조합에 두 가지 장점이 있다고 보았다. 즉 저렴한 가격의 상품은 노동자의 개인 지출을 줄이고 파업 기간 동안 노동자 운동을 직접적으로 금융 지원했다. 1910년 레닌은 협동조합을

---

8) 하수도 사회주의의 부흥과 몰락에 대해서는 부스(Booth, 1985), 레오폴드·맥도날드(Leopold and McDonald, 2012)를 참고하라. 부르주아가 사회 갈등을 무마하기 위해 하수도 사회주의를 어떻게 이용하는지에 대한 비판은 에델(Edel, 1977)과 엥겔스(Engels, 1893)를 참고하라.

"(특정한 조건에서) 프롤레타리아 계급투쟁에서 사용 가능한 보조 무기 중의 하나"라고 불렀다. 마르크스를 따라 레닌도 협동조합이 사회주의적 생산과 분배를 예시한다는 점을 인정했다. 하지만 "'협동조합' 사회주의"를 통해 자본과 노동을 화해시키려는 어떤 시도도 "계급 적을 계급 협력자로, 계급 전쟁을 계급 평화로 전환시키는 망상일 뿐이다." 문제는 협동조합이 사회주의적 생산관계를 맹아적으로 체현한다는 것이 아니라, 이러한 관계를 완전히 구현하지 못한다는 것이다. 심지어 노동자 정부도 사회주의를 만들 수 없는데 하물며 협동조합이야 두말할 필요 없을 것이다. 레닌(1923)은 "문명화된 협동조합 체제가 사회주의 체제가 되는 것"은 오로지 노동자가 "생산수단의 사회적 소유"와 "부르주아에 대한 프롤레타리아트의 계급적 승리"를 달성할 때뿐이라고 보았다. 정치 투쟁이 "우리를 내부의 경제적 관계에 한정할" 공간을 만든다.

인터내셔널의 이론가들은, 고립적으로 추구되는 모든 개혁들처럼, 협동조합은 집단적·민주적 소유라는 목표를 자본주의적 소유관계의 방어자인 국가를 극복하는 데 필요한 정치 조직으로부터 분리시킨다고 생각했다. 그러므로 1923년 레닌의 주장과 13년 전 협동조합의 종속적 역할에 대한 그의 경고는 상충되는 것이 아니다. 즉 협동조합의 종속적 역할은 "협동조합적 사회가 현재의 노동자들을 돕지 못한다는 것을 의미하는 것이 아니라, 미래의 생산방식과 분배 방식은 협동조합적 사회에 의해 **준비**되고 있지만 그것은 자본가를 수탈한 **후에만** 작동하기 시작한다는 것이다"(Lenin, 1910, 강조는 원문). 레닌과 볼셰비키는 일단 자본가들이 수탈되고 난 다음에는 협동조합에 매우 다른 비중을 부여했다.

11. 러시아 외부의 협동조합

볼셰비키는 혁명 직후 내전에 처했고 국제적인 동맹을 필사적으로 찾아야만 했다. 1919년 그들은 공산주의자 인터내셔널(코민테른, Comintern)을 창설하고 처음 네 차례의 국제 공산당 대표자 회의를 개최하여 정치적 전략을 결정했다. 사회주의 재건에 대한 질문은 부차적이었고 협동조합은 1차 대회에서 다뤄지지도 못했으며 2차 대회에 가서야 산만하게 다뤄졌다. 그러나 3차 대회와 4차 대회에서 협동조합은 비중 있게 다루어졌다.

3차 대회에서는 독립 부서를 두어 협동조합 운동을 두 측면에서 지원하려 했다. 즉 노동자들의 "정치권력 획득"을 돕고 사회주의 경제의 재건을 돕는다는 것이다 (Executive Committee, 1921b: 150). 공산주의자들이 협동조합 운동에 참여하고 협동조합원들의 급진적 네트워크가 국제적으로 확산되는 것이 장려되었다. 4차 대회에서 대표자들은 협동조합 운동의 "조직적인 견고성과 규율" 때문이 아니라 순전히 그 엄청난 규모 때문에 협동조합 운동에 참여할 것을 촉구했다(Riddell, 2012: 813). 일부에서는 러시아 혁명 전에 협동조합 작업을 했더라면 사회민주주의적 멘셰비키들이 협동조합을 장악하는 것을 저지할 수 있었을 것이라고 하면서, 전시에 별도의 배급망 건설이 필요하다고 주장했다(14). 코민테른은 협동조합에 대한 관심이 부족했음에도 불구하고 - 협동조합에 관한 토론은 소규모 부속 협의회에서 진행됐다 - 대표자들이 러시아의 생존을 보장할 것으로 간주된 국제혁명과 연결시킬 수 있도록 했다.

그러나 3차 대회에 참석한 대표단은, 10년 전 게드(J. Guesde)처럼, 협동조합에 대한 지지를 국가권력의 혁명적 장악에 종속시켰다. "정부의 권력이 부르주아 계급의 수중에 있는 한 프롤레타리아트는 생산을 조직할 권력이 없고" 그러므로 노동자들은 권력을 장악해야만 "[자신의] 이해관계를 위한 경제발전"을 추구할 수 있다 (Executive Committee, 1921b: 156). 4차 대회 대표자들은 "프롤레타리아트에 의한 권력의 장악 없이도 협동조합이 스스로 장기적으로 사회주의 질서로 성장해갈 수 있다"고 믿는 "환상" 없이 협동조합을 지지했다. 프랑스 공산주의자이며 협동조합 지도자인 앙리에(Henriet)는 협동조합이 "노동계급의 지위를 의미 있게 상승시킬 능력"조차 없다고 말했다. 자본주의적 "경쟁이 협동조합 운동이 완전히 발전할 수 없도록 하기" 때문에, 협동조합은 자본주의하에서 생존 비용에 대처하기 위한 한 가지 수단이었다[리델(Riddell(2012: 823)에서 인용]. 이러한 한계는 사회적 필요노동시간(SNALT)이 하나의 기업이나 국가의 통제 밖에 있는 체제에서 비롯된다. 소비에트 경제학자 프레오브라젠스키(Preobrazhensky, 1965)가 말하길 협동조합은 "생산도구의 집단적 소유(사회적 소유가 아니라)의 작은 섬이다". 협동조합은 분배를 합리화하여 조합원들에게 이윤을 가져다 줄 수 있지만, 여전히 "자본주의적 교환의 모든 법칙들에 종속된다." 진정으로 사회적이기 위해서는 자본주의적 소유권을 강요하는 국가가 전복되어야 한다. 그렇지 않으면 협동조합은 "가치법칙에 순응"하거나 사라져버린다(218).

인터내셔널의 활동가들은 협동조합을 목적이 아닌 수단으로 바라보았다. 앙리에는 협동조합 운동을 "사회 혁명을 위한 거대한 힘"이라 불렀지만, 그는 협동조합이 노동자와 자본을 점진적으로 결합시킬 수 있는 가능성을 부인했고 "협동조합이 세계를 변혁할 수 있고, 생산자와 소비자 사이의 경제적 적대를 떨쳐내고, 요컨대 공산주의 사회를 만들어낼 수 있다고 믿었다." 하지만 이러한 전망은 "꿈이나 다름없다." 대표자들은 다음과 같은 의견에 동의했다. 즉 "협동조합 운동이 새로운 사회의 요소를 준비할 수 있다고 믿는 것은 근본적 오류일 것이다. 새로운 사회의 물질적, 인간적 요소는 자본이 집중 집적됨에 따라 협동조합이 아니라 자본주의 그 자체에 의해 준비될 것이다"(825). 게드가 수년 전 지적했듯 마르크스주의자가 계급투쟁을 존재하게 한 것이 아니듯, 노동자들을 사회화하여 생산을 운영하도록 하는 것도 협동조합의 일은 아니다.

12. 러시아 내부의 협동조합

러시아 노동계급은 내전에 의해 쓸려나갔고 볼셰비키는 굶주린 도시에 정기적으로 식량을 공급해야 했다. 그러나 식량을 위한 민간 시장을 세우는 것은 농촌 지역에서 자본주의를 부활시켜 노동자 정부의 토대를 무너뜨릴 위험이 있었다. 볼셰비키는 신경제정책의 일환으로서 협동조합을 임시방편책으로 사용했다. 협동조합은 이미 러시아 경제의 3분의 1을 차지하고 있었으며, 레닌(1923)은 협동조합에 농민들에게 물자를 공급하고 분배할 것을 호소했다. 협동조합은 성장에 다시 시동을 걸면서 국가 산업을 촉진하고 산업 기술을 개선하면서, 집단적으로 운영되는 대규모 산업을 위해 노동자들을 심리적으로 준비시켰다(Bukharin, 1926). 이러한 맥락에서 협동조합은 계획경제의 파생물로 기능할 수 있었고 "소생산과 국유경제 간의 교환의 틈새에 촉수를 뻗쳤다." 그리고 이전에 없던 집단적 생산을 도입하면서, 결국 소규모 농민 생산과 최종적으로는 협동조합 자신까지 끝장냈다(Preobrazhensky, 1965: 220).

비록 계획은 기술적 실패와 당 분파들의 정치적 공작에 시달렸지만(Nove, 1992: 98), 계획 이외에는 전후의 전체적인 경제 재건을 위해 1억 2000만 명의 러시아 농민을 조직할 방도가 없었다. 그리고 이는 보장된 것도 아니었다. 프레오브라젠스키(Preobrazhensky)는 볼셰비키가 권력을 잃는다면 산업은 개인의 손에 넘어가고 가치법칙이 스스로를 강력하게 드러내며, 협동조합은 "그들의 사회적 구조와 상관없이… 단번에 무너지거나, 혹은…자본주의 쪽으로 가버릴 것"이라 경고했다(1965: 220). 노동자의 정부가 가치법칙을 제압하는 가장 이상적인 시나리오에서도 협동조합에 대한 지지는 실용적이고 상황 의존적이었다.

1923년 레닌이 협동조합을 논하면서 이행기 국가에서 "사회주의는 협동조합과 동일시될 수 있다는 주장"(Jossa, 2014: 286)을 한 것은 사실이다. 하지만 레닌이 이보다 우선적으로 생각했던 것은 노동자 정부의 수립이다. 레닌은 같은 글에서 다음과 같이 말했다.

> 오늘날의 근본적 과제라는 관점에서 우리는 [협동조합에 관해] 의심할 여지없이 옳았다. 왜냐하면 사회주의는 정치적 권력과 국가를 위한 계급투쟁 없이는 수립될 수 없기 때문이다. 그런데 이제 사태가 어떻게 바뀌었는지 보라, 정치권력은 노동자 계급의 수중에 들어왔고 착취자의 정치적 권력은 타도되었으며 모든 생산수단은…노동자계급의 소유다.

협동조합에 대한 레닌의 지지는 노동자의 정부의 우선적 수립에 의존한 것이었다. 그러므로 조사(Jossa, 2014: 293)가 볼셰비키 혁명 두 달 후에 레닌이 국가란 무엇인가라는 정치적 질문에 답한 1917년 12월 25일의 글을 인용하지 않고 레닌이 협동조합을 옹호한 것만 인용한 것은 문제가 된다. 레닌이 같은 글에서 말했듯 "사회주의 정권이 권력을 잡고 있으니 이제 우리의 과업은 경쟁을 조직하는 것이다." 협동조합은 이전에 없던 교육적이고 조직화된 도구였다. 러시아와 자본주의 세계의 좌파적 협동조합 활동가들은 지지하기 위한 협동조합과 변혁적 정치 양식 그 자체로서의 협동조합 사이에 명확한 선을 그었다. 협동조합은 자본주의적 기업을 점진적으로 대체할 수 없기에 노동자 운동은 여전히 권력을 어떻게 장악할지 전략을 짜야 했다.

13. 결론: 이행기 정치를 위하여

이 글은 오언과 웹을 포함한 협동조합의 초기 이론가들이 협동조합은 국가 주도의 경제 계획 없이는 실패하리라 믿었다는 점을 보여준다. 마르크스는 협동조합이 노동자가 운영하는 사회의 모델을 나타내고, 산업자본이 아직 농민 경제를 파괴하지 않은 곳에서 협동조합적 형태는 포스트-자본주의 경제의 본보기를 제공할 수 있다고 강조했다. 그러나 동시에 마르크스는 광범위한 정치적 투쟁과 노동자들에 의한 국가의 변혁을 거듭 강조한다. 룩셈부르크는 시장 강제가 어떻게 협동조합의 영향을 주변부, 소규모 경제 영역으로 제한하는지에 대해 지적했다. 볼셰비키는 정치적 운동에 대한 지지를 얻기 위해 협동조합을 우선시했고, 혁명 후에 협동조합은 러시아의 분할된 농민적 농업 생산에서 집단 노동을 착수할 수 있게 했다. 간단히 말해 이들은 원칙적이라기보다는 추상적 입장이었고, 이는 협동조합이 ─ 독립적인 노동조합, 연대운동, 그리고 사회 개혁을 비롯하여 ─ 노동자 민주주의와 완전히 사회화된 생산을 위한 기술적, 정치적 조건을 만들어내기 위한 한 발자국이라는 이해로부터 비롯되었으며, 이 모든 것들의 성공 여부는 당의 정치조직에 달려 있었다. 마르크스주의 전통에 있는 모든 사상가들은 강조점에서 차이가 있지만, 한 가지 지점에서 일치했다. 협동조합은 포스트-자본주의 경제 조직을 보여줄 수 있지만, 일차적 전략으로서 협동조합은 진화적 시장사회주의의 가능성에 대한 환상을 조장한다는 것이다.

당대의 좌파적 협동조합과 인터내셔널은 부분적으로 협동조합 지원 조직(CSOs)의 이슈에 집중했다. 제2 인터내셔널은 협동조합에 대해 3자 합의적 접근을 했는데, 노동조합은 각성한 노동 계급을 대표하며, 정당은 정치적 요구를 대변하며, 협동조합은 노동자의 생활조건을 개선한다는 것이다. 레닌(1923)에 따르면 협동조합의 성공을 위한 전제 조건은 "계급투쟁, 노동자 계급에 의한 정치권력의 장악, 착취 계급 지배의 타도"이다. 혁명 이후에는 공산당, 소비에트 — 노동자 민주주의의 직접적 기관 — 와 산업 부문별 조합이 소련에서 협동조합에 대한 또 다른 3자 합의적 모델을 구성했다(Riddell, 2012: 47; Executive Committee, 1921a: 98). 유럽에서 볼셰비키 친화적 협동조합 운동이 번성했더라면 스탈린주의 대두의 배경이 되었던 러시아의 경제적, 정치적 고립을 저지할 수 있었을지를 검토하는 것은 유용한 사고실험일 것이다.

오늘날 울프(Wolff)의 세 가지 전제조건 — 사회운동적 노동조합주의, 공공 재정, 그리고 사회적 기업을 위한 실업자들의 선동 — 은 노동자 운동을 재건할 사회운동 노동조합주의로서 이는 신자유주의 시대에 가능한 전술적 선택일 수 있다(Stannard, 2014; Moody, 2014). 그러나 무디(Moody)는 보수적 조합주의는 "멀리 미래를 지향하는 어떤 종류의 개혁 프로그램"도 없다고 지적했다. 이는 네트워크화된 CSOs가 점진적으로 시장을 쇠퇴시킬 수 있다며 "자본주의는 죽었다. 아직 그걸 모를 뿐이다"는 일부 지지자들의 낙관주의와는 매우 다른 주장이다("Non-exploitive," 2011). 이러한 진화적 접근법에는 두 가지 문제가 있다. 첫째, 자본과 국가의 유착이 지속적 축적의 조건을 보장한다는 것에 대해서는 충분한 역사적, 현대적 증거가 있다. 이는 좌익 정당이 긴축에 대한 온건한 대안을 제안하는 굴욕을 감수하게 할 정도이다. 그리스에서 부채위기를 야기한 다음 이어서 공공부문[좌파연대 (Left Platform)]을 파괴하려 했던 유럽중앙은행의 단호한 계획을 보라. 신자유주의 정책의 전반적 기조가 완충장치를 제거하는 것인데, 이러한 완충장치들이 협동조합을 시장으로부터 보호하기를 기대하는 것은 직관에 반한다. 둘째, CSO가 실현되지 못했을 때 노동자들은 민간부문과 공공부문의 자원 없이 자신들의 공동체를 재활성화시켜야 한다. 이는 이윤 추구적 기업이 애초 이런 공동체를 황폐화시킨 단기적 영리 추구의 동학을 계속할 수 있게 한다.

건(Gunn, 2000)은 구조적 장벽을 인정하며, CSO조차도 협동조합을 변혁적으로 만드는 데 불충분하다고 냉정하게 평가했다.

자본주의적 시장은 민주적으로 운영되는 기업이 자본주의적 행동에 순응하도록 압력을 가한다. 만약 세상이 (혹은 자본주의의 세계적 확산을 어떻게든 피하고 있는 사회가) 민주적으로 운영되는 기업으로 이뤄져서, 주민 참여 수단의 확장을 가능하게 한다면, 만약 우리가 민주주의와 참여의 가치에 부합하는 사업의 기준을 제시하는 국가체제를 가지고 있다면, 또 만약 그러한 가치를 지지하고 재생산하는 제도들이 있다면…그렇다, 삶은 달라질 것이다(455).

이것은 문제에 대한 신중하고 명쾌한 대답이다. 그렇다면 인터내셔널이 어떻게 강조점을 뒤집어서 문제의 해결을 시도했는지 고려할 만하다. 그들은 협동조합을 단지 사회주의당을 지지하기 위한 재정의 원천으로만 보았으며, 신용조합과 대안적 기구가 어떻게 협동조합을 지지할 수 있는지에 대해 전략을 세우지 않았다. 건(Gunn)은 묻는다. "민주적으로 운영되는 기업의 가장 대담한 노력도 약화시키는 압력들을 고려할 때, 경제적 민주주의에 헌신하는 이들은 무엇을 해야 하는가?" 이에 대한 한 가지 답변은 계급의식을 형성할 수 있는 다른 방법을 찾는 것이다. 발다키노(Baldacchino, 1990)는 협동조합 논쟁은 노동자들이 자신의 상황을 어떻게 개선하는지의 **과정**을 (이데올로기적 **결과**보다) 더 많이 다뤄야 한다"고 주장했다(476, 강조는 원문에서). 그러나 이데올로기 ─ 단순한 의미에서 질서 지워진 이념 ─ 는 전략적인 과정을 알려준다. 우리는 고든(Gordon, 2002)의 다음과 같은 주장에 동의할 수 있다. "마르크스주의자들은 '하수도 자본주의(sewer socialism)'를 자본주의를 절대 무찌를 수 없는 점진적 개혁의 한 종류라고 경멸했지만….더 중요한 목표는 관련된 개인을 변혁하여 자신감을 갖게 하고, 전략적으로 사고할 수 있게 하고, 집단적으로 일할 수 있게 하는 것이다"(107). 그러나 이러한 주장들은 반드시 서로 모순되는 것은 아

니다. 협동조합 이론가들이 "더 거대한 체제 계획을 심각하게 다뤄야 한다"고 한 감
탄할 만한 감상은 더욱 심화될 수 있다. 인터내셔널이 인정하듯이 주된 쟁점은 계
획이 아니라 전략적이고 정치적인 것이다. 자본의 권력과 대결하고 전복하는 것을
목표로 하는 활동가 교육의 또 다른 형태는 다른 반문화를 세우거나 기업 내에서
자본주의적 사회 관계를 관리한다는 엄청난 과업 없이도 집단적 확신을 협동조합
보다 더 효과적으로 건설할 수 있다. 어떻게 사회 변혁을 위한 독립적인 조직을 건
설했는가에 대한 질문은 협동조합적 담론9)에는 대체로 결여되어 있지만, 정당과 운
동을 건설하는 것은 본질적으로 추상적이지 않다. 룩셈부르크가 이해했듯 개혁은
개혁 그 자체의 한계를 보여주는 활동가들과 당 조직을 토대로 획득될 수 있다. 실
제로 "사회주의 부문"의 점진적인 성장에 초점을 맞추는 것은 변혁적 정치보다 더
공상적일 수 있는데, 왜냐하면 사회적 경제를 지탱하기 위해 필요한 규제의 틀은 어
떠한 사회적 격변보다 훨씬 앞서 국가 주도의 기업을 필요로 하기 때문이다.

웹(Webb, 1904)은 "따라서 협동조합원은 인류 진보의 전위에서 도덕적 개혁가로
서의 뛰어난 지위를 차지할 만하다"고 주장했다(240). 하지만 변혁적 정치는 권력
의 원천과 대결함으로써 개인의 심리를 개혁하고 재구성할 수 있다. 포스트(Post,
1996)가 주장하듯 협동조합과 변혁적 정치는 모두 노동계급의 층위에서 실질적인
이익을 만들어내고 노동계급의 운동을 반자본주의 사상에 눈뜨게 한다. 모든 정치
적 투쟁은 사회적 관계의 미시적 변화를 수반한다. 소비에트조차도 공동체 기반의
노동자 평의회로 시작되었다가 봉기적 정치의 실천적 요구를 다루게 되었다. 파업
과 같은 투쟁이 더 대결적이면 대결적일수록, 그것은 교육적 효과를 더 빠르게 전
파했고, "이전에 무기력했던 계층을 행동주의로 이끌어서" 지역사회의 지지를 조
직했다(Harman, 1979). 대결을 통한, 또 격렬한 갈등의 순간 사회적 인프라스트럭
처를 운영하도록 강제되는 것을 통한 이중적 학습과정은 노동자 운동에서 "경제와
정치는 뗄 수 없으며 경제적 해방은 정치권력의 획득을 필요로 한다. 사소한 정치

---

9) 부분적인 예외로, 협동조합을 "독립적이고, 반헤게모니적 조직 공간"으로서 민주적이고 반자본주
의적인 지역 의회와 연결 짓는 이론가인 낭와야(Nangwaya, 2013)를 참고하라.

적 요구를 조직하는 것조차도 참여자의 역량과 자기 인식을 철저하고 빠르게 변화시킨다"는 점을 보여준다(Kelly, 2014: 15). 이러한 통찰력은 협동조합에 대한 인터내셔널의 관점을 보여준다. 그들은 사회화된 경제의 부분적인 예를 보여주었을 뿐만 아니라 어떻게 사회적 기업의 건설이 시장의 한계에 빠르게 부딪히는지도 보여주었다. 그들의 유산은 방관자적 기권주의나 하향식 사회 공학이 아니라 정치경제적 비판의 적용을 통해 이행적 정치로 나아가는 것이다.

참고문헌

Albo, G. 1996. "A world market of opportunities? Capitalist obstacles and left economic policy." *Socialist register 1997: Ruthless criticism of all that is, ed. L. P. Leys, 5-47.* London: Merlin Press.

Alperovitz, G. 2014. *The cooperative economy: A Conversation with Gar Alperovitz.* http://www.garalperovitz.com/2014/06/cooperative-economy-conversation-garalperovitz/#more-1861

Alperovitz, G., and M. Albert. 2014. *In conversation with Michael Albert.* www.garalperovitz.com/2014/03/conversation-michael-albert

Alperovitz, G., and T. M. Hanna. 2013. Mondragón and the system problem. *Truthout.* http://www.truth-out.org/news/item/19704-mondragon-and-the-system- problem

Anderson, K. B. 2010. *Marx at the margins: On nationalism, ethnicity, and non-Western societies.* Chicago, IL: The University of Chicago Press.

Anikin, A. V. 1979. *A science in its youth: Pre-Marxian political economy.* New York: International Publishers.

Arguments against workers' cooperatives: The myth of Mondragon part 1. 2014. *Sráid Marx.* http://irishmarxism.net/2014/01/19/arguments-against-workers-cooperatives-the-myth-of-mo n dragon-part-1/

Arguments against workers' cooperatives: The myth of Mondragon part 2. 2014. *Sráid Marx.* http://irishmarxism.net/2014/01/31/arguments-against-workers-cooperatives-the-myth-of-mon dragon-part-2/

A shot gun marriage between worker-owned cooperatives and trade unions. 2012. http://www.dailykos.com/story/2012/01/22/1055510/-Anti-Capitalist-Meet-up-A-Shot-Gun-Marriage-Between-Worker-Owned-Cooperatives-and-Trade-Unions

Baldacchino, G. 1990. "A war of position: Ideas on a strategy for worker cooperative development." *Economic and Industrial Democracy,* 11, pp.463~482.

Ben-Ner, A. 1984. "On the stability of the cooperative type of organization." *Journal of Comparative Economics,* 8, pp.247~260.

_____. 1988. The life cycle of worker-owned firms in market economies: A theoretical analysis. *Journal of Economic Behavior and Organization* 10, pp.287~313.

Ben-Rafael, E. 2001. Basic dilemmas of utopia in comparative perspective. *Journal of Rural Cooperation,* 29 (2), pp.193~204.

Booth, D. E. 1985. Municipal socialism and city government reform: The Milwaukee experience, 1910-1940. *Journal of Urban History,* 12 (1), pp.51~74.

Bukharin, N. 1926. *The tasks of the Russian Communist Party.* https://www.marxists.org/archive/bukharin/works/1926/01/x01.htm

Callari, A. and D. F. Ruccio. 2010. "Rethinking socialism: Community, democracy, and social agency." *Rethinking Marxism,* 22 (3), pp.403~418.

Carrlson, C. 2008. *Nowtopia: How pirate programmers, outlaw bicyclists, and vacant-lot gardeners are inventing the future today.* Oakland: AK Press.

Clay, J. 2013. Can union co-ops help save democracy? *Truthout.* http://truth-out.org/news/item/17381-can-union-co-ops-help-save-democracy

Chayanov, A. 1991. *The theory of peasant co-operatives, trans.* D. W. Benn. Columbus, OH: Ohio State University Press.

Cornforth, C. and A. Thomas. 1990. "Cooperative development: Barriers, support structures and cultural factors." *Economic and Industrial Democracy,* 11, pp.451~461.

Cornwell, J. 2012. "Worker co-operatives and spaces of possibility: An investigation of subject space at Collective Copies." *Antipode* 44 (3), pp.725~744.

Curl, J. 2010. "The cooperative movement in century 21." *Affinities: A Journal of Radical Theory, Culture, and Action* 4 (1), pp.12~29.

Davidson, C. 2011. "The Mondragon diaries: 'If labour has the power, then capital···becomes our tool." *Links: International Journal of Socialist Renewal.*

de Peuter, G., and N. Dyer-Witherford. 2010. Commons and cooperatives. *Affinities: A Journal of Radical Theory, Culture, and Action,* 4 (1), pp.30~56.

Draper, H. 1966. *The two souls of socialism.* http://www.marxists.org/archive/draper/1966/twosouls/index.htm?PHPSESSID= 35fb8e862c3404829cd69fc281a1c371

Dunayevskaya, R. 1951. *The cooperative form of labor vs. abstract labor.* https://www .marxists .org/archive/dunayevskaya/works/1951/labor.htm

Edel, M. 1977. "Rent theory and working class strategy: Marx, George and the urban crisis." *Review of Radical Political Economics*, 9 (4), pp.1~15.

Engels, F. 1893. *Engels to Friedrich Adolph Sorge*. http://www.marxists.org/archive/marx/ works/1893/letters/93_01_18.htm

_____. 1902. "Introduction to the German edition." *The Paris Commune*, K. Marx. New York: New York Labor News Company.

_____. 1988. "The housing question." *Karl Marx and Frederick Engels works October 1871-July 1874*, K. Marx and F. Engels, vol. 23, pp.317~391. Moscow: Progress Publishers.

Fagor goes bankrupt - Trouble in Camelot. 2014. http://www.dailykos.com/story/2014/01/12/ 1268841/-Anti-Capitalist- Meetup-Fagor-Goes-Bankrupt-Trouble-in-Camelot

Fine, B. 1979. "On Marx's theory of agricultural rent." *Economy and Society*, 8(3), pp.241~278.

Gibson-Graham, J. 2006. *A postcapitalist politics*. Minneapolis: University of Minnesota Press.

Gordon, L. 2002. "Social movements, leadership, and democracy: Toward more utopian mistakes." *Journal of Women's Histor*, 14 (2), pp.102~117.

Guesde, J. 1910. *Co-operatives and socialism*. https://www.marxists.org/archive/guesde/1910 /dec/cooperatives.htm

Gunn, C. 2000. "Markets against economic democracy." *Review of Radical Political Economics*, 32 (3), pp.448~460.

Harman, C. 1979. *How Marxism works*. London: Bookmarks Publications.

ICC. 2005. Communism means the elimination of the law of value and the unification of the productive process. International Communist Current. en.internationalism.org/print/ book/export/html/1867

Is a non-exploitive economy based on worker-owned cooperatives possible. 2011. http://www .dailykos.com/story/2011/07/24/998239/-Anti-Capitalist-Meet-Up-Is-A-Non-Exploitive-Economy–Based-on-Worker-Own-Cooperatives-Possible

Jossa, B. 2005. "Marx, Marxism and the cooperative movement." *Cambridge Journal of Economics*, 29 (1), pp.3~18.

_____. 2012. "Cooperative firms as a new mode of production." *Review of Political Economy* 24 (3), pp.399~416.

_____. 2014. "Marx, Lenin and the cooperative movement." *Review of Political Economy*, 26 (2), pp.282~302.

Kasmir, S. 1996. *The myth of Mondragon cooperatives, politics, and working-class life in a Basque town*. Albany, NY: State University of New York Press.

Kelly, B. 2014. A Marxist critique of 'prefigurative politics.' Socialism 2014. Chicago: International Socialist Organization.

Lafleur, M. and A. M. Merrien. 2012. *The socio-economic impact of co-operatives and mutuals: When the past inspires the future: The contribution of cooperatives and mutuals to making a better world*. l'Université de Sherbrooke, Institut de recherche et d'éducation pour les coopératives et les mutuelles de l'Université de Sherbrooke. Sherbrooke: IRECUS.

Lebowitz, M. 2014. "A path to socialism – Building upon the foundations began by Hugo Chavez." *Links: International Journal of Socialist Renewal*. http://links.org.au/node/3741

Lenin, V. I. 1907. *The agrarian programme of social-democracy in the first Russian Revolution, 1905-1907*. https://www.marxists.org/archive/lenin/works/1907/agrprogr/ch04s7.htm #v13pp72-358

_____. 1910. *The question of co-operative societies at the International Socialist Congress in Copenhagen*. http://www.marxists.org/archive/lenin/works/1910/sep/25.htm

_____. 1917. *How to organise competition?* http://marxists.org/archive/lenin/works/1917/dec/25.htm

_____. 1921. *Consumers' and producers' co-operative societies*. https://www.marxists.org/archive/lenin/works/1921/apr/25.htm

_____. 1923. *On cooperation*. https://www.marxists.org/archive/lenin/works/1923/jan/06.htm

_____. 1943. State and revolution. In *V. I. Lenin, selected works*, vol. VII: 7-112. New York: International Publishers Co., Inc.

Leopold, E., and D. A. McDonald. 2012. Municipal socialism then and now: Some lessons for the Global South. *Third World Quarterly*, *33* (10), pp.1,837~1,853.

Luxemburg, R. 1899. *Speech to the Hanover Congress*. https://www.marxists.org/archive/luxemburg/1899/10/11.htm

_____. 1908. *Reform or revolution*. https://swp.org.uk/education/classics/3-reform-or-revolution

Marszalek, B. 2012a. *Worker co-operatives and democracy, part 1*. https://libcom.org/library/worker-co-operatives-democracy-bernard-marszalek

_____. 2012b. *Worker co-operatives and democracy, part 2*. http://dissidentvoice.org/2012/06/worker-co-operatives-and-democracy-part-2/

Marx, K. 1864. Inaugural address and provisional rules of the International *Working Men's Association*. https://www.marxists.org/archive/marx/works/1864/10/27.htm

_____. 1866. *The different questions: Instructions for the delegates of the provisional General Council*, trans. B. Selman. https://www.marxists.org/archive/marx/works/1866/08/instructions.htm

_____. 1875. *Critique of the Gotha Programme*. https://www.marxists.org/archive/marx/works/1875/gotha/

_____. 1881. *Marx-Zasulich correspondence February/March 1881*. www.marxists.org/archive

/marx/works/1881/zasulich/draft-3.htm

_____. 1902. *The Paris Commune*. New York: New York Labor News Company.

_____. 1959. *Capital, a critique of political economy, volume three: The process of capitalist production as a whole*, ed. F. Engels. Moscow: Institute of Marxism-Leninism.

_____. 1978. The eighteenth brumaire of Louis Bonaparte. In *K. Marx & F. Engels, Collected Works volume 11: 1851-1853*, vol. 11, pp.99~198. New York: International Publishers.

Marx, K. and F. Engels. 1998. *The communist manifesto*. London: Verso.

McNally, D. 1993. *Against the market: Political economy, market socialism and the Marxist critique*. London: Verso Books.

Moody, K. 2014. Reviving labor from below. *Jacobin*. https://www.jacobinmag.com/2014/04/reviving-labor-from-below/

Nangwaya, A. 2013. *We have to make sure that economically we're free: Worker self-management in Jackson, Miss*. http://rabble.ca/news/2013/09/we-have-to-make-sure-economically-were-free- worker-self-management-jackson-miss

Ness, I. 2012. "Cooperatives and workers-owned enterprises as transformative strategies." *Grassroots Economic Organizing(GEO) Newsletter* 2 (12).

Nove, A. 1992. *An economic history of the USSR: 1917-1991*. London: Penguin Books Ltd.

Owen, R. 1816. *A new view of society or, essays on the principle of the formation of the human character, and the application of the principle to practice*. http://marxists.org/reference/subject/ economics/owen/ch02.htm

Pérotin, V. 2006. "Entry, exit, and the business cycle: Are cooperatives different?" *Journal of Comparative Economics*, 34, pp.295~316.

Post, C. 1996. *The popular front: Rethinking CPUSA history*. http://www.solidarity-us.org/node/2363

Preobrazhensky, Y. A. 1965. *The new economics*. Oxford: Oxford University Press.

Rachleff, P. and A. Wallach, trans. 1973. LIP and the self-managed counter-revolution. *Négation*. https://libcom.org/library/lip-and-the-self-managed-counter-revolution-negation

Ranis, P. 2012. *Worker cooperatives: Creating participatory socialism in capitalism and state socialism*. http://www.democracyatwork.info/articles/2012/10/worker-cooperatives-creating-participatory-socialism-in-capitalism-and-state-socialism

Resnick, S. and R. Wolff. 1988. Radical differences among radical theories. *Review of Radical Political Economics*, 20(2-3), pp.1~6.

_____. 2013. "Marxism." *Rethinking Marxism* 25 (2), pp.152~162.

Richards, B. 2012. *Status of co-operatives in Canada: Report of the Special Committee on Co-operatives*. Special Committee on Co-operatives. Ottawa: Speaker of the House of Commons.

Riddell, J(ed.). 2012. *Toward the united front: Proceedings of the Fourth Congress of the Communist International*, 192., trans. J. Riddell. Chicago: Haymarket Books.

Robert Owen Group. n.d. *Who was Robert Owen?* http://www.robertowen.org/about-us/who-was-robert-owen.html

Saad-Filho, A. 2002. *The value of Marx: Political economy for contemporary capitalism*. London: Routledge.

Sitrin, M. 2013. Postcards from a horizontal world. www.opendemocracy.net/transformation/marina-sitrin/postcards-from-horizontal- world

Stannard, M. 2014. *Organized labor, public banks, grassroots: Key to a worker-owned economy*. http://limitlesslife.wordpress.com/2014/05/04/organized-labor-public-banks-grassroots-key-to-a-worker-owned-economy/

Taylor, A. 2014. *Hope and Ka-Ching*. Retrieved 09 26, 2014, from The Baffler: http://www.thebaffler.com/salvos/hope-and-ka-ching

Terra Cremada. 2013. *Self-management of misery or the miseries of self-management - Terra Cremada*. https://libcom.org/library/self-management-misery-or-miseries-self-management -terra-cremada

The Executive Committee of the Communist International. 1921. The second conference of the Communist International. *Proceedings of Petrograd Session of July 17th, and of Moscow Sessions of July 19th -August 7th, 1920*, 240. Moscow: Publishing Office of the Communist International.

The Executive Committee of the Communist International. 1921. Third world congress of the Communist International. *THESES and RESOLUTIONS adopted at the third world congress of the Communist International*, 213. New York: The Contemporary Publishing Association.

The Left Platform of Syriza. 2015. The alternative to austerity. Jacobin. https://www.jacobinmag.com/2015/07/tsipras-euro-debt-default-grexit/

Webb, B. 1904. *The co-operative movement in Great Britain*. London: Swan Sonnenschein & Co., Lim.

Whyman, P. B. 2012. Co-operative principles and the evolution of the 'dismal science': The historical inter-action between co-operative and mainstream economics. *Business History*, 54 (6), pp.833~854.

Winn, J. 2013. *Notes towards a critique of 'labour managed' firms*. http:// josswinn.org/2013/07/notes-towards-a-critique -of-labour-managed-firms/

Wolff, R. n.d. *Learn about workers' self-directed enterprises*. http://www.democracyatwork.info/learn/?topic=types

_____. 2012. Yes, there is an alternative to capitalism: Mondragon shows the way. *The Guardian*. http://www.theguardian.com/commentisfree/2012/jun/24/alternative-capitalismmondragon

_____. 2014a. Richard Wolff: Enterprise structure is key to the shape of a post-capitalist future, inter-viewer L. Thatcher. *Truthout*. http://www.truth-out.org/news/item/ 22108-richard-wolff-enterprise-structure-is-key-to-the-shape-of-a-post-capitalist- future

_____. 2014b. *Socialism and workers' self-directed enterprises*. http://mrzine.monthlyreview. org/2014/wolff140914.html

제4장

대안사회경제의 소유형식
역사적 사례 평가[*]

하태규 | 전 경상대학교 사회과학연구원 학술연구교수

1. 들어가는 말

이 글은 필자가 다른 글에서[1] 밝힌 마르크스의 대안사회경제의 소유(이하 대안적 소유)개념의 의미에 비추어 "현실 사회주의"의 소유형식[2]들을 평가함에 의해 그 개념의 타당성과 현실성을 검증하는 것을 목적으로 한다. 이하는 우선 그 개념의 요약이다.

마르크스의 대안적 소유개념은 다음 한 문장으로 표현된다. "사적 소유가 아니라 자본주의 시대의 성과 — 협동, 땅[3]의 공동점유, 노동 자체에 의해 생산된 생산수단의 공동점유 — 에 근거한 개인적 소유를 재생시킨다"(마르크스, 1867: 1050; Marx, Karl-Friedrich Engels Werke 이하 MEW, 23: 791). 먼저 대안사회경제에서 형식화될 자

---

* 이 논문은 2013년 정부(교육부)의 재원으로 한국연구재단의 지원을 받아 수행된 연구 (NRF-2013S1A5B8A01055117)의 일환으로 작성되었고, ≪사회경제평론≫ 50호에 게재되었다.

1) 하태규(2015a)를 참조하라.

2) 소유형식(property form)은 소유관계 나아가 사회관계들에 의해 규정되기 때문에 단지 소유 법이나 제도를 넘는 본질적 성격을 지닌다. 그래서 소유형식의 변경은 사회관계들의 변경에 의해서만 가능하다. (소유)형식의 이런 의미에 대해서는 하태규(2015e), Postone(1995), Marx(1993)를 참조하라.

3) 땅은 독일어 Erde의 번역으로서 지구의 겉면을 의미하며 지구로 번역한 Erdball과 같은 의미로 파악된다. 그래서 『자본론』에서 자주 사용되는 용어, 토지(Grund und Boden)는 구획되고 거래 대상이 되는 구체적 땅을 의미한다면 Erde와 Erdball은 지구 전체(의 겉면)로서의 땅을 의미한다고 보인다.

본주의 시대의 성과를 논의하면 마르크스는 땅이 소유가 아니라 공동점유의 대상이라는 점을 분명히 하였다. 왜냐하면 "더 높은 경제적 사회 구성의 관점에서 지구에 대한 개인들의 사적 소유는 인간의 다른 인간에 대한 사적 소유와 마찬가지로 터무니없어 보일 것"이고 "어떤 사회, 어떤 민족, 동시대의 한데 합친 모든 사회들조차도 지구의 소유자는 아니"고 "지구의 점유자, 수익권자일 뿐"이기 때문이다. 그래서 이런 지구의 점유자는 "선량한 가장으로서 개량된 지구를 후손에게 물려주어야 할" 의무를 지게 된다(마르크스, 1894: 943; MEW, 25: 784).

마르크스에게 대안사회경제에서 생산수단도 소유가 아니라 공동점유의 대상이다. 자본주의 생산양식에서 노동은 이미 협동(과 사회적 분업)을 통해 간접적으로 사회적인 노동으로 발전했고 이런 사회적 분업을 지양한 새로운 사회의 노동은 직접적으로 사회적인 노동이 되기 때문에 생산수단은 사적 소유의 대상이 될 수 없다.[4]

---

4) 이것은 대안사회경제에서 "공유의(gemeinschtlich) 생산수단들로 노동하고 수많은 개별적 노동력들을 하나의 사회적 노동력으로 자기의식적으로 지출하는 자유로운 인간들의 연합을 상정"(마르크스, 1867: 100; MEW, 23: 92)하는 마르크스에게는 자명하다. 다른 한편 자본주의의 사회적 분업의 지양이 상품 생산의 지양일 뿐 대안사회에서도, 개인이 특정한 직업에 고착되지 않는 한, "사회적 분업"이 존재한다는 논평자의 지적에 대해 동의한다. 대안사회에서도 직업이나 직무의 분할이라는 의미의 분업은 있으나, 이렇게 분할된 직업이나 직무에 개인이 평생 동안 고착되어 종사하며 다른 모든 인간적 잠재능력들을 상실하고 한 가지만 발휘하는 기형적이고 소외된 개인으로 다시 생산되는 방식은 사라지게 된다. 하지만 이것은 논평자의 비판과 달리 분업이 지양되지 않은 것이 아니라 지양된 것이다. 논평자가 간과하는 것은 사회적 분업이 "지양(Aufhebung)"된다고 할 때 보존되는 것과 폐기되는 것을 구분해서 사고해야 한다는 점이다. 대안사회의 사회적 분업의 지양은 기존의 낡은 형식하에서 발전되어서 기존 형식과 모순이 심화된 분업의 내용 자체가 없어지는 것이 아니라 보존되면서도 낡은 형식은 폐기되고 발전된 내용에 맞게 (새로운 사회에서) 새로운 형식으로 변형되는 방식으로 나타난다. 이런 관점에서 파레콘 모델이 제안하고 필자도 채택하는 균형적 직군(balanced jobs)이 그런 사회적 분업이 "지양"된 형식의 하나가 된다. 균형적 직군에서 개인은 참여계획에 의해 하나가 아닌 원하는 복수의 직업이나 직무들을,『독일 이데올로기』의 문구처럼 아침저녁으로 바꾸는 방식이 아니라, 일생 동안 장기적 흐름에서 계획적으로 바꾸면서도, 개인이 맡는 모든 직업과 직무들의 평균적 노동 강도와 위험성이 각 개인에게 동일하게 배분되는 방식으로 종사하게 된다. 즉 균형적 직군은 자본주의 사회에서 발전된 내용(직업과 직무를 특화하여 전문성과 효율성을 증대시킨다는 내용)은 보존하되 낡은 형식(분업화된 하나의 직업이나 직무가 특정한 개인의 평생의 업무가 된다는 형식)은 폐기하고 새로운 사회의 새로운 형식(복수의 직군들에 개인들이 원하는 대로 종사하는 형식)으로서 사회적 분업의 "지양"(보존, 폐기, 새로운 단계로 이행)을

이런 생산수단은 또한 공동소유의 대상도 아니다. 왜냐하면 노동에 의해 생산수단이 창출될지라도 이 노동은 원래 공동점유된 것에 인간의 힘을 보탠 것에 불과하기 때문이다. 노동은 본질적으로 무에서 유의 창조가 아니라 이미 있던 자연의 변형 과정일 뿐이다.5) 그래서 "노동이 아버지"이고 "땅이 어머니"(마르크스, 1867: 54; MEW, 23: 58)인 질료적 부로서 생산수단은 공동소유의 대상이 될 수 없다.

그래서 마르크스의 대안적 소유개념은 "(협동과) 땅과 생산수단의 공동점유에 근거한 개인적 소유"가 된다. 여기서 공동점유에 개인적 소유가 추가되는 이유는 이 두 개념이 서로를 규정하며 올바른 대안적 소유관계를 표현하기 때문이다. 마르크스는 물질적 토대를 근거로 한 인간성의 실현, 개인의 생명력과 자유의 실현을 공산주의의 목적으로 간주한다.6) 그래서 인간성의 실현과 소유 간의 상호연관성을 발전시킨 부르주아 소유권 사상가들의 사적 소유개념의 긍정적 측면을 계승한다. 하지만 이 사적 소유개념은 또한 땅과 생산수단의 공동점유라는 대안사회경제의

실현하게 된다. 이 균형적 직군이라는 형식은 따라서 "사회의 모든 개인들의 노동력들을 하나의 사회적 노동으로 자기의식적으로 지출하는 자유로운 인간들의 연합"이 땅과 생산수단을 공유하고 협동하는 ― 자본주의에서 발전된 ― 내용을 실현하는 새로운 형식이고, 그 결과 개인들의 개별적 노동은 자본주의 사회적 분업하의 간접적으로 사회적인 노동이 아니라 직접적으로 사회적인 노동이 된다.

5) "삼라만상의 모든 현상들은 인간의 손에 의해 야기되든 물리학의 일반 법칙에 의해 야기되든 실제적인 새로운 창조물이 아니라 다만 질료의 변형에 지나지 않는다. 결합과 분리는 인간 정신이 재생산이라는 표상을 분석할 때마다 늘 발견하는 유일한 요소들이고, 이것은 가치…와 부의 재생산에서도 마찬가지인데, 땅·공기·물이 들판에서 곡물로 전환되든, 곤충분비물이 인간의 손에 의해 명주로 전환되든, 몇 개의 금속 조각들이 배열되어 회중시계로 만들어지든 그러하다"(마르크스, 1867: 54, 각주 13; MEW, 23: 57, 각주 13).

6) 이에 대한 구체적 서술은 하태규(2015a: 155~160)를 참조하라. 이것은 마르크스 초기 저술들에서뿐만 아니라 『자본론』의 결론격인 3권 7편에서도 대안사회의 인간의 자기목적, 인간능력의 발전이 필연의 나라를 토대로 실현되는 진정한 자유라는 구절에서도 확인된다. "자유의 나라는 사실 오직 궁핍과 외적인 목적으로 규정된 노동이 끝나는 곳에서만 시작된다. 그 나라는 사태의 본성상 원래의 물질적 생산 영역들의 저편에 놓여 있다.…물질대사를 최소한의 수고로 그리고 그들의 인간적 본성에 어울리는 적합한 조건들에서 성취한다는 것…이것은 항상 필연의 나라에 머문다. 이 나라의 저편에서 자기목적으로 여겨지는 인간능력의 발전이, 그러나 오직 그 필연의 나라를 토대로만 개화할 수 있는 진정한 자유의 나라가 시작된다. 노동일의 단축은 근본 조건이다(마르크스 1894: 998~999, MEW 25: 828).

토대와 모순된다. 그래서 이런 모순을 지양한 대안적 소유개념이 탄생하였다. 여기서 개인적 소유는 엥겔스와 다수 마르크스주의자들의 해석처럼 소비수단의 소유를 직접적으로 가리키지는 않는다. 여기서 논의하는 것은 문맥상 소비수단 이전에 소비수단을 제공하는 땅과 생산수단이기 때문이다. 이것은 자본주의 사회에서도 이미 실현된 소비수단의 개인적 소유를 대안사회경제에서 "재생시킨다"고 표현할 이유가 없다는 점에서도 확인된다.[7]

그래서 "땅과 생산수단의 공동점유에 근거한 개인적 소유"는 두 가지 소유개념의 변증법적 종합을 표현한다. 공동점유는 소유의 3대 속성인 사용권, 수익권, 처분권 중에서 처분권을 제외함에 따라 누구도 땅과 생산수단을 처분할 수 없고 다만 공동으로 사용하고 수익을 얻을 권리와 또한 개량된 지구를 후손에 물려주어야 할 의무를 전제한다. 개인적 소유는 이런 전제에서 개인들이 공동 사용과정에 참여할 권리와 그 결과적 공동 수익을 새로운 분배 원리에 따라 향유하고 처분할 권리를 표현하게 된다.

이 대안적 소유는 원초적 혹은 근원적 공유사상을 의식하면서도 논리적으로 정당화하기 힘든 부르주아 사적 소유를 정당화하려 했던 로크, 루소, 칸트, 헤겔 등의 소유권 사상의 모순, 자본주의 생산양식과 마찬가지로 일시적이고 예외적인 부르주아 자유주의 사적 소유권개념의 모순을 지양해 마르크스가 제시한 개념이다. 이 개념은 대안사회경제에서 대안적 이념으로 기능하며 참여계획과 민주적 공동 결정, 실제노동시간과 필요에 따른 분배, 생태적 균형과 개선 추구의 근거가 된다(하

---

7) 이에 대한 자세한 논의는 하태규(2015a)를 참고하라. 마르크스의 개인적 소유에 논의에 대한 필자의 해석은 기존의 엥겔스에서 기원한 해석 — 공동점유는 생산수단에 대한 논의이고 개인적 소유는 소비수단에 대한 논의라는 식의 해석 — 을 논박하고 마르크스의 개인적 소유는 생산수단에 대한 논의라는 점을 지적하고 있다. 그런 생산수단에 대한 공동점유에 근거한 개인적 소유에 의해 땅과 생산수단의 공동점유는 땅과 생산수단의 처분 — 매매나 폐기 — 의 권리를 원천적으로 배제한 토대에서 개인적 소유에 의해 모든 개인들의 공동점유된 땅과 생산수단의 사용과 수익권을 보장하고 결과적으로 분배된 소비수단의 개인적 소유권을 낳는다는 논의를 제시하고 있다. 따라서 마르크스의 관점에서는 논평자가 정당하다고 지적한 "생산수단"의 분배는 불가능한 반면, 소비수단에 대한 개인적 소유(논평자가 비판적으로 지적한 사적 소유?)는 정당하게 인정된다.

태규, 2015a).

　이런 마르크스의 대안적 소유개념은 마르크스주의에서 과거 다수가 대안적 소유개념으로 파악하였던 국가소유나 사회적 소유[8]와도 다르다. 그래서 "현실 사회주의"의 사례들은 이 마르크스의 개념을 실현하려던 시도로 간주할 수는 없다. 그럼에도 마르크스적 사회주의를 실현했다고 공언한 체제들이 마르크스 개념과 얼마나 상이한 소유형식을 낳았는지는 구체적 평가를 통해 드러날 것이다. 다른 한편 이런 평가 과정을 통해 마르크스의 대안적 소유개념을 구체화할 계기도 찾을 수 있을 것이다.

　이하에서 "현실 사회주의" 소유형식의 평가는 모든 나라의 사례들을 검토하기보다 ― 원리적으로 비슷한 사례들일 것이므로 ― 소유개념의 특정 영역별로 대표적인 혹은 특수한 사례들을 검토하는 작업을 통해서 접근할 것이다. 그래서 이 장은 다음 2절에서 소련 스탈린 시대의 사회주의 재산 혹은 국가재산에 대한 절도와 이를 감시한 비밀정보원망 사례와 소련 붕괴 이후의 국영기업의 소유권 이전 사례를 통해 생산수단의 국가소유의 의미를 검토할 것이다. 3절에서는 유고슬라비아의 사회적 소유와 노동자자주관리 간의 관계를 통해 대안적 소유와 민주주의 간의 관계를 검토할 것이다. 4절에서는 소련의 지적소유권법의 딜레마를 통해 대안적 소유와 대외경제 관계와 혁신 간의 관계를 검토할 것이다. 5절에서는 루마니아의 주택몰수 정책과 소련상속법 사례를 통해 소비수단의 인격적 소유와 마르크스의 개인적 소유개념의 차이를 검토할 것이다. 마지막 6절에서는 이런 검토들을 종합하고 시사점

---

8) 논평 중에 "공동점유에 근거한 개인적 소유"를 마르크스가 "사회적 소유"로 정리했다는 지적이 있었다. 이런 지적은 대안사회의 소유개념을 스탈린주의 국가소유를 대신한 사회적 소유로 생각하는 관성에서 나왔다고 보인다. 하지만 마르크스는 사회적 소유만으로 대안개념을 서술할 수 없어서 개인적 소유를 도입했다. 그래서 원래 마르크스는 대안적 소유개념을『자본론』1권 1판에서는 "공동'소유'에 근거한 개인적 소유"로 표현했다. 이에 대해 어떻게 공동소유와 개인적 소유라는 두 가지 소유가 같이 있을 수 있는지를 문제 삼으며 "헤겔적 헛소리"라고 뒤링이 비판하자 이에 대한 대응으로 마르크스가 고심하여 2판에서 고친 것이 "공동점유에 근거한 개인적 소유"였다(황태연, 1992: 148~149). 여기에서 잘 드러나듯이 마르크스의 대안사회의 소유에 대한 최종적 개념 ―『자본론』1권 2판의 ― 은 공동소유를 뜻하는 "사회적 소유"와 명확히 구분된다.

을 논의할 것이다.

2. 생산수단의 국가소유의 의미

스탈린 치하 소련에서 일상적 범죄들 중 가장 많은 범죄는 절도였다. 그래서 특별히 절도를 다룬 1932년과 1947년의 두 특별법이 있었고 1953년 스탈린 사망 시점에 강제수용소 인원의 절반이 절도범이었다. 여기서 절도는 "사회주의 재산9)에 대한 절도"와 "인격적(personal) 재산에 대한 절도"로 구분되었다(Gorlizki, 2015: 1).

이런 사회주의 재산 절도의 다발과 국가의 처벌 강화의 첫 번째 계기는 1930년대 초반 생산과 분배 위기를 배경으로 한(Cowley, 2014: 113~114) 잉여 곡물을 추출하기 위한 스탈린 정권의 농민과의 전쟁이었다. 이 전쟁의 두 가지 방향 중 하나는 반혁명적으로 간주된 농민들의 재산을 몰수한 뒤 처형하거나 가족과 함께 강제 이주시킨 "계급으로서 쿨락의 청산" 정책이었다. 다른 하나는 사회주의 재산 절도에 대해 총살이나 10년 이상의 징역형을 규정한 1932년 8월의 "사회주의 재산에 대한 절도법"으로 표현되었다. 러시아대법원의 통계로 법 시행 11개월 동안 러시아연방에서만 16만 명이 처형되거나 처벌되었다(Gorlizki, 2015: 8). 어떤 역사가에 의하면 스탈린에게 "사회주의 재산에 대한 절도는…반혁명활동만큼 심각하게 취급되었다"(Shearer, 2009: 21).

이런 절도의 다발과 국가의 처벌은10) 역사적으로 사적 소유형식의 형성과 밀접

---

9) 이 글에서 (socialist) property를 문맥에 따라 (사회주의) 소유나 재산(즉 소유물)으로 번역한다. 사회주의(와 사회적) 재산은 국가재산과 집단농장, 노동조합, 클럽과 기타 협동조합들의 재산을 포괄한다(Heizen 2007: 795).

10) 차르시대인 1900~1914년까지 연 10만 명이던 절도 처벌자는 1938년 30만 명부터 상승하여 1947년 70만 명의 정점을 찍고 이후 감소하였다. 1930년대 초중반은 자료가 없다(Gorlizki, 2015: 22). 1930년대 집단농장의 농민들은 곡물을 베고 쌓고 탈곡하는 과정에서 특별히 키운 호주머니로 빼돌렸고 "이발사"로 불린 사람들은 낫을 들고 한밤중에 들판을 돌며 이삭을 거두었다. 그래서 국가는 사실상 곡물의 어떠한 사적점유도 절도로 규정하였다. 타작한 곡물량의 낮춘 보고, 상

한 연관을 지닌다. 마르크스의 시초축적 서술에서 알 수 있듯이 자본주의 형성 과정의 생산수단의 분리와 노동력 상품화에서 부랑자의 처벌은 필수적 요소였다. 이의 연장에서 18세기 영국에서 150개 새로운 처형 범죄들의 거의 전부와 모든 처형들의 약 3/4이 사유재산 침해에 직접 연관되었다. 18세기 산업화과정에서 수행된 이전의 장인적 제조물의 표준화는 제조물을 재산 침해에 취약하게 만들었다. 국가는 재산 침해에 대한 조사와 기소의 책임을 개인에서 국가기관으로 이전시켜서 전에는 민사적 권리 침해로 간주되던 행위를 완전한 범죄로 규정하고 처벌을 폭력적으로 강화했다. 동시에 이런 폭력성은 인간 생명 대신 소유를 "신성시"하고 "신성불가침"을 선언하는 데 동원된 "법률의 특유한 재능"에 의해 크게 완화되었다. 마찬가지로 소련국가는 원래 표준화된 생산물의 성격상(즉 자연적으로 표준적 모습과 품질로 생산되어) 절도에 취약한 곡물에 대해 "신성불가침"으로 간주되도록 가능한 모든 수단을 동원했고, 결국 "신성불가침"과 "사회주의 소유를 침해하는 사람들이 인민의 적"이라는 조항을 1936년의 사회주의 헌법에 넣으면서 폭력성을 완화했다(Gorlizki, 2015: 9~11).

1930년대 초반의 절도 대상이 곡물이었다면 경제 규모가 확대된 1940년대에는 산업용 중간재와 산업생산물이 추가되면서 노동자들의 범죄 비중도 급증했다. 예를 들면 모스크바 동북의 이바노브 주에서 1946년 하반기에 9600명의 노동자들이 "기업에서 원단과 실 절도"로 체포되었고, 일부 지역에서는 종업원의 40%가 현행범일 정도로 절도는 기승을 부렸다. 이에 대해 1947년 6월 법이 국가재산에 대한 절도의 최소 형량을 6개월에서 7년으로 올린 결과 사회주의 재산에 대한 범죄의 평균 형량은 3.2년에서 8.7년으로 증가했다. 1947년에서 1952년 사이 약 150만 명이 사회주의 재산 절도로, 70만 명이 인격적 재산 절도로 확정판결을 받았다(Gorlizki, 2015: 13~15).

이렇게 절도가 만연한 상황에서 범죄를 막는 데 동원된 주요한 도구는 경찰 외

한 곡물량의 높인 보고, 곡물 집하장에서 입고량의 속임 등 모든 생산과정 단계들의 절도들은 물론 굶주리는 농민들에 대한 "선불"이었던 재분배 관행까지도 국가에 의해 처벌되었다(Gorlizki, 2015: 11~12).

에도 시민들로 구성된 비밀정보원망이었다. 비밀정보원들의 수는 1942년 1월의 4만 2000명부터 1947년 초의 28만 6000명, 1951년 9월의 38만 명으로 확대되었다. 전체 기소 중 정보원들의 정보에 근거한 기소는 1946년 28%, 1948년에 34%에 달했다(Heizen, 2007: 804). 1947년 이후 스탈린 집권 마지막 연도들에서 처벌자가 줄어들었지만 정보원의 수가 계속 늘어났던 이유는 경제규모의 확대로 국가재산 절도와 관리자들의 관련 범죄 기회가 급증했기 때문이었다(Heizen, 2007: 803).

1947년의 정점 이후 처벌자가 줄어들게 된 이유는 첫째, 사회주의 규범 고취 같은 유리한 점에도 불구하고 일상적 법체계는 반혁명행위 처벌에서 활용한 비-재판 절차에 비해 비용이 너무 많이 들었기 때문이었다. 그래서 다른 기관들처럼 검찰도 업무 평가 기준을 세웠고 검사들은 이 평가 기준에 맞추기 위해 법정에 기소하는 대상을 선별하고 통제했다. 둘째, 극단적으로 높은 억압 수준은 공공 규범에 반했기 때문이었다. 어떤 시민의 편지에 의하면 "감옥에 갇힌 사람의 과반수가 경미한 절도로 7년을 살고 있고, 이들의 대부분이 청소년들이고 우리 아이들"이었다. 이 법은 시민들뿐만 아니라 국가 관리자들의 윤리에도 반했다. 많은 절도들은 경찰이나 현장관리자들에 의해 보고되지 않고 폐기되었다. 심지어 스탈린에게 보낸 3대 사정기관장들(법무장관, 검찰총장, 최고법원장)의 합동편지에서도 2kg의 밀 절도로 10년형을 받은 항만 노동자와 1kg의 쌀 절도로 7년간 강제수용소에 갇힌 과부 가족의 사례가 인용될 정도였다(Gorlizki, 2015: 18~19).

이상에서 소련 스탈린 시대에 사회주의 재산 혹은 국가재산은 인민들에게 자신들의 소유가 아닌 "타인의 소유"로 받아들여졌음을 알 수 있다. 인민들은 국가재산("전 인민의 소유"라고 지칭된)을 자신의 재산으로 간주하기는커녕 타인의 재산으로 간주했기 때문에 생산과 분배의 위기를 계기로 절도를 통해 생존과 이득을 모색하려 하였고 이런 상황은 연간 발생하는 절도 처벌자 수에 버금가는 수의 비밀정보원망을 시민들 사이에 구축하여 해결하려는 국가의 시도까지 낳았다. 국가는 절도를 반혁명활동에 준하여 취급하면서 시민들과 국가 관리자들의 윤리에도 반하는 극단적 수준으로, 처음에는 10년 이상의 징역형과 심지어 총살로, 나중에는 평균 8.7년형으로 처벌했다. 이런 생산수단의 국가소유와 인민에 대한 국가의 억압은 노동의 소외의 결과로 발생하는 사적 소유를 서술한 마르크스의『1844년 경제학철학수고』
의 논의11)와 노동의 결과물이 살아 있는 노동을 지배하는 체제로서 자본주의 생산
양식을 서술한『자본론』의 논의와 동일한 현상이 소련에서 벌어졌음을 시사한다.
이런 사실은 땅과 생산수단의 공동점유가 아니라 국가소유를 실현하며 개인적 소유
를 배제한 체제가 마르크스의 이름하에 그에 반하여 또 하나의 자본주의 소유형식
을 낳았다는 사실을 보여준다.12)

 이런 절도와 처벌에 대해 자본주의에서 사회주의로의 이행기적인 일시적 현상
이라고 반론할 수도 있을 것이다. 하지만 이런 반론은 스탈린의 언표로 사회주의

---

11) "사적 소유는 따라서 **박탈된 노동**의, 노동자의 자연과 자기 자신에 대한 외적인 관계의 산물, 결
   과, 필연적 귀결이다"(MEW, 40: 520). "우리가 **소외된, 박탈된 노동**의 개념으로부터 사적 소유
   의 개념을 **분석**을 통해 얻듯이…"(MEW, 40: 521).
12) 소련이 자본주의였다는 사실은 스탈린주의를 제외한 대부분의 마르크스주의 논의들에서 합의되
   고 있다. 필자의 논의는 이에 대한 소유 측면의 논거를 제공한다고 하겠다. 소련체제의 성격에 대
   한 논쟁은 린던(2012)을 참조하라. 그중에 대표적인 논의인 국가자본주의론은 클리프(1993),
   Haynes(2002), Dunayevskaya(2000), Chattopadhyay(1994), Hudis(2011), 하태규(2014b) 등에서
   논리적, 실증적으로 증명되고 있다. 소련이 자본주의였다는 사실은 다음과 같이 가치법칙의 작동
   으로 증명된다. 소련 경제는 ① 상품과 가격을 통해 작동하는 가치법칙, ② 특정 분야의 우선적인
   발전을 장려하는 체계적인 가격 조작, ③ 현실적 혼란 등 세 가지의 종합이었다. 여기서 ②의 체
   계적인 가격 조작은 세계자본주의와의 경쟁에 직면한 소련 관료가 무기산업과 중화학공업의 우
   선 발전을 장려하는 수단이었다. 결과적으로 가치법칙 내에서도 관료적 왜곡이 있었고 가치법칙
   도 불균등하게 작동했다. 하지만 이런 세 가지의 혼합에도 불구하고 사회가 노동자에게 사회적
   필요노동시간을 외적 기준으로 강요하고 노동자의 노동이 간접적으로 사회적인 노동이 되는 한
   가치생산은 존속하였다. 가치생산은 시장에서 가치가 체계적으로 실현되는지 여부와 관계없이
   노동시간을 사회적 필요노동시간으로 규정하여, "개별 노동이…직접적으로 총노동의 구성부분
   으로서 실존"[Marx Engels Collected Works(MECW), 24: 85]하지 않고 "간접적으로 사회적인 노
   동에 근거하는"(Hudis, 2011: 206) 사회에서는 관철된다. "교환관계를 변경하는 것은 가치의 양
   적 결정에 영향을 줄 수 있는 반면, 그 변경은 가치의 질적 결정, 가치의 실체 자체를 변화시킬 수
   없다"(Hudis, 2011: 220). 그래서 노동자들이 노동과정에서 자주적으로 계획하고 자신을 실현하
   는 것이 아니라 "세계시장에서 그 상품을 생산하는 데 걸리는 평균노동시간에 일치하여" "더욱
   더 많이 생산하여야 하였고" 그 결과 실제노동시간에 의한 보상이 아니라 노동의 결과인 "생산물
   에 근거한 보상"(Hudis, 2011: 283)이 지속되었고 그래서 노동이 직접적이 아니라 간접적으로 사
   회적인 노동이 되었던 소련에서는 표면상으로 가치와 가격 간의 체계적인 괴리가 실존하였음에
   도 가치법칙은 관철되었다.

헌법과 더불어 이행기가 종료된 1936년 뒤에도 절도와 처벌이 지속되었다는 점을 제외하더라도 다음에 보듯이 소련 시기 전체 동안 더 "체계적인 절도"가 존속했다는 점을 감안하면 기각될 수밖에 없다. 매년 처벌된 절도범의 수가 당시 소련 인구 1억 5000~2억 명의 0.5%도 안 된다는 반론도 앞서 보았듯이 통계가 누락된 경우가 많았고 나머지 인구들도 마찬가지의 소외 상태에 있었다는 논리적 추정에서 반박된다.

그렇다면 "타인의 소유"로서 국가 재산의 실제 소유주는 누구였는가라는 질문과 답변이 제기되고 요구된다. 소련 국가 그래서 독재자 스탈린이 소유주였다(Ricker and Weimer, 1993: 100)는 피상적인 답변은 좀 더 검토할 필요가 있다. 이 문제는 소련 붕괴 이후의 국영기업 소유권의 이전 사례를 통해 간접적으로 파악될 수 있다. 1992년 초에 단지 70개였던 사기업은 1992년의 대규모의 1차 사유화와 1994년의 2차 사유화를 통해 14만 개 이상으로 늘면서 러시아 GDP의 70%이상을 차지하게 되었다(McFaul, 1996: 287~288). 이런 사유화 방안의 선택지는 세 가지였는데 그중에서 노동자와 경영자 등 내부자에게 51%의 지분을 주는 2안을 다수가 선택했다. 이런 결과에 대해 일부의 평가는 다수 지분을 획득한 노동자 소유의 승리라고 해석했지만, 오해였다(McFaul, 1996: 293~294).

급격한 변화에 위협받고 새로운 규제들의 미로에 혼동된 노동자들은 자신들의 이해를 대변하는 데 소련 붕괴 이전보다 더 경영자들에 의존하게 되었다. 2안에 따른 자신들의 소유권을 행사하는 대신 노동조합들은 대량해고를 피하는 조건으로 경영 간섭을 배제하는 협약을 경영자들과 맺었다. 이런 상황에서 경영자들은 자신들의 지배를 보장하는 사유화 방식을 결정했고 노동자들은 그 결정을 인준했다.[13] 그래서 2안을 통해 경영자들은 해당 기업들의 실제 소유주가 되었다(McFaul, 1996: 294).

---

13) 많은 경우 경영자들은 기업을 통제할 지분이 피용자들에게 있는 한 노동자들 사이에 소유권이 분산된 것에 만족했다. 다른 방법은 경영자들이 노동자들의 지분이 시장가치를 갖기 이전에 단순하게 매입하는 것이었다. 또 다른 방법은 지분의 내부 공모에서 경영자들이 대리인, 금융기관 등의 도움으로 노동자들보다 고가를 불러 이기는 것이었다(McFaul, 1996: 294).

이렇게 국영기업 경영자들이 실제 소유주가 된 것은 단지 소련 붕괴 이후 경영
자들 술수의 산물일 뿐만 아니라 그들이 실질적 소유주로 기능했던 이전 시기 사회
구조의 결과였다.[14] 이런 구조는 생산수단의 국가소유에 근거한 중앙집권적 계획
경제에서 비롯되었다. 1930년대의 집단화와 1차 5개년계획 이후 모든 생산단위들
은 양적인 생산 목표량과 투입량을 국가계획위원회(Gosplan)에서 할당받았다. 다시
말해 각 산업부문 장관들은 위로 국가계획위원회와 아래로 중간 단위를 경유하는
협상을 거쳐 계획을 하부 생산 단위에 할당했다. 각 생산 단위의 기본적 경영 원리
는 일인 경영과 경제적 회계책임성이었다. 이것은 기업 경영자가 생산 단위의 완전
한 책임을 지고 관리한다는 것을 의미했다. 이런 틀은 소련 붕괴 때까지 유지되었
다(Stephan, 1991: 38~39).

생산수단의 국가소유, 관료적 관리 체계, 고정가격, 총량적 산출 목표량에 근거
한 기업 실적 평가로 특징되는 소련 경제에서 이론상 목표량은 알 수 있고 일관되
었지만 지속적 협상 과정이 이 목표량을 모호하고 상황적이게 만들었다(Stephan,
1991: 40). 이런 과정에서 생산 단위들은 각자 자신의 투입물의 최대화와 산출물의
최소화를 목표로 삼았다. 생산 단위들은 국가 자원 할당에 대한 경쟁과 축장과 은
닉을 통해서 자원을 획득할 수 있었고 더 낮은 국가계획 목표를 할당받기 위한 협
상과 실제를 대신한 서류상의 생산을 통해서 실제 제출하는 산출물을 최소화할 수
있었다. 소련 체제는 성공적인 거짓 약속의 실행자를 보상하고 이런 비합법적 활동
과 연관된 위험을 낮추었다. 정보를 구획하고 폐쇄적으로 할당하는 관행은 자산의
은닉과 산출물 보고의 과장을 사주했고, 생산 단위들의 자원 경쟁은 성공적 거짓
약속이 요구되는 동맹의 형성으로 이끌었다. 상부와 하부가 공히 기업의 보고된 성
공에서 이득을 얻었다. 상부는 기업 경영자들의 비합법 행위를 노출하지 않을 유인

---

14) 이런 구조 때문에 사실상의 경영자 소유의 암묵적 인정 없이는 대규모 사유화가 불가능하다는 점
  을 깨달은 옐친의 가이다르 총리 정부는 원래 추진했던 사유화 방안의 1안 — 경영자와 노동자
  등 내부자에게 소수 지분을 부여하고 다수 지분을 외부에 분산하여 소유와 경영의 분리를 추구했
  던 — 을 거부한 경영자들의 반발을 수용하고 타협하여 2안을 제시할 수밖에 없었다(McFaul,
  1996: 293).

이 있었고, 과장된 생산 수치로 확보하여 축장된 자원들은 상부에 상납될 수 있었다. 상부와 동맹이 형성되면 기업 경영자들은 암시장의 중개인들과 연결을 맺고 부외 자원을 이용할 수 있었다. 증거는 1964~1985년 동안 중간 관료층이 경제범죄에 빠진 하부를 보상하거나 처벌할 권력에 근거하여 공물 추구에 탐닉했다는 것을 알려준다. 예를 들면 1970년대 후반부터 1980년대 초반까지 우즈베키스탄 면화산업 생산물 중 거의 절반이 오직 서류상에만 존재했다(Stephan, 1991: 46~48).

이런 상황에서 유추하면 소련에서 이른바 주인-대리인 관계가 국가와 기업 경영자들 간에 있었다고 할 수 있다. 주인이 대리인의 행동을 항상 점검할 수 없기 때문에 대리인은 정보와 노력을 제공하지 않을 기회를 가진다. 스탈린 시대에는 국가기관의 대리인 통제가 한계 내에서나마 작동할 수 있었지만[15], 스탈린 사후에는 거래 행위의 수가 기하급수적으로 늘어남에 따라 매우 약해졌다. 동시에 점검 기관들(KGB, 공산당, 장관 등)은 효과적으로 작동할 유인도 상실했다. 주인은 중앙집권적 거대 관료 기구로 성장했고 높은 지위와 소득을 보장받는 그 상층부의 입장에서는 대리인을 엄밀히 점검하지 않고 이득을 양도하는 것이 자신에게 어떤 역효과도 없었기 때문이었다. 더욱이 경제 척도는 단순한 양적 지표였기 때문에 앞서 보았듯이 조작이 쉬웠다. 대리인 즉 경영자들은 정보 통제를 통해 사실상 기업의 운영과 이득을 통제했다. 권한을 이양받은 경영자들은 이윤을 숨기거나 추가적 생산을 은폐하여 치부할 수 있었다. 지하경제[16]는 이런 비합법행위의 거대한 유인이었다(McFaul, 1996: 289~291).

이런 과정을 논리적으로 추론하면 소련 지하경제는 국영기업 경영자들이 주도

---

15) 사실 스탈린 시대에도 통제가 제대로 작동하지는 않았다. 앞서 본 절도에 대한 비밀정보원망의 감시 대상 중에 하나가 경영자들이었는데, 정보원망 자체가 제대로 작동하지 않는다는 우려와 불평이 많았고, 심지어 정보원망을 활용해 정보원이 범죄를 저지르고, 이 때문에 정보원을 감시하기 위한 새로운 정보원을 충원하는 촌극이 벌어지기도 했다(Heizen, 2007: 805~809).

16) 소련에서 공식적으로 금지된 사적 소유와 사적 생산에 근거한 지하경제는 혁명 직후부터 지속되었고 특히 1964년 흐루시초프 축출 이후 거대하게 성장했다. 사적 생산에 관여하는 국영기업의 경영자는 확보한 자원을 은밀한 제조에 사용할 수 있었고 장부를 조작할 수 있었다(Stephan, 1991: 43).

했다고 볼 수 있다. 암시장의 거래 대상이 사적 서비스기업이나 개인적 생산물도 있었지만 모든 생산수단이 국가 소유인 경제에서 주역은 국영기업의 직간접 생산물일 수밖에 없기 때문이다. 이 지하경제규모는 GDP의 20% 전후로 추정된다.[17] 이 수치는 OECD 경제에서 자본의 순소득비율과 유사하다. OECD의 총소득대비 자본소득비율이 40% 전후이고 자본은 소득 일부(GDP의 23%)를 조세로 이전하므로(하태규, 2015b: 186) 순소득은 20% 수준에 머문다. 그러므로 소련 지하경제의 규모가 OECD 착취계급의 순소득에 미달하지 않는다. 지하경제의 매출은 대부분 원가와 조세 부담 없는 성격상 순소득이다. 그래서 OECD 착취계급의 소득과 비슷한 수준의 지하경제 소득은 국영기업 경영자들의 "생산"에 근거하여 자신들과 상납받는 중간 관료층의 소득으로 변했다. 앞서 본 스탈린 시대의 인민 일부의 "타인의 소유"에 대한 절도는 이제 국영기업 경영자들의 "체계적인 절도"로 변했고, 이것은 "타인의 소유"를 "그들의 소유"로 구체화하고 노동대중의 소외를 구조화했다. 이런 사실은 자본주의 사회의 착취 일선의 자본가계급과 착취를 보호하고 분배받는 정치계급 간의 관계와 유사한 관계가 소련에서 경영자계급과 정치계급(중간 관료와 상층부) 간에 형성되었다는 것을 보여준다.[18]

이렇게 국가 소유는 사실상 그 재산을 실제로 독점적으로 사용하고 수익을 얻는 사람들인 국영기업 경영자의 소유로 변했다. 이런 변화는 단지 개인들의 음모나 우연의 결과가 아니라 구조의 산물이었다. 노동소외에 근거한 체제에서 노동의 산물인 재산은 필연적으로 누군가 타인의 소유가 될 수밖에 없는데 여기서 타인은 바로 사용과 수익을 제도적으로 보장받는 행위자였다. 이런 구조는 땅과 생산수단의 공동점유에 근거한 개인적 소유가 요구하는 참여계획과 민주적 공동 의사 결정에 반

---

17) 소련의 지하경제는 성격상 정확한 통계를 만들기가 어렵고 시점에 따라서도 다르지만 평가들은 12% (Kaufmann and Kaliberda, 1996)부터 22%(Alexeev and Pyle, 2003), 30% (Grossman, 1991) 까지 있다.

18) 논평자는 경영자계급과 정치계급을 구분하기보다 동일한 계급 내의 상하관계로 보는 것을 제안하고 있다. 일리 있는 지적이라 생각한다. 여기서 필자의 구분은 동일한 지배계급 내의 기능에 따른 세부 계급 혹은 분파의 구분으로 이해해도 좋을 것 같다.

하는 국가소유에 근거한 중앙집권적 할당 계획과 관료적 운영 체제의 필연적 귀결이었다.

3. 생산수단의 사회적 소유와 민주주의

유고슬라비아(이하 유고)는 1950년대 초부터 스탈린 체제로부터 이탈하여 노동자자주관리제로 불리는 독자적 체제를 발전시켰다. 이런 유고 체제는 생산자의 사회적 소유개념에 근거하고 있다. 이 소유개념의 의미는 ① 사회수준에서 "직접민주주의" 즉 노동자자치, ② 기업수준에서 노동자자주관리, ③ 사회계획에서 사회적 지도와 전국적 조정, ④ 자주관리기업 상호 간의 시장 혹은 협의에 의한 결합, ⑤ 재산소득의 폐지와 노동에 따른 분배로 요약된다(박찬억, 1990: 221~222). 이 원리를 경제적 측면에서 구체화하면 ① 국가가 생산수단을 법적으로 소유하지만 기업이 점유하고, ② 노동자들은 노동자평의회를 통해 자기 기업을 지배하며, ③ 노동자들은 기업 수익을 소유하고 노동자평의회가 이 수익의 분배와 투자를 결정하며, ④ 투자의 재원은 이윤과 은행신용으로 구성된다(Pejovich, 1987: 461). 이런 유고의 소유개념은 겉보기에 공동점유에 근거한 개인적 소유가 아닌 사회적 소유라는 점만 다를 뿐 민주주의를 강조한 점에서 필자가 해석한 마르크스 개념의 의미와 동일해 보인다. 그럼에도 왜 이런 유고 경제가 높은 인플레율과 실업률로 알 수 있듯이 실패했는지를 살펴보자.

유고의 자주관리제는 고정된 형식이 아니라 몇 단계 ― 관리사회주의(1945~ 1952), 관리적 시장사회주의(1952~1962), 시장사회주의(1963~1973), 계약사회주의(1974~ 1983), 위기와 붕괴(1983~1989) ― 를 거치며 변화하였다. 스탈린 체제 같은 생산수단 국가소유와 중앙집권적 계획의 관리사회주의를 벗어난 관리적 시장사회주의의 특징은 국가소유를 사회적 소유로 대체, 생산자들의 자주관리 외에는 국가계획의 기본 비율 설정 역할로 국한, 분배에서 노동자평의회의 차등 결정, 투자에서 국가 기금을 통한 국가의 간접 규제로 나타났다. 그 결과 지역 간, 부문 간의 갈등이 생겨났고 이

갈등의 해소책으로 국제가격에 기초한 가격 결정, 누진소득세와 이윤세의 폐지, 대외무역 자유화를 포함하는 전면적 시장사회주의가 도입되었다. 이 체제에서 실업과 인플레 문제가 대두되자 이를 해소하기 위해 등장한 계약사회주의는 이자율과 공공 서비스 가격을 당사자 간 계약으로 결정하는 금융개혁과 가격개혁, 기업 의사 결정의 단위를 기업 내 부서 수준인 연합노동자기본조직으로 축소하는 개혁을 포함했다. 이런 개혁도 실패하여 치솟는 인플레와 실업으로[19] 유고 체제는 위기와 붕괴를 맞았다 (김창근, 2006: 257~260).

이런 실패의 원인은 노동자들의 자주관리 시도가 시장과 이윤 동기에 기초했기 때문이라고 평가할 수 있다(강정구, 1990: 108; 김창근, 2006: 264). 더 나아가 자주관리에서 시장과 이윤 동기가 지배하게 된 것은 사회적 소유가 소련에서(박찬억, 1990: 223), 스위지, 만델(김창근, 2006: 266~267)의 평가처럼 "집단적 소유"로 변질되었다는 데서 찾을 수 있다. 사회적 소유는 국가소유와 달리 개념이 모호하다. 전 사회적 소유를 의미하고 국가의 중앙집권적 계획을 전제한다면 국가소유와 다를 바 없다. 그렇지 않다면 실질적으로 각종 사회적 조직들의 분산적 소유를 의미하게 될 것인데 이것은 "집단적 소유"로 귀결된다. 자신의 소유를 가진 각 단위들은 이기주의적 경쟁을 통해 인플레와 실업을 고조시키는 실패를 초래할 가능성이 높아진다.

이런 실패 가능성을 실현한 것은 민주주의 형식의 한계였다. 이런 한계를 유고 노동자자주관리 민주주의의 몇 가지 특징과 관련하여 살펴보자. 첫째, 핵심인 노동자평의회는 기업 규모에 따라 15~120명으로 구성되어 노동자들의 대표가 아닌 "파견자"로 평의회에 참가하고 기업의 최고의결기관으로서 제반 업무의 의사 결정을 담당하였다. 하지만 문제는 실제 의사 결정이 집행부인 경영자 집단에 의해 좌우된다는 점이었다. 둘째, 경영자 집단은 노동자평의회에서 선출되고, 책임지고, 소환되는 임기 4년, 1차 연임이 가능한 "봉사 집단"이었다. 하지만 실제로는 시장 기제, 기업 간 경쟁, 전문 지식 독점 등으로 새로운 관료 집단과 엘리트를 형성하며 권력

---

19) 실업률은 1959년 5.8%부터 1973년 10%, 1988년 16.8%까지 도달했고, 인플레율은 시장사회주의 시기에 19%(김창근, 2006: 261~262), 1986, 1987년에 115%, 130%에 달했다(강정구, 1990: 122).

을 독점했다.[20] 셋째, 국가가 아닌 은행이 투자 재원 배분에 절대적 역할을 했다. 이런 결과 사회의 필요가 아니라 수익성에 따른 자본주의적 투자가 진행되었다. 넷째, 노동자평의회가 잘 작동하면 노동조합은 이론상 필요 없지만 현실은 그렇지 않았기에 노동조합이 교육 등에서 역할을 맡았다. 하지만 시장 원리가 강화되면서 노조의 정치 세력으로서 역할은 상실되었다. 마지막으로 당, 정부, 지방인민위원회는 지도적 역할을 포기했다. 그 결과 대중은 보호세력 없이 시장의 힘에 지배당했다(강정구, 1990: 113~117).

이상에서 보듯이 각 사회적 소유 단위의 실질적 소유자로 변한 경영자 집단(이들은 소련의 경영자계급과 다른 경로로 동일한 "그들의 소유"를 실현했다)은 사회적 수준의 상호경쟁을 통해 "집단적 소유"의 실패를 실현했다. 이런 현상은 "직접민주주의"로 불리는 평의회체제가 사실은 대의제 민주주의와 동일한 엘리트의 과두제적 지배로 귀결된다는 평가(하태규, 2015c)를 증명해준다. 이론상 평의원을 대표가 아닌 전체 노동자들의 의사를 반영하고 소환 가능한 "파견자"로 자리매김할지라도 전체 노동자들의 짧은 주기의 총회를 통한 상시적인 참여를 제도화하지 않는 의사 결정은 소수 평의원의 과두제적 의사 결정으로 변하게 되고 이에 더하여 실제 의사 결정과 집행을 담당하는 경영자 집단은 선거를 통해 계속 선정되면서 과두제적 지배계급으로 변화될 수밖에 없다.[21] 또한 유고의 실패에서 잘못 표현된 민주적 계획은 중앙집권적 조정을 포기한 소유 단위들 간의 자율적 교섭과 상호계약이 아니라 아래로부터의 참여와 중앙집권적 조정을 통일하는 참여계획으로 진행되어야 했음을 보여준다.[22] 유고의 사회적 소유개념에 근거한 자주관리제의 실패는 참여계획

---

20) 새로운 지배계급으로 노멘클라투라(nomenklatura)를 논한 질라스(M. Djilas)가 유고에서 활동했다.

21) 노동조합이 민주주의 교육을 한다는 발상도 민주주의는 이론이 아닌 실천을 통해서 체득된다는 점을 간과한다. 직접민주주의는 평의회와 선거가 아니라 이런 실천과 교육을 통일하는 총회와 추첨제를 통해서 제대로 실현될 수 있다. 고대 아테네 민주주의의 원리에서 도입한 총회와 추첨의 민주주의는 총회를 통해 상시적, 단주기적인 아래로부터 의사 결정과 추첨을 통해 모든 노동자들에서 충원되고 윤번제로 구성되는 위로부터의 집행을 변증법적으로 통일하는 체제로서 민주와 집중을 통일시킨다. 이런 민주주의는 참여계획과 원리적으로 동일하고 통합될 수 있다(하태규, 2013; 2014a; b; 2015c, 2017).

과 민주적 공동 결정을 요구하는 마르크스의 공동점유에 근거한 개인적 소유개념
의 타당성을 반증해준다.

4. 국가소유에서 지적소유권의 딜레마

소련의 생산수단에 대한 국가소유는 논리적으로 지적소유권에도 적용될 것이
다. 왜냐하면 지적소유권이 보호하는 창작과 혁신은 최종적으로 소비수단에서 표
현될지라도 본질적으로 생산과정에서 반복 기능하며 소비수단을 만드는 생산수단
의 성격을 지니기 때문이다.[23] 그럼에도 소련 국가는 초기부터 지적소유권의 사적
소유 성격을 인정하고 유지하면서 대외 경제 관계에도 반영하였다. 이런 사적 소유
성의 유지는 한편으로 창작과 혁신의 인격적 측면을 중시한 것이고 다른 한편으로
서구 자본주의와의 대외 경제 관계에서 국제 규범 준수의 필요성에 의해 강제된 것
이었다. 국가소유 개념의 지적소유권과 연관된 이런 딜레마를 통해 마르크스의 대
안적 소유개념의 타당성과 현실성을 검토해보겠다.

소련의 지적소유권은 크게 저자의 권리와 특허권[24]으로 구분할 수 있다(Eugster,
2010: 138). 저자의 권리에 관한 소련 최초의 1917년 법은 저자의 권리보호 기간을
6개월로, 1917년 12월 법은 5년으로 규정했다. 중간 단계의 법령들을 거쳐 1919년
2월의 법은 국유화 이전 시기, 특히 1919년 6월 이전의 저작에 대해 옛 법의 50년

---

22) 참여계획의 아래의 참여와 위의 조정의 통합에 대해서는 파레콘모델(앨버트, 2003; Hahnel
2005), 노동시간모델(Cockshott and Cottrell, 1996), 정성진(2006), 하태규(2013, 2014a, b)를 참
조하라.

23) 관련하여 자본주의 내에서 인지와 정보재 가치의 성격에 대한 논쟁이 있다. 논쟁을 정리하고 "인
지"도 노동의 생산물이며 정보재의 가치는 연구개발 성과의 고정자본이라는 성격에서 비롯된다
는 점을 주장하는 글(하태규, 2015d)을 참조할 수 있다.

24) 저자의 권리(혹은 저작권)는 지적, 예술적 창작물의 권리를 보호하고, 특허권(더 포괄적으로 산업
재산권)은 산업적, 과학기술적 창작물의 권리를 보호한다. 다른 한편 저작권(copyright)은 생산자의
저작에 관한 권리를 말한다면, 저자의 권리(author's rights)는 자연적 인격의 저작에 관한 권리를
말한다. 두 가지는 발생론적으로 다르면서 완전히 동일하지도 완전히 다르지도 않다.

보호를 규정했다. 이런 모순적 법령들은 신경제정책(NEP)에서 재정비되고 국내 저자들뿐만 아니라 외국 저자들의 보호에도 확장되었다(Mamlyuk, 2011: 558~559). 결국 저자의 권리는 1928년 법에 의해 저자의 일생과 사후 상속자에 대한 15년 보호로 규정되었고, 국제 규범과 일치한다고 주장되었다(Mamlyuk, 2011: 561; Eugster, 2010: 140).

특허권은 옛 법이 유효했던 초기를 지나 1919년 6월 폐지되었다가 신경제정책의 1924년 9월 법에서 부활되어 15년 보호와 양도 가능성이 규정되었다.[25] 이런 틀은 소련 말기까지 유지되었다(Eugster, 2010: 141~142).

이른바 "고전적 시기(1960~1989)"의 소련 저작권법은 비교법학자들에게 유럽 민법과 유사하다고 평가되었다. 소련은 국내법을 국제표준에 일치시키든 아니면 관련 조약을 맺어서 국제적 의무 준수를 약속했다. 그래서 소련은 저자의 권리 관련 세 가지 주요 국제조약 ― 1971년 개정 문학적·예술적 저작을 위한 베른협약, 1971년 개정 국제저작권협약, 음반제작자 보호를 위한 1971년 국제협약 ― 에 1970년대 중반까지 가입했다(Mamlyuk, 2011: 563~566).

이렇게 소련이 지적소유권의 사적 소유 유지의 딜레마에 빠진 것은 우선 대외 경제 교류의 필요성이 강제한 측면이 있다(Mamlyuk, 2011: 544~557). 1920년대 소련은 혁명 직후의 고립에서 벗어나 주로 서방국가들과의 쌍무협정을 통해 대외 경제 교류를 촉진했다.[26] 이 경제 교류는 무역과 투자를 포함했는데 외국인 지적소유권의 보호는 필연적 귀결이었다. 소련과 서방 간의 쌍무협정들에서 문학적·예술적 저작을 위한 베른협약(1886년 최초 체결)이 인정되었고 예를 들어 "산업재산권 보호에 관한" 독소조약(1925년)에서 소련은 독일 기업과 시민들의 독일법과 지적소유권 보호를 인정했다. 이런 규정은 앞서 본 1928년 법에서 (국내와 해외) 저자의 일생과 상속자 15년 보호로 반영되었다(Mamlyuk 2011: 562).

하지만 이런 "강제적" 측면은 필연적인 것은 아니었다. 왜냐하면 대외 경제 교류

---

25) 이런 보호 기간은 한국법의 특허권 20년, 실용신안 10년과 비교해서 크게 다르지 않다.
26) 소련의 1920년대 대외 경제 관계 형성 역사에 대해서는 Gerschenkron(1947), Day(1973), Nove(1981), Richman(1981), van Ree(1998)를 참조할 수 있다.

에서 외국인의 지적소유권을 인정하더라도 이를 내국인에게 확장할 필요는 없기 때문이다. 위의 독소조약도 소련 기업과 시민들이 아니라 "독일기업과 시민들"의 지적소유권의 보호를 문제 삼았다. 앞서 보았듯이 지적소유권도 생산수단이므로 외국의 지적소유권은 적합한 가치계산에 근거하여 그만큼 대우하면 족할 것이다.[27] 중요한 것은 이렇게 대우하면서 경제 교류를 매력적으로 만드는 체제를 구성하는 것이다. 이런 체제는 노동대중의 소외에 근거한 국가소유가 아니라 공동점유에 근거한 개인적 소유개념에 따른 개인들의 민주적 공동 결정과 참여계획체제에서 만들어질 수 있을 것이다. 왜냐하면 소외 없는 개인들의 자유로운 참여와 민주주의 체제라면 대외 경제 교류도 자유롭고 개방적으로 추진할 수 있을 것이기 때문이다.[28]

소련이 지적소유권의 사적 소유를 인정한 다른 원인은 "창작과 혁신"(이하 혁신)의 인격성을 중시했기 때문으로 추정할 수 있다. 이런 측면은 역으로 국가소유가 혁신 주체 그래서 인민의 개인성을 부정하는 "그들의 소유"임을 반증한다. 반면 공동점유에 근거한 개인적 소유는 혁신 주체의 개인성을 인정한다. 왜냐하면 혁신과정은 앞서 본대로 생산수단의 생산과정이고 이 과정은 개인들의 참여를 당연시하기 때문이다. 이 혁신과정은 무에서 유의 창조가 아니라 이전에 축적된 지식에 근

---

27) 이런 가치계산은 대안사회경제의 계산 기준에 따를 것이다. 대안사회경제가 마르크스의 원리에 따라 실제 노동시간을 계산 기준으로 하여 자신의 생산물과 외부 자본주의의 상품의 노동시간을 비교 평가하여 동태적 비교우위원리에 근거한 호혜적 교류를 할 수 있다는 점은 하태규(2014a, b)를 참조하라. 이때 해외의 지적소유권을 평가하는 방법은 그 시장가격에서 환율을 반영한 노동시간을 계산하고 이 노동시간을 국내의 상응하는 분야의 생산방식의 실제 노동시간과 비교하여 평가할 수 있을 것이다.

28) 이 문제의 추가적 논의는 하태규(2014a, b)를 참조할 수 있다. 다른 한편 이런 대외 경제 교류에서 대안사회경제가 지적소유권을 자본주의 경제에 판매할 상황이 벌어질 수 있다. 이 상황은 생산수단을 공동 사용할 뿐 처분할 수 없다는 대안적 소유개념에 반하게 된다. 이것은 생산수단 일반에서도 마찬가지다. 이 문제는 그래서 사회주의는 세계적 수준에서 성립할 때 만개할 수 있다는 점을 확인시켜주지만 현실에서 한두 나라의 사회주의가 성립할 개연성이 크다는 점을 감안할 때 딜레마를 낳는다. 그래서 가능하면 지적소유권이나 생산수단을 공동 사용의 대상으로서 자본주의와 공유할 방안을 찾고, 거래를 한다면 평등한 거래가 될 수 있도록 실제 노동시간 계산에 근거하여야 할 것이다.

거한 변형 과정이라는 점에서 땅이 어머니이고 노동이 아버지인 생산과정 일반과 본질적으로 다르지 않다. 다만 아버지인 노동에서 개인의 독창성이 두드러진다는 점이 다를 뿐이다. 하지만 이런 독창성의 본질은 질적으로 차이 나는 생산성을 지닌 노동시간이다. 이런 질적으로 차이 나는 노동시간을 어떻게 평가하고 대우할 것인가는 새로운 사회의 계산 기준에 달려 있다. 노동시간의 질이 아닌 양에 근거한 분배를 원리로 하는 마르크스의 낮은 국면의 공산주의 원리(MEW, 19: 20)에 따라 구성될 대안사회경제는 혁신 주체의 생산성을 경제적 양적 보상이 아니라 사회적 명예 보상으로 대우할 것이다.[29]

그래서 대안사회경제는 혁신 자체를 공동으로 사용하여 만들어지는 더 풍부한 소비수단을 향유할 것이다. 이런 공동 사용은 예술적, 문학적, 학술적 혁신일 경우 소비수단으로 전환되는 추가적 노동(저술, 미술, 음악작품, 영화, 드라마 등의 출판, 전시, 제작, 상연, 공연 등에 필요한 다양한 노동)을 통해 더 쉽게 더 많은 대중이 향유할 수 있게 될 것이다. 과학기술적, 산업적 혁신일 경우 더 쉽게 사회의 모든 산업 과정에서 더 높은 생산성으로 반영될 것이다. 이런 혁신의 광범한 향유는 참여계획과 민주적 공동 결정의 분위기와 맞물려 다시 사회 전반의 혁신력에 시너지를 낼 것이다.

---

29) 실제 노동시간에 의한 평가와 분배를 기준으로 하는 마르크스 원리에 따라 대안사회경제를 구성할 때 노동시간 계산은 분배에서 개인 노동시간의 양만 고려하지 노동강도나 질의 차이는 고려하지 않는다. 사회의 여러 생산 분야들의 노동강도의 차이는 균형적 직군(balanced jobs)에 의해 개인들이 강도의 차이를 보완하는 복수의 분야들에서 노동을 수행함에 의해 평균화된다. 개인들의 교육 기간에 따라 차이가 나는 노동의 질은 보상에서는 반영되지 않고(왜냐하면 교육은 사회의 비용으로 이루어지므로 개인은 교육 기간의 장단을 반영하지 않고 노동시간만 계산하여 보상하는 것이 평등하기 때문이다) 생산물의 노동시간 계산에서는 반영된다(이렇게 해야 생산물의 노동시간 가격이 정확히 계산되므로)(하태규, 2014a: 205~206; 2015b: 198~199). 그러므로 혁신노동의 노동시간도 이런 기준에 의하면 질적 차이 없는 동일한 노동시간으로서 경제적 보상에 동일하게 반영되고 사회적 명예로 더욱 보상할 것이다.

5. 개인적 소유에서 주택 소유와 재산 상속의 의미

소련 체제와 모방 체제들은 땅과 생산수단의 공동점유에 근거한 개인적 소유개념이 없었다. 인격적 소유는 생산수단의 국가소유에 종속된 소비수단의 소유개념이었다. 그래서 이런 체제들의 주택 소유와 재산 상속 문제에 대한 접근은 두 소유개념 간의 차이를 잘 보여주는 사례이다. 이하에서는 루마니아 주택 몰수 정책과 소련상속법 사례를 통해 이런 차이와 마르크스의 대안적 소유개념의 타당성과 현실성을 보겠다.

루마니아 국가는 1950년 4월 법을 통해 지배계급의 주택과 기타 건물의 국유화를 선언했고 노동자, 공무원, 장인, 지식인, 은퇴자의 주택은 국유화에서 면제했다. 이 결과 나라 전체 사유 주택의 약 1/4인 약 12~14만 채의 주택들이 국유화되었다. 이 과정은 지역 행정조직에 의해 명단이 작성되어 실행되고 시, 도, 중앙 국유화위원회들에 의해 통제되었는데 비밀, 투명성 결여, 자의성, 모호함으로 특징되었다.[30] 그래서 많은 소유주들은 자기 집이 국유화되었음을 몰랐고 심지어 매매할 시점에야 알게 되기도 했다. 다른 많은 소유주들은 비록 더 좁은 공간으로 한정되었지만 계속 국유화된 주택에서 주거하도록 허용되었다. 최고급 주택들은 공적 사용(당사, 관공서, 병원 등)으로 전환되었고 나머지는 분할되어 새로운 입주자에게 임대되었다. 주택을 몰수당한 "국유화 주택의 전 소유주들"은 직업, 교육, 사회적 서비스, 정치적·사회적 참여를 제한당하는 이등 시민으로 전락했다(Serban, 2014: 780~783).

1950년의 국유화법은 어떤 이의 제기도 허용하지 않았지만 국유화된 주택 소유주의 거의 절반이 행정절차와 재판절차를 통해 동시적이고 다양하게 이의를 제기하였다.[31] 탄원서의 전형적인 내용은 국유화된 주택과 탄원자의 간략한 생활사와

---

30) 지역관료들은 과정 중에 빈번히 순환 보직되면서 지역조직이 만들었던 비밀 명단에 접근하지 못할 수도 있었다. 국유화위원회는 1953년에야 시, 도, 중앙 수준에서 만들어졌다. 4인으로 구성된 위원회들(지역의 경우 지역인민위원회 집행위서기, 재정부문장, 내부부문장, 노동조합장)은 상설 조직이 아니라 새로운 관련 포고령이 나올 때마다 재구성되었다(Serban, 2014: 782~783).

함께 시작하여 주택이 법령의 제외 규정 대상이 되며 착취가 아닌 노동으로 구입하였고 가족주택이지 임대주택이 아니라는 점과 다른 유사한 상황의 주택도 국유화되지 않았음을 주장하며 결정이 자의적임을 주장하였다. 이런 "실수"이야기의 핵심은 그들의 관점에서 진실은 그들이 착취자가 아니며 주택을 박탈당하지 않을 만큼 열심히 일한 사람이라는 것이었다. 정권은 1960년대 초에 결국 주택 국유화를 중단했는데 부분적으로 탄원과 반환 요청들 그리고 과정상의 정권의 오류의 결과였다(Serban, 2014: 785~789).

관련 소송 자료들에서 볼 때 주택은 동시에 국가소유이자 사적 소유로 간주되는 것이 흔했다. 관리들은 전반적으로 이런 "이중 소유권 개념" 내에서 작업했다. 이것은 관리들이 한편으로 이데올로기적으로 국가소유 개념에 충실했던 측면과 다른 한편으로 사적 소유 개념을 계속 내면화하고 있었던 측면을 보여준다(Serban, 2014: 800~801). 이런 관리들의 이중성은 우연이 아니라 국가소유에 종속된 인격적 소유 개념의 한계의 표현이었다. 공동점유에 근거한 개인적 소유는 땅과 생산수단의 처분을 금하지만 공동 사용과 여기서 나온 공동 수익인 소비수단에 대해서 적합한 분배원리에 근거하여 전적인 향유와 처분권을 개인에게 부여한다. 주택은 소비수단이고 따라서 공동점유가 아니라 개인적 향유와 처분의 대상이다. 그러므로 주택(주택용 토지가 아닌 노동의 산물인 주택건물)은 개인들이 새로운 분배원리에 따라 취득할 수 있는 것이다. 이런 분배원리를 마르크스의 개념에 따라 구성한다면 주택도 실제 노동시간을 표시하는 노동시간전표를 통해 얻게 될 것이다. 이때 주택은 차지하는 토지의 크기와 위치에 따라 차별적인 토지 사용료를 내게 된다.[32] 따라

---

31) 예를 들어 기록보관소에 있는 티미쇼아라(루마니아 서부 도시)의 탄원은 666건이었는데 그 절반은 1차급증시기(1951~1953)에, 350건은 2차급증시기(1957~1960)에 제기되었다. 1차시기 탄원의 20%가 지역 행정기구에 의해 부분반환이 승인되었고 중앙의 최종심사에서 5%가 승인되었다. 2차시기는 반환결정이 훨씬 줄었고 나라 전체에서 1%만 승인되었다(Serban, 2014: 782~783).

32) 실제 노동시간에 의한 분배를 실현하는 사회는 예를 들어 노동인구가 일주일 40시간 노동한다면 40시간(의 노동시간전표)을 얻고 이 중 민주적 공동 결정으로 정한 일정한 비율, 15시간의 사회공동기금(총회와 평의회 등 정치활동비용, 사회경제적 확대재생산, 미노동세대/장애인/은퇴자의 기본소득)용의 정액세를 제외한 나머지 25시간을 가처분소득으로 사용할 것이다(하태규, 2015b:

서 평균보다 더 크거나 좋은 위치의 주택을 가진 사람은 더 많은 비용을 주택에 들이고 그만큼 다른 사용에 제약받는다.

결코 몰수 대상이 될 수 없는 주택을 몰수한 루마니아의 주택몰수 정책은 이런 개념이 없었다는 것을 보여준다.[33] 물론 자본주의 시대의 착취 결과에 대한 이행기적인 조치라는 논리가 제기될 것이다. 하지만 이런 착취는 증명이 쉽지 않다. 앞서 보았듯이 몰수당한 소유주 절반이 제기한 반환청구의 전형적 명분은 착취가 아닌 노동으로 취득했다는 것이었다. 물론 거짓도 포함되어 있겠지만 진실을 가리기는 쉽지 않다. 이론이 아닌 현실에서 착취소득과 노동소득을 사후에 구별하기는 점점 어려워진다. 그래서 이행기에도 몰수는 생산수단과 토지에만 적용되면 족하다. 새로운 사회에서 크고 좋은 주택을 보유한다는 것이 결코 더 좋은 삶을 보장하지 않을 뿐더러 오히려 유지비만 늘려 다른 사용가치의 사용능력을 낮추기 때문에 이런 차원의 불평등은 시간이 흐르면 자연스럽게 해소될 것이다.

이제 재산 상속 문제를 보자. 소련은 1918년 4월 '상속폐지법'을 공포하고 상속재산의 국가 귀속을 선언했지만 신경제정책으로 상속권을 인정하였다. 중간 단계 법들을 거쳐[34] 1926년 초의 법은 무제한 상속을 보장하면서 1000루블 이상의 재산은 누진세를 적용하기로 했다. 상속권을 인정한 것은 인격적 소유개념의 이론적 인정과 반영이었다. 하지만 1930년대 들어 앞서 보았듯이 반혁명적 농민들의 재산을 몰수하였고 기타 범죄에 재산 몰수를 선별 적용한 관행으로 인해 인격적 소유는 실질

---

198). 여기서 주택은 부담이 크기 때문에 자본주의 기법, 예를 들면 팩토링이나 모기지를 원용해 소비자가 분할 부담할 수 있을 것이다. 자본주의와의 차이는 주택가격에 토지가격이 반영되지 않는다는 점이다. 새로운 사회는 땅을 공동점유하기 때문에 토지매매가격이 없다. 다만 땅을 개별적으로 이용하기 위한 분배가 필요한데 이 분배 방식은 자본주의 차액지대와 동일하게 토지크기와 위치에 따라 차별적 사용료를 부과하고 이 사용료는 사회공동기금으로 다시 사용되기 때문에 평등원리를 실현하게 된다.

33) 다시 강조하지만 여기서 몰수 대상이 될 수 없다는 것은 주택이라는 건물, 즉 노동으로 생산한 재화이지 주택이 터 잡은 땅이 아니다. 땅은 이미 공동점유로 변화되었으므로 몰수 대상이 될 수 없다.

34) 1922년 5월 법은 부부간과 직계후손(자식, 손주, 고손주)에게 1만 루블 이하 상속을 허용했다. 1925년 6월의 수정에서 개인과 정부 간의 계약에서 나온 권리는 무제한 상속을 허용했다 (Cowley, 2014: 106~107).

적으로 침해되었다. 이런 침해를 중단하고 1936년 헌법은 재산을 생산적 재산과 소비적 재산으로 나누고 생산적 재산은 국가소유로 하고 인격적 소비재산은 배우자, 자녀 등에게 완전히 상속할 수 있게 했다(Cowley, 2014: 106~115).

이런 소련의 인격적 소유개념은 겉보기에 공동점유 대신 국가소유를 전제한 것을 제외하면 개인적 소유와 유사하게 보인다. 하지만 소비수단의 인격적 소유는 생산수단의 국가소유에 종속된 개념이기에 스탈린 시대나 앞서 루마니아에서 보듯이 정책에 따라 침해도 가능한 것으로 여겨졌다. 반면에 소비수단의 마르크스적 개인적 소유는 생산수단의 공동점유에 근거한 개인적 소유에서 나오기 때문에 침해 불가능하다. 이런 개념 차이는 상속문제에 대한 접근에서도 차이를 낳는다. 인격적 소유는 "그들의 소유"로서 국가소유라는 소외된 소유개념의 종속적 개념이기 때문에 역으로 생산자의 "노동의욕 고취"를 위해 소비수단의 상속권을 인정하고(Cowley, 2014: 121~122) 누진상속세만 부과한다. 이 경우 논리적으로 상속을 통한 불평등이 확대될 수 있다.[35] 반면 개인적 소유는 땅과 생산수단의 공동 사용에 따른 공동 수익의 분배 결과 개인에게 귀속된 소비수단의 완전한 소유를 인정한다. 여기서 개인이 사용하고 남은 (주택을 포함한) 모든 재산은 누구에게든 증여·상속될 수 있고 이런 증여·상속(이하 상속)분의 과세는 이중과세이기 때문에 배격된다. 그럼에도 상속을 통한 불평등의 형성은 불가능하다. 왜냐하면 대안사회경제에서는 상속으로 얻는 재산도 소득으로 간주하여 상속재산을 포함한 모든 소득에 대해 누진세를 부과할 것이기 때문이다. 그래서 마르크스의 이행기 강령으로 모든 (자본과 노동의) "소득에 대한 강력한 누진세"(MEW, 4: 481)는 새로운 사회에서도 원리적으로 관철될 것이다.[36] 이렇게 되면 앞서 보았던 고급 주택이나 기타 재산의 보유는 한 세대에서 끝

---

35) 이런 가능성 때문에 이행기의 폭력적인 재산 박탈이 나타났다고 볼 수 있고 그래서 현실적 불평등의 가능성은 약화되지만 그럼에도 소비재산만의 상속으로도 불평등의 확대가능성은 열려 있다.

36) 모든 소득에 대한 누진세는 『공산당선언』의 10대 이행기 강령의 2번째였다. 이런 누진세의 이행기와 사회주의에서의 의의에 대한 논의는 하태규(2015b: 193~199)를 참조하라. 자본주의에서는 자본과 노동소득을 모두 포함하여 예를 들어 연간 1억 원까지 정액세 20%에서 시작하여 단계별 상향된 누진세가 17억 원에서 99% 누진세율에 도달할 것이지만 새로운 사회는 예를 들어 연간 2000시간(주당 40시간×50)까지 750시간(주당 15시간×50)의 정액세 이상은 바로 50%, 90%,

나고 새로운 세대는 자기 노동에 근거한 평등한 부를 향유하게 것이다.[37]

6. 나가며

이 글은 마르크스의 "땅과 생산수단의 공동점유에 근거한 개인적 소유"라는 대안적 소유개념의 타당성과 현실성을 역사적 "현실 사회주의"의 사례들을 통해 검증하였다. 2절에서는 소련의 국가소유는 스탈린 시대의 사회주의 재산의 절도와 이에 대한 비밀정보원망 구축 사례와 소련 붕괴 이후 국영기업 소유권 이전 사례를 통해 "그들의 소유"임을 확인했다. 3절에서는 유고슬라비아의 사회적 소유와 노동자자주관리제 민주주의 간의 관계 검토를 통해 사회적 소유가 실질적으로 "집단적

99% 등의 누진세를 부과하여 사회가 허용 가능한 불평등만 용인하는 체계를 민주적 공동 결정으로 만들 수 있을 것이다.

37) 이상의 대안사회경제에서 상속권을 인정한다는 논의가 이미 국제적으로 확립된 사회주의 상에 위반된다는 견해가 있을 수 있다. 다시 강조하지만 여기서 문제 삼는 것은 이미 공동점유된 땅과 생산수단의 상속이 아니라 개인적 소유에 따라 처분 가능하게 된 소비수단의 상속이다. 국제 사회주의 운동이 합의한 것은 땅과 생산수단의 상속권 폐지일 뿐이다. 이 문제는 상속권 폐지 여부로 논의될 것이 아니라 이미 확립된 땅과 생산수단의 공동점유로 해결되었다. 이런 관점은 상식과 달리 이행기 강령으로 "상속권 폐지에 대한 반대"를 주장한 마르크스의 논의에서도 잘 드러난다. 국제노동자연합(the Association)에서 국제노동자운동을 이끌던 마르크스는 1869년에 "상속권의 폐지와 함께하는 사회혁명"을 주장한 바쿠닌(민주동맹)에 반대해서 다음과 같이 주장했다. "경제적 조치로서 상속권 폐지는 아무 소용이 없다. 그것은 필연적으로 반동에 이를 거의 극복할 수 없는 반대를 틀림없이 낳을 것이다.…게다가 노동계급이 상속권을 폐지할 충분한 권력을 가진다면 수탈로 나아갈 수 있을 것인데, 이 수탈이 더 간단하고 더 효과적인 과정일 것이다.…우리의 노력은 생산의 도구가 사적 소유가 아니게 되는 목적으로 직접 향해야 한다. 모든 노동수단들은 사회화되어야 하고 그래서 모든 사람은 그의 노동력을 행사할 권리와 수단을 가지게 될 것이다. 사태가 이렇게 되면 상속권은 아무 소용이 없게 될 것이다.…어떤 사람의 자녀들에게 그 사람의 사후에 살아가는 것이 제공된다면, 그 사람은 생계를 얻을 노동수단들을 자녀들에게 넘겨줄 것을 걱정하지 않을 것이다. 상속권의 폐지는 사회혁명의 출발이 아니라 최종결과가 될 수 있을 뿐이다.…우리가 상속세 제도를 이미 가지고 있다면, 해야 할 모든 일은 소득세뿐만 아니라 상속세를 올리고 누진적으로 만드는 것이다.…먼저 변화된 상태가 획득되어야만 하고, 그러면 권리(상속권)는 저절로 사라질 것이다"(Marx, 1869: 159~160).

소유"이고 이것은 노동자자주관리제의 민주주의 형식의 한계로 인해 또 다른 "그들의 소유"가 되었다는 점을 확인했다. 4절에서는 소련의 국가소유가 지적소유권의 사적 소유를 인정하는 딜레마에 빠졌다는 점에서 "그들의 소유"라는 점을 방증하였다면 대안적 소유는 이런 딜레마에 빠지지 않고 대외 경제 관계와 혁신을 유지하고 발전시킬 수 있음을 보았다. 5절에서는 루마니아의 주택몰수정책과 소련상속법 사례를 통해 생산수단의 국가소유에 종속된 소비수단의 인격적 소유개념이 "그들의 소유"로서 국가소유의 한계의 표현인 반면 대안적 소유개념은 소비 수단으로서 주택 소유와 재산 상속을 전적으로 인정하면서도 평등한 분배를 실현할 수 있다는 점을 보았다. 이런 모든 사례들은 "현실 사회주의"가 이름과 달리 또 하나의 자본주의에 불과하다는 점을 확인해주었다.

또한 이런 모든 사례들은 마르크스의 대안적 소유개념의 타당성과 현실성을 반증하고 있음을 알 수 있었다. 이 소유개념은 땅과 생산수단의 처분금지 원칙하에 한편으로 개인들이 중앙집권적 계획이나 사회적 소유단위들의 협상이나 계약이 아닌 아래로부터의 참여와 위로부터의 조정을 통합하는 참여계획에 근거하고 다른 한편으로 관료적 할당 방식이나 선출된 지배계급이 되는 평의회와 경영자 집단의 평의회방식이 아닌 총회와 추첨의 민주적 공동 결정의 방식에 따라 땅과 생산수단을 공동사용하고 이에 따른 공동 수익을 실제노동시간에 따라 분배받고 전 사회 구성원이 향유하는 원리를 동반한다는 점도 확인했다(이 글이 다루지 않은 높은 국면의 공산주의는 실제노동시간이 아닌 필요에 따른 분배가 실현된다).

이 대안적 소유개념에서 한 가지 추가할 점은 땅과 생산수단의 공동점유는 처분금지뿐만 아니라 유지, 보존, 개선하여 개량된 지구를 후손에 물려줄 의무를 전제한다는 점이다. 이 문제의 사례는 향후의 별도 논의가 필요하지만 "그들의 소유"체제는 서구자본주의와 마찬가지로 생태 보전의 의무를 망각하기 때문에 생태적 균형의 파괴와 환경오염의 심화를 초래하게 될 개연성이 크다는 점이다. 반면 대안적 소유개념은 개량된 지구를 후손에게 물려줄 의무를 자각한 모든 구성원들의 참여와 민주적 공동 결정에 근거한 공동체를 유지하고 발전시키기 때문에 생태적 균형과 환경 개선이 동반하게 될 것이다.

마지막으로 역시 별도로 논의할 문제이지만 이른바 "21세기 사회주의"를 주창하는 베네수엘라의 변혁 운동은 대안적 소유개념에서 볼 때 아직 이행기적인 수준에도 미달했다는 점을 알 수 있다.[38] 베네수엘라의 개혁은 여전히 사적 소유가 중심인 구조에서 국가소유 혹은 사회적 소유를 추구하고 이런 토대에서도 제한된 평의회 민주주의를 실현하려고 하고 있기 때문이다. 더불어 역시 별도로 논의해야 할 문제이지만 자본주의 내의 협동조합과 사회적경제 운동이 새로운 사회로의 진전을 이룩하려면 생산수단의 공동점유에 근거한 개인적 소유형식과 이에 근거한 참여계획과 총회와 추첨의 민주적 공동 결정의 체제를 유지하고 전 사회적으로 확대 발전시킬 때 변화 가능성을 현실로 만들 수 있다는 점을 덧붙이고 싶다.[39]

참고문헌

강정구. 1990. 「벼랑에 선 페레스트로이카: 유고슬라비아의 자주관리제」. ≪경제와 사회≫, 5호.
김창근. 2006. 「유고슬라비아의 노동자 자주관리에 대한 이론들」. ≪진보평론≫, 30.
린던, 마르셀 판 데르(Marcel van der Linden). 2012. 『서구 마르크스주의 소련을 탐구하다, 1917년 이후 비판적 이론과 논쟁으로 본 소련』. 황동하 옮김. 서해문집.
마르크스, 칼(Karl Marx). 1867(2001). 『자본론』I. 김수행 옮김. 비봉.
_____. 1894(2004). 『자본론』III. 김수행 옮김. 비봉.
박찬억. 1990. 「사회주의 소유이론과 경제개혁」. ≪경제와 사회≫, 5호.
안태환. 2011. 「베네수엘라 혁명: '대중의 요구'와 '사회적 소유'의 함의」. ≪중남미연구≫, 30-1.
앨버트, 마이클(Michael Albert). 2003. 『파레콘』. 김익희 옮김. 북로드.
정성진. 2006. 「21세기 사회주의와 참여계획경제를 위하여」. 『마르크스와 트로츠키』. 한울.
조돈문. 2012. 「베네수엘라 공동경영의 실천: 인베팔과 인베발 실험의 비교연구」. ≪경제와

---

38) 베네수엘라 변혁운동의 현황과 전망은 허석렬(2014), 조돈문(2012), 안태환(2011)을 참조하라.
39) 관련해 사회적경제의 대안사회경제로의 이행에서 의의를 논의한 최태룡(2015)과 이 책 3장 그렉 샤저의 「이행기 경제로서의 협동조합」을 참조하라.

사회≫, 95.

최태룡. 2015. 「대안사회론과 사회적경제: 한 생활-작업 공동체의 사례와 관련하여」. ≪마르크스주의 연구≫, 12-4.

클리프, 토니(Tony Cliff). 1993. 『소련 국가자본주의』. 정성진 옮김. 책갈피.

하태규. 2013. 「자본주의 위기와 대안, 참여계획경제와 직접민주주의로서의 사회주의」. ≪진보평론≫, 56.

_____. 2014a 「참여계획경제의 대외 경제 관계 모델연구-이론적 분석」, ≪경제와 사회≫ 103.

_____. 2014b. 「참여계획경제의 대외 경제 관계」. 경상대학교 대학원 정치경제학과 박사학위논문.

_____. 2015a. 「마르크스의 대안적 소유개념」. ≪경제와 사회≫, 106호.

_____. 2015b. 「피케티의 불평등과 마르크스의 불평등」. ≪마르크스주의 연구≫, 12-3.

_____. 2015c. 「마르크스의 대의제 민주주의 비판과 고대아테네 민주주의」. 로자룩셈부르크 국제학술대회 발표문.

_____. 2015d. 「인지자본주의론과 정보재 가치」. ≪사회경제평론≫, 47호.

_____. 2015e. 「자본론, 자본주의, 대안사회, 혁명의 방법의 서술과 시사」. 미발표.

_____. 2017. 「고대 아테네 민주주의와 광장 민주주의」. ≪경제와 사회≫, 113호.

허석렬. 2014. 「베네수엘라의 공동관리와 자주관리」. ≪사회과학연구≫, 31-1.

황태연. 1992. 「사회주의권의 변화와 맑스의 소유권사상의 재검토」. ≪정세연구≫, 36.

Alexeeve, Michael and William Pyle. 2003. "A note on measuring the unofficial economy in the former Soviet Republics." *Economics of Transition*, vol 11~1.

Chattopadhyay, Paresh. 1994. *The Marxian concept of capital and the Soviet experience.* Praeger.

Cockshott, Paul. and Allin Cottrell. 1996. *Towards a New Socialism.* Spokesman.

Cowley, Marcie K. 2014. "The Right of Inheritance and the Stalin Revolution." *Kritika: Explorations in Russian and Eurasian History*, 15~1.

Day, Richard B. 1973. *Leon Trotsky and The Politics of Economic Isolation.* Cambridge Press.

Dunayevskaya, Raya. 2000. *Marxism and Freedom: From 1776 until Today.* Humanity Books.

Eugster, Esprit. 2010. "Evolution and Enforcement of IP Law in Russia." *Washington University Global Studies Law Review*, vol. 9.

Gerschenkron, Alexander. 1947. "The Rate of Growth in Russia." *The Journal of Economic History*, vol. 7.

Gorlizki, Yoram. 2015. "Theft under Stalin: a property right analysis." *Economic History Review*.

Grossman, G. 1991. "Wealth estates based on the Berkeley-Duke Emigre Questionnaire: A statical compilation." *Berkeley-Duke Occasional Papers on the Second Economy in the USSR*, No. 27.

Hahnel, Robin. 2005. *Economic Justice and Democracy*. Routledge.

Haynes, Mike. 2002. "Marxism and the Russian question in the wake of Soviet collapse." *Historical Materialism*, 10-4.

Heizen, James. 2007. "Informers and the State under late Stalinism: Informant Networks and crime against 'socialist Property' 1940~53." *Kritika: Explorations in Russian and Eurasian History*, vol. 8-4.

Hudis, Peter. 2011. "Marx's Concept of the Transcendence of Value Production." a doctoral dissertation. Loyola University Chicago.

Kaufmann, D. and A. Kaliberda. 1996. "Integrating the unofficial economy into the dynamics of post-Socialist economies: A framework for analysis and evidence." in B. Kaminski(ed.). *Economic Transition in Russia and the New States of Eurasia*. London: M. E. Sharpe.

Mamlyuk, Boris N. 2011. "Russia & legal harmonization: an Historical Inquiry IP Reform as Global Convergence and Resistance." *Washington University Global Studies Law Review*, vol. 10.

Marx, Karl. 1867(1993). 『對譯·初版資本論 第1章及び附錄』(單行本). 牧野 紀之 옮김. 信山社 出版.

_____. 1869(2014). "On Inheritance." ed. by Marcello Musto. *Workers Unite! the International 150 years later*. Bloomsbury.

Marx, Karl and Friedrich Engels. 1874~83(1989). MECW, vol. 24 Progress Publishers.

_____. 1846~48(1977). MEW, Band 4 Dietz Verlag.

_____. 1875~83(1987). MEW, Band 19 Dietz Verlag.

_____. 1867(1962). MEW, Band 23 Dietz Verlag.

_____. 1894(1964). MEW, Band 25 Dietz Verlag.

_____. 1844(1968). MEW, Band 40 Dietz Verlag.

McFaul, Michael. 1996. "The Allocation of Property Rights in Russia." *Communist and Post-Communist Studies*, vol. 29-3.

Nove, Alec. 1981. "New light on Trotsky's Economic Views." *Slavic Review*, vol. 40-1.

Pejovich, Steve. 1987. "Freedom, Property Rights and Innovation in Socialism." *KYKLOS*, vol. 40.

Postone, Moishe. 1995. *Time, Labor, and Social domination: A Reinterpretation of Marx's Critical Theory*. Cambridge University Press.

Richman, Sheldon L. 1981. "War Communism to NEP." *Journal of Libertarian Studies*, vol. V, no. 1.

Riker, K. Z. and D. L. Weimer. 1993. "The economic and political liberation of socialism: the fundamental problem of property rights." *Social Philosophy and Policy*, 10.

Serban, Mihaela. 2014. "The Loss of Property Rights and the Construction of Legal Consciousness in Early Socialist Romania(1950~1965)." *Law and Society Association*, vol. 48-4.

Shearer, D. R. 2009. *Policing Stalin's Socialism: repression and social order in Soviet Union 1924~1953*. New Haven, conn.

Stephan, Paul B. Ⅲ. 1991. "Perestroyka and Property: The Law of Ownership in the Post-Socialist Soviet Union." *The American Journal of Comparative Law*, vol. 39-1.

van Ree, Erik. 1998. "Socialism in One Country: A Reassessment." *Studies in East European Thought*, 50.

제5장

대안사회경제와 새로운 소비 원리[*]

김어진 ∣ 전 경상대학교 사회과학연구원 학술연구교수

1. 들어가는 말

신고전파 경제학(neoclassical economics)에서 소비이론의 핵심은 만족감(효용)이다. 물건을 사는 이유가 만족감 충족에 있고 상품 가격은 만족감에 상응하는 최소한의 지불의사 수준(한계효용가치)에서 결정된다는 논리하에 '소비자 주권', '개인의 기호와 선택'이 초역사적인 지위를 부여받는다.

그러나 '소비자'라는 단어에는 이데올로기적 성격이 스며 있다. 소비자의 주권이라는 단어를 연상하게 하는 다양한 장치들이 존재한다. 그러나 소비 패턴은 개인의 기호로만 형성되는 것이 결코 아니다. 여기에는 광고, 문화적 규범, 사회적 압력, 심리적 연상 작용과 같은 강력한 힘들이 작용한다. 이 때문에 지속가능한 소비문화에 관한 여러 논의들도 존재해왔다(박명희, 2006).

소비자라는 개념도 역사적으로 구성된 것임에 주목할 필요가 있다(서영표, 2009: 31). 트렌트먼(Frank trentmann)은 '소비자' 개념을 계보학적으로 추적하면서 영국에서 소비자 개념이 등장하고 주목받기 시작한 것은 1890년이며 이때의 소비자 담론의 초점은 이기적이고 경쟁적인 소비자가 아니라 공공복지에 기여하는 양심적 소

---

[*] 이 논문은 2013년 정부(교육부)의 재원으로 한국연구재단의 지원을 받아 수행된 연구 (NRF-2013S1A5B8A01055117)이다.

비자에 관한 것이었음을 밝히고 있다. 우리가 당연하게 받아들이고 있는 자본주의적 소비자 개념 또한 역사적으로 구성된 것일 뿐이다(Soper, 2008: 193, 서영표, 2009: 31에서 재인용).

따라서 자본주의하에서 통용되는 다양한 소비 개념은 가격에 따라 구매력이 어떻게 달라지는가에 따라 분류될 수 있을 뿐 역사적인 내용을 포괄하고 있지 않다. 필수소비, 여유소비, 과시소비, 준거집단소비를 예로 들어보자. 필수소비는 말 그대로 생명 유지에 필요한 소비 유형이다. 식사, 피복, 주거, 교통 등이 이에 해당한다. 여유소비는 최소한의 의식주에서 더 나아간 소비를 뜻한다. 각종 기호 식품, 취미와 문화생활, 여행 등이 이에 해당한다. 과시소비는 보여주기 위한 소비로서 귀금속, 고급 자동차, 고가의 그림이나 골동품, 명품 의류, 고가의 주택 등이 이에 해당된다. 준거집단소비는 자신이 속한 공동체의 일원이 되기 위한 일련의 소비로, 타인의 소비에 강제되는 일련의 소비 행위로서 자녀 교육, 휴대전화, 고급 음식 등이 이에 포함되기는 하지만 근본으로는 과시소비와 그 경계가 모호하기는 하다. "나는 소비한다. 고로 존재한다(I shop therefore I am)". 데카르트의 명언을 차용해 비튼 이 명제는 사회와 개인 구석구석에 스며든 자본주의적 내재화를 잘 보여준다.

그런데 특정 조건에서 취미생활에 해당하는 각종 서비스 상품들은 필수소비가 될 수 있다. 어느 정도 의식주가 해결된 상태에서 문화적 욕구는 항상 많은 사람들의 머릿속을 지배해왔고 많은 욕망을 불러일으켰다. 대중교통 이용이 편리해지고 서비스가 공공화되면 자동차는 굳이 과시 소비의 대상이 될 이유가 없다. 따라서 대안사회경제하에서의 소비 문제는 자본주의적 소비 이론이나 그 개념으로 재구성되기는 힘들다.

'적정소비'나 '지속가능한 소비' 등이 대안적 개념으로 제시되기는 한다. 많은 사람들이 자본주의 모순의 핵심을 소비주의로 규정하는 것은 타당해 보이기도 한다. 실제로 소비주의는 현대 자본주의의 한 축을 담당하고 있다. 시장에서 재화와 용역을 점점 더 많이 구입하도록 하기 위한, 사회적으로 용인된 에너지가 작동하고 있다. 실제로 미국은 개인 소비 지출이 GDP의 약 70%를 차지한다(구스타보 스페스, 2008: 209~210). 그리고 '미국 소비자들의 힘'은 전 세계 기업들로부터 찬사를 받고 있다. 동시에 세계적인 디플레이션 위기 속에서 소비 지출은 지속적으로 줄고 있다. 한편에서는 끊임없이 소비를 부추기고 다른 한편에서는 소비를 줄여야 하는 압력이 존재한다.

실제로 현재의 소비수준이 환경과 사회에 모두 해가 되므로 더 나은 삶과 환경을 위해서는 소비를 줄여야 한다는 대안은 적절해 보인다.

그러나 과연 적정소비의 기준이 무엇인지는 모호하다. 특정 소비는 줄여야 하지만 특정 소비는 제한될 이유가 없다. 도리어 특정 소비는 일부에게만 허용되는 현실이 타파돼야 한다. 현 자본주의 사회에서 노동자들은 필수소비조차 제한되는 경우가 허다하다. 과시소비는 고사하고 여유소비의 여력조차 허락되지 않는다. 따라서 적정소비는 소비에서의 거대한 불평등 문제를 해결하는 데 있어 근본적인 제약을 가져다주는 개념이다.

대안사회경제에서의 소비 원리는 '적정소비'와 같은 모호한 개념을 넘어서 근본적이고 일관된 작동 방식에 좌우되어야 한다. 이 글은 그 방식과 원리를 정리하는 것을 목표로 한다.

그러나 낭비적인 소비가 사라진다는 뜻이 무조건 적게 소비한다는 뜻은 아니다. 친환경적인 신진대사가 이뤄지기에 대중의 다양한 요구를 충족시키는 데서 양적 제한이 가해질 이유가 없다. 자본주의적 탐욕과 낭비는 절제사회와 적정소비에 대한 열망을 불러일으킨다. 자본주의적 낭비와 환경 파괴에 대한 적절한 폭로와 이를 절제사회, 적정소비라는 개념과 적절하게 연결시킨 많은 시도들이 있어왔다(일리히, 2010: 60~61). 인간은 언제나 물건들을 생산해왔다. 그러나 자본주의하에서 상품은 그 자체가 목적이 된다. 그런데 일부 급진 생태주의하에서는 생산 그 자체가 문제가 되는 경우가 적지 않다. 더 많은 것들이 만들어질수록, 지구에 대한 피해는 그만큼 더 크고, 귀중한 자원도 더 많이 낭비된다고 주장한다. 이것은 사회가 덜 생산하고 개인들이 덜 소비하도록 주장하는 것으로 연결된다. 예를 들어, 지구의 벗 (Friends of the Earth International) 웹사이트는 우리에게 "적게 소비하고, 오래 살아라" 라고 호소한다. 환경 문제를 해결하는 데 이런 접근이 갖고 있는 문제점은 왜 많은 상품들이 생산되는지, 왜 세계의 일부분은 다른 지역에 비해 훨씬 많이 소비하는지

그리고 생산되는 상품의 종류를 결정하는 게 무엇인지에 대해 질문하는 것을 회피한다는 것이다. 이것에 대답하기 위해서는 우리는 자본주의의 '심장'에서 진행되는 전 과정에 대한 고찰로 다시 되돌아가야 한다. 각각의 회사들이 이윤을 극대화하기 위해 노력할수록, 팔아야 할 더 많은 상품들을 생산한다. 때때로 이것은 팔릴 수 있는 것보다 더 많은 제품이 존재해서 경제 위기가 뒤따르는 상황, 즉 과잉생산으로 연결된다. 다시 말해 자본주의적인 생산방식이 문제인데, 만약 생산이 이윤 획득이라는 목적에서 해방되고 다양한 필요와 기호를 충족시키는 것이 되어 "계획된 진부화" 궤도에서 벗어난다면 생산 그 자체를 환경 파괴의 원인으로 삼을 수는 없을 것이다.

급진적 생태주의가 추구하는 대중들의 소비 성향의 축소 조정도 사회주의적 토대에서야 비로소 실현될 수 있다. 왜냐하면 자본주의는 생산을 위한 생산, 이윤을 위한 생산의 체제이므로 소비 축소의 논리가 들어설 수 없다는 점 외에도 일반화된 상품경제 자체에 근거하는 상품물신주의가 대중의 소비를 위한 소비를 조장하고 있기 때문이다. 그러므로 이런 상품생산 일반의 해체를 통해 상품물신주의의 토대를 없애서 인간 노동 자체의 사회적 성격을 직접적으로 인식할 수 있는 체제에서야 비로소 소비 조정과 축소가 제대로 실현될 수 있을 것이다(하태규, 2012).

이 논문의 목표는 두 가지이다. 첫째, 소비문화에 관한 지적을 넘어, 자본주의 소비의 핵심 문제를 자본주의 생산의 계획된 진부화와 체계적인 낭비, 인간과 자연과의 신진대사라는 핵심어로 분석해보고자 한다. 둘째, 그에 따라 대안사회경제의 소비 원리가 어떻게 정립돼야 하는지를 검토해보는 것이다.

2. 대안사회경제의 작동 원리[1]

첫째, 대안사회경제는 생산동기가 이윤동기가 아니라 대중의 필요에 따라 작동

---

1) 이에 대해서는 정성진(2015), 심광현(2015), 하태규(2015), 장귀연(2015)을 참고하시오.

한다. 이로써 상품 교환 체계가 사라져 평등 속의 풍요가 이루어질 토대가 형성된
다(무스토, 2013: 305~306; 넬슨, 2013: 41). 그리되면 의료·교육·교통 등 공공서비스
영역에서도 이윤 획득의 동기가 사라져 탈상품화가 진행된다. 관련 비용을 어떻게
조달할 것인가는 고민의 대상이 되지 않는다. 우리가 누리는 재화와 서비스의 원천
은 노동이지 화폐가 아니기 때문이다. 오직 자연에 인간의 노동이 더해질 때만 가
치가 만들어지고 화폐는 단지 상품이 된 제품과 서비스를 교환하는 수단일 뿐이다.
탈상품화가 진행될수록 화폐의 역할도 점차로 사라질 것이다.

둘째, 대안적 산업구조의 개편하에서는 수익성이나 시장성 등의 이유로 도입되지
못했던 친환경적인 과학적 지식과 기술들이 대폭 활용되고 자원에 대한 비효율적 낭
비가 점차 사라진다. 그 결과 자연과 인간의 신진대사가 원활해지는 방향으로 산업
구조가 재편되어 지속가능한 생산과 재생산의 조건이 확보된다. 효율성에 대한 정의
자체가 새롭게 바뀔 것이다. 효율성은 더 이상 '가장 수익성 있는'의 뜻이 아니게 된
다. 사람들의 협력적 공생 필요성과 자연이 강요한 제약 조건들과 우리의 가치들을
반영하는 것이라 정의될 것이다. 그런 점에서 대안경제는 비효율성을 대폭 제거한
다. 특히 무엇보다 대안적 산업구조하에서는 환경 파괴 비용이 대폭 줄어든다.

셋째, 대안적 사업구조하에서는 노동의 소외가 극복되고 생산자들이 생산과정
을 직접 책임지고 통제할 수 있게 되어 생산이 민주적으로 계획되고 집행된다. 노
동의 소외가 극복되어가기 시작해 직접 생산자들이자 재화와 서비스의 수요자들
의 생산성의 급격한 향상 또한 뒤따른다. 대안적 산업구조 재편 과정은 노동의 소
외가 해소되는 세 가지 과정을 수반한다. ① 노동일이 체계적으로 줄어들 것이다.
필요한 총노동량이 모든 노동자에게 동등하게 나눠지고 기술 발전의 성과물은 모
두 필요한 육체노동량을 줄이는 데 활용될 것이다. 그에 따라 남은 시간을 자기 계
발과 자발적인 공동체 참여에 할애할 수 있게 된다. ② 자동화를 더욱 적극적으로
활용할 수 있다. 첨단 무기산업의 자동화 정도를 감안한다면 광산일이나 생산라인
작업을 자동화하는 것은 전혀 어렵지 않다. 오로지 이윤 목적의 생산이 아니라면
굳이 자동화와 인간 노동력 사용을 저울질할 필요가 없다. ③ 노동분업도 점차 극
복될 것이다. 노동분업의 폐지란 두 가지 의미(즉, 육체노동과 정신노동의 분리, 생산과

정이 기술이나 흥미나 창조성이 전혀 없는 세분화된 작업으로 쪼개지는 것의 폐지)를 뜻하는데 이러한 노동분업의 폐지를 통해 실제 현장의 아이디어들이 즉각 생산과정에 반영되고 생산자들의 협력 네트워크 기제가 발전될 수 있다. 친환경적이고 즉각 실용화될 첨단 기술들이 더욱 발전하게 될 것이다.

넷째, 최종적인 결정들은 지역·부문·국제 차원에서 상향, 하향 과정을 반복하면서 점검·검토되고 이행 과정에서 시정 사항이 발견되면 즉각적으로 수정되어나가는 민주적 합의 과정을 거치게 될 것이다.

이런 평등을 보장하는 기본적 제도는 노동시간을 경제 운영의 계산 단위로 사용하는 노동시간 계산이다(Cockshott and Cottrell, 1996: 3장). 이를 위해서는 화폐의 대용으로 마르크스가 말한 일종의 극장표처럼 기능하는 노동시간전표를 도입하면 되는데, 오늘날에는 개인이 수행한 노동시간이 기록되어 있는 "노동신용카드"만 있으면 충분하다(Cockshott and Cottrell, 1996: 2장). 다시 말하면, 개인은 소득세로 공제되는 사회적 요구(의료, 교육, 장애인, 노인 등 사회보장기금과 축적기금 등)를 제외하면 자신이 수행한 노동시간에 근거하여 가처분소득을 분배받게 된다(Cockshott and Cottrell, 1996: 7장). 이렇게 되면 예를 들어, 개인이 주당 40시간을 일하고 총 15시간의 사회적 요구를 공제받으면 25시간의 가처분소득을 가지게 되는데, 이에 대한 정확한 계산은 누구라도 가능하기 때문에 어떠한 착취도, 불평등도 불가능하다(Cockshott and Cottrell, 1996: 3장).

이런 노동전표는 유통되지도 이전되지도 가치를 축적하지도 않는다. 다만 소비재와 교환될 뿐이다(Cockshott and Cottrell, 1996: 2장). 생산된 재화와 서비스도 노동시간으로 가격이 기록된다. 발달된 현대 컴퓨터통신 기술 수준이면 노동시간을 반영한 수천만 가지 모든 생산물의 투입산출 매트릭스를 몇 분 안에 작성할 수 있다(Cockshott and Cottrell, 1996: 9장).

이런 조건에서 계획당국은 필요정보 수집(기술계수 등)과 계획 수립 및 피드백 과정에서 일관된 기준으로서 노동시간 단위에 근거하여 상호연관성을 가진 거시경제 계획(Cockshott and Cottrell, 1996: 7장), 전략적 계획(Cockshott and Cottrell, 1996: 5장), 연간 세부적 계획(Cockshott and Cottrell, 1996: 6장)을 민주적으로 수립한다.

3. 대안사회경제의 소비 원리

1) 투자(이윤축적)를 위한 소비 창출이 아니라 대중의 수요 충족을 위한 소비 창출

현 사회에서 실제 대중소비는 기업의 이윤 축적이라는 목표에 좌우된다. 경쟁하는 다수 자본들은 이윤 축적을 위해 대량소비될 상품들을 개발한다. 자본주의 사회에서는 소비가 생산에 종속된다.

자본주의 사회에서는 차기 상품 출시가 연쇄적으로 작용할 수 있도록 상품이 기획되고 생산된다. 자본주의 사회의 상품은 대부분은 스스로 더 많은 수요를 창출할 수 있게끔 만들어진다. 마치 영화가 애초에 속편까지 기획되듯이 말이다. 우리가 매일 쓰는 샴푸를 사례로 들어보자. 가령 우리의 모발은 피지샘에서 분비된 천연 기름(피지)에 의해 좋은 상태로 유지된다. 본래 물과 세제(라우릴 황산염 나트륨과 같은)의 합성물인 샴푸는 이 천연 기름을 닦아내고 그것을 보완하기 위해 컨디셔너 같은 다른 제품에 대한 수요를 만들어낸다. 샴푸 때문에 모발 탈수 현상이 생긴다. 이는 곧, 우리가 모발을 더 많이 씻을수록 씻고 관리할 필요가 더 많아진다는 뜻이다(루이스, 2016: 49).

자본주의 사회에서 상품 생산의 목적은 이윤 축적(가치 생산)을 위한 것이지 대중소비 충족(사용가치 생산)이 아니기에, 시장점유율을 늘리기 위해 대중 수요를 무한정 창출해야 한다. 이 과정에서 기업 광고가 결정적인 구실을 한다. 특히 미국은 대부분의 다른 나라보다 광고에 더 많은 비용을 쓴다(GDP의 2%로, 스웨덴이나 프랑스 같은 나라의 약 두 배다). 그 결과 미국 시민들은 기업 세계에서 판매촉진 전략상 필요에 따라 벌이는 문화이벤트에 익숙해져왔다. 미국의 가장 큰 연례 TV 이벤트, 즉 슈퍼볼[2]은 오랫동안 매디슨애비뉴[3]의 최신 광고 캠페인을 보여주는 전시장이 되

---

[2] 미국 프로미식축구 NFC 우승팀과 AFC 우승팀이 겨루는 챔피언 결정전.
[3] 미국의 유명 광고회사가 몰려 있는 광고 거리로, 미국 광고업계의 상징.

어왔다.

그러나 미국뿐 아니라 자본주의에서 광고는 우리 생활 곳곳에 스며 있다. TV 드라마와 스포츠 경기들을 예로 들어보자. 우리는 '비 때문에 중단된 경기' 대신 그보다 더 부자연스러운 '광고 때문에 중단된 경기'를 보고 있다(루이스, 2016: 95).

광고는 상품 수요를 자극해 출시되는 온갖 상품 더미를 만든다. 이는 소비 증가로 이어진다. 2006년 전 세계적으로 사람들은 재화와 서비스에 (2008년 달러 가치로) 30조 5000억 달러를 소비했다. 이런 지출에는 식량과 집 같은 기본 필수품이 포함되어 있다. 하지만 재량소득이 증가하면서 영양이 보다 풍부한 음식과 더 큰 집에서부터 텔레비전, 자동차, 컴퓨터, 비행기 여행에 이르기까지 사람들은 소비재에 더 많은 지출을 해왔다. 2008년만 해도 전 세계 사람들이 6800만 대의 자동차, 8500만 대의 냉장고, 2억 9700만 대의 컴퓨터, 12억 대의 휴대폰을 구매했다(애서도리안, 2010a: 25).

그러나 더 증대되는 소비는 소비자들에게 일상적 불안감의 원천이 되기도 한다. 소비자본주의 심리학자 올리버 제임스(Oliver James)는 이 새로운 불안감을 '어플루엔자(affluenza)'[4]의 한 사례로 진단했다(루이스, 2016: 59~59).

자본주의의 소비가 소비자들에게 부여하는 불안과 스트레스는 세 가지 요인으로 설명된다. 첫째, 소비를 즐길 수 있는 시간의 부족이다. 필요성 여부를 꼼꼼하게 판단하고 여유 있게 고를 수 있는 시간이 절대적으로 부족하다. 상품 종류 증가와 상품을 고르고 사용하는 여가 시간의 정체는 서로 끊임없이 대립한다. 1970년대 스테판 린더(Staffan Linder)는 『곤경에 처한 유한계급(The Harried Leisure Class)』에서 이러한 대립을 예견한 바 있다. 엄청나게 늘어나는 소비문화의 수요에 보조를 맞추려면, 소비의 속도를 높여야 할 것이라고 그는 말했다. 우리가 일을 더 빨리 하든 많은 물건을 한꺼번에 소비하든 간에(숙제를 하면서 TV도 보고 온라인 접속도 하는 청소년이 그 확실한 본보기다), 여가 시간은 더 촉박해지고 덜 여유로워진다. 과시하고자 하는 욕망 때문이기도 하지만 여가 시간의 절대적인 부족 때문에 충동구매는 자연스

---

4) 풍요로워질수록 더 많은 것을 소유하려는 욕구로 인해 발생하는 스트레스, 무력감 등의 질병.

런 일상처럼 파고든다. 여가 시간 부족과 소비 여력의 상대적 증가 사이의 긴장을 온라인쇼핑몰의 광고가 파고든다. TV뿐 아니라 개인 스마트폰에서 실시간으로 깜빡이는 온라인쇼핑몰 광고 '알람'이 지루한 노동 일과를 일깨우는 '단비'가 된다. 그러나 여가 시간에 가해지는 압박은 소비의 속도를 높인다고 해서 해결되지 않는다. 그 압박은 소비 그 자체를 더 힘들게 만든다.

둘째, 소비자들이 자본주의 상품의 구성 재료들을 파악하고 확인하는 과정은 피곤할 뿐 아니라 복잡한 미로에서 빠져나오는 듯한 힘겨운 과정이다. 노동시간 단축이 자본주의의 소비 문제를 해결하는 유일한 해결책이 아닌 까닭이다. 노동시간 단축만이 아니라 물건이 만들어지는 과정 그 자체가 소비 행위를 부자유로 이끈다(가쓰미, 2015: 49). 우리는 품질, 가치, 가격 등 정보를 근거로 선택할 충분한 시간도 가지지 못했지만, 매장 안에서 피상적으로 분석할 시간을 가졌다고 해도, 대부분의 경우 제품에 들어 있는 실제적인 성분이나 구성 부품을 읽어내기는 어려우며(대개 아주 작게 적혀 있다) 해석하기는 더구나 더 어렵다. 심리학자들이 발견한 바에 따르면, 지나치게 많은 선택은 즐거움이 아니라 불안의 원천이다(루이스, 2016: 51). 제2, 제3의 옥시 사태는 현존하는 일상적 가능성이다.

셋째, 굳이 그 사례들을 열거하지 않더라도 현 자본주의하에서는 필수소비에서의 심대한 불평등이 존재한다. 피복류와 식품 등에서의 질적 차이뿐 아니라 주거 불평등은 자본주의 사회의 소비 능력을 좌우한다. 생산력이 확장될수록 압도적 대다수의 소비 능력은 갈수록 제한된다. 사회의 소비능력은 절대적인 생산능력이나 절대적인 소비능력에 의해 결정되는 것이 아니라, 적대적인 분배관계 — 이것은 사회의 대다수 민중의 소비를 최저수준으로 감소시켜 다소 좁은 범위 안에서만 변동할 수 있게 한다 — 에 의해 더욱 제한되고 있다.

그 결과, 사회과학의 학제 간 연구를 통해, 삶의 질과 사회 전체의 소비 능력 사이의 관계가 갈수록 엷어져왔다는 증거가 점점 쌓이고 있다. 삶의 질에 관한 전 세계 자료를 모두 끌어모은 뤼트 베인호번(Ruut Veenhoven)의 '세계 행복 데이터베이스(World Happiness Database)'에 따르면, 소비 자본주의의 가장 중요한 약속은 종말을 고하고 있다. 한편 삶의 질과 다양한 사회경제적 요인 사이의 관계를 분석한 연구도 있다. 삶의 질을 나타내는 지표에는 정신적, 육체적 건강이나 범죄 위험 등이 들어 있다(루이스, 2016: 59).

이는 자본주의의 소비가 이윤 축적 충동이 지배하는 생산에 종속되기 때문이다. 다시 말해 소비가 자본주의적 투자에 종속되기 때문이다. 이 축적 충동 생산 방법은 그것의 끊임없는 혁명, 이 혁명과 항상 결부되어 있는 기존 자본의 가치 감소 (그리고 사용가치의 상실도 포함하는 기존 자본의 폐기), 전반적인 경쟁전, 그리고 몰락의 위협 속에서 다만 존속하기 위한 수단으로서 생산을 개량하고 규모를 확대해야 할 필요성 따위로부터 생기는 것이다. 그러므로 시장은 끊임없이 확대되지 않을 수 없으며, 이리하여 시장 상호의존 관계들과 이것들을 규제하는 조건들이 (생산자들로부터 독립하여 작용하는) 자연법칙의 모습을 점점 더 취하게 되며 점점 더 통제할 수 없게 된다. 자본주의적 생산의 내적 모순은 생산의 외부 영역을 확대함으로써 해결을 구한다. 그러나 생산력이 증가할수록, 생산력은 소비조건들이 입각하고 있는 좁은 기초와 더욱 더 충돌하게 된다(마르크스, 2015: 305~306).

자본의 목적은 필요의 충족이 아니라 이윤의 생산이므로, 그리고 자본은 생산량을 생산규모에 적응시키는 방법 — 생산규모를 필요한 생산량에 적응시키는 방법이 아니라 — 을 통해 이 목적을 달성하기 때문에, 자본주의의 제한된 소비규모와, 이런 내재적 제한들을 끊임없이 돌파하려는 생산 사이에는 끊임없는 불일치가 있을 수밖에 없다(마르크스, 2015: 320). 상품의 과잉생산이 일반화돼 있으면서도 대중이 필요로 하는 바로 그 상품들에 대한 수요가 부족한 기이한 상황, 마르크스의 표현대로라면 "국내의 노동자에게 평균 정도의 필요 생활수단을 지불하려고 이 수요를 멀리 떨어진 해외시장에서 찾지 않으면 안 되는 특수한 자본주의적 상황" 때문에 "과잉생산물이 소유자를 위해 자본으로 재전환되는 경우에만 그 소유자가 그것을 소비할 수 있게 된다"(마르크스, 2015: 321).

이런 소비성향은 상품물신주의의 토대를 없애는 탈상품화 및 비화폐적 관계의 재정립 과정을 통해서만 해소될 수 있다. 이는 과시적 소비 패턴을 자극하는 자본주의 광고의 소멸과 그 궤를 같이 하게 될 것이다. 자본 축적의 동기와 경쟁이 사라지게 됨으로써 자본주의적 소비 패턴이었던 과시적 소비도 사라지게 된다. 마르크스가 논의했듯이 "상품형태의 신비성은 상품형태가 인간 자신의 노동의 사회적 성격을 노동생산물 자체의 물질적 성격으로 보이게 하며, 따라서 총노동에 대한 생산자들의 사회적 관계들을 그들의 외부에 존재하는 관계들로 보이게 한다는 사실에 있을 뿐이다"(마르크스, 1867: 93). 이와 같은 치환에 의해 노동생산물은 상품이 되며, "감각적"임과 동시에 "초감각적인" 물건이 된다(마르크스 1867: 91). 이렇게 상품을 매개로 "초감각적인" 것처럼 나타나는 사회적 관계는 올바른 유물론적 관점에서 넓은 의미의 물질적 관계라고 할 수 있다. 그럼에도 사람들은 이런 상품관계를 초감각적으로 이해하고 상품소비에서 물질적 욕구충족뿐 아니라 초감각적 만족(과시적 소비, 명품소비 등)을 추구한다. 과시적 소비 패턴을 부추기는 동력은 소비자들이 제품과 서비스를 구매하도록 유도하는 광고 산업을 통해 이루어진다. 광고 그 자체는 상당한 양의 자원을 이용한다. 광고는 단지 엄청난 재원만 낭비하는 게 아니라 자원과 창의성까지 빨아들인다. 게다가, 광고 산업은 우리가 필요하지 않은 제품들을 위한 시장들을 만들어내고 우리에게 더 많은 돈을 쓰라고, 제품들을 빨리 처분하고 새로운 모델로 대체하고, 인위적인 욕망을 만들어내라고 부추긴다. 광고 산업은 자본주의의 부산물이며 미디어 산업의 혈관이다. 광고는 우리가 뭔가를 소비하는 것을 통해 우리 자신과 우리의 삶을 바꿀 수 있는 것처럼 호도하지만 결국 광고에 종속된 소비 행위들은 더 줄어든 은행 잔고와 늘어나는 카드 결제대금으로 평범한 노동자들의 삶을 고통에 빠뜨린다.

생산의 목적이 교환가치와 가치 생산이 아니라 사회적으로 유용한 생산으로 전환한다면 광고산업이 존속할 이유는 즉각 사라지게 될 것이다. 광고산업에 종사하는 사람들의 뛰어난 재능은 기업 홍보가 아니라 대다수에게 실제로 유용한 정보들을 제공하는 유용한 업무들에서 쓰일 것이다. 광고산업이 사라지면 해당 산업의 인력과 기자재들은 실제로 대중에게 필요한 콘텐츠 정보를 제공하는 부문으로 유용하게 전환될 것이다.

만약 임금을 그것의 일반적인 기초(즉 노동자 자신의 노동생산물 중 자기 자신의 개인적 소비에 들어가는 부분)로 환원한다면, 만약 이 몫을 그것의 자본주의적 한계로부터 해방하여 현존의 사회적 생산력(즉 현실적으로 사회적 노동인 자기 자신의 노동의 사회적 생산력)이 허용하며 그리고 개성의 최대한의 발달이 요구하는 소비 범위로까지 확대한다면, 만약 한편으로는 보험재원과 준비재원을 형성하기 위해, 다른 한편으로는 재생산을 사회적 욕구에 따라 끊임없이 확대하기 위해, 사회의 주어진 생산조건에서 필요한 정도로 잉여노동과 잉여생산물을 축소한다면, 끝으로, 만약 아직 노동할 수 없거나 더 이상 노동할 수 없는 사회구성원들을 대신하여 노동할 수 있는 사람들이 항상 수행해야만 하는 노동량을 필요노동과 잉여노동 모두에 포함시키게 된다면, 결국 임금과 잉여가치로부터 그리고 필요노동과 잉여노동으로부터 특수하게 자본주의적인 성격을 모두 벗겨버린다면, 이런 형태들(예: 임금·이자·지대·기업가 이득)은 모두 사라지고, 이런 형태들의 토대들 — 모든 사회적 생산양식에 공통되는 것 — 만이 남을 것이다(마르크스, 2015: 1109~1110).

그리하여 필수소비에서의 심대한 불평등이 해소될 조건이 마련된다. 안전한 먹거리 및 위생적이고 편안한 주거 조건이 평등하게 주어진다.

물, 식량, 전기, 통신, 대중교통, 지적 소유권, 방송, 정보, 책, 언론, 영화, 음악, 미술, 예술 전시나 공연 감상 등 가능한 품목부터 전면적 무료 사용, 요구보상제의 대상이 될 것이다.

2) 새로운 소비문화의 특징

(1) 해방의 시간들과 새로운 소비 영역의 확장

대안사회경제하에서는 점차로 개인이 하나의 분야와 하나의 직업에 묶여 있을 필요(즉 노동분업)가 없어지고, 정신노동과 육체노동 사이의 구분·대립이 사라지기 때문에 노동의 소외가 실질적으로 사라져 모든 사람에게 자유롭게 처분할 수 있는 여유 시간이 급격하게 증가한다. 다방면으로 발달한 능력을 가진 개인들이 능력에 따라 일하기 때문에, 모든 사람들이 자기의 필요와 욕구를 충족시키면서도 증가하는 여가 시간을 누릴 수 있게 된다(김수행, 2012: 136~139). 현 자본주의하에서 소외된 노동에 수면시간을 제외한 모든 시간이 종속돼 예술적 재능을 확인하고 펼칠 꿈도 못 꿀 사람들이 '시간의 해방' 속에서 다양한 기호들을 충족시킬 수 있는 재화를 소비할 수 있는 '해방의 시간'들을 맞이하게 된다. 쇼핑은 제한된 필수 소비재의 가격을 끊임없이 비교하면서 품을 팔아야 하는 '고된 노동'이나 고역이 아니게 된다.

모든 사람들에게 노동의 합리적 분업이 주어진다면, 모든 사회구성원들의 풍족한 소비 및 풍부한 비축기금을 충분히 생산할 수 있을 뿐만 아니라, 각 개인에게 역사적으로 이어져 내려온 문화들 — 과학, 예술 및 여러 교류 형태들 — 을 누릴 자유가 주어진다.

따라서 시장에 내맡겨진 교육·예술·보건 부문도 실제 필요에 따른 요구들과 부합하는 방식으로 작동하기 시작한다면 관련 영역은 폭발적으로 확장하게 될 것이다. 사교육은 폐지 또는 소멸되고 다양한 영역의 교육 수요가 창출된다. 전문적 학술 영역뿐 아니라 언어, 미술, 음악, 체육 등 다양한 영역의 교육 콘텐츠와 관련 커리큘럼이 개발되고 무료로 대중의 필요에 맞게 제공될 수 있다. 따라서 다양한 종류의 예술적 공공재에 대한 소비들이 만개하게 될 것이다.

(2) 획일화가 아니라 기호와 대중의 창발성

자본주의 사회에서 쇼핑이 자기 성취를 위한 다양한 방안을 무시하게 하는 소비였다면 대안사회경제하에서의 소비 행위는 자신의 기호와 욕구를 충족시켜줄 다양한 제품들의 견본들을 확인하고 이에 관한 정보를 교환할 수 있는 즐거운 자아성취의 장이 된다. 도매업과 소매업이 폐지된다 해서 '다양한 소비 욕구가 충족되지 않는 배급 체계가 우리의 소비 패턴을 장악할 것'이라는 선입견을 가질 아무런 이유가 없다(김어진, 2015: 142).

콕샷과 코트렐(Cockshott and Cottrell, 2005)은 수준 높은 교육과 훈련을 하면 생산자 대중이 새로운 기술을 배워 적용할 가능성을 높일 것이라 단언한다. 각종 기술이 동원된 제조 과정들이 공개되고 생산장비와 부품 공급이 손쉬워지면 개인들의 다양한 취향이 반영되는 DIY도 본격화될지 모른다. 그리하여 DIY와 관련된 다양한 수요들과 관련 소비들도 폭발하게 될 것이다.

(3) 체계적인 낭비의 동기가 소멸

① 계획의 진부화라는 동기가 소멸

현존 사회에서는 대중의 실질적인 수요를 넘어서서 생산량이 결정된다. 시장점유율을 높이려면 대량소비를 체계적으로 자극해야 한다. 마르크스는 자본주의 체제가 구매될 수 있는 것보다 그리고 현존하는 소비를 팽창하는 데 필요한 것보다 더 많이 생산하게 된다는 점을 이해했다. "생산적인 힘들의 증가와 발전에 기초한 잉여 가치의 생산은 새로운 소비의 생산을 필요로 한다."그리고 이것은 "한 주기 안에 소비 사이클이 이전의 생산적 사이클이 했던 것만큼 팽창할 것을 요구한다. 첫째로 현존하는 소비의 양적 팽창, 둘째로는 현존하는 것들을 전파함으로써 새로운 필요로 만들어내기, 새로운 필요의 생산과 새로운 사용 가치의 발견과 창조."

마르크스는 자본주의가 지속적으로 상품들을 위한 새로운 출구와 욕망을 찾을 필요가 있다고 봤다. 그는 또한 자본이 제품을 위한 새로운 시장을 찾아야만 하기 때문에 지구 곳곳으로 뻗어나갈 거라 예측했다. 이것은 민족 국가들이 그들의 제품을 강요하고, 시장과 원자재를 통제하기 위해 다른 나라에 무력을 사용하는 세계로 연결된다. 대량 생산의 도입과 현대 기술의 사용은 상품 생산을 촉진시켰다.

이것의 하나의 결과는 생산된 초과 제품들이 자본주의하에서 만들어지는 엄청난 낭비에 기여한다는 것이다. "미국에서 지난 30년간 쓰레기 산출량이 두 배로 됐다. 오늘날 미국 제품의 거의 80%는 한 번 사용되면, 쓰레기로 버려진다"는 통계도 있다(Heather, 2005: 215~218).

보드리야르는 미래의 위험을 상품화한 보험을 예로 들어 자본주의의 상품은 과다한 소비를 부추겨 낭비를 체계화한다고 지적한다(보드리야르, 2015: 49). 따지고 보면 주택이나 건물의 과다공급은 장래의 가능성을 과대하게 부풀려서, 사회로부터 개발 비용을 끌어내 과잉소비를 자극하는 체계적인 신용사기라 할 수 있다(애서도리안, 2010b: 280).

대안사회경제하에서 불필요한 소비를 자극하는 일이 생산과정 그 자체에서 사라지는 근본 이유는 '계획된 진부화'의 동기가 사라지기 때문이다.

제2차 세계 대전 후에 제조업자들은 점차 더 많은 구매를 고무하기 위해 제품을 의도적으로 구식화하는 방법을 사용했다. 패션을 만들어내는 게 한 방법이다. 의류 산업이 우리가 매 시즌마다 새로운 옷을 사도록 하기 위해 하는 것처럼, 다른 산업들도 비슷한 방식으로 소비를 부추긴다. 1950년대에 제너럴모터스는 매년 모든 차의 디자인을 바꾸도록 결정했다. 다른 제조업자들도 이런 방식을 따라했다. 포드는 전직 여성 의류 스타일리스트인 조지 워커(George Walker)를 수석 자동차 디자이너로 고용했다. 한 포드 경영진은 "평균 변화 주기는 경쟁력에 매우 중요하다. 매년 모델의 외관을 바꾸면 자동차 판매가 늘어난다"고 설명한 바 있다.

자동차에서 핸드폰까지 모든 것에서 새로운 유행을 만들어내는 것은 엄청난 양의 낭비될 생산을 만들어내는 것을 포함한다. 이것은 많은 제조업자들이 특정한 시간 안에 제품들이 대체되도록 하기 위해 그들의 제품이 쉽게 고장나도록 만드는 방식에 의해 더 악화된다. 1939년에 미국 기업 제너럴일렉트릭(General Electric)은 사람들이 대체물을 구매하도록 강요하기 위해 필요한 것보다 더 빨리 소모되는 백열전구를 고안했다. 오늘날 우리는 구매한 제품들이 단지 몇 년 동안만 지속되는 것에 익숙해져 있고, 수리하는 것보다 새 것을 사는 게 더 싸기 때문에 제품들을 수리할 수 없다는 사실에 체념해 있다. 컴퓨터 회사들은 특히 이 점에서 악명이 높다. 마이크로소프트는 지속적으로 작동 프로그램을 새로운 버전으로 대체하는데, 이것은 다른 소프트웨어 제조업자들이 그들 자신의 제품들의 새로운 버전을 내놓도록 몰고 간다. 동시에 하드웨어 제조업자들은 업데이트된 소프트웨어를 운영하는 데 필요한 더 강력한 컴퓨터들을 만들어낸다. 이런 변화들이 사용자들이 그들의 컴퓨터로 뭔가 새로운 것을 이용하는 것으로 연결되는 경우는 거의 없다. 사회 전체 이익의 관점에서는 이것은 불합리한 것처럼 보일지 모르지만, 이것은 매우 의식적인 과정이다. 이는 "계획된 구식화" 또는 "계획된 진부화"(planned obsolescence)라는 지침하에 이뤄지는 상품 생산의 한 패턴의 일환이다(Empson, 2014). 제품 생산 시점에서부터 일부러 사용 기한을 짧게 정함으로써 소비자들이 구매를 반복하게 한다는 것이다. 브룩 스티븐스(Brook Stevens)는 "계획된 구식화"의 필요성을 다음과 같이 설명했다. "우리는 좋은 제품들을 만들고, 사람들이 그것들을 사도록 유도하고, 그리고 다음 해에 우리는 의도적으로 뭔가 새로운 것을 소개해서 이전 제품들이 시대에 뒤떨어지고 낡고 구식이 되게 만든다. 이것은 조직된 낭비가 아니라 미국 경제에 대한 건전한 기여이다"(Kieran, 2001 :179).

소비자들에게 제품을 팔려고 노력하는 회사들에게는 이것이 건전한 경제 전략일지 모르지만, 더 넓은 측면에서 보면 그것은 정말로 '조직된 낭비'이다. 그런 제품들을 만드는 데 필요한 창의성과 인간 노동력뿐만 아니라 제품들을 만드는 데에 사용되는 자원과 에너지의 관점에서도 낭비이다. 이것은 또한 지구에도 파괴적이다.

그러나 생산의 목적이 이윤축적 및 가치생산이기를 멈춘다면 과잉소비를 자극하는 과잉생산의 동기도 사라지게 될 것이다.

② 친환경적이고 오래 쓰는 물건을 만들어야 할 필요가 본격화

무한정 확대되고 가장 경쟁이 치열한 전자산업을 예로 들어보자. 수익성 확보 때문에 인체에 해로운 화학성분들이 포함된 전자기기 부속품들의 대량생산에 제동이 걸리게 된다. 2002년 발간된 연구 보고서에 따르면 2g짜리 마이크로 칩 하나를 만들기 위해 32L가량의 물을 사용해야 하고 웨이퍼(wafer) 하나에 수백 개의 칩이 탑재된다(그로스만, 2008: 130). 그러나 전자산업이 질적으로 전환된다면 환경을 파괴하는 디지털 쓰레기 때문에 골치를 썩을 일은 확연히 줄어들게 될 것이다. 전자기기 재활용에 대한 포괄적인 시스템이 도입되어 노트북과 휴대전화의 재활용과 재사용이 손쉬워지고 기존의 제품을 쉽게 업그레이드할 수 있는 기술이 도입되어 자원의 낭비를 줄이고 편리한 기기들을 손쉽게 사용할 수 있을 것이기 때문이다. 소프트웨어를 업그레이드하기 위해 컴퓨터를 교체하는 대신 새로운 프로세서만 교체하면, 즉 기기를 바꾸지 않고도 기존의 제품을 업그레이드할 수 있다(김어진, 2015: 128).

현존 사회는 이윤 축적 및 가치 생산을 자연 보전보다 더 우선시하므로 끊임없이 지구의 지속가능성에 '도전'한다. 사실, 친환경 자본주의는 사실상 여러 모순과 한계를 가질 수밖에 없다. 듀퐁 같은 기업이 에너지발자국을 줄여서 절약한 수십억 달러의 대부분은 더 많은 소비자에게 판매될 더 많은 제품을 생산하는 데 투입된다. 듀퐁이 에너지 집약적인 생산 공정을 도입한다 해도 회사가 경쟁력을 갖추고

계속 성장하려면 생산의 규모는 계속 커질 수밖에 없다. 이와 같이 친환경 자본주의는 자본주의의 본질을 호도한다(로저스, 2011: 304).

미국 가정에서 버려지는 쓰레기의 역사와 정치를 추적한 바 있는 미국 진보 저널리스트 로저스는 자본주의에서는 친환경 기술은 종종 사장되거나 후순위로 밀린다고 지적한다.

수많은 사례가 있을 터인데 그는 주되게 녹색자동차 기술을 예로 들었다. 1999년 슈퍼카의 프로토타입 모델들이 속속 모습을 드러냈는데 ≪시카고 트리뷴(Chicago Tribune)≫은 모든 차종이 사업이 수립한 목표에 가깝게 개발되었다고 전했다. 포드와 크라이슬러가 내놓은 녹색자동차는 연비가 리터당 30.6킬로미터였고 제너럴모터스가 내놓은 차종은 이 사업이 목표로 삼았던 리터당 34킬로미터의 연비를 달성했다. 모두 초경량 소재로 만들어진 세단형 승용차였고 경유~전기 하이브리드 엔진을 탑재했다. 그러나 텔레비전과 신문에 떠들썩하게 실리고 난 뒤에도 자동차 제조사들은 이 자동차를 양산할 생산라인을 구축하지 않았다. 가장 큰 장애물은 비용이었다(로저스, 2011: 218).

생태계 보존 같은 '무형의' 결과물을 내기 위해서는 장기적인 안목이 필요하지만 단기간의 이윤을 좇는 기존 경제 질서에서 그런 문제는 후순위로 밀려날 수밖에 없다. 디트로이트 3사에는 효율이 매우 높은 자동차 생산을 포기하고 큰 이윤을 안겨다 주는 트럭과 SUV에 매달린다는 사업 원칙을 따라야 할 경제적 책임이 있다(로저스, 2011: 219).

자본주의 소비는 자연환경뿐 아니라 건강 또한 위협한다. 높은 소비 생활양식은 또한 업무 스트레스의 증가와 부채에서부터 더 많은 질병과 죽음의 위험에 이르기까지 복지를 향상시키지 못하는 많은 부작용을 야기할 수 있다. 매년 전 세계 모든 죽음의 절반 정도는 암, 심혈관질환과 폐질환, 당뇨병, 그리고 자동차 사고 때문에 발생한다. 이 중 상당수는 흡연, 오랜 시간 앉아서 일하며 과일과 야채는 적게 먹는 습관, 그리고 과체중과 같은 개인의 소비 선택에 의해 야기되거나 최소한 크게 영향을 받는다. 오늘날 전 세계 16억 명은 과체중이거나 비만이다. 이는 삶의 질을 낮추고, 비만의 경우 평균 3년에서 10년의 생명을 단축시킨다(애서도리안, 2010a: 35).

과도한 가공식품과 즉석식품, 흡연, 일회용품, 업무 스트레스가 낳은 과도한 음주
와 편리함만을 좇는 자동차 문화는 비만과 각종 질병으로 이어진다.

따라서 사회-자연 간 비화폐적 신진대사가 이뤄진다면 시장 장악을 위해 수요에
우선해서(무관하게) 막대한 양의 상품을 생산하는 일은 지양될 것이다(애니트라넬슨·
프란스티머만, 2013: 154~155). 또한 친환경적인 기술이 만개하면서 친환경적이면
서 오래 쓰는 물건들을 생산하게 될 것이다.

아래는 우리가 필요로 하는 재화와 서비스가 만들어지는 신진대사의 특징을 요
약한 것이다.

- 지역의 자원이 하루 단위로 주의 깊게 이용되고 관찰되기 때문에 소비발자국
  이 작다.
- 생산의 순환 고리가 닫혀 있는 것이 정상이다.
- 친숙한 규모인 까닭에 자연 내 물질-에너지 변환에 대한 반응성을 극대화할 수
  있고, 따라서 무질서와 엔트로피가 방지된다.
- 생태계 건전성에 대한 전 과정 평가(cradle to grave assessment)가 이루어지며 시
  행착오를 통해 판단이 이루어진다.
- 메타-산업 노동은 세대와 세대를 아우르는 기간에 걸쳐 이루어지기 때문에 그
  본질상 예방적 성격을 띤다.
- 책임 소재가 투명하다. 기업이나 관료화된 경제에 흔히 피해를 입히는 사소한
  의사 결정의 혼란이 일어나지 않는다.
- 대도시에 비해 사회 조직이 덜 복잡하므로 시너지적 문제 해결의 효율성이 실
  현될 수 있다.
- 농장 환경과 야생 서식지에서는 다기준 의사 결정이 상식이다.
- 재생 노동은 끈기 있게 인간과 여타 종들의 시간 척도를 서로 조화시키며 자연
  의 변덕에 손쉽게 적응한다.
- 저량과 유량[생태경제학에서 저량(stock)은 특정 시점의 물질과 에너지 양, 유량(flow)

은 한 저량에서 다른 저량으로 흐르는 물질과 에너지 양을 가리킨다]의 차이를 인식하
는 경제적 합리성이 작용하여 필요한 양 이상을 취하지 않는다.

- 노동 과정에서 노동자에게 권한이 부여되므로 노동자의 정신 능력과 신체 능
력이 분리되지 않는다.
- 자본주의 사회에서 노동자들이 자신의 창조물에 대해 통제권을 갖지 못하지만,
대안사회경제하에서 노동의 산물은 그 즉시 즐기거나 공유한다.
- 이렇게 권한이 설정되면 비용이 타인에게 빚으로 전가되지 않으므로 생태 충
족적이다.
- 자율적인 지역 경제는 식량과 에너지 주권을 함의한다.
- 사적 소비의 공적 소비로 변화시켜 낭비적 소비를 없앤다.

4. 대안사회경제하에서 소비가 작동하는 기제와 그 수단

위와 같은 대안사회경제의 소비 시스템은 정치권력 및 경제권력의 근본적인 교
체를 통해서 이뤄질 수 있다. 그리고 대안 권력은 사적 소비의 많은 부분을 공적 소
비로 전환하면서 대안사회경제의 새로운 소비시스템을 민주적으로 구축할 것이다.

전차와 지하철 모노레일, 마을버스, 자전거 등을 결합한 편리한 공적 교통체계
가 구축되면 자동차 구입과 유지에 그토록 많은 재원을 낭비할 이유가 사라지게 될
것이다. 도심에서는 전차와 지하철 모노레일, 마을버스, 자전거 등을 결합한 편리
한 교통체계가 구축되고 대중교통이 충분히 확대되어 농촌도 무료 대중교통체계
의 수혜 지역이 된다면 자동차 소비에 시간과 노력을 들일 이유가 사라진다. 자동
차 소비의 대폭적인 축소는 주차난, 교통체증, 교통사고, 공해 등이 사라질 토대를
제공하게 될 것이다. 런던을 한 바퀴 도는 데 걸리는 시간이 19세기에 마차를 이용
했을 때와 별반 다르지 않다(Molyneux, 1991)는 지적을 염두에 둔다면 자동차 소비
의 대폭적인 축소는 더 많은 여가 시간의 확대로 이어질 것이다.

골프장이 도시에서도 식품을 재배할 수 있고 아이들이 뛰어놀 수도 있는 공동정

원이 된다면 어떨까.

주택 또한 마찬가지이다. 주택이 재테크나 부의 축적 수단이 아니라 주거 그 자체의 필요에 맞춰진다면 다양한 기호를 충족시키는, 획기적인 생활 주택들이 생겨날 뿐 아니라 기존 주택을 쓸모 있게 재활용하는 다양한 리모델링 주택들이 대중의 필요에 맞춰 제공될 것이다.

주택이나 토지가 투기 대상이 아니라면 친환경적이고 안전한 건축 용법이 무한정 개발되고 이것이 모든 이들의 주택이나 건물에 적용된다면 주택 및 건물 개량과 리모델링 또한 확대될 것이다. 분양이 안 된 아파트들도 무주택자들에게 합리적 방식으로 제공될 것이다. 주택이 실수요자들에게 안정적으로 공급되고 집을 사기 위해 인생을 저당 잡히는 현 사회의 흔한 모습은 찾아보기 어렵게 될 것이다. 따라서 주택이 과시적 소비의 대명사가 될 근거가 사라지게 될 것이다.

대중의 수요에 맞춰진 필요한 물건들은 시장법칙에서 해방돼 친환경적이고도 내구성이 강해 오래 쓸 수 있도록 설계 제작될 수 있을 것이다.

그렇다면 위와 같은 대안사회경제하에서의 소비 원리가 어떻게 작동할 것인가. 사회학자 알랭 카이예는 이에 대한 적확한 질문을 제기한다. "어떻게 3만 6000개의 자주적 행동들을 결집시켜서 이들이 하나의 공통된 세계를 만들어나가려고 한다는 인상을 줄 것인가?" 대안적 움직임을 만들어가는 것이 문제가 아니다. 이윤 극대화의 원칙을 주변으로 밀어내고 경제 시스템의 한가운데에 협동조합의 논리를 위치시키는 것이 중요하다. 따라서 이런 실험들이 의미를 가지려면 자본주의로부터 탈출하려는 정치적 움직임 속에 자리 잡아야만 한다. 시장의 보이지 않는 손이 수많은 개인들을 공동체의 최적 상태로 이끌지 못한 것과 마찬가지로, 명백하게 드러내지 않는다면 그 어떤 정신도 이 수많은 자주적 움직임들을 이끌고 새로운 사회로 나아갈 수 없을 것이다. 공동의 인식이, 투쟁의 연대가, 정치의 중계가 필요하다(캠프, 2012: 201~202).

콕샷과 코트렐에 따르면 내부적으로 소비의 기본 단위는 자발적으로 형성된 지역의 50~200명 성인[5]으로 구성된 코뮌이다(Cockshott and Cottrell, 1996). 다양한 형태의 코뮌은 노동공급과 소비수요에 관련하여 등가물 교환을 통해 대안사회경제의 전국 경제와 관계할 것이다.[6] 오프라인 집회뿐만 아니라 온라인 방송을 통해 작동되는 노동자총회와 인민총회를 통해 경제와 정치 등 사회적 주요 문제들에 대한 주권적 의사 결정을 하고 생산과 소비를 실행하는 기본적 구성단위로 삼아 대중이 진정한 주체로서 생활하는 토대를 만들게 된다. 계획부터 실제 생산과정과 이 결과의 소비와 향유 과정에서, 시간적으로 과거부터 현재와 미래까지 일관되고, 적용방식에서 체계적이며 실제 적용 과정에서 손쉽게 적용할 수 있고, 계산이 투명하고 명확하여 평등과 혁신에 친화적으로 작용하는 기준이 작동된다. 이와 같은 민주적 의사 결정을 통해 생태적 신진대사의 파괴를 극복하고 생태적 순환을 촉진하는 생산방식과 소비방식을 찾아내고 적용할 수 있을 것이다. 대중적인 참여계획이 반복되고 생산과 소비가 민주적 토대 위에서 재구성된다 해도 일부 품목과 서비스의 생산과 소비의 부분적 불일치는 있을 수 있을 것이다. 그러나 이는 자본주의하에서의 풍토병 같은 생산과 소비의 현격한 불일치와는 비교가 안 될 것이다.

다양한 소비자 평의회에서 소비 과정은 다음과 같은 방식이 될 것이다. 소비자 평의회의 다양한 층위들(다양한 지역이나 부문에 속한)이 제품 주문서를 제출하면 생산자평의회가 그 주문에 해당하는 재화를 생산하는 식으로 물품 소비에 관한 욕구가 자연스럽게 해결될 수 있다. 다양한 제품의 견본들을 확인하고 이에 관한 정보를 교환할 수 있는 제품전시회가 열리고 동네 총판장에서 구매하고 싶은 물품들을 언제든 얻을 수 있다. 대안사회경제 모델에서 사람들은 동네 총판장에서 직접 전달되는 제품들을 주문하기에 앞서 소비자 평의회가 주최하는 제품 전시회를 방문한다. 소비자 평의회에 부속된 연구 개발팀들은 소비에 관련된 정보를 상세하게 제공할 뿐 아니라 소비자들의 욕구를 제품 혁신에 연결시키는 실제적인 수단들도 제공

---

5) 왜 50명에서 200명 사이의 규모라고 규정했는지에 관한 근거는 콕샷과 코트렐이 별도로 언급하고 있지는 않다. 다만 필자는 사회고고학자들이 50명으로 이뤄진 무리가 인간의 기본공동체 규모였다는 지적에 주목하고자 한다. 동질감을 인정하는 내부인의 경계(이른바 '지인')가 150명 정도라고 주장하는 일부 사회학자들의 '사회적 뇌'에 관한 언급을 감안한다면 50~200명 규모를 완전히 근거 없는 것으로 볼 수는 없을 듯하다.

6) 이에 대해서는 파레콘(Hahnel 2005: 195~207), 노동시간모델(Cockshott and Cottrell 1996: 5장), Löwy(2007), Burkett(1999: 14장)을 참조.

한다. 동네 평의회들이 수집된 소비청구서들을 처리하는 데는 많은 시간이 걸리지 않는다(앨버트, 2003: 424). 연말정산에 걸리는 시간보다 훨씬 단축된 시간에 다양한 품목 신청들이 수집되고 처리될 수 있을 것이다. "녹초가 될 때까지 계속하는 쇼핑"은 없어질 것이다. "상점들을 찾아 돌아다니면서 사소한 차이밖에 없는 경쟁 상품들을 비교하고 교통 혼잡으로 애를 먹고 실제적인 필요와 욕구에 조금밖에 관련이 없거나 아무런 관련도 없는 물건들을 사는 행위를 더 이상 하지 않아도 된다. 그러한 쇼핑은 자본주의사회, 즉 자기 성취를 위한 다양한 방안을 무시하는 사회에서는 나름대로 일리가 있을지 모르나 현명하게 조직된 사회라면 아무런 의미나 가치도 없다. 일상생활에서 차지하고 있는 원자화된 소비행위들의 비중이 줄어들면 우리는 많은 혜택을 누릴 수 있다"(앨버트, 2003: 425).

무엇보다 작업과 책임을 공동부담하고 공동구매와 공동소유를 통해 손쉽게 효율적으로 재화들을 획득하고 즐길 수 있지만 그렇다고 해서 개인적 소비와 그에 따른 취향들이 결코 무시되지 않고 자연스럽게 수용된다. 공동체와 개인들은 신용카드로 물품을 구할 수 있을 것이다. 그 카드는 소비 계획, 예산, 선택에 관련된 내용을 담고 있고 정기적으로 경신되어 각 개인들의 선호와 소비 패턴의 변화를 알려주고 이 정보들을 소비자평의회뿐 아니라 생산자평의회가 공유할 수 있다. 한마디로 지역 단위의 집단적 소비계획안과 개인적 소비계획안들이 생산자평의회로 전해지고 각 개인은 누구나 동네 총판장에서 원하는 물품들의 견본들을 확인할 수 있고 또 구매도 할 수 있을 것이다.

무분별한 시장경쟁이 제거되기 때문에 창고 등의 보관 시설은 현재와는 달라질 것이다. 필요와 무관하게 일단 대량생산을 통해 시장을 장악해야 할 이유가 없어지므로 보관 및 운반 시설들이 획기적으로 전환될 것이다. 소비자들의 필요를 충족시킬 수 있는 보관 및 운반 시스템으로 대거 개혁될 것이다. 예를 들어 신선한 먹을거리가 즉시 배달되도록 하는 냉장 보관·운반 시스템 등이 확장 구축될 것이다(김어진, 2015: 142~143).

자본주의적인 도매업과 소매업은 사라지겠지만 다양한 샘플들을 확인하고 다양한 기호를 생산자 평의회에 전달할 수 있는 공간으로서의 일종의 '샘플 매장' 등은 동네마다 생겨날 것이다. 그 과정에서 현 자본주의 사회에서 상품을 무조건 많이 판매하는 것에만 매달려야 했던 식품 판매원은 영양 섭취 같은 중요한 과학적 문제를 알리는 홍보 영역에서 그동안 축적해왔던 역량을 재발휘할 수도 있을 것이다.

다시 말해 시장 유통 시설의 형성과 광의의 판매노동의 구성도 아래로부터 계획되고 조정되는 과정을 계속 거칠 것이다. 이런 조정은 계획촉진위원회가 청산 가격을 제시하고 소비자들은 그 가격에 따라 조정된 수요계획을 제출하고 이에 맞추어 새로운 생산계획을 각 기업들이 수립하는 과정에서 판매노동도 같이 조정되는 방식으로 진행될 것이다.

결론적으로 대안사회경제에서는 상품의 물신성이 제거되고 노동의 소외가 사라짐에 따라 개성과 창의가 넘쳐나고 인간과 자연의 선순환적 신진대사가 이뤄지는 풍요로운 소비 패턴이 확립될 것이다.

대안사회경제의 소비 패턴을 강력하게 요구하고 원하는 것이 중요하다. 대안사회경제의 새로운 소비자라는 주체가 어떻게 형성될 것인지에 관해서는 이후의 연구과제로 남긴다.[7] 그러나 장기화된 불황임에도 소득은 늘지 않은 상태에서 신용확대를 통해 소비를 늘리려는 위태로운 시도가 계속되는 상황이다. 대안사회경제의 새로운 소비 구조를 환기하고 상상하는 것이 갈수록 값진 까닭이다.

---

7) 서영표는 소비 영역에서 발생하는 저항적 주체 형성 가능성에 관한 논의를 검토한 바 있다. 그는 케이트 소퍼(Kate Soper)의 '대안적 쾌락주의'의 개념에 바탕해 지속가능하지 못한 소비지향의 자본주의가 가져다주는 쾌락으로 인간은 필요를 충족시키지 못하는 지속적인 분열과 탈구를 경험한다. 이는 저항적 주체 형성의 기반으로 작동한다(서영표, 2009).

참고문헌

고르, 앙드레(Andrez Gorz). 2008.『에콜로지카』. 정혜용 옮김. 생각의 나무.

스페스, 제임스 구스타브(James Gustave Speth). 2008.『미래를 위한 경제학 자본주의를 넘어
　　선 상상』. 이경아 옮김. 모티브북.

그로스먼, 엘리자베스(Elizabeth Grossman). 2008.『디지털 쓰레기』. 송광자 옮김. 팜파스

김수행. 2012.『마르크스가 예측한 미래사회』. 한울아카데미.

김어진. 2015.「대안사회경제의 산업구조 모델」.『자본주의를 넘어선 대안사회경제』. 한울아
　　카데미.

넬슨, 애니트라(Anitra Nelson). 2013.『화폐 없는 세계는 가능하다: 공정하고 지속 가능한 경
　　제 만들기』. 유나영 옮김. 서해문집.

라이트, 에릭 올린(Erik Olin Wright). 2012. 『리얼 유토피아』. 권화현 옮김. 들녘.

로저스, 헤더(Heather Rogers). 2011.『에코의 함정』. 추선영 옮김. 이후.

루이스, 저스틴(Justin Lewis). 2015.『소비자본주의를 넘어서』. 엄창호 옮김. 커뮤니케이션북스

마르크스, 칼(Karl Marx). 2015.『자본론』. 김수행 옮김. 비봉출판사.

무스토, 마르셀로(Marcello Musto). 2013.『마르크스와 마르크스주의를 다시 생각한다』. 하태규
　　옮김. 한울.

박명희. 2006.「지속가능 소비문화의 정착을 위한 대안 탐색 연구」. ≪소비문화연구≫, 제9권 제
　　4호(2006. 12).

보드리야르, 장(Jean Baudrillard). 2015.『소비의 사회』. 이상률 옮김. 문예출판사.

서영표. 2009.「소비주의 비판과 대안적 쾌락주의」. ≪공간과 사회≫, 2009년 통권 제32호.

심광현. 2015.「코뮤니즘 사회의 문화와 일상의 의미와 위상변화에 관한 시론」. 정성진 외 지
　　음.『자본주의를 넘어선 대안사회경제』. 한울아카데미.

애서도리안, 에릭(Erik Assadourian). 2010a.「소비문화의 흥망성쇠」. 월드워치연구소 엮음.
　　『소비의 대전환』. 오수길 외 옮김. 도요새.

＿＿＿. 2010b.「지속가능한 사회를 위한 정부의 설계」. 월드워치연구소 엮음.『소비의 대전
　　환』. 오수길 외 옮김. 도요새.

앨버트, 마이클(Michael Albert). 2003.『파레콘』. 김익희 옮김. 북로드.

일리히, 이반(Ivan Illich). 2010.『절제 사회』. 박홍규 옮김. 생각의 나무.

장귀연. 2015.「대안적 노동원리」. 정성진 외 지음.『자본주의를 넘어선 대안사회경제』. 한울아
　　카데미.

정성진. 2015.「마르크스 공산주의론의 재조명」. 정성진 외 지음.『자본주의를 넘어선 대안사회
　　경제』. 한울아카데미.

최병두. 2009.『비판적 생태학과 환경정의』. 한울아카데미.

캠프, 에르베(Herve Kempf). 2012.『지구를 구하려면 자본주의에서 벗어나라』. 정혜용 옮김.
　　서해문집.

하태규. 2012. 「참여계획경제의 대외 경제 관계」. 경상대학교 대학원 정치경제학과 박사학위
　　논문.

_____. 2015. 「참여계획경제의 대외 경제 관계」. 정성진 외 지음. 『자본주의를 넘어선 대안사회
　　경제』. 한울아카데미.

후쿠오카 겐세이(福岡賢正). 2004. 『즐거운 불편』. 김경인 옮김. 달팽이.

히라카와 가쓰미(平川克美). 2015. 『소비를 그만두다』. 정문주 옮김. 더숲.

Cockshott, W. & A. Cottrell. 2005. *Towards a New Socialism*. Spokesman.

Empson, Martin. 2014. *Land & Labor: Marxism, ecology and human history*. Bookmarks
　　Publications.

Hahnel, R. 2005. *Economic Justice and Democracy: From Competition to Cooperation*. Routledge.

Molyneux. J. 1991. *The Future Socialist Society*. Bookmarks.

Kieran, Allen. 2001. *Marx and the Alternative to Capitalism*. Plute Press.

Molyneux, John. 2011. *Will the revolution be televised? A Marxist Analysis of the Media*.
　　Bookmarks publications.

Neal, J. 2008. *Stop Global Warming: Change the world*. Bookmarks.

Nove, A. 1983. *The Economics of Feasible Socialism*. Routledge.

Rogers, Heather. 2005. *Gone Tomorrow: The Hidden Life of Garbage*. The New Press.

大谷禎之介. 2011. 『マルクスのアソシエーション論: 来社会は資本主義のなかに見え
ている』. 桜井書店.

제6장

대안사회에서 실현 가능한 의사 결정 원리와 구조[*]

최상한 ┃ 경상대학교 행정학과 교수

1. 들어가는 말

2013년 4월 17일 대처 전 수상의 장례식을 며칠 앞두고, 영국의 한 일간지 칼럼의 마지막 문장은 이렇게 끝났다. "대처의 장례식에서 티나도 함께 묻자!"(At Thatcher's funeral, let's bury TINA, too.).[1] TINA는 '자본주의 이외에 대안은 없다(There is no alternative, TINA)'는 약자로 그녀가 자주 애용하던 슬로건이었다. 1980년 이후 레이건과 대처는 신자유주의 정책 확산의 글로벌 CEO들이었다. 그들은 자유시장과 자유무역의 논리로 신자유주의 세계화를 단행하였으며, 공공부문의 효율성과 경쟁력 강화를 위해 민영화, 규제 완화, 성과주의, 공무원 감축 등을 기본 원리로 하는 신공공관리 정책(the new public management)을 과감히 해외로 수출하였다. 그녀의 위대한 유산인 민영화를 기리기 위해 대처의 국장을 민영화하자는 청원도 제기되었다.[2] 대처의 장례를 두고 '죽은 TINA'와 살아 있는 반자본주의자들의 대립이 극명하게

---

* 이 논문은 2013년 정부(교육부)의 재원으로 한국연구재단의 지원을 받아 수행된 연구 (NRF-2013S1A5B8A01055117)의 일환으로 작성되었고, ≪마르크스주의 연구≫ 제13권 제4호(2016)에 게재된 논문을 수정·보완한 것이다.

1) 영국 *The Nation*의 2013년 4월 13일 자 칼럼 제목이다. 이 칼럼은 대처의 세계화와 신자유주의 정책을 비판하고 있다. (http://www.thenation.com/article/thatchers-funeral-bury-tina-too/.)

2) 민영화 청원에는 약 3만 8000명이 참여하였다. ≪경향신문≫은 "대처 장례식 민영화하자…가장

표출되었다.

마르크스 이후 신자유주의 세계화라는 자본주의의 모순을 파헤치고, 대안사회를 제시하는 많은 연구가 있었다. '대안세계화운동', '반자본주의', '리얼 유토피아', '자유로운 개인들의 연합', '참여계획경제론' 등의 광범위한 규범적 논의는 세계 각지에서 들불처럼 퍼지고 있는 '다른 세상이 가능하다(Another world is possible)'의 실현 과정을 목격하고 있다.[3]

21세기에 들어와 대안사회에 관한 규범적 논의가 활발하게 진행되고 있는 것은 자본주의 사회의 모순이 증폭되면서 "자본주의 사회가 잉태하고 있는 새로운 사회의 싹"이 돋아나고 있음을 보여주는 것이다(김수행, 2014: 151). 대안사회의 싹은 미국, 캐나다, 스페인, 브라질, 베네수엘라, 멕시코, 스위스, 쿠바, 인도 등에서 다양한 종류로 자라나면서 세계 각국으로 이식되고 있는 추세다.

하지만 대안사회의 새싹이 돋아나고 있음에도 불구하고, 새싹을 어느 땅에서 어떻게 키우고, 어느 정도의 물과 비료를 주고, 햇빛은 얼마나 받게 하여 어떤 숲을 가꿀 것인지에 대한 의사 결정을 내리는 방법에 관한 연구는 부족한 실정이다. 다시 말하면, 대안사회의 각종 입법, 정책, 예산, 집행, 평가 등에 관한 '실현 가능한 의사 결정 구조는 무엇인가?'라는 연구가 활발하지 않다는 것이다.

자본주의에서 대안사회로 이행되어가는 과정은 자본주의 방식의 의사 결정 구조가 아닌 새로운 사회의 의사 결정 구조를 요구한다. "이 '썩어빠진' 자본주의 사회를 바꾸어야 할 텐데"(김수행, 2014: 14), 이런 사회에서 제도화된 의사 결정 구조로

쌌 업체로"라는 기사를 올리기도 했다.

민영화 청원: (https://petition.parliament.uk/archived/petitions/18914).

경향신문 기사: (http://news.khan.co.kr/kh_news/khan_art_view.html?artid=20130410140 7171 &code=970205).

3) 참여계획경제론은 구체적으로 참여경제(Albert & Hahnel, 2002; Hahnel, 2005), 참여계획경제(하태규, 2013; 2014), 협상조절참여계획(Devine, 2002), 노동시간 계산 모델(Cokshott & Cottrell, 2002) 등으로 분류할 수 있으나, 본 연구에서는 넓은 의미로 참여계획경제로 분류한다(정성진, 2006; 하태규, 2013 참조). 또한 이러한 규범적 논의의 특성은 각각 다르지만, 지향하는 관점에서 보면 참여계획경제는 대안사회, 사회주의, 공산주의, 자유로운 개인들의 연합, 혹은 리얼 유토피아와 동일한 개념으로 볼 수 있다(김수행, 2012; 라이트, 2012; 최태룡, 2015 참조).

는 혁명적이고, 급진적이며, 해방적인 대안사회의 문제를 해결할 수 없다는 것이다. 자본주의 사회의 정치제도는 대부분 대의민주주의를 채택하고 있다. 대의민주주의는 국민주권의 실천 원리로서 국민이 대표를 선출하여 의회를 정점으로 정책과 의사를 결정하는 정치체제이다. 대의민주주의는 19세기 말에 발달하였기 때문에 21세기에 나타나고 있는 복잡한 현상과 문제를 해결할 수 없으며, 대표성의 실패와 신뢰의 상실에 따라 위기에 직면했다.

또한 대의민주주의는 민주적 절차에 따라 결정된 의사가 공공성과 민주성을 결여하여 많은 한계와 문제점을 노출하고 있다. 이에 따라 대의민주주의는 비민주적이고, 부패했으며, 심지어 증오의 대상으로 조롱받고 있어 실패하였다는 비판을 피하지 못하고 있다. 이는 대의민주주의에 따른 의사 결정 구조로 대안사회를 조명할수 없음을 뜻한다. 지금까지 대안사회에 대한 다양한 유형의 이론이 나왔지만 대안사회의 의사 결정 원리와 구조에 대한 논의는 구체성을 결여하고 있다. 각 유형별정치체제와 의사 결정 구조에 대한 논의 부족은 대안사회로의 이행을 더디게 할 수밖에 없다. 논의 부족으로 인하여 "인간의 모습을 한 자본주의" 또는 "자본주의 내에서의 자본주의 대안"(김창근, 2012: 146)에 머물 경우, 대안사회의 의사 결정 구조는 자본주의 사회의 틀에 갇혀 새로운 사회의 싹도 키우지 못하고 바싹 말라버리고말 것이다.

따라서 이 글의 목적은 마르크스주의 전통에 따라 대안사회 이론의 유형별 의사결정 원리와 구조를 비교 분석하여 대안사회에서 실현 가능한 의사 결정 구조를 제시하는 데 있다. 정치체제가 의사 결정 구조에 영향을 미치기 때문에 이의 분석이전제되지 않고서는 그에 걸맞은 의사 결정 구조를 도출하기가 쉽지 않다. 이를 위해 이 글은 세 부분으로 구성된다. 첫째, 대의민주주의의 대립 혹은 혼합되는 개념으로서 아테네 직접민주주의와 파리코뮌을 살펴보고, 대안사회에서 실현 가능한의사 결정 구조를 논의할 것이다. 둘째, 대안사회의 유형과 특성을 살펴본 후, 각유형에 따른 의사 결정 구조를 분석할 것이다. 대안사회의 유형은 대안세계화운동,리얼 유토피아, '자유로운 개인들의 연합', 참여계획경제론으로 분류된다. 끝으로,이런 논의를 바탕으로 대안사회에서 실현 가능한 의사 결정 구조를 제시할 것이다.

2. 대안사회를 위한 의사 결정 구조 논의

1) 아테네와 파리코뮌의 의사 결정 방식

아테네 직접민주주의는 인민주권과 인민지배를 가장 잘 실현할 수 있는 정치체제다. 곧, 인민이 중요한 정책 결정, 일반 법률의 제정과 일반 정책업무의 결정에 집합적 토의로 직접 참여하는 정치체제가 직접민주주의다. 인민이 직접 참여하고, 지배한다는 특성 때문에 직접민주주의는 급진적이고 평등적이며 민주적 이상을 순수하게 구현하는 것으로 간주되고 있다. 그러나 진정한 의미로 보면 직접민주주의는 아테네 민주주의 이후 민주주의의 이상으로 존재했을 뿐 지금까지 재현된 적이 거의 없다. 현대 자본주의 사회에서는 직접민주주의의 실현이 불가능한 것처럼 보이며, 이와 같은 이유로 직접민주주의가 실용적으로 타협한 것이 대의민주주의라고 할 수 있다.

마르크스는 자본주의 사회의 대의민주주의는 완전한 민주주의가 아니라고 보았다. 자본주의 사회의 대의민주주의를 대체하는 것이 곧 프롤레타리아독재라고 할 수 있다. 프롤레타리아독재는 생산수단을 소유하지도 통제하지도 않는 절대다수의 사람들이 국가와 사회를 민주적으로 통제하는 것을 의미한다. 그래서 대의민주주의의 사멸을 주장한 마르크스로부터 직접민주주의가 다시 살아나고 있다. 왜냐하면 마르크스의 직접민주주의는 약 2300년 이후에나 나타난, 아테네 민주주의의 부분적 회복이기 때문이다.

마르크스는 아테네 직접민주주의를 자세히 논한 적이 거의 없지만, 그가 목격했던 파리코뮌이 직접민주주의로서 프롤레타리아독재의 모델이었다. 마르크스(2011, 18)는 파리코뮌을 "인민 대중의 사회적 해방의 정치적 형태"라고 정의하고 있다. 또한 마르크스(2011: 67)는 코뮌을 노동자 계급의 자치정부라고 부르면서, "코뮌은 본질적으로 **노동자 계급의 정부**였으며, 전유 계급에 부를 가져다주는 계급의 투쟁의 결과였으며, 노동의 경제적 해방이 완성될 수 있음이 마침내 발견된 정치형태"라고 한다.

마르크스는 『프랑스 내전』에서 파리코뮌의 정치 형태와 특성을 소상하게 분석하고 있다. 그 핵심 내용은 ① 코뮌을 기초로 한 세 계층의 피라미드 구조, ② 기관 통합형(의결 기능과 집행 기능의 통합) 코뮌, ③ 모든 대표자, 행정 공무원, 판사, 재판관 등의 선출 및 소환과 이들에 대한 인민의 명령적 위임(mandat impératif)[4], ④ 코뮌 중심의 공적 업무 관리와 대리민주주의(delegative democracy)[5], ⑤ 완전한 노동자 계급의 자치정부 등이라고 할 수 있다. 이러한 핵심 내용을 보면 파리코뮌은 인민들 모두가 직접 참여하여 의사를 결정하는 완전한 직접민주주의 체제가 아니다. 그러나 주민소환과 명령적 위임, 그리고 대리민주주의에 따라 코뮌은 인민통제와 인민지배로 작동하게 된다. 또한 광역정부와 중앙정부는 폐쇄되고, 이를 대체하는 것이 시·읍·면 단위의 완전한 노동자 계급의 자치정부인 코뮌이다.

파리코뮌보다 의사 결정 방법이 더 민주적이라고 할 수 있는 것이 아테네 직접민주주의이다. 아테네 직접민주주의의 의사 결정 방법은 다음과 같이 요약될 수 있다(Held, 2006: 17~19). 첫째, 전체 시민으로 구성된 주권 기구인 민회에서 주요 의사가 결정된다. 민회의 정족수는 6000명이며, 항상 만장일치를 추구한다. 둘째, 공적 결정을 조직하고 제안하는 책임은 아테네 10개 부족에서 각각 50명을 파견하여 구성한 500인 평의회가 맡는다. 10개 부족에서 직접선거로 뽑힌 평의회와 기타 공직을 대표할 후보자는 추첨에 의해 결정되어, 후보자 '풀'에 들어간다. 이 풀에서 다시 추첨을 해서 최종적으로 공직을 맡는 후보자가 선정된다. 공직 임기는 1년이며 연임 규정은 없다.

셋째, 500인 평의회를 지도하고 안을 제시하는 50인 위원회가 있다. 50인 위원들의 임기는 한 달이고, 위원장의 임기는 단 하루다. 도시의 행정 기능은 규정상 10인의 행정관들에 의해 수행된다. 법원은 시민 201명, 501명 또는 그 이상이 참여하

---

4) 명령적 위임이란 대표가 자신을 선출한 인민의 지시나 명령에 절대적으로 따라야 하는 것을 의미하여, 코뮌 구조에서의 대표란 자신을 선출하거나 파견한 자들의 지시를 그대로 충실하게 전하는 대리인(delegate deputy)에 불과하다는 것이다(Held, 2006: 114).

5) 대리민주주의는 자신을 선출한 인민의 지시에 구속되는 대리인으로서 대표에 의해 운영되는 민주주의를 말한다(Held, 2006: 226).

는 대규모 일반 배심원단으로 구성된다. 아테네의 최고 의사 결정 기구는 민회이며, 최고 의사 결정 주체는 민회에 직접 참여하는 시민이 된다. 의사 결정 방식은 합의를 원칙으로 하며, 의사가 결정된 사항의 집행은 인력풀에서 선정된 행정관들이 수행한다.

아테네의 최고 의사 결정 기구가 민회라면 파리코뮌의 최고 의사 결정 기구는 코뮌 그 자체이다. 코뮌에서 최고 의사 결정의 주체는 보통선거에서 선출된 시의원들로 구성되며, 이들의 임기는 짧고 언제든 소환이 가능하다. 코뮌은 의사 기능과 집행 기능을 통합했기 때문에 의사가 결정된 사안의 집행은 코뮌이 담당한다. 아테네의 최고 의사 결정은 시민들에게 달렸지만, 코뮌의 최고 의사 결정은 보통선거로 선출된 시의원들에게 달려 있다. 그러나 코뮌의 경우, 시의원들을 주민소환, 명령적 위임, 그리고 대리민주주의와 같은 방식으로 인민통제와 인민지배 아래 두고 있다. 아테네의 민회와 코뮌의 경우, 의사 결정 방법은 합의를 원칙으로 하고 있다.

현재까지 아테네와 파리코뮌과 같은 방식의 직접민주주의를 시행하는 국민국가는 거의 존재하지 않는다. 하지만 기초지방정부 단위에서 직접민주주의를 시행하고 있는 대표적인 나라 중의 하나가 스위스다. 스위스에서는 전체 2715개의 기초지방정부인 게마인데 중 80%인 2172개의 게마인데가 직접민주주의를 실시하고 있으며, 543개의 게마인데만 대의민주주의를 채택하고 있다. 직접민주주의를 실시하고 있는 게마인데에서는 18세 이상 성인이 직접 참여하는 지역 집회에서 시의 공적인 의제가 결정된다. 스위스의 기초지방정부에서는 아테네 직접민주주의와 파리코뮌의 의사 결정 방식이 실현되고 있는 것이다.

2) 대안사회 의사 결정 구조 분석틀

지금까지 아테네 직접민주주의와 파리코뮌, 그리고 이에 따른 의사 결정방식을 살펴보았다. 아테네 직접민주주의와 파리코뮌은 아래로부터의 민주적 의사 결정 방식을 지향하고 있다. 이 글은 아테네와 파리코뮌의 민주적 의사 결정 방식에서 대안사회의 실현 가능한 의사 결정 구조를 살펴본다. 좁은 의미에서 의사 결정

(decision-making)이란 어떤 문제를 해결하기 위해 여러 대안을 검토하고, 그중 최선의 대안을 선택하여 실행하는 것이라고 할 수 있다. 넓은 의미로 보면 아래로부터의 민주적 의사 결정은 정책이 형성되고 환류되는 전 과정(의제 설정 → 정책 형성 → 정책 집행 → 정책 평가 → 의제 설정)에 시민들이 직접 참여하는 것으로 볼 수 있다.

대의민주주의에서는 이러한 환류 과정에 시민이 간접적으로 참여할 뿐이다. 직접투표, 청문회, 공청회, 위원회, 의견 조사, 민원, 청원, 진정 등으로 인민의 의견을 의사 결정 과정에 반영하는 것은 간접 의사 결정 방식이다. 이러한 방식은 최고 의사 결정자와 관료들이 설정한 의제에 대해 인민이 간접적으로 참여하여 토의하고, 형식적으로 승인하는 것에 지나지 않는다. 그러나 직접민주주의하에서 의사 결정 방식은 인민이 의사 결정 과정에 직접 참여하여 집합 토의를 통해 합의 정신으로 의사를 결정하는 것이라고 할 수 있다. 이는 의사 결정 과정에서 누구도 배제되지 않으며, 동등하게 참여할 수 있는 정치적 평등을 추구한다. 달(Dahl, R., 2000: 37~43)은 민주적 의사 결정 기준으로 ① 효과적인 참여(effective participation), ② 동등한 투표(voting equally), ③ 개화된 이해(enlightened understanding), ④ 의제통제(control of the agenda), 그리고 ⑤ 비배제(inclusion of adults)를 제시하면서, 민주주의란 이 다섯 가지를 위한 공평한 기회를 제공하는 것이라고 주장한다.

첫째, 효과적 참여란, 정책이 채택되기 전에 어떠한 정책이 채택되어야 함을 타인에게 알리기 위해 자신의 견해를 전할 수 있는 동등하고, 효과적인 기회가 모든 참여자에게 보장되는 것을 의미한다. 둘째, 동등한 투표는 최종 의사 결정을 할 때, 모든 참여자는 투표를 하기 위한 동등하고 효과적인 기회를 가져야 하며, 모든 투표는 동등하게 개표되어야 한다는 것이다. 셋째, 개화된 이해는 모든 참여자가 대안과 그에 따른 결과에 대해 알 수 있는 동등하고 효과적인 기회를 가져야 한다는 것을 뜻한다. 넷째, 의제통제는 모든 참여자가 의제를 선택할 때, 어떤 방법으로 의제를 선택할 것인지 결정하기 위한 독점적 기회를 가져야 한다는 것이다. 이런 의제통제는 모든 참여자에게 항상 열려 있어야 한다. 끝으로, 비배제란 모든 참여자는 앞의 네 가지 기준에 대해 완벽한 권리를 가져야 함을 말한다.

달의 이러한 다섯 가지 민주적 의사 결정 기준은 모든 참여자의 정치적 평등을 전제 조건으로 한다. 달의 민주적 의사 결정 기준과 유사한 것을 제시한 이로는 영 (Young, I.)을 들 수 있다. 영(2002: 23~26)은 민주적 의사 결정에 필요한 요소로 ① 비배제(inclusion), ② 정치적 평등(political equality), ③ 합리성(reasonableness), ④ 공개 성(publicity)을 제시하고 있다. 먼저, 비배제란 의사 결정에 의해 영향을 받는 모든 사람들이 토론과 의사 결정 과정에서 배제되지 않을 때만 규범적으로 정당하고, 이 것이 민주적 결정임을 의미한다. 정치적 평등이란 민주주의 그 자체가 정치적 평등 임을 뜻한다. 정치적 평등은 영향을 받는 모든 사람들이 의사 결정에 명목적으로 포함되어야 할 뿐만 아니라 순서에서도 동등하게 포함되어야 함을 말한다. 영은 비 배제라는 개념을 정치적 평등을 확대시키는 것으로 간주하고 있다.

영이 제시하는 합리성이란 토론과 대화 과정의 성격을 총체적으로 말하는 것이 다. 민주적 토론에서 합리적 참여자란 열린 마음을 가지고 있으며, 합의에 도달할 목적을 가지고 집합적 문제를 풀기 위해 토론에 임하는 사람을 가리킨다. 합리적으 로 된다는 것은 자신들의 견해와 선호가 잘못되었거나 부적절하다고 판단되면 언 제든지 바꿀 수 있음을 의미한다. 끝으로, 공개성은 비배제, 정치적 평등, 합리성에 의해 강화된다. 민주적 의사 결정 과정에서 참여자들의 상호관계가 타인에 대해 책 임감을 가지게 하는 공개성을 형성하게 되는데, 이를 확대시키는 요소가 비배제, 정치적 평등, 합리성이다.

영의 민주적 의사 결정 요소는 토의민주주의를 강화시키는 일환으로 제시되고 있는 반면에 달의 기준은 정치적 평등을 확장시키기 위한 방안으로 언급되고 있다. 달과 영의 민주적 의사 결정 기준과 앞에서 논의되었던 직접민주주의, 특히 아테네 민주주의와 파리코뮌을 바탕으로 대안사회의 실현 가능한 의사 결정 원리가 제시 될 수 있다. 무엇보다도 대안사회의 의사 결정은 대의민주주의의 한계인 비민주성, 대표성 결여, 신뢰 상실, 공공성 결여, 정치적 불평등, 배제 등을 해결할 수 있도록 설계되어야 한다. 그리고 직접민주주의의 인민지배와 인민통치에 의한 의사 결정 이 전제되어야 한다. 따라서 대안사회의 의사 결정 원리는 다음과 같이 제시될 수 있다.

첫째, 비배제의 원리이다. 레닌의 주장처럼 극소수를 위한 민주주의, 부자들을 위한 민주주의, 인민의 제한과 배제가 없는 민주주의로 인민의 적극적 참여가 보장되는 '비배제'의 원리가 의사 결정 구조에도 반영되어야 한다. 이 원칙은 마르크스의 '인민 대중의 사회적 해방의 정치적 형태'로써 의사 결정 구조와 직결된다. 비배제는 의사 결정 구조에 영향을 받는 모든 참가자들이 반드시 참여할 수 있도록 보장하는 것을 의미한다. 마르크스는 「헤겔 법철학 비판 서설」에서 토의와 결정이 국가 사무에 영향을 미치는 행위라고 하면서 국가 사무를 토론하거나 결정하는 것에 모든 인민이 참여해야 하며, 이것이야 말로 참된 참여라고 보았다. 둘째, 정치적 평등이다. 모든 참여자는 의사 결정 과정상의 토론, 대안 제시, 영향력 행사 등에서 정치적으로나 경제적으로도 동등한 권리를 지녀야 한다. 그래서 정치적 평등은 경제적 평등도 동반하는 것이다. 끝으로, 의사 결정 방식은 아테네의 민주주의와 파리코뮌에서 보았듯이 다수결보다는 합의 정신을 원칙으로 해야 한다.

다수결은 인민의 배제와 소수에 대한 다수의 독재라는 정치적 불평등을 해소할 수 없는 반면에, 합의는 소수의 이익을 고려하고, 모두를 더 정확하게 대변하며, 인민의 이익을 폭넓게 대표할 수 있다. 다수결로 인한 정치적 불평등은 인민의 적극적 참여와 소수를 배제하지 않는 집합 토의와 공동 합의로 해결될 수 있다. 이것은 엥겔스가 『공산주의의 원칙들』에서 새로운 사회 질서의 종류로 "공동의 합의에 의한 모든 생산물들의 분배"라는 형태를 밝혔듯이, 개개인이 의사 결정 구조에서 누구도 배제되지 않고, 직접 참여하면서 '공동의 합의'를 지향하는 것이다. 그래서 『공산당 선언』은 "공산주의자들은 어디서나 모든 나라의 민주주의 정당들 간의 결합과 합의를 위해 노력한다"고 하면서 '합의'를 강조한다.

살펴본 바를 종합하면 대안사회에서 실현 가능한 의사 결정 원리로는 비배제, 정치적 평등, 합의를 들 수 있다. 여기서 실현 가능성은 아테네 민주주의와 파리코뮌의 특성, 달과 영, 그리고 마르크스주의 관점으로부터 출발한다. 실현 가능성이란 이미 아테네와 파리코뮌에서 실현되었기 때문에 대안사회에서도 실현 가능함을 전제로 한다. 실현 가능한 의사 결정 원리는 낮은 단계의 대안사회를 염두에 둔다. 낮은 단계의 대안사회는 계급과 자본이 존재하고, 이로 인한 억압·피억압과 지배·피지배의 관계가 완전히 해소되지 않은 상태에서 인민통치와 인민지배의 단계

〈그림 6-1〉 대안사회에서 실현 가능한 의사 결정 구조 분석틀

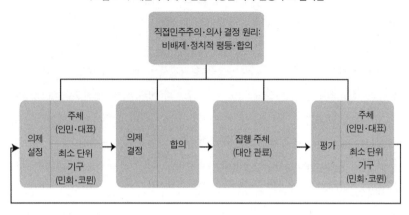

로 이행되는 완전한 민주주의로의 과정을 의미한다. 다시 말하면 낮은 단계의 대안 사회란 자본주의에서 대안사회로의 이행기 단계를 의미한다.

의사 결정 과정에 인민이 직접 참여하는 공론장을 보장하는 것은 대안사회가 지향 하는 직접민주주의를 의사 결정 과정에서 실현하는 하나의 대안이 될 수 있다.

이 글은 직접민주주의와 대안사회의 의사 결정 원리를 바탕으로 의사 결정 구조 분석틀을 제시한다. 대안사회에서 실현 가능한 의사 결정 구조 분석틀은 의제 설정 및 의사 결정 주체와 주체 기구로 이중 구조를 이룬다. 대안사회를 위한 의사 결정 구조는 의제 설정(인민) → 의사 결정(인민) → 집행(대안 관료) → 정책 평가(인민) → 의제 설정(인민)이라는 환류 과정에 인민이 주체가 되어 직접 참여하여 의사 결정과 평가에서 배제되지 않고, 정치적 평등을 이루는 구조다.

그리고 의사 결정 구조는 각 과정상의 주체 기구에 따라 ① 의제 설정 최소 단위 기구(코뮌, 민회 등), ② 기구 참여자(인민 혹은 대표), ③ 의사 결정 방식(합의), ④ 집행 주체(대안 관료), ⑤ 평가(인민 혹은 대표)로 세분화될 수 있다. 최소 단위 기구란 의제 설정이 최초로 일어나는 마을 코뮌 혹은 민회 등을 말한다. 의사 결정 이후, 집행 주체는 관료가 담당하지만 여기서 말하는 관료는 일반 공무원 집단이 아닌 아테네 와 파리코뮌의 행정관 혹은 대리인 집단이라고 할 수 있는 '대안 관료'로서 주민소환과 명령적 위임에 의해 인민지배와 인민통제하에 놓여 있다. 대안사회에서 실현 가능한 의사 결정 구조 분석틀은 〈그림 6-1〉과 같이 묘사될 수 있다.

3. 대안사회의 유형별 의사 결정 구조 분석

다음에서는 대안사회의 유형별 의사 결정 구조를 살펴본다. 참여계획경제론을 제외하고 대안사회이론에서 의사 결정 구조를 구체적으로 논의하고 있는 것은 드물다. 따라서 이 글은 대안사회의 유형 중 의사 결정에 관한 논의를 부분적으로나마 다루고 있는 유형을 분석 대상으로 한다. 여기서 분석 대상으로 삼는 대안사회의 유형은 대안세계화운동, 리얼 유토피아, 자유로운 개인들의 연합(자개연), 참여계획경제론이다. 이들 유형 중 대안세계화운동과 리얼 유토피아는 본 연구가 규정하는 낮은 단계의 대안사회인 자본주의에서 대안사회로의 이행기 모델이라고 할 수 있으며, 자개연과 참여계획경제론은 자본주의 이후 공산주의의 낮은 단계 모델이라고 볼 수 있다.

이와 같이 본 연구는 자본주의에서 대안사회로의 이행기 모델과 자본주의 이후 공산주의의 낮은 단계 모델의 의사 결정 구조를 분석한다. 이렇게 분석하는 이유는 두 모델이 대안사회를 전제로 한다는 점과 대안세계화운동, 리얼 유토피아, 자개연, 참여계획경제론이 다른 대안사회 모델과 달리 대안사회의 의사 결정 구조를 부분으로나마 논의하고 있기 때문이다. 또한 자본주의에서 대안사회로의 이행기 모델과 자본주의 이후 공산주의의 낮은 단계 모델의 의사 결정 구조가 어떻게 다른지를 비교 분석하여 대안사회에서의 실현 가능한 의사 결정 구조를 제시하는 데 유용할 수 있다.

1) 대안세계화운동

대안세계화운동은 신자유주의적 세계화에 대해 '다른 세상도 가능하다'는 지구상의 총체적 반대 운동으로 볼 수 있다. 정성진(2010: 12)은 대안세계화운동을 "단지 '세계화에 대한 불만'의 돌발적 표출을 넘어 신자유주의적 세계화를 대체하는 '대안 세계(Another World)'의 구현을 위한 '대항헤게모니(counter-hegemony)'의 구축을 지향하고, 세계화 자체를 반대하는 것이 아니라 오히려 '아래로부터' 진정한 세계화를 지향하며, 다양한 정치적 경향을 포괄하는 '운동들의 운동(movement of movements)'이라"고 정의한다.

대안세계화운동의 유형이 다양하기 때문에 이정구(2010)는 헬드(Held)와 맥그루(McGrew)의 세계화 반대 세력 분류와 정성진(2010)의 대안세계화운동의 이념별 분류를 세분화하여 한국적 상황에 맞는 대안세계화운동으로 ① 부르주아적 반자본주의, ② 지역주의·생태주의, ③ 개혁주의, ④ 글로벌 케인스주의, ⑤ 자율주의, ⑥ 사회운동 노조주의, ⑦ 사회주의를 제시하고 있다. 이런 유형화 이후, 이정구(2010)는 각 유형별 운동의 주체, 운동 방향, 운동의 조직 및 전략 등을 분석하였지만, 의사 결정 구조에 대한 논의는 다루지 않고 있다. 이러한 점에 있어서는 정성진(2010)의 대안세계화운동의 이념별 유형 논의도 예외가 아니다.

이정구(2010)와 정성진(2010)이 분석한 대안세계화운동의 주체에는 NGO, 지역공동체, 진보정당, 사회단체, 노동조합, 세계시민기구, 다중 등이 있으며, 운동 방향은 부르주아적 반자본주의와 글로벌 케인스주의를 제외하고 '아래로부터'를 지향하고 있다. '아래로부터'라는 운동 방향으로 운동 주체가 설정되어 있음에도 불구하고 NGO, 지역공동체, 노동조합 등의 아래로부터의 의사 결정 구조가 논의되지 않고 있는 것은 대안사회의 구체성과 실현성을 담보하기 위해 시급히 풀어야 할 과제라고 할 수 있다.

어떻게 보면 대안세계화운동은 공식 지도부가 존재하지 않는 연대성, 운동 영역의 다양성, 정보화에 따른 폭발성 등의 특징으로 인해 이 운동의 유형별 의사 결정 구조에 관한 논의도 찾아보기 어려울 뿐만 아니라, 의사 결정 구조를 일반화하기도 쉽지 않다. 이런 상황임에도 불구하고 대안세계화운동의 의제 설정과 의사 결정 방식을 논의한 김의동(2010)을 통해 대안세계화운동의 의사 결정 구조를 가늠해볼 수 있다. 김의동은 대안세계화운동의 구심점으로 ATTAC (Association pour une Taxation des Transactions financières pour l'Aide aux Citoyens, 시민지원을 위한 국제금융거래 과세 연합)을 소개하면서 이의 이념과 조직 구조, 운동 성과, 금융 개혁, 한계 등을 논의하고 있다. ATTAC은 대안세계화운동의 한 유형인 글로벌 케인스주의의 주요 단체 중 하나로 자리매김하고 있다.

1998년 아시아 외환위기 때, ATTAC은 지식인운동으로 시작해서 금융세계화의 불안정성과 폐해를 알리고, 신주자유주의의 대안을 제시하면서 대안세계화운동의 중심 주체로 떠오르고 있다. 김의동(2010: 146~175)에 따르면 ATTAC의 의사 결정은 합의를 기본 원칙으로 삼고 있으며, 합의되지 않은 것은 실천하지 않는 방식이다. 의사 결정 방식 또한 자발성을 토대로 높은 유연성과 포괄성을 그 특성으로 하고 있다. ATTAC은 국가와 지배 그룹에 의해 결정되는 각종 정책을 시민들의 연합을 통해서 토론하고 결정하는 방식을 취하고 있다. 이러한 방식은 인민주권을 실현하려는 직접민주주의를 의미한다고 볼 수 있다. 이로 인해 ATTAC은 민주적인 참여와 토론을 강조한다.

ATTAC은 네트워크형으로 이사회, 사무국, 창립자 모임, 학술위원회, 프랑스지역위원회, 해외 지부, 그리고 상부 조직인 총회로 구성된다. 2007년 말 기준으로 ATTAC에는 413개 기관 회원과 216개의 프랑스지역위원회 등에서 1만 5000여 명의 회원이 활동하고 있으며, 약 50개국에 9만 명의 해외 회원이 있다. 프랑스지역위원회와 해외 ATTAC은 공식적으로 의사 결정 구조를 공유하지 않고 있으며, 지역 및 국가별 ATTAC은 독자적인 의사 결정 구조를 지향하고 있다. ATTAC의 조직 구성은 느슨한 자율적 조직운영과 의사 결정체계를 선호하고 있지만, 이사회의 구성과 창립자 모임의 권한에 따라 의사 결정이 왜곡될 수 있는 한계를 내포하고 있다. 창립자 모임은 최종 의사 결정과 정책입법의 권한을 가지고 있는 이사회의 이사진을 5분의 3인 18명을 선출할 수 있으며, 이사회 의장은 창립자 가운데 이사회에서 절대 다수결로 임명하도록 규정하고 있다.

이러한 ATTAC의 조직 특성은 의사 결정 구조가 아래로부터 시작하여 아래로부터 결정되는 것을 방해하는 요인으로 작용할 수 있다. 의제 설정과 의사 결정이 창립자 모임과 이사회의 영향력에 따라 달라질 수 있기 때문이다. 그리고 프랑스지역위원회와 해외 ATTAC 간에 의제 설정과 의사 결정이 자발적으로 이루어짐에 따라 ATTAC의 통일된 의제 설정과 의사 결정이 담보될 수 없다. 이는 아래로부터의 의제 설정과 의사 결정이 통일적으로 이루어지지 않아, ATTAC 전체 차원에서 다양한 정책의 방향성과 일관성을 유지할 수 없음을 반영하는 것이다.

본 연구의 분석틀에 따른 ATTAC의 의사 결정 구조는 전체 회원이 참여하는 기구가 명확하지 않으며, 전체 회원이 최종 의제 설정의 주체가 되기 어려움을 보여 준다. 이에 따라 의사 결정도 전체 회원에 의해 이루어지지 못하고 있다. 의사의 집행과 평가는 사무국, 지역위원회, 국가별 ATTAC에 따라 달리 추진되고 있는 것으로 보인다. 이로 미루어 보면 본 연구가 의사 결정 원리로 제시하고 있는 비배제, 정치적 평등, 합의와 이에 따른 의사 결정 구조가 ATTAC의 조직 특성상 실현되고 있는지는 불투명하다. 그러나 ATTAC의 조직이 네트워크형으로 지역 및 국가별 조직이 독립된 의사 결정 구조를 지향하고 있기 때문에 각 조직별로 민주적 참여, 토의, 합의를 기초로 한 의사 결정 구조를 가지고 있다고 볼 수 있다.

따라서 ATTAC의 의사 결정 구조가 일어나는 최소 단위를 지역별 또는 국가별 조직으로 간주하면 대안사회를 위한 의사 결정 구조는 다음과 같이 요약될 수 있다. ATTAC의 의사 결정 구조는 의제 설정(회원) → 의사 결정(회원) → 집행(회원 또는 사무국 직원) → 정책 평가(회원 또는 사무국 직원) → 의제 설정(회원)이라는 환류 과정을 나타내고 있다고 할 수 있다. 의사 결정 구조에서 회원은 주체가 되어 직접 참여하여 의제 설정과 의사 결정에서 배제되지 않고, 정치적 평등을 이루고 있다. 의사 결정은 합의 원칙에서 이루어지고 있음을 짐작할 수 있다.

이러한 점들을 고려하면 ATTAC의 의사 결정 구조는 직접민주주의를 기본 원리로 하나, 조직의 이사회와 창립자 모임에는 회원의 참여가 보장되지 못함으로 인해 의사 결정의 원리인 비배제성, 정치적 평등, 합의가 이루어지지 않음을 알 수 있다. ATTAC의 지역에서는 아래로부터의 의제 설정과 의사 결정이 이루어지고 있는 반면에 이사회와 창립자 모임에서는 위로부터의 의제 설정과 의사 결정이 시행되고 있다. 결론적으로 말하면 ATTAC은 이중 의사 결정 구조를 취하면서 직접민주주의와 대의민주주의가 공존하는 의사 결정 구조를 가지고 있다고 볼 수 있다.

2) 리얼 유토피아

'리얼 유토피아(real utopias)'는 라이트(Erik Olin Wright)가 1990년대 초 소련의 붕괴 이후, 현존하는 자본주의의 권력, 특권, 불평등 구조를 분석하고, 대안을 제시하기 위해 시도한 '리얼 유토피아 프로젝트(real utopias project)'의 일환으로 발전된 것이다. 고난받는 인류의 다양한 형태와 인류 번영의 장애는 현존하는 권력과 사회구조의 결과이며, 이를 완화시키는 대안과 변혁으로서 해방적 사회과학이 바로 리얼 유토피아라고 할 수 있다. 라이트는 자본주의의 대안은 사회주의이며, 사회주의가 국가와 경제에 대한 사회 권력을 강화할 수 있다고 주장한다.

라이트는 해방적 사회 변화를 위해 사회주의와 관련된 민주평등주의를 내세우고, 이를 실현할 수 있는 새 제도와 사회관계를 탐구하면서 대안을 제시하고 있다. 라이트는 사회과학의 한 형태로서 리얼 유토피아는 해방적 사회과학의 핵심 요소이며, 해방적 사회과학의 목적은 "다양한 형태로 나타나는 인간 억압에 도전장을 내미는 집단적 프로젝트를 이끌어갈 과학적 지식을 산출하는 것"이라고 한다. 라이트는 해방적 사회과학의 세 가지 기본 과제를 제시하고 있다. 첫째는 현존하는 세계에 대한 체계적인 진단과 비판을 정교화하는 것이다. 둘째는 실행 가능한 대안을 구상하는 것이며, 셋째는 변혁의 장애·가능성·딜레마를 이해하는 것이다. 이 세 가지 기본 과제에 진단과 비판을 위한 도덕적 원리가 추가되고 있다. 도덕적 원리란 평등성, 민주주의, 그리고 지속가능성이다.

이러한 도덕적 원리가 특정 기구, 사회구조, 혹은 사회 전체에 대한 도덕적 진단의 기준이 된다. 그리고 사회구조와 사회 전체에 대한 진단과 비판을 통해 라이트는 실행 가능한 대안으로서 리얼 유토피아의 설계를 구체화한다. 리얼 유토피아의 설계는 사회권력 강화의 측면에서 국가와 경제의 방향을 제시한다. 라이트는 세 가지 형태의 민주주의(직접민주주의, 대의민주주의, 결사체민주주의)가 국가를 시민사회에 종속시킬 수 있으며, 이것이 곧 사회권력을 강화시키는 과정으로서 민주주의를 심화시킨다고 본다. 라이트는 이 세 가지 형태의 민주주의가 심화되는 과정을 다음과 같이 설명하고 있다.

> "직접민주주의의 경우, 이것은 국가권력의 여러 측면을 일반 시민들의 권력 강화된 참여
> 와 집합적 토의로 이양시킴으로써 일어난다. 대의민주주의 경우, 시민사회에 대한 국가
> 권력의 종속은 민주적으로 선출된 시민 대표자들이 시민들을 대신해 결정을 내림으로써
> 성취된다. 그리고 결사체민주주의의 경우, 국가의 종속은 시민사회에 근거한 결사체들
> 이 다양한 종류의 공적 기능을 수행하도록 권력 강화됨으로써 일어난다. 철저하게 민주
> 화된 민주주의는 이 세 가지 형태의 민주주의 모두를 심화시킬 것이다."(라이트, 2012:
> 266).

직접민주주의의 심화 과정이 사회권력 강화로 이루어지는 한 예로 브라질 포르투
알레그리시의 주민참여예산제도가 소개되고 있다. 즉, 포르투알레그리시의 주민참
여예산제도는 리얼 유토피아의 실행 가능한 하나의 사례이다. 라이트는 주민참여예
산제도를 새로운 형태의 '권력 강화된 참여적 통치(EPG: empowered participatory
governance)'로 간주한다. 포르투알레그리시의 주민참여예산제도와 다른 사례들의
진단에 따라 라이트는 EPG의 일곱 가지 특성을 제시하고 있다. 일곱 가지 특성은
① 권력 강화된 상향적 참여, ② 실용적 지향, ③ 토의, ④ 이양과 탈중앙집중화, ⑤
재조합적(recombinant) 탈중앙집권화, ⑥ 국가 중심적 제도화, ⑦ 대항권력 등이다.
  라이트는 직접민주주의의 심화 과정으로 EPG를 개념화하고 있지만 이러한 직
접민주주의만으로 국가의 사회 권력을 강화할 수 없다고 보면서 대의민주주의와
결사체민주주의를 보완하여 리얼 유토피아의 설계를 시도한다. 리얼 유토피아에
서는 대의민주주의와 결사체민주주의는 민주주의의 질을 향상시키기 위한 방편으
로 논의되고 있다. 대의민주주의의 질을 향상시키는 두 가지 방안으로 '평등주의적
선거 자금 공영제'와 '무작위 선출 시민의회'가 제시되고 있으며, 또한 특수한 사회
집단의 이익을 대변하는 결사체들이 민주주의를 신장할 수 있다는 논거에서 결사
체민주주의가 제시된다. 이러한 논리를 바탕으로 라이트는 "철저하게 민주화된 민
주주의는 이 세 가지 형태의 민주주의 모두를 심화시킬 것"이라고 주장한다. 이러

한 형태의 민주주의는 곧 '하이브리드 민주주의'라고 할 수 있다.

라이트는 민주주의의 심화 과정을 사회권력 강화와 국가의 측면에서 논의한 후, 경제적 측면에서 사회권력 강화를 위한 자본주의의 대안으로 사회주의에 초점을 두고 있다. 라이트가 제안하는 사회주의는 전통적인 마르크스주의적 사회주의관과 상반되는 '시장사회주의'라고 할 수 있다. 즉 재화와 서비스의 생산과 분배를 둘러싼 시장의 기능을 인정하고, 시장의 힘을 어떻게 통제할 수 있는가의 여부가 자본주의 너머로 가는 대안적 경제구조와 경제제도와 직결된다는 것이다. 이를 위해 라이트는 '사회적경제'를 제기한다. 사회적경제는 "일정한 형태의 사회권력의 행사를 통해 직접적으로 조직되고 통제되는 경제활동"으로 정의되고, "사회권력은 시민사회의 자발적 결사체에 근거한 권력이며, 다양한 종류의 집합 행위를 위해 사람들을 조직할 수 있는 능력에 기초"하고 있다. 그리고 "사회적경제에서는 재화와 서비스의 생산과 분배 - 경제활동 -가 이러한 사회권력의 행사를 통해 직접적으로 조직"된다고 한다.

라이트는 사회적경제의 한 사례로 '위키피디아'를 소개하고 있다. 이외에 리얼유토피아의 실행 가능한 경제의 사례로 기초소득, 사회적 자본주의, 협동조합적 시장경제 등이 소개되고 있으며, 이러한 사례는 민주주의와 사회권력 강화에서 보듯이 '하이브리드' 경제구조와 경제제도를 양산한다. 이런 포괄적 체제의 대안 모델로 제시되는 것이 '시장사회주의'와 '참여계획경제'이다. 경제에 대한 사회권력 강화를 위해 라이트가 제시하는 사례들은 풍부하다. 라이트는 실행 가능한 모든 사례들을 '하이브리드'로 묶어서 이들 사이의 상호작용과 상승작용으로 다양한 형태의 시장경제를 확대하고자 한다. 이에 따라 제시되는 또 다른 사례로 공동체 토지신탁, 국제노동기준 캠페인, 반착취공장학생연합, 산림보존 인증, 등가교환 무역 협동조합, 그리고 공정무역운동 등이 있다.

라이트는 사회권력 강화를 위해 최종적으로 '사회주의 하이브리드' 방식인 '사회권력 강화를 위한 통합된 모형(combined configurations of social empowerment)'을 제시한다.[6] 이 모형은 국가사회주의, 사회민주주의적 국가주의 경제 규제, 결사체민주주의, 사회적 자본주의, 핵심 사회적경제, 협동조합적 시장경제, 그리고 참여사회주의 등을 통합한 것이다. 이 모형은 크게 사회주의, 사회적경제, 사회민주주의를 합친 사회권력이 강화되어 경제활동을 종속시키는 과정을 설명하고 있다. 또한 사회권력 강화 차원에서 사회주의와 사회민주주의는 국가권력을 종속시키고, 사회적경제는 경제 권력을 종속시키게 된다. 이런 과정을 통해 경제권력과 국가권력을 사회권력에 종속시킴으로써 경제생활에 대한 권력의 민주화를 실현하며, 권력은 집합적 활동을 위한 자발적 협력에 기반을 두게 된다.

라이트는 이런 과정의 실현은 경제 활동에 대한 권력 관계의 변혁에 달려 있다고 강조한다. 권력 관계의 변혁은 사회권력이 어떻게 직접적으로 경제 활동을 형성시키는 데 간여하며, 또한 사회권력이 어떻게 국가의 민주화를 통해 경제활동을 간접적으로 형성시킬 수 있느냐에 달려 있다는 것이다. 사회주의를 지향하는 과정에서 자본주의를 변혁하는 것은 사회권력 강화를 위한 통합된 모형을 통해 경제를 민주화하는 것을 의미한다. 이를 위해 반자본주의 투쟁의 역사에서 특징 지워진 변혁의 세 가지 전략이 제시된다. 라이트는 세 가지 전략을 단절적 변혁(ruptural trans-formations), 틈새적(interstitial) 변혁, 공생적(symbiotic) 변혁이라고 부른다.

단절적 변혁은 현존하는 제도와 사회구조 내에서의 첨예한 파열을 통해 사회권력 강화의 새로운 제도를 창조하는 것을 구상한다. 틈새적 변혁은 자본주의 사회의 틈새와 주변에서 새로운 형태의 사회권력 강화를 구축하는 것이며, 지배계급과 엘리트에 대한 어떤 직접적인 위협도 제기하지 않는 것으로 여겨진다. 공생적 변혁은 국가와 시민사회가 지배계급과 엘리트가 직면하는 실제적 문제들을 해결하는 데 도움이 될 수 있도록 관여하는 사회권력 강화의 제도적 형태를 확대·심화시키는 전략이라고 할 수 있다. 라이트는 이 세 가지 변혁 전략의 상호작용을 통해 하이브리드 자본주의 구조 내에서 사회주의 요소를 심화시키는 궤적을 만들 수 있다고 본다.

이상으로 리얼 유토피아의 해방적 사회과학으로서 자본주의에 대한 진단, 사회권력 강화를 위한 민주주의, 그리고 국가와 경제에 대한 사회권력 강화 방안으로

---

6) 영어 'configuration'은 배치, 배열 등으로 번역되나, 라이트(Wright, 2012)가 사회권력 강화를 위해 제시하고 있는 일곱 가지 configurations은 'model'에 가까워 이 글에서는 '모형'이라고 번역한다.

실행 가능한 하이브리드 모형을 살펴보았다. 리얼 유토피아에서도 대안세계화운동과 마찬가지로 구체적인 의사 결정 구조는 논의되지 않고 있다. 리얼 유토피아에서는 의사 결정 구조 대신에 의사 결정의 원리가 간단히 언급되고 있다. 리얼 유토피아는 직접민주주의, 대의민주주의, 결사체민주주의가 결합된 하이브리드 민주주의를 지향하지만 민주주의의 기본 원칙에서 의사 결정의 원리가 제시된다. 이 원리는 완전한 민주적 사회에서는 모든 사람이 필요성에 따라 동등한 접근을 보장받아야 하며, 또한 이들이 생활에 영향을 미치는 사안에 관한 결정에 전적으로 참여하는 것을 전제로 한다.

따라서 리얼 유토피아는 집합적 의사 결정 원리를 기본으로 하며, 이는 동등한 접근을 보장한다. 동등한 접근이란 특정 부류가 다른 부류보다 정치권력에 더 많은 접근을 허용하지 않는 것을 의미하며, 이렇게 되지 않을 경우에는 동등한 접근이 실패한 것이 된다. 또한 많은 사람의 생활에 심각하게 영향을 미치는 중요한 결정이 집단적 의사 결정으로 이루어지지 않는다면 그 사회는 민주적 가치를 실현하는 데 실패한 것으로 본다. 리얼 유토피아의 민주주의가 직접민주주의, 대의민주주의, 결사체민주주의의 하이브리드 민주주의를 표방하지만 의사 결정 원리는 하이브리드 형태로만 설명되지 않는다. 하이브리드 형태로 의사 결정이 이루어진다면 그 결정은 다양하고 복잡할 수밖에 없다. 그래서 리얼 유토피아의 의사 결정 구조를 분석하려면 직접민주주의의 심화과정인 EPG(권력 강화된 참여적 통치) 모델을 들여다볼 수밖에 없다.

앞에서 살펴본 EPG 모델은 의사 결정 과정에 영향을 미치는 일곱 가지 특성을 가지고 있다. 첫째, 권력 강화된 아래로부터의 참여이다. 정부의 대부분 결정은 민중의 아래로부터 참여를 통해 결정되며, 민중은 삶에 영향을 미치는 결정의 세부사항에 참여해야 한다. 참여는 대면적 회의에서 일어나며, 참여는 단지 사람들에게 공적 중요성을 가진 문제들에 대해 견해를 표출하는 방식이 아니라 의미 있는 직접참여를 수반하는 실질적 의사 결정력을 부여한다. 이렇게 해서 EPG 모델은 의사 결정이 이루어지는 토의·문제 해결 과정에 일반 시민들을 직접 끌어들이게 된다.

둘째, 실용적 지향이다. 정치적 의사 결정은 구체적 문제 해결에 대한 실용적 지항을 중심으로 한다. 이는 구체적이고 실제적인 목표를 달성하려는 공통적 바람을 가진 사람들을 의제의 장에 나오게 하는 것이다. 토의와 문제 해결 과정에서 일반적인 합의가 도출되지 않아도, 적대적 이익의 첨예한 대립이 완화되어 협력이 촉진될 수 있다. 이를 통해 사람들은 중요한 문제의 결정에 참여할 기회가 있을 때, 참여할 수 있다는 것이다. 이런 기회가 있을 때, 부유한 사람보다 가난한 사람들이 더 많이 참여할 수 있다.

셋째는 다수의 힘과 다수결에 따라 결정이 이루어지는 것이 아니라 참여자들이 토의를 통해 가능한 한 많은 결정을 하는 원리이다. 결정은 상이한 주장과 좋은 주장에 귀 기울이고, 이를 받아들이기 위한 유의미한 공론장을 허용하면서 이루어진다. 이런 토의에서 유일한 힘은 다른 주장보다 더 좋은 주장이 된다. 넷째, 의사 결정의 이양과 탈중앙집권화 원리이다. 권력 강화된 아래로부터의 참여가 의미 있기 위해서는 국가 기구 내의 실질적 의사 결정권의 중요한 측면들이 근린 평의회, 지역학교 평의회, 작업장 평의회 등과 같은 지역적 행동 단위로 이양되어야 한다는 것이다. 이런 평의회는 토의 결과에 따라 실질적인 공적 집행까지도 책임을 지게 된다. 따라서 의사 결정은 가능한 한 문제가 발생하는 지역을 최소 단위로 하여 이루어져야 된다.

다섯째, 재조합적 탈중앙집권화의 원리이다. 이는 중앙집권적 의사 결정 패턴과 탈중앙집권적 의사 결정 패턴을 대비시키는 것이 아니라 중앙에서 조정되는 탈중앙집권화의 새로운 형태이다. 지역 단위들은 중앙과 연결되어 책임을 지고 소통하며, 중앙은 지역의 민주적 토의와 문제해결의 질을 강화할 수 있도록 다양한 방식으로 지원하는 것이다. 이를 통해 자원을 조정하고 분배하며, 지역 단위는 스스로 다룰 수 없는 문제도 해결할 수 있게 된다. 여섯째는 일반 시민들이 지속적으로 참여할 수 있게 하는 국가 중심적 제도화이다. 이는 일반 시민들이 국가 활동에 권력 강화된 참여를 할 수 있도록 지속가능한 제도를 만드는 것이다. 끝으로, 참여적 권력 강화의 일환으로 대항권력을 공고화하는 것이다. 대항권력은 제도 속에 존재하는 유력한 집단과 엘리트의 권력 우위를 감소시키고, 무력화시키기까지 할 수 있는 다양한 과정을 지칭한다. EPG 모델이 지속되려면 이러한 대항권력이 필요하며, 이 모델이 작동하려면 결국 인민 참여가 전제되어야 한다.

EPG 모델은 의제 설정과 의사 결정에 다수의 인민이 직접 참여할 수 있어야 한다는 의미에서 직접민주주의를 취하며, 심도 있고 민주적인 토의를 위해서는 '강화된 토의민주주의'를 요구하고 있다. 그리고 포르투알레그리의 주민참여예산제도를 EPG 모델로 적용하면서 라이트(2012)는 이 제도를 결사체민주주의와 참여민주주의의 합성물이라고 간주한다. 이러한 다양한 민주주의 형태에 따라 의제 설정과 의사 결정 과정이 이루어지는 기구는 지역 단위의 각종 평의회이다. 직접민주주의, 결사체민주주의, 참여민주주의, 토의민주주의를 원칙으로 의사 결정이 이루어지면 그 집행과 평가는 평의회에 소속된 인민에 의해 이루어진다고 볼 수 있다.

리얼 유토피아는 평의회에 소속된 인민이 어떻게 의사 결정 구조에 직접 참여하는지를 소상하게 밝히지 않고 있다. 그러나 인민이 평의회에 직접 참여할 수 있다는 의미에서 집행과 평가도 직접 참여한 인민에 의해서 이루어질 수 있음을 짐작해 볼 수 있다. 더 구체적으로 본다면 대의민주주의의 질을 심화시키기 위해 무작위 추첨으로 선출된 시민의회의 구성원들이 지역 평의회의 집행과 평가를 책임지는 권한을 가질 수 도 있다. 왜냐하면 시민의회의 구성원들은 직업 정치인이 아니고 일반 시민들로 구성되며 합의추구에 기초해서 토의하고, 의사 결정을 내리기 때문이다. 이렇게 권력 강화된 시민의회는 '무작위 민주주의(randomocracy)'로 불리며, 이런 방식은 시민 배심원과 시민발의재심(citizens initiative review) 평의회로도 나타날 수 있다.

이상으로 미루어 보면 EPG 모델은 대안사회를 위한 의사 결정 구조인 의제 설정(인민) → 의사 결정(인민) → 집행(인민 혹은 무작위 선출 인민) → 정책평가(인민 혹은 무작위 선출 인민) → 의제 설정(인민 혹은 무작위 선출 인민)이라는 환류 과정에 인민이 주체가 되어 직접 참여하여 의사 결정과 평가에서 배제되지 않고, 정치적 평등을 이루며 토의를 통해 합의를 추구하는 방식이라고 할 수 있다. 의사 결정 구조가 일어나는 곳은 지역 단위의 근린 평의회이다. 따라서 EPG 모델에서는 본 연구의 의사 결정 원리인 비배제, 정치적 평등, 합의를 원칙으로 하여 인민이 지역 평의회에 직접 참여하는 의사 결정 구조가 실현된다고 볼 수 있다. 또한 의사 결정 구조의 민주주의는 직접민주주의, 대의민주주의, 결사체민주주의, 참여민주주의, 토의민주주의, 무작위민주주의가 혼합된 하이브리드 민주주의라고 할 수 있다.

3) 자유로운 개인들의 연합

마르크스는 『공산당 선언』, 『정치경제학 비판 요강』, 『자본론』, 『고타 강령 초안 비판』 등에서 자본주의 이후 새로운 사회의 명칭으로 '어소시에이션(association)'을 가장 많이 사용하고 있다. 마르크스가 말한 새로운 사회란 자유로운 노동을 하는 개인들이 자발성과 목적의식으로 연합한 사회를 의미한다. 이로 인해 김수행(2012)은 마르크스가 새로운 사회로 부른 어소시에이션을 '자유로운 개인들의 연합(자개연)'으로 부를 것을 제안한다. 자개연은 공산주의와 사회주의의 동의어이지만 마르크스는 『자본론』에서 사회주의란 용어는 거의 사용하지 않고 있다. 또한 마르크스는 1846~1875년 사이 약 30년 동안 자본주의 이후 새로운 사회를 공산주의보다는 자개연으로 지칭하고 있다. 마르크스의 『정치경제학 비판 요강』에서 공산주의는 사회주의의 동의어로 생산물의 연합한 형태를 기초로 하는 자유롭고 연합한 생산자들의 사회를 의미하기도 한다.[7]

이런 점으로 미루어 보면 마르크스는 자본주의 이후의 대안사회로 사회주의나 공산주의보다 자개연이라는 용어를 더 많이 사용했음을 짐작할 수 있다. 마르크스는 자개연을 이렇게 설명하고 있다.

"공동의 생산수단으로 일하며 다양한 개인들의 노동력을 하나의 사회적 노동력으로 의식적으로 사용하는 자유로운 개인들의 연합(association of free men)을 생각해보기로 하

---

[7] '자유로운 개인들의 연합'은 오타니 데이노스케(大谷禎之介)가 2011년에 출간한 『마르크스의 어소시에이션 이론: 미래사회는 자본주의 안에서 볼 수 있다』에서 구체화되고, 이를 참고로 김수행(2012)이 자본주의 이후에 나타날 새로운 사회로 자개연을 논의하면서 국내에서도 '자개연'에 대한 연구(박지웅, 2013; 정성진, 2015)가 시도되고 있다. 차토파디아야(Chattopadhyay, 2006)은 자본주의의 모순이 자개연을 발전시키는 요소를 잉태하고, 이러한 과정이 사회주의로의 이행이라는 것을 마르크스의 변증법 관점으로 설명하고 있지만, 자개연을 구체적으로 논의하지는 않는다.

자.…… 자유인들의 연합의 총생산물은 사회적 생산물이다. 이 생산물의 일부는 새로운 생산수단으로 역할하여 사회에 남는다. 그러나 다른 일부는 연합체 구성원에 의해 생활수단으로 소비되며, 따라서 그들 사이에 분배되지 않으면 안 된다."(마르크스, 2010: 100~101, 강조는 필자).

자개연이 자본주의 이후의 대안사회로 지칭되고 있지만 자개연의 새싹은 마르크스의 주장과 같이 자본주의 사회에서 피어나는 것이 특징이다. 이러한 자개연의 특징은 여러 가지로 설명될 수 있다. 첫째, 노동하는 개인들은 자기가 사용하는 생산수단을 자기의 것으로 상대하며 남을 위해 노동하는 것이 아니라 자기 자신을 위해 노동하게 된다. 노동과 생산수단이 결합·통일되어 있기 때문에 노동 소외가 일어나지 않고 개인은 노동을 즐길 수 있다. 둘째, 자개연은 모든 노동조건과 다양한 개인들의 노동력을 하나의 사회적 생산력으로 계획적으로 사용한다. 셋째, 자개연에서는 노동하는 개인들이 사회의 계획에 따라 직접적으로 주민 전체의 필요와 욕구를 충족하기 위해 노동하기 때문에 모든 노동이 처음부터 사회적 노동이 된다.

넷째, 자개연에서는 상품, 화폐, 자본이 사라진다. 공동으로 생산하는 재화와 서비스를 일정한 기준에 따라 자개연이 분배하기 때문에 이 생산물은 상품이 될 수 없고, 상품의 가치를 대변하는 화폐도 필요 없게 되며, 노동하는 개인을 가치 증식을 위해 착취하는 자본도 폐기된다는 것이다. 다섯째, 자개연에서는 모든 개인들이 해방되어 자유롭고 평등하게 된다. 개인들이 상대방과 자연을 유적 존재인 인류의 입장에서 상대하기 때문에 계급억압기구로서 국가는 소멸하게 된다. 끝으로, 자개연은 인간 능력의 최대한의 발달 그 자체를 목적을 삼기 때문에 개인의 개성을 개발하여 "각인의 자유로운 발달이 만인의 자유로운 발달의 조건"이 된다(김수행, 2012: 69).

자개연은 자유, 개인, 연합이라는 측면에서도 재조명되고 있다. 자개연이 '자유', '개인', '연합'이라는 용어들로 구성된 개념이라는 점에서 마르크스가 의미하는 자유, 개인, 연합을 살펴볼 필요가 있다. 자개연에서 자유는 노동 그 자체를 목적으로 활동하는 자유를 의미하며, 개인은 사회적 관계 속에서 능동적인 활동을 보장받는 사회적 개인이며, 연합은 자본주의 재생산과정에 포섭되지 않는 연합의 자발적인 네트워크라고 할 수 있다. 여기서 사회적 개인이란 사회와 개인이 분리되지 않고, 자본주의의 사적 소유에 의한 부속물이 아니라 이로부터 해방되는 개인이다. 사회적 개인들이란 자유롭고 연합되지 않고서는 존재할 수 없다. 그래서 자유롭고 연합한 사회적 개인들이란 사회적 관계를 자신들의 통제하에 두면서 자신들의 사회운동을 위한 주인이 되는 것이다.

정성진(2015: 15~27)은 오타니 데이노스케의 연구를 기초로 마르크스의 공산주의에 나타나는 자유, 개인, 연합이라는 용어를 재조명하고 있는데, 각 용어의 특징은 다음과 같이 요약될 수 있다. 자유는 계급사회에 필연적인 억압과 착취로부터의 해방이며, 인간의 자기실현이다. 마르크스의 공산주의에서 자유는 자유민주주의가 표방하는 자유, 평등, 민주주의 이념을 배격하는 것이 아니라 철저히 추구한다. 그러나 자본주의 사회의 자유민주주의는 자유, 평등, 민주주의를 추구하는 데 한계가 있음에 따라 공산주의 사회에서 개인의 자유가 완전히 성취될 수 있다. 이러한 개인의 자유는 "공산주의사회, 즉 개인들의 독자적이고 자유로운 발전이 결코 공문구가 아닌 단 하나의 사회", "계급과 계급 대립을 가진 낡은 부르주아 사회 대신 각인의 자유로운 발전이 만인의 자유로운 발전의 조건이 되는 하나의 연합", 그리고 "각 개인의 완전하고 자유로운 발전을 근본 원리로 하는 좀 더 고차적 사회형태"(정성진: 15~16. 재인용)에서 이루어지는 것이다.

자개연의 개인은 자유로운 발전 속에서 자유로운 개인과 개인의 관계를 통해 사회적 개인이 된다. 사회적 개인의 소유는 사적 소유가 아닌 공동소유로 나타나며, 이것은 연합한 개인들의 소유이기 때문에 곧 사회적 소유로서의 소유가 된다. 마르크스는 자개연이 생산조건들을 전유함으로써 사적 소유가 종식된다고 보았다. 자유로운 개인들 간의 관계에서 형성된 사회적 개인이 사회적 소유를 이루는 사회가 곧 자개연이라고 할 수 있다. 연합은 마르크스 공산주의의 핵심 개념으로 개인들의 아래로부터 자발적인 결사체라고 할 수 있다. 이런 결사체 중의 하나가 협동조합이다. 협동조합이 연합한 노동의 원형이지만 협동조합의 발전이 자동적으로 자개연의 이행으로 이어질 수는 없다. 왜냐하면 마르크스는 정치권력의 획득 없이 협동조합의 노동이 전국적 규모로 발전하는 것은 불가능하다고 보았기 때문이다.

자개연이 자본주의 사회 이후의 새로운 사회로 지칭되고 있으며, 자본주의 사회가 이미 자개연의 싹을 잉태하고 있다는 점에서 자개연의 의사 결정 구조 또한 자본주의 사회의 의사 결정 구조에서 그 싹이 돋아나고 있다고 볼 수 있다. 그러나 자개연에 대한 연구에서는 자개연의 의사 결정 구조가 구체적으로 논의되지 않고 있다. 이런 이유로 말미암아 자개연의 의사 결정 구조는 자개연의 특징에서 유추될 수밖에 없다. 다시 말하면 자유, 개인, 연합의 의미에서 자개연의 의사 결정 원리와 의사 결정 구조의 단서를 살펴봐야 한다는 것이다.

자개연에서는 모든 개인들이 해방되어 자유롭고 평등하게 되기 때문에 비배제, 정치적 평등, 합의의 의사 결정 원리가 실현된다고 볼 수 있다. 자개연을 자본주의 사회로부터 이행기를 거쳐 등장하는 제1단계인 낮은 단계와 이보다 높은 단계인 자기 발로 서는 공산주의 사회인 진정한 자개연의 제2단계로 나눌 수 있다. 이 글은 대안사회의 낮은 단계에서의 의사 결정 구조를 분석 대상으로 삼고 있기에 자개연의 제1단계를 중점적으로 살펴보고자 한다. 자개연의 제1단계에서는 모든 개인의 참여, 타인들과의 소통과 연대, 상호 토론을 바탕으로 계획을 세우고 집행하게 된다.

이러한 자개연에서는 "자유로운 개인들이 토론하여 사회 전체에 대한 계획을 세우고 모든 주민들이 '자기의 능력에 따라 일하면서' '자기의 필요와 욕구를 충족시킬'것이기 때문에… '모두가 참여하고 모든 성과를 평등하게 나누는 민주주의'가" 된다(김수행, 2014: 34). 따라서 자개연의 의제 설정, 의사 결정, 정책집행, 정책평가는 비재제, 정치적 평등, 합의의 의사 결정 원리에 따라 개인들의 직접 참여로 이루어지며, 이런 과정은 직접민주주의라고 할 수 있다. 이러한 의사 결정 원리에 따라 자개연에서는 개인의 자유가 완전히 성취되는 연합한 사회로 발전하게 된다. 한마디로 자개연은 '자유로운 개인들이 연합한 의사 결정 구조'를 나타내는 것이라고 할 수 있다.

자개연의 의사 결정 구조가 일어나는 최소 단위는 아래로부터의 자발적인 결사체라고 할 수 있는 협동조합이다. 마르크스는 새로운 사회를 협동조합적이라는 단어로 표현하고 있다. 협동조합은 대안사회의 실현 방안으로 제기되고 있으며, 베네수엘라가 자본주의로부터 자개연의 제1단계로 나아가는 이행기에 있다고 간주될 때도 협동조합의 중요성이 언급되고 있다. 물론 자개연의 의사 결정 구조가 일어나는 조직으로 코뮌을 들 수도 있다. 그러나 코뮌은 정치조직의 성격이 강하고, 이미 앞의 파리코뮌에서 설명하였기 때문에 여기에서는 연합한 노동의 원형이고, 생산조직인 협동조합의 특징을 살펴본다.

마르크스가 바라보는 협동조합의 특징은 다음과 같이 정리될 수 있다. 첫째, 협동조합은 자유롭고 평등한 생산자들의 연합을 만들어낼 수 있다. 둘째, 협동조합 운동이 규모를 확대하기 위해서는 국가권력을 획득하는 것이 필수조건이다. 셋째, 협동조합 상점보다는 협동조합적 생산인 협동조합 공장이 중요하다. 넷째, 모든 협동조합 조직은 사업을 확대하기 위해 기금을 설정해야 한다. 끝으로, 협동조합 조직이 주식을 발행하여 협동조합 사업에서 모든 노동자는 일정하고 동등한 주식을 가져야 된다. 마르크스는 협동조합적 조직들이 공동 계획에 따라 전국의 생산을 조정·계획하는 업무를 담당하며 통제할 수 있는 점을 강조하고 있다. 이러한 조직은 중앙기관의 위로부터 시스템이 아니라, 개인들의 각종 연합들이 아래로부터 편성하는 유기적 조직체라고 할 수 있으며, 상호 자립적인 연합들이 피드백을 통해 최적의 계획을 만들어낼 수 있다.

따라서 협동조합은 자유롭고 평등한 개인들의 연합으로 공동의 합리적 계획에 따라 생산을 조정하고, 나아가 평가(피드백)를 통해 다시 공동 계획을 수립하는 환류 과정을 따른다고 볼 수 있다. 마르크스는 협동조합이 생산물을 공동 계획, 조정, 평가하는 구체적 방식에 대해서는 설명하지 않고 있지만, 자유롭고 평등한 개인들이 직접 참여한 생산조직으로서 협동조합을 상정할 때, 자개연의 의사 결정 구조를 유추하는 것이 가능하다. 먼저, 협동조합에서 노동자들이 직접 의제 설정에 참여하여, 생산물에 대해 조정·계획하게 된다. 이는 의제 설정에 노동자들이 평등하게 참여하여 상호 토론을 통해 의사를 결정하는 방식이다. 협동조합에서 의사가 결정된 후, 정책의 집행 또한 노동자들이 담당하게 된다. 정책평가 또한 협동조합에 직접 참여한 노동자들에 의해 이루어진다.

이상에서 살펴본 것을 정리하면 자개연의 제1단계에서 의사 결정 원리는 자유롭고 평등한 개인들이 연합하여 누구도 배제되지 않고, 정치적 평등을 추구하며, 합의에 따라 이루어진다고 볼 수 있다. 그리고 의사 결정 구조는 협동조합에서 의제 설정(노동자) → 의사 결정(노동자) → 집행(노동자) → 정책평가(노동자) → 의제 설정(노동자)에 따른 환류 과정을 밟게 된다고 유추할 수 있다. 따라서 자개연은 비배제, 정치적 평등, 합의를 원칙으로 하여, 노동자들이 지역 협동조합에 직접 참여하는 의사 결정 구조를 이룬다고 할 수 있으며, 의사 결정 구조의 민주주의는 강한 직접민주주의라고 할 수 있다.

4) 참여계획경제론

지금까지 대안사회의 유형인 대안세계화운동, 리얼 유토피아, 자개연의 의사 결정 원리와 의사 결정 구조를 살펴보았다. 이들 유형의 의사 결정 구조는 구체적으로 논의되지 않고 있기 때문에 분석도 유추에 의존할 수밖에 없다는 한계가 있다. 그러나 참여계획경제론에서는 다른 유형들보다 의사 결정 원리와 의사 결정 구조에 대한 논의가 구체적이라고 할 수 있다. 참여계획경제론은 '참여경제', '참여계획경제', '협상조절참여계획', '노동시간 계산 모델' 등으로 분류될 수 있다. 참여계획경제론은 21세기 상황에서 마르크스 계획경제를 구현할 수 있는 모델로 활발하게 논의되고 있다. 또한 참여계획경제론은 자본주의 생산양식을 폐지한 사회에서 아래로부터의 민주적 의사 결정과 참여를 통한 계획의 수립과 실행을 추구하는 정치적·사회적·경제적 제도로 자유, 평등, 인간해방을 실현하는 체제라고 정의되기도 한다.

참여계획경제론 중 참여경제, 협상조절참여계획, 노동시간 모델은 마르크스주의 전통을 이어받은 아래로부터의 참여를 강조하는 계획경제라고 할 수 있지만, 마르크스주의 전통의 구체화를 위해서는 많은 보완과 개선이 필요하다는 비판을 받고 있다. 그리고 참여계획경제론은 시장의 한계 역할을 인정하며, 시장이 존재하거나 존재하지 않는 경우를 구별하기 위한 시장의 조작적 기준을 명쾌하게 설명하지 못한다는 비판도 받고 있다. 이러한 비판을 참고하면서 여기서는 참여계획경제론

중 의사 결정 구조가 다른 모델보다 더 구체적인 참여경제에 한해서 살펴보기로 한다.[8] 참여계획경제론 중 협상조절참여계획만이 참여계획 모델이라는 주장도 있지만, 참여경제가 경제주체로서 노동자 평의회의 정책 결정 과정과 방법을 주요하게 다루고 있기 때문에 이 글에서는 참여경제에 한정하고자 한다.

참여경제는 '파레콘(participatory economics에서 'par'와 'econ'의 합성어, 이하 파레콘)' 모델로 불리기도 한다. 파레콘은 자본주의와 중앙집권적 계획 또는 시장사회주의에 대한 대안 모델이라고 할 수 있다. 파레콘은 경제적 생활의 다양성을 촉진시키는 과정에서 경제 효율성을 희생하지 않고 경제정의, 경제 민주주의, 그리고 연대를 증대시키기 위해 고안된 모델이다. 여기서 경제정의란 용어는 희생 또는 노력에 비례하는 경제적 보상을 의미하며, 경제 민주주의 혹은 자율 관리(self-management) 는 개인이 의사 결정에 영향받는 정도에 비례해서 의사 결정권을 가지는 것을 뜻하고, 연대는 타인의 복리를 위한 관심으로 정의된다.

이러한 파레콘의 목적을 달성하여왔던 주요한 제도에는 노동자와 소비자의 민주적 평의회, 권한 강화를 위한 균형 잡힌 직업, 동료들의 판단에 따른 노력에 대한 보상 등이 있다. 또한 참여계획 과정이 있는데, 이는 노동자들과 소비자들의 평의회와 연맹이 효율적이고 공평한 결과를 보장하기 위해 고안된 규칙하에 그들 자신의 계획을 제안하거나 수정하는 것을 말한다. 파레콘에서는 노동자 평의회의 역할이 강조된다. 노동자 평의회는 생산물을 이행하는 기구이며, 여기에서는 모든 회원은 한 표의 권리를 가지고, 개인에게 주어진 일은 균형을 이루며, 노동자들의 노력은 동료들에 의해 평가된다.

이러한 파레콘의 주요 특징은 아래로부터의 참여를 통한 계획경제이며, 이를 달

---

8) 참여계획경제론은 정성진(2006), 이정구(2006), 하태규(2014) 등에서 자세히 소개되고 있다. 정성진(2006)은 마르크스 사회주의론의 전통에서 파레콘, 협상조절참여계획, 노동시간 계산 모델의 주요 특징을 비교하고, 의사 결정 방식의 원리는 직접 및 대의민주주의(파레콘, 협상조절참여계획 해당), 직접민주주의와 추첨(노동시간 계산 모델 해당)으로 도식화하고 있다. 하태규(2014)는 파레콘과 노동시간 계산 모델을 비판·발전시켜 사회주의 모델로서 직접민주주의의 원리를 반영한 의사 결정과 참여를 통한 참여계획경제를 제안하고 있다.

성하기 위한 의사 결정기구는 민주적 노동자 평의회라고 할 수 있다. 즉, 파레콘에서는 노동자 평의회를 통해 경제적 선호가 표출되며, 경제행위가 결정되고 실행된다. 파레콘은 참여와 공평성을 강조하는데 이는 권한 강화를 위한 균형 잡힌 직업과 직결되기 때문이다. 참여와 공평성은 이 글이 제안하는 의사 결정 원리인 비배제와 정치적 평등과 가깝다고 할 수 있다. 파레콘에서 모든 노동자들이 똑같이 정책 결정권을 행사하고 책임을 지며, 정책 결정에 참여하는 것은 모든 사람들에게 평등하기 때문에 비배제와 정치적 평등 원리가 적용된다고 할 수 있다.

　파레콘의 정책 결정은 다수결제나 합의제를 강요하지 않으며, 비례적 결정권을 통한 합의에 따라 이루어진다. 비례적 결정권이란 정책에 의해 영향을 받는 정도에 비례해서 그 정책의 결정 과정에 영향력을 행사하는 것을 말한다. 이는 앞에서 설명한 파레콘의 경제 민주주의 혹은 자율관리를 의미하기도 한다. 파레콘에서는 비례적 결정권에 따라 다수결제나 합의제를 거부한다. 또한 파레콘은 합의제의 과정에 대해 비판적이다. 파레콘은 합의제가 다수결제와 같이 정보의 준비·유포·교환과 다양한 토론 방법을 이용하기 때문에 합의제의 장점이 없음을 지적한다. 또한 파레콘은 서로가 상대방을 존중하고 의견을 조율할 때는 합의제가 완벽하게 작용될 수 있으나, 특정 정책에 반대하는 집단이 있을 경우 합의가 쉽게 무산될 수 있다고 강조한다. 따라서 파레콘의 의사 결정 원리는 비배제, 정치적 평등, 그리고 합의가 아닌 비례적 결정권을 지향한다고 할 수 있다.

　파레콘의 의사 결정 구조가 일어나는 최소 단위는 노동자 평의회와 소비자 평의회로 이중 구조를 취하고 있다. 앨버트(2003: 155~158)에 따르면 파레콘에서 경제는 노동자들과 소비자들에 의해 운영되며, 노동자 평의회는 생산을 조직하고, 소비자 평의회는 소비를 관리한다. 이들 평의회는 민주적 평의회이다. 노동자 평의회는 모든 직장을 관리하며, 작업팀과 소단위별로 소규모 평의회가 조직된다. 그리고 대규모 평의회는 부문, 전체 직장, 산업별로 이루어진다. 개인이나 가족과 같은 최소의 사회적 단위는 가장 작은 규모의 소비자 평의회를 구성하고, 이러한 평의회는 동네 평의회에 소속된다. 동네 평의회는 도시의 구 또는 농촌의 읍 평의회에 소속되고, 이러한 평의회는 또 시 또는 군 평의회에 속하게 된다. 그리고 최종적 평의회는 주 평의회와 전국 평의회가 된다.

노동자 평의회에서 다루는 의제는 포괄적이라고 할 수 있다. 노동자 평의회를 통해 노동자들은 경제 민주주의에 따라 정책 결정 구조와 수단을 위임하고 분산시키는 역할을 담당한다. 소비자 평의회의 정책 결정 또한 노동자 평의회와 같이 참여적이고 공평하게 이루어진다. 이러한 노동자 및 소비자 평의회는 민주적으로 이루어짐을 특징으로 하고 있다. 그러나 이러한 민주적 평의회의 정책 결정 절차와 소통 방법은 신축적이고, 비례적이며, 참여적이고 동시에 효과적인 정책 결정권의 행사라고 하는 목적을 달성하기 위한 수단으로 작용한다. 파레콘에서 신축적 정책 결정을 선호하는 이유는 다음과 같이 설명되고 있다.

1. 정책 결정에 참여하는 사람들 각자가 결정에 적절한 정도의 영향력을 행사할 수 있도록 보장하기 위해 어떻게 하는 것이 가장 좋은지를 미리 강구해두는 것이 바람직하다. 그 때문에 참여자들이 자기 자신 및 다른 사람들의 선호를 파악하거나 자신의 최종의사를 결심하는 데 필요한 사항들은 최소화하고 전체 과정도 단순화된다.……
2. 의도하지 않은 실수, 평소의 편향성 또는 고의적인 조작 행위에 의해 어느 행위자가 이상적인 비례적 결정권과는 동떨어지게 정책 결정을 왜곡할 수 있는 정도를 최소화하는 것이 바람직하다(앨버트, 2003: 169).

이러한 신축적 정책 결정 방법론은 한 사람에게 최종 결정권이 전적으로 일임되는 것을 반대하며, 또한 모든 사람들이 언제나 올바른 결정을 내린다는 가정에도 동의하지 않는다. 앨버트는 파레콘에서 민주적 평의회의 정책 결정 과정처럼 중요한 것은 균형적 직군(balanced job complexes)이라고 한다. 균형적 직군은 직장의 정책 결정에 노동자들이 다른 노동자들과 같이 준비된 상태에서 참여할 수 있도록 평등한 권한을 부여하기 위해서 꼭 필요하다고 한다. 직장 내부에서 직무의 균형을 유지하는 것뿐만 아니라 직장 사이에 균형을 유지하는 것은 참여적이고 공평한 경제 체제를 수립하기 위해 필요하다는 것이다. 따라서 파레콘은 균형적 직군과 민주적 평의회의 효과적 결합을 통해 참여와 공평성을 증진시킬 수 있고, 위계구조가 없는 생산관계에 접근할 수 있다고 본다.

파레콘에서 균형적 직군과 민주적 평의회에 따른 정책 결정을 위해 참여자들에게 생산과 소비에 관한 다양한 정보를 제공하는 기구가 계획촉진위원회(iteration facilitation board)다. 계획촉진위원회는 모든 재화, 자원, 노동범주, 자본에 대해 지시가격을 공표하고, 소비자 평의회와 노동자 평의회는 이에 따라 각각 소비 계획안과 생산 계획안을 작성하게 된다. 이러한 계획안은 소규모 평의회를 거쳐 동네 평의회와 직장 평의회 등의 상급 평의회로 제출되고, 상급 평의회는 하급 평의회의 계획안을 승인하거나 보완을 요구하는 절차를 밟게 된다. 하급 평의회와 상급 평의회 사이에서 계획안을 두고 승인이라는 절차가 있으나, 이러한 과정은 연대, 공평성, 다양성, 자율관리 등의 가치에 따라 조정된다고 할 수 있다.

결론적으로 앨버트(2003: 255~256)는 "참여경제는 노동자와 소비자 평의회, 균형적 직군, 노고에 대한 보상, 참여계획, 그리고 자율관리에 기초한 정책 결정을 토대로 해서 건설된다. 따라서 그것은 생산수단의 사적 소유, 위계적 직장 조직, 시장과 중앙집권적 계획을 거부한다. 노동자들에 대한 자본가 또는 조정자들의 지배가 종식되고, ……노동자들과 소비자들이 서로 협력해서 경제적 선택 방안들을 결정하고 이익을 얻는 경제가 곧 파레콘이다"라고 주장한다. 다시 말하면 파레콘은 사람들이 다른 사람들과 공평한 상황에서 그들 자신의 경제적 삶을 통제할 수 있도록 고안된 것이며, 모든 사람들은 정책에 의해 영향을 받는 정도에 비례해서 경제적 의사 결정 과정에 참여하는 기회를 가져야 된다는 것이다. 이런 점에서 보면 파레콘에서는 자율관리가 사람들의 핵심적 권리라고 할 수 있다.

파레콘은 특정한 정책 결정 방법을 제시하지 않고, 비례 결정권이 보장되는 경제 민주주의 혹은 자율관리와 참여에 관한 목표만 제시하고 있다. 정책에 의해 영향을 받는 정도에 비례해 그 정책의 결정 과정에 영향력을 행사하는 비례 결정권은 매우 추상적인 개념이라고 할 수 있다. 왜냐하면 사람들이 정책에 의해 영향을 받는 정도를 객관적으로 측정하기 어려우며 이에 따라 정책 결정 과정에 참여하여 영향력을 얼마만큼 행사할 수 있는지도 판단하기 쉽지 않기 때문이다. 그럼에도 불구하고 비례 결정권이란 정책에 의해 영향을 받는 사람들이 의사 결정 과정에서 배제되지 않고, 참여해야 한다는 점에서 규범적이고, 강행적 원칙이라는 데 의미가 있다고 할 수 있다.

이상에서 파레콘의 의사 결정 원리와 의사 결정 과정에 대해 살펴보았다. 파레콘의 의사 결정 원리는 비배제, 정치적 평등, 그리고 비례 결정권이다. 파레콘의 의사 결정 구조가 일어나는 최소 단위는 노동자와 소비자 평의회이다. 따라서 노동자와 소비자 평의회에서 의사 결정 구조는 의제 설정(노동자 및 소비자) → 의사 결정(노동자 및 소비자) → 집행(노동자 및 소비자) → 정책 평가(노동자 및 소비자) → 의제 설정(노동자 및 소비자)에 따른 환류 과정을 거친다고 할 수 있지만, 집행과 정책평가 과정에 대해서는 구체적으로 언급되지 않고 있다.

그러나 노동자와 소비자 평의회가 각각 생산과 소비를 주관하고 있고, 자율관리 원칙에 따라 의사 결정이 이루어지기 때문에 생산과 소비에 대한 정책 결정이 이루어지면, 집행과 평가도 노동자와 소비자 평의회에서 이루어진다고 볼 수 있다. 그리고 최소 단위의 평의회에서는 직접민주주의를 원칙으로 노동자와 소비자가 의사 결정 과정에 직접 참여하며, 반면에 상급 평의회의 경우에는 대의민주주의에 따라 특정 노동자와 소비자가 대표로 참여하는 형태를 띠고 있다고 할 수 있다. 따라서 파레콘은 비배제, 정치적 평등, 비례 결정권을 의사 결정 원리로 하여, 최소 단위인 평의회에서는 직접민주주의와 상급 단위인 평의회에서는 대의민주주의가 병행되는 의사 결정 구조를 나타낸다고 할 수 있다.

4. 의사 결정 구조 분석 결과 논의

지금까지 분석틀에 따라 대안사회의 유형별 의사 결정 원리와 의사 결정 구조를 살펴보았다. 분석틀로서 대안사회에서 실현 가능한 의사 결정 구조는 의제 설정(인민 혹은 대표) → 의사 결정(인민 혹은 대표) → 집행(대안 관료) → 정책평가(인민 혹은 대표) → 의제 설정(인민 혹은 대표)이라는 환류 과정에 인민이 주체가 되어 직접 참여하는 것이었다. 분석틀의 의사 결정 원리는 의사 결정 구조의 과정에 인민이 직접 참여하여 배제되지 않고, 정치적 평등을 이루며, 합의를 바탕으로 의사 결정이 이루어지는 것이었다. 의사 결정 이후의 집행은 대안 관료 집단으로 공무원이 아닌 아테네와 파리코뮌의 행정관 혹은 대리인과 같은 집단이 전담하며, 대안 관료 집단은 주민소환과 명령적 위임에 따라 인민지배와 인민통제하에 있게 된다는 것이었다. 이 분석틀로 대안세계화운동의 ATTAC, 리얼 유토피아, 자개연, 참여계획경제론의 파레콘 모델을 분석하였다.

ATTAC, 리얼 유토피아, 자개연의 의사 결정 원리는 비배제, 정치적 평등, 합의가 기본 원칙이다. 그러나 ATTAC의 경우, 조직의 위계에 따라 다른 원리가 적용되고 있다. ATTAC의 지역 조직과 국가 조직은 의사 결정 원리로 비배제, 정치적 평등, 합의를 추구하나, 상부 조직인 이사회와 창립자 모임에서는 위로부터의 의사 결정 방식을 채택하고 있다. 이는 ATTAC의 상부 조직에서는 비배제, 정치적 평등, 합의 원리가 작동되지 않고 있음을 보여주는 것이다. 또한 참여계획경제론의 파레콘 모델의 의사 결정 원리는 비배제와 정치적 평등을 지향하나, 합의 대신 비례적 결정권을 핵심적 원리로 하고 있다. 파레콘 모델은 합의제의 작동이 실현되기 어려움을 비판하고, 정책 결정에 의해 영향을 받는 정도에 비례해서 정책 결정 과정에 영향력을 행사하는 비례 결정권을 원칙으로 한다.

대안사회의 유형 중 가장 다양한 민주주의 유형을 나타내는 것은 리얼 유토피아다. 리얼 유토피아는 직접민주주의, 대의민주주의, 결사체민주주의, 참여민주주의, 토의민주주의, 무작위민주주의가 혼합된 하이브리드 민주주의를 지향하고 있다. 리얼 유토피아가 이런 다양한 민주주의를 채택하고 있는 것은 권력 강화된 참여적 통치라는 EPG 모델의 특성에서 기인한다. EPG 모델은 대안사회의 다양한 사례를 취합하여 장점만 하이브리드 형식으로 조합한 것이기 때문에 민주주의 정체도 다양할 수밖에 없다.

EPG 모델은 의제 설정과 의사 결정이 아래로부터 이루어져야 된다는 점에 있어서 직접민주주의, 참여민주주의, 토의민주주의를 추구하고 있지만, 주민참여예산제도와 같이 시민단체 등의 참여를 강조하는 결사체민주주의도 권장하고 있다. 또한 EPG 모델은 시민대표로 구성되는 시민의회의 모형으로 추첨을 통한 무작위민주주의도 선호한다. 이러한 EPG 모델의 다양한 민주주의는 의제 설정과 의사 결정이 이루어지는 단위도 복잡하게 만들게 된다. 그러나 EPG 모델의 핵심은 직접민주주의로서 이를 보완하기 위한 수단으로 대의민주주의, 참여민주주의, 토의민주주의, 결사체민주주의, 그리고 무작위민주주의가 더해지고 있다.

EPG 모델은 대안사회의 민주주의 유형이 직접민주주의만으로 이루어질 수 없음을 보여주고 있다. ATTAC과 파레콘 모델의 경우, 이중 의사 결정 구조를 취하면서 아래로부터 직접민주주의와 위로부터의 대의민주주의를 혼합하고 있다. 이는 의제 설정과 의사 결정이 아래로부터 직접 이루어져야 함을 반영하는 동시에, 이 과정이 일어나는 단위가 광역 혹은 전국으로 확대될 경우, 의제 설정과 의사 결정에 참여하는 인민은 대표가 되어야 한다는 대의민주주의를 표방하는 것이다. 다시 말하면, 현대 자본주의 체제하에서 대의민주주의를 통해 대리인을 선출하는 제도의 한계를 그대로 답습하는 것이다. 이는 대안사회의 상급 단위(광역, 전국, 국가)의 구성에 대한 논의가 부족함에서 기인한다고 볼 수 있다. 이런 점에서 보면, 자개연 또한 최소 단위에서는 직접민주주의를 원칙적으로 하나, 상급 단위의 민주주의 유형에 대해서는 구체성을 결여하고 있다. 이런 사실은 마르크스도 자개연의 단위별 민주주의 유형을 언급하지 않은 데서 알 수 있다.

대안사회의 하급 단위와 상급 단위의 민주주의 유형은 각 단위별 의사 결정 구조 형성에 중요한 영향을 미칠 수 있다. 이는 직접민주주의 혹은 대의민주주의에 따라 의사 결정 구조가 달라지기 때문이다. 이러한 점은 대안사회의 유형별 의사 결정 구조에서도 그대로 나타난다. ATTAC, EPG 모델, 자개연, 파레콘 모델에 있어서 최소 단위의 의사 결정 구조는 의제 설정(회원, 인민, 노동자, 소비자 등) → 의사 결정(회원, 인민, 노동자, 소비자 등) → 집행(회원, 사무국 직원, 인민, 무작위 선출 인민, 노동자, 소비자 등) → 정책평가(회원, 사무국 직원, 인민, 무작위 선출 인민, 노동자, 소비자 등) → 의제 설정(회원, 인민, 노동자, 소비자 등)이라는 환류 과정으로 이루어진다. 이러한 최소 단위의 의사 결정 구조는 직접민주주의를 지향하기 때문에 의제 설정과 의사 결정 과정에 회원(ATTAC), 인민(EPG 모델), 노동자(자개연), 노동자 혹은 소비자(파레콘 모델) 등이 직접 참여하게 된다.

그러나 대안사회의 유형에서 집행·정책평가 과정과 상급 단위의 의사 결정 구조에 참여하는 구성원은 달라진다. ATTAC의 경우, 최소 단위에서 집행·정책평가 과정에 참여하는 구성원은 회원 또는 사무국 직원이며, 상급 단위에서는 대의민주주의에 따른 이사회 이사와 창립자 모임 회원이 의사 결정 구조 전 과정에 참여하게 된다. EPG 모델의 경우, 인민 혹은 무작위 선출 인민이 집행과 정책평가에 참여한다. 무작위 선출 인민이란 상급 단위의 의사 결정 구조에 참여하는 구성원이다. EPG 모델은 상급 단위의 경우, 대의민주주의를 보완하는 무작위민주주의를 취하고 있다. 자개연과 파레콘 모델에서는 최소 단위의 의사 결정 구조에 노동자 혹은 소비자가 직접 참여하게 되지만, 상급 단위에서는 노동자와 소비자의 대표가 의사 결정 구조에 참여하기 때문에 대의민주주의 형태를 띤다고 볼 수 있다.

대안사회의 유형별 의사 결정 구조는 민주주의 유형과 직결될 수밖에 없으며, 이는 최소 단위와 상급 단위에 따라 민주주의 유형이 달라질 수밖에 없음을 확인해 주고 있다. ATTAC의 최소 단위는 지역 조직 또는 국가 조직이며, 상급 단위는 이사회 혹은 창립자 모임이다. 리얼 유토피아의 최소 단위는 평의회이며, 상급 단위는 지역·광역·전국 평의회 또는 시민의회가 될 수 있다. 자개연의 최소 단위는 협동조합이며, 상급 단위는 리얼 유토피아처럼 지역·광역·전국을 대표하는 협동조합이다. 파레콘 모델의 경우, 최소 단위는 노동자 혹은 소비자 평의회가 되며, 상급 단위 또한 지역·광역·전국을 대표하는 노동자 혹은 소비자 평의회라고 할 수 있다. 결국, 대안사회의 유형별 의사 결정 구조에 있어서 상급 단위는 지역·광역·전국이라는 단위에 따라 대의민주주의로 대표 평의회 혹은 대표 협동조합 형태를 갖춘다고 할 수 있을 것이다.

이러한 점에 있어서 ATTAC, 자개연, 파레콘 모델은 상급 단위의 대의민주주의에 대해 구체적 언급을 하지 않지만, 리얼 유토피아만이 무작위 추첨에 의한 시민의회를 상급 단위로 간주하면서 무작위민주주의를 제시하고 있다. 리얼 유토피아의 무작위민주주의는 대의민주주의의 보완재 성격이 짙다. 이러한 방식은 파리코뮌의 대리민주주의처럼 대의민주주의의 한계를 보완할 수 있는 것처럼 보인다. 그러나 파리코뮌의 대리민주주의는 시의원 및 행정 관료 등을 주민소환과 명령적 위

〈표 6-1〉 대안사회 유형별 의사 결정 구조 비교 분석

의사 결정 요소		대안세계화운동 (ATTAC)	리얼 유토피아 (EPG 모델)	자개연	참여계획경제론 (파레콘 모델)
대안사회 단계		이행기 모델	이행기 모델	공산주의의 낮은 단계	공산주의의 낮은 단계
의사 결정 단위	최소 단위	지역 및 국가 조직	평의회	협동조합	노동자·소비자 평의회
	상급 단위	이사회 혹은 창립자 모임	지역·광역·전국 평의회	지역·광역·전국 협동조합	지역·광역·전국 평의회
민주주의 유형	최소 단위	직접민주주의	하이브리드 민주주의	강한 직접민주주의	직접민주주의
	상급 단위	대의민주주의	하이브리드 민주주의	대의민주주의	대의민주주의
의사 결정 원리[9]	비배제	○	○	○	○
	정치적 등	○	○	○	○
	합의	○	○	○	비례적 결정권
의사 결정 구조 주체	의제 설정	회원	인민	노동자	노동자·소비자
	의사 결정	회원	인민	노동자	노동자·소비자
	의사 집행	회원·사무국직원	인민·무작위 추첨인민	노동자	노동자·소비자
	정책 평가	회원·사무국직원	인민·무작위 추첨인민	노동자	노동자·소비자

임으로 인민지배와 인민통제를 강화하는 반면에 리얼 유토피아와 다른 대안사회 유형에는 이런 통제 장치가 없다. 이는 대안사회 논의가 상급 단위의 의사 결정 구조 과정에 대표 혹은 대리인을 참여시키는 대의민주주의를 극복할 수 있는 대안 민주주의를 제시하지 못하고 있는 한계를 반영하는 것이다.

더 구체적으로 말하면 ATTAC과 리얼 유토피아와 같은 낮은 단계의 대안사회인 자본주의에서 대안사회로의 이행기 모델과 자개연과 파레콘과 같은 공산주의의 낮은 단계 모델 중에서 리얼 유토피아만이 최소 단위와 상급 단위에서 아래로부터의 민주적 의사 결정 구조를 지향하고 있다고 할 수 있다. 이는 이행기 모델보다 발

전적 단계인 공산주의의 낮은 단계 모델이 상급 단위에서 아래로부터의 민주적 의사 결정 구조를 보장하지 못하고 있다는 것을 의미한다. 즉, 체제가 더 발전적 단계로 진화되더라도 아래로부터의 민주적 의사 결정 구조를 반영하지 못할 수도 있다는 것이다.

이는 자개연과 파레콘이 상급 단위에서 아래로부터의 민주적 의사 결정 구조에 대해 거의 논의를 하지 않는 데서 기인한다고 볼 수 있다. 그러나 ATTAC, 리얼 유토피아, 자개연, 파레콘은 의사 결정 원리로 비배제, 정치적 평등, 합의를 지향하고 있다. 또한 최소 단위에서 의사 결정 구조 주체는 회원, 인민, 노동자, 혹은 소비자 등이 직접 참여하여 아래로부터의 민주적 의사 결정 구조에 취하고 있다는 공통점이 있다. 이상과 같은 대안사회의 유형별 의사 결정 원리와 의사 결정 구조는 〈표 6-1〉과 같이 정리될 수 있다.

5. 결론

현대 자본주의는 신자유주의 세계화로 인해 모순이 극대화되면서 다른 세계도 가능하다는 대안사회 논쟁을 촉발시켰고, 세계 각지에서 대안사회의 새싹을 목격하고 있다. 자본주의가 대안사회의 새싹을 잉태하고 있다는 명제가 확인되고 있는 것이다. 현대 자본주의에서 대안사회로의 이행이 부분적으로나마 현실화되고 있는 시점에서 대안세계화운동, 리얼 유토피아, 자개연, 참여계획경제론 등의 연구는 대안사회의 구체화를 위해 중요성을 더하고 있다. 그러나 이러한 연구는 대안사회에서 실현 가능한 의사 결정 원리와 의사 결정 구조에 대해 거의 조명하지 않고 있

---

9) 기호 'O'은 의사 결정 원리인 비배제, 정치적 평등, 합의의 원리가 적용되는 것을 뜻한다. 참여계획경제론의 파레콘 모델만이 의사 결정 원리로 합의를 적용하지 않고, 비례적 결정권을 적용하고 있다. 의사 결정 구조에 직접 참여하는 주체는 최소 단위의 경우만 상정한 것이다. 상급 단위의 경우, 리얼 유토피아만 제외하고 대의민주주의에 의한 대리인 혹은 대표가 의사 결정 구조 전 과정에 참여한다고 볼 수 있다.

는 것이 현실이다.

대안사회에서 실현 가능한 의사 결정 원리는 비배제, 정치적 평등, 합의이다. 대안세계화운동, 리얼 유토피아, 자개연은 이 원리를 따르고 있다. 참여계획경제론의 파레콘 모델만 유일하게 합의 대신에 비례적 결정권을 핵심 의사 결정 원리로 삼고 있다. 대안사회의 유형별 의사 결정 구조를 보면 최소 단위에서는 직접민주주의로 인민 혹은 노동자가 평의회나 협동조합의 의제 설정, 의사 결정, 정책 집행 과정에 직접 참여하고 있다. 이러한 의사 결정 구조는 멕시코의 사파티스타운동, 베네수엘라의 주민자치회, 브라질의 주민참여예산제, 그리고 스위스의 게마인데 지역집회 등에서도 이미 나타나고 있다.

그러나 대안세계화운동, 자개연, 파레콘 모델에서 상급 단위의 의사 결정 구조는 대의민주주의 형식을 취하고 있으며, 이에 대한 구체적 언급은 거의 없다. 리얼 유토피아만이 상급 단위의 의사 결정 구조를 위해 대의민주주의를 보완한 무작위 민주주의를 논의하고 있다. 대안사회 유형이 상급 단위의 의사 결정 구조에 대해 구체적 논의를 진척시키지 못하고, 대의민주주의로 인민 혹은 노동자의 대표와 대리인이 의제 설정과 의사 결정을 하는 방식을 언급하는 것은 현대 자본주의의 의사 결정 구조를 그대로 반영하는 것에 지나지 않는다. 현대 자본주의에서 대의민주주의의 한계와 문제점은 인민이나 노동자를 의사 결정 과정에서 배제하고, 불평등과 소외를 심화시키는 것이다.

대안사회를 위한 실현 가능한 의사 결정 구조는 현대 자본주의의 그것과는 달라져야 한다. 의사 결정 과정에서 인민과 노동자가 배제되지 않아야 하고, 정치적 평등이 보장되며, 소외되지 않아서 이들이 해방될 수 있는 아래로부터의 사회로 나아가야 한다. 대안사회에서는 최소 단위뿐만 아니라 상급 단위에서도 인민과 노동자의 지배와 통제가 강화될 수 있는 의사 결정 구조가 되어야 하는 것이다. 이런 의사 결정 구조는 이미 파리코뮌에서 실현된 바 있다. 대의민주주의에 따라 인민의 대표가 상급 단위의 의사 결정 구조에 참여하게 되더라도 파리코뮌처럼 인민이 그들을 지배하고, 통제할 수 있는 대리민주주의를 지향해야 한다.

최소 단위뿐만 아니라 상급 단위에서도 아래로부터의 인민, 노동자, 소비자 등이 의사 결정 구조에서 직접 영향력을 행사할 수 있는 직접민주주의와 대리민주주의로 설계되어야 함을 대안사회에서의 실현 가능한 의사 결정 구조로 제시한다. 대안사회에서 실현 가능한 의사 결정 구조는 실현 불가능한 것이 아니다. 왜냐하면 또 다른 TINA가 나오게 된다면 이것이 잉태하는 대안사회의 새싹도 또한 자라나기 때문이다. 향후 대안사회에서 실현 가능한 의사 결정 구조에 대한 구체적 논의가 더욱 활발하게 전개되어 이의 완성도를 더 높이기를 기대한다.

참고문헌

김도균. 2009. 「공동의사 결정으로서의 거버넌스와 절차적 정의: 세 가지 모델」. ≪국정관리연구≫, 4권 2호.
김수행. 2006. 「『자본론』에서 볼 수 있는 자본주의 이후의 경제체제」. ≪마르크스주의 연구≫, 3권 2호.
_____. 2007. 「베네수엘라의 '21세기형 사회주의'?」. ≪마르크스주의 연구≫, 4권 2호.
_____. 2012. 『마르크스가 예측한 미래사회: 자유로운 개인들의 연합』. 한울.
_____. 2014. 『자본론 공부: 김수행 교수가 들려주는 자본 이야기』. 돌베개.
김영수. 2015. 「국가 권력의 민주적 사회화 모델: 권력구조의 대안적 메커니즘을 중심으로」. 경상대학교 사회과학연구원 엮음. 『자본주의를 넘어선 대안사회경제』. 한울.
김윤경. 2013. 「멕시코 원주민의 자치(autonomía)를 위한 운동: 사빠띠스따운동을 중심으로」. ≪Revista Liberoamericana≫, 24권 1호.
김의동. 2010. 「대안세계화운동에서 Attac의 성과와 한계」. 경상대학교 사회과학연구원 엮음. 『대안세계화운동 이념의 국제비교』. 한울.
_____. 2015. 「참여계획경제 대외무역의 기본 전제에 대한 연구: 러시아 대외무역체제 변화과정 검토를 중심으로」. 경상대학교 사회과학연구원 엮음. 『자본주의를 넘어선 대안사회경제』. 한울.
김주성. 2008. 「심의민주주의인가, 참여민주주의인가?」. ≪한국정치학회보≫, 42권 4호.
김창근. 2010. 「베네수엘라 볼리바리안 혁명의 21세기 사회주의 건설운동: 가능성과 과제」. ≪마르크스주의 연구≫, 7권 3호.
_____. 2012. 「신자유주의 세계화에 대한 민족주의적 대안: 한국의 발전국가 이론 및 발전국가 재생론 비판」. 경상대학교 사회과학연구원 엮음. 『한국의 대안세계화운동 이념』. 한울.

김현. 2015. 「코뮌 혹은 평등한 자들의 공동체」. ≪민주주의와 인권≫, 15권 2호.

라이트, 에릭 올린(Erik Olin Wright). 2012. 『리얼 유토피아: 좋은 사회를 향한 진지한 대화』. 권화현 옮김. 들녘.

랑시에르, 자크(Jacques Ranciere). 2012. 『민주주의는 왜 증오의 대상인가』. 허경 옮김. 인간사랑.

레닌, 블라디미르(Vladimir Lenin). 2015. 『국가와 혁명: 마르크스주의 국가론과 혁명에서 프롤레타리아트의 임무』. 문성원·안규남 옮김. 돌베개.

마르크스, 칼(Karl Marx). 2010. 『자본론』 I 상. 김수행 옮김. 비봉출판사.

_____. 2011a. 「고타 강령 초안 비판」. 『칼 맑스 프리드리히 엥겔스 저작 선집 4』. 최인호 외 옮김. 박종철출판사.

_____. 2011b. 「프랑스 내전」. 『칼 맑스 프리드리히 엥겔스 저작 선집 4』. 최인호 외 옮김. 박종철출판사.

마르크스(Karl Marx)·엥겔스(Friedrich Engels). 2013. 「공산주의당 선언」. 『칼 맑스 프리드리히 엥겔스 저작 선집 1』. 최인호 외 옮김. 박종철출판사.

민영수·이지문. 2013. 「자본주의 대안체제로서의 공선사회 모색: 협동조합과 추첨민주주의를 중심으로」. ≪사회이론≫, 44권 0호.

박지웅. 2013. 「자유로운 개인들의 연합에서의 자유, 개인 및 연합: 『마르크스가 예측한 미래사회』」. ≪마르크스주의 연구≫, 10권 1호.

송기복. 2010. 「정보사회 민주주의 이론적 재검토; 직접민주제 구현 vs 대의민주제 보완」. ≪미국헌법연구≫, 21권 3호.

앨버트, 마이클(Michael Albert). 2003. 『파레콘: 자본주의 이후, 인류의 삶』. 김익희 옮김. 북로드.

엥겔스, 프리드리히(Friedrich Engels). 2011. 「공산주의의 원칙들」. 『칼 맑스 프리드리히 엥겔스 저작 선집 1』. 최인호 외 옮김. 박종철출판사.

오거스트, 아닐드(Arnold August). 2015. 『쿠바식 민주주의: 대의민주주의 vs 참여민주주의』. 정진상 옮김. 삼천리.

오현철. 2006. 「민주주의의 새로운 공간: 한국 공론장의 대안적 발전 모델을 중심으로」. ≪한국정치학회보≫, 41권 2호.

이정구. 2006. 「새로운 대안경제의 모색: 참여경제(파레콘)를 중심으로」. ≪마르크스주의 연구≫, 3권 2호.

_____. 2010. 「한국에서 진보·좌파의 대안세계화운동 이념 비교」. 경상대학교 사회과학연구원 엮음. 『한국의 대산세계화운동 이념』. 한울.

이지문. 2015. 「민주주의 가치 구현을 위한 추첨제 의회 모색」. ≪대한정치학회보≫, 19권 3호.

장상환. 2010. 「대안세계화운동과 좌파정당」. 경상대학교 사회과학연구원 엮음. 『대안세계화운동의 조직과 전략』. 한울.

장수찬. 2011. 「지방정부와 심의 민주주의의 실험. '타운 홀 미팅' 사례연구」. ≪경제와사회≫, 90호.

장시복. 2010. 「'다중'은 대안세계화운동의 희망인가?」. 경상대학교 사회과학연구원 엮음. 『대안세계화운동의 이념』. 한울.

장준호. 2008. 「스위스 연방의 직접민주주의: 2008년 6월 1일 국민투표를 중심으로」. ≪국제정치론집≫, 48권 4호.

정성진. 2006. 「'21세기 사회주의'와 참여계획경제의 가능성」. ≪진보평론≫, 30호.

_____. 2010. 「대안세계화운동과 급진 좌파정당」. 경상대학교 사회과학연구원 엮음. 『대안세계화운동 이념의 국제비교』. 한울.

_____. 2015. 「마르크스 공산주의론의 재조명」. 경상대학교 사회과학연구원 엮음. 『자본주의를 넘어선 대안사회경제』. 한울.

정재원. 2012. 「직접민주주의와 사회적경제의 확장: 초기 소련과의 비교로 본 베네수엘라 변혁 전망」. ≪한국사회학회 사회학대회논문집≫.

정정길·최종원·이시원·정준금·정광호. 2002. 『정책학원론』. 대명출판사.

정주환. 2016. 「그리스 민주정치와 선거제도: 아테네 민주주의의 형성과 추첨제를 중심으로」. ≪법학논의≫, 40권 1호.

정진상. 2010. 「대안세계화운동과 새로운 국제주의」. 경상대학교 사회과학연구원 엮음. 『대안세계화운동의 조직과 전략』. 한울.

정철현. 2001. 『행정의사 결정론』. 다산출판사.

주성수. 2005. 「국가정책 결정에 국민여론이 저항하면?: 심의민주주의 참여제도의 탐색」. ≪한국정치학회보≫, 39권 3호.

지젝, 슬라보예(Slavoj Žižek). 2010. 『처음에는 비극으로, 다음에는 희극으로』. 김성호 옮김. 창비.

최태룡. 2015. 「대안사회론과 사회적경제: 한 생활-직업 공동체의 사례와 관련하여」. ≪마르크스주의 연구≫, 12권 4호.

캘리니코스, 알렉스(Alex Callinicos). 2003. 『반자본주의 선언』. 정성진·정진상 옮김. 책갈피.

하태규. 2013. 「자본주의 위기와 대안, 참여계획경제와 직접민주주의로서의 사회주의」. ≪진보평론≫, 56호.

_____. 2014. 「참여계획경제의 대외 경제 관계 모델 연구」. ≪경제와 사회≫, 103호.

헬드, 데이비드(David Held). 2012. 『민주주의의 모델들』. 박찬표 옮김. 후마니타스.

Ackerman. J. 2004. "Co-Governance for Accountability: Beyond Exit and Voice. *World Development*, 32(3).

Adaman, F. and P. Devine. 2001. "Participatory Planning as a Deliberative Democratic Process: A Response to Hodgson's Critique." *Economy and Society*, 30(2).

_____. 2002. "The Promise of Participatory Planning: A Rejoinder to Hodgson." *Economy and Society*, 35(1).

Albert, M. and R. Hahnel. 2002. "In Defense of Participatory Economics." *Science & Society*, 66(1).

Callinicos, A. 1991. The Revenge of History: *Marxism and the East European Revolutions*.

Cambridge: Polity.

Chattopadhyay, P. 2006. "Passage to Socialism: The Dialectic of Progress in Marx." *Historical Materialism*, 14(3).

Dahl, R. A. 2000. *On Democracy*. New Haven: Yale University Press.

Devine, P. 2002. "Participatory Planning through Negotiated Coordination." *Science & Society*, 66(1).

Fung, A. and E. Wright. 2001. "Deepening Democracy: Innovations in Empowered Participatory Governance." *Politics & Society*, 29(1).

_____. 2003. *Deepening Democracy: Institutional Innovations in Empowered Participatory Governance: The Real Utopias Project IV*. New York: Verso.

Gastil, J. and R. Richards. 2013. "Making Direct Democracy Deliberative through Random Assemblies." *Politics & Society*, 41(2).

Hahnel, R. 2005. *Economic Justice and Democracy*. New York: Routledge.

Held, D. 2006. *Models of Democracy*, 3rd ed. Stanford, CA: Stanford University Press.

Hodgson, G. 2005. "The Limits to Participatory Planning: A Reply to Adaman and Devine." *Economy and Society*, 34(1).

Irazábal, C. and J. Foley. 2010. "Reflections on the Venezuelan Transition from a Capitalist Representative to a Socialist Participatory Democracy: What Are Planners to Do?" *Latin American Perspectives*, 37(1).

Lijphart, A. 1999. *Patterns of Democracy: Government Forms and Performance in Thirty-Six Countries*. New Haven: Yale University Press.

Marx, K. 1975. "Contribution to the Critique of Hegel's Philosophy of Law." *Karl Marx Frederick Engels Collected Works*, Volume 3. Moscow: Progress Publishers.

Nabatchi, T. 2010. "Addressing the Citizenship and Democratic Deficits: The Potential of Deliberative Democracy for Public Administration." *The American Review of Public Administration*, 40(4).

Priestland, D. 2002. "Soviet Democracy, 1917~91." *European History Quarterly*, 32(1).

Springborg, P. 1984. "Karl Marx on Democracy, Participation, Voting, and Equality." *Political Theory*, 12(4).

Vroom, V. & A. Jago. 1988. *The New Leadership: Managing Participation in Organization*. Cambridge: Pearson.

Wampler, B. 2008. "When Does Participatory Democracy Deepen the Quality of Democracy?: Lessons from Brazil." *Comparative Politics*, 41(1).

Wright, E. 2012. "Transforming Capitalism through Real Utopias." *American Sociological Review*, 78(1).

Young, I. 2002. *Inclusion and Democracy*. New York: Oxford University Press.

제7장

풀뿌리 민주주의와 대안적 자치모델의 모색

주민자치센터와 주민조직의 자치활동을 중심으로[*]

김영수 | 전 경상대학교 사회과학연구원 학술연구교수

1. 문제의식

많은 사람들은 '풀뿌리 민주주의'를 민주주의의 원천으로 간주한다. 주민들이 자치와 자율을 기반으로 하여 중앙정부 중심의 관료적 국정 패러다임을 지방정부 중심의 분권적 국정 패러다임으로 바꾸고, 지역 생활세계에서 관계를 맺는 정치, 행정, 사회, 교육, 문화 등의 문제를 자치적으로 결정하고 집행한다고 여기기 때문이다. 그래서 '풀뿌리 민주주의'를 실현하기 위한 지방자치제도들이 정착되어 운영되고 있다.

대표적인 제도가 주민자치센터의 운영이다. 주민자치센터는 행정체계상 읍·면·동사무소의 기능 전환과 관련된 논의를 하면서 수립되기 시작하였고, 2000년 7월에 전국적으로 확산되었다. 주민자치센터의 주요 기능으로는 주민자치 기능, 문화 여가 기능, 지역복지 기능, 주민 편익 기능, 시민교육 기능 등을 담당하고 있다. 2년 임기로 공개 모집과 추천 등을 통해 읍·면·동장이 위촉한 주민자치위원회가 주민자치센터를 운영하고 있고, 지역사회의 공적인 문제를 주민들 스스로 해결해

* 이 논문은 2013년 정부(교육부)의 재원으로 한국연구재단의 지원을 받아 수행된 연구 (NRF-2013S1A5B8A01055117)의 일환으로 작성되었고, ≪기억과 전망≫ 통권 34호(2016년 여름호)에 게재되었다.

나간다는 점에 비추어, 주민자치센터의 주민자치위원회를 주민자치와 직접 연계
시키는 경향성이 강하다. 각급 지방자치단체는 자치행정부서를 만들어 주민자치
센터에 대한 행정적인 차원에서 보조 업무를 지원하고 있으며, 주체적으로 주민자치
를 활성화시키려 한다. 이 외에 주민이 지방자치권력을 통제하고 감시할 수 있는 제
도도 마련되었다. 주민감사청구제도(주민조례제정 청구제도)가 1999년 8월에 시행되
었고, 이어서 주민투표제(2004.1), 주민소송제(2005.1), 주민소환제(2006.5)가 정착되
었다.

풀뿌리 민주주의와 관련된 각종의 제도가 존재하고, 지방자치단체가 주민자치
센터의 자치활동을 활성화시키고 있지만, 이러한 자치활동은 두 가지의 측면을 내
포하고 있다. 하나는, 주민들이 현존하는 풀뿌리 민주주의의 각종 제도를 토대로,
주권자의 권리를 생활세계에서 능동적으로 실현한다면, 이러한 제도들은 어떤 사
회에서든 생활세계의 참여자치 민주주의를 실현할 주민자치의 수단으로 작용할
수 있다. 주민이 주권자로서 자치과정에 직접 참여할 수 있고, 주민대표기관인 의
회와 단체장에 대해, 언제든지 책임을 물을 수 있는 것이다. 다른 하나는, 주민들의
참여자치 활동이 거의 이루어지지 않거나 자치의식의 수준이 낮을 뿐만 아니라 주
민자치센터의 자치활동이나, 주민들의 '정치적인 생활자치 활동'을 배제하거나 주
변화할 경우, 이러한 제도들은 '무늬만 주민자치'인 것으로 남을 수 있다. 주민들과
정치권력 간의 공동체 자치모델이 제도화되지 않는다면, 대안사회의 주민자치라
하더라도, 참여자치 민주주의는 실현되지 못할 것이다.

그래서 필자는 주민자치활동을 활발하게 전개하고 있는 주민조직들을 방문하여
인터뷰하고, 주민자치조직의 관계자들과 함께 풀뿌리 민주주의의 사례들을 검토
하였고, 민주적인 자치 모델'의 시원성을 모색하는 차원에서 남아공과 베네수엘라
의 자치 민주주의 사례를 전략적으로 소개하였다. 물론 국가적 차원의 신자유주의
전략을 추진하고 있는 남아공과 석유 가격의 하락과 경제 위기에 따라 21세기 사회
주의 전략이 위기에 처하게 된 베네수엘라가 권력과 권리를 융합시킨 민주적 메커
니즘을 실제로 작동시키지 못하거나, 소위 형식화된 '식물제도'로 여길 수 있다. 그
러나 필자는 권력과 권리를 융합시키는 자치 민주주의 메커니즘은 그러한 한계에

도 불구하고 민주주의의 최고 가치를 지향한다고 여긴다. 이러한 시도는 지방자치 제도와 풀뿌리 민주주의를 등가적인 것으로 규정하는 오류에서 벗어나기 위한 과정이자, 대안사회의 코뮌적 자치를 제안하면서도 주민조직과 풀뿌리 권력 간의 구체적인 관계를 제시하지 못하고 있는 추상적 논의를 극복하기 위한 과정이었다. 지역의 다양한 생활자치활동과 연계된 사람들을 구술하는 방법으로 주민자치센터와 주민조직의 자치활동을 검증한 이유이다. 분석 유형에 조응시켜 구술대상자를 선정해야만 했던 어려움과 한계가 있었다. 또한 현직 공무원이 인터뷰에 응했지만, 익명을 전제로 하면서도 내용까지 걸러서 해야만 하는 자기 검열의 어려움이 있었다. 필자는 그러한 어려움을 전국 지자체 중에서 무작위로 추출한 주민자치센터의 다양한 자치활동을 지자체 홈페이지 자료로 분석·평가하여 그 한계를 극복하려 하였다. 물론 지자체들이 전시 행정에 치우쳐 있는 자료들을 홈페이지에 게재하는 경향성도 고려하면서 분석·평가하지 않을 수 없었다.

이 글은 이러한 연구방법을 사용하여 주민자치센터의 자치활동을 중층적인 '관계의 유형'으로 분석·평가하고, 그러한 결과들을 바탕으로 국가권력으로부터 독립되지 않은 '주민자치제도와 자치활동'의 성과와 한계를 규명하려 한다. 대안적 자치모델은 풀뿌리 민주주의의 성과를 계승하는 대신 그 한계를 극복하는 과정에서 모색될 수 있다. 물론 사회경제적인 발달과 더불어 지역공동체를 중심으로 자신의 삶을 유지해야만 했던 시대와는 다르게 주민들 간의 공동체적 연대가 느슨해졌고 공동체적 결합의 요소들이 사라지고 있다 할지라도, 주민자치는 주민들의 실제 생활공간에서 이루어질 수밖에 없기 때문이다. 주민들 스스로 자신의 조직을 만들어 생활하는 것도 그렇고, 중앙정부나 지방정부가 풀뿌리 민주주의를 내세우면서 지방자치를 실시하게 된 것도 마찬가지이다.

2. 지방자치와 주민조직의 관계에 대한 기존 연구 비판

1) 주민자치센터와 주민자치를 일원화시키는 경향

지방자치가 1991년에 부활되고 난 이후, '풀뿌리 민주주의'를 실현하기 위한 제도적 장치들이 마련되었다. 25년이 지난 지금도, 지방자치의 발전을 위한 주요 과제로 '중앙정부와 지방정부 간의 관계 개선, 각종 권한과 사무의 지방분권화, 지방정부의 재정력 강화, 주민밀착형 행정서비스 강화'(최낙범, 2011; 최봉기, 2011; 육동일, 2011) 등을 제시하면서, 지방정부의 자치행정이 발전할수록 풀뿌리 민주주의도 강화된다는 관점으로 주민자치를 평가하고 분석하는 경향이 보편적이다. 그런데 행정체계상 읍·면·동이 주민자치센터로 전환하여 주민들의 자치활동을 강화하자, 주민자치센터와 주민자치의 관계에 대한 연구가 급증하였다. 최근에는 지방자치단체와 주민조직이 함께 전개하는 '마을 만들기'나 '협동조합 건설'과 같은 지역공동체운동을 주민자치와 연계시키는 연구도 존재한다. 또한 '일본의 사례연구를 바탕으로, 지방정부의 자치를 단체자치로, 주민자치센터의 자치를 주민자치로 분류하여 규정'(민현정, 2011)한 것이 지방자치 및 주민자치센터에 대한 인식의 전환점을 제공하기도 하였다.

그런데 사회가 발전하고 변화함에 따라, 생활세계의 사적 영역과 공적 영역은 서로 접합하는 형식과 내용을 달리할 수 있다. 중앙정부를 중심으로 주민에 대한 통제와 규제를 지향했던 사회와 지방정부를 중심으로 주민의 협력과 자율을 지향했던 사회는 서로 권력 집행의 가치가 다른 만큼, 접합하는 형식과 내용도 다를 수밖에 없다. 국가권력이 작은 정부와 공동체 행정을 지향하자, 생활세계에서는 그 가치에 조응하는 접합 현상이 새롭게 활성화되었다. 행정자치부는 주민자치센터의 여섯 가지 기능으로 규정(행정자치부, 1999)하였다. 그것은 '① 지역문제 토론, 마을환경 바꾸기, 자율방범활동 등의 주민자치 기능, ② 지역문화행사, 전시회, 생활체육 등의 문화 여가 기능, ③ 건강증진, 마을문고, 청소년 공부방 등의 지역 복지 기능, ④ 회의장, 알뜰매장, 생활정보 제공 등의 주민 편익 기능, ⑤ 평생교육, 교양

강좌, 청소년 교실 등의 시민 교육 기능, ⑥ 내 집 앞 청소하기, 불우이웃돕기, 청소
년 지도 등의 지역사회 진흥 기능' 등이다.

그래서 지방자치에 대한 기존 연구들은 대부분 '지방자치와 주민자치의 유기적
융합'을 전제로, 주민자치센터나 주민자치위원회의 역할과 기능, 혹은 역할과 기능
의 재정립이 곧 자치민주주의와 일원론적으로 연계시키거나, 주민자치를 활성화
시키기 위해 주민자치센터의 다양한 활동들을 분석·평가하면서 정책적인 과제를
다양하게 제시하고 있다(전원보, 2000; 이현주, 2002; 김은혜, 2001; 김미옥, 2005; 안성
수·하종근, 2006; 최근열, 2006; 김일석·곽현근, 2007; 곽현근·유현숙, 2011; 이자성, 2012).
주민자치센터는 직접 민주주의의 훈련장이자, 주민 스스로가 공동체 자치역량을
배양하고, 공동체 행정을 활성화시켜, 민주주의 발전의 견인차 역할을 담당(안성수·
하종근, 2006)한다. 연구자들은 이런 관점으로 주민자치위원회의 활동 내용과 문제
점들을 분석·평가하기 때문에, 주민자치센터를 실질적으로 운영하는 주민자치위
원회를 자치민주주의 실현의 주체로 규정한다(이환범, 1999; 권순복, 2001; 심익섭,
2002; 김주원, 2003; 박홍순, 2003; 원구환, 2004).

물론 주민자치운동과 자치민주주의의 상관관계를 강조하는 연구자들은 주민자
치위원회와 주민들의 유기적 연계에서 주민자치센터의 성공 요인을 찾기도 하였
다(함미경, 2003). 즉 주민자치위원회가 주민들의 의견을 모으고, 지역의 공동 사안
에 대해 지역 특성을 반영하여, 지역주민 스스로의 힘과 지혜로 문제를 해결해나가
는 주민자치운동의 중심에 서야 한다는 것이다.

그러나 주민자치센터나 주민자치위원회를 주민자치와 일원화할 경우, 적지 않
은 오류에 빠질 수 있다. 주민자치센터나 주민자치위원회가 지역사회의 주민들과
밀접하게 결합되지 않는 상태에서 운영되거나, 혹은 "자치단체의 행정적 동원정책
에 머무르는 행정 보조적 기능 및 제한적인 주민자치활동, 즉 지역사회의 정치, 경
제, 행정을 제외한 주민복지, 주민네트워크, 친목도모, 경조사 지원 등에 집중하는
활동으로 제한될 경우, 주민자치는 민관 협동의 지역자치 패러다임을 넘어서지 못
하고, 권력의 새로운 동원 전략이 될 수 있다"(민현정, 2011). 행정자치부도 주민자
치센터와 주민자치위원회의 기존 활동을 다음과 같이 평가하고 있다. "1999년부터

읍·면·동에 주민자치센터를 설치하였으나, 자치 기능보다 문화·여가 기능 강화에 중점을 두었습니다. 대부분의 주민자치센터가 행정기관 주도로 운영되고, 자치의 주체인 주민에게 권한과 책임이 부여되지 않아 주민들의 지역공동체 의식이 약화되고 지역 현안에 대한 주민 참여가 저조하게 되었습니다"(행정자치부, 2015).

그래서 공무원노조 정책연구원은 행정체계상 동별로 존재하는 주민자치위원회를 주민들의 자생 단체라고 하지만 실질적으로 관변 단체인 부녀회, 자율방범대, 바르게살기위원회, 새마을운동회 등과 같은 지역 행정의 파트너이자, 지역사회 터줏대감들의 사랑방이라고 규정하였다(민상호, 2015). 주민자치센터나 주민자치위원회가 선언적으로는 주민자치를 통해 '주민이 생활세계의 주인이 되는 풀뿌리 민주주의의 주체'이지만, 주민과 자치단체 간의 민주적 힘 관계를 변화시켜야 할 주민대표체의 입장에서는 '모순적 접합의 딜레마 상황'에 빠질 수 있다. 주민자치센터나 주민자치위원회의 자치활동 기반은 지방행정권력의 관리와 지배에서 자유롭지 않다. 주민자치센터의 최고 대표는 지방행정 공무원이 담당하고, 주민자치위원회는 주민자치센터의 운영 주체이기 때문에, 주민자치센터가 정치적인 자치 활동을 강화하는 순간, 지방자치단체의 정치적인 동원 활동을 주로 해야만 하고, 주민을 주민자치의 실질적인 시혜자나 수혜자로 만들기 위해서는 비정치적인 자치 활동에 주력해야만 하는 딜레마이다. 주민자치센터나 주민자치위원회는 자치민주주의를 실현하기 위해 '단체자치와 주민자치의 사이에서 모순적인 접합 관계'(민현정, 2011)를 지속하는 것이다.

2) 주민공동체 만들기와 주민자치를 일원화시키는 경향

'마을 만들기'가 서울특별시를 시작으로, 지역사회의 공동체를 복원하는 메커니즘으로 작동하고 있다. 국가권력이 주도했던 도시계획이나 특성화된 지역발전정책을 시민이나 자치단체가 대신하여, 마을을 주민들 스스로 만들어나간다는 주민자치운동의 일환이다. '마을 만들기'를 '주민 스스로 마을의 주인이 되어, 마을 공동체를 만들기 위한 모든 활동, 즉 삶터 가꾸기이자 주민 조직을 통한 공동체 형성'(여관현, 2013; 안성수·하종근, 2006)으로 이해하는 것도 마을 공동체 만들기와 주민들의 자치민주주의를 융합시키는 현상이다. 2000년대 말 미국발(發) 경제 위기를 계기로 시장만능사회에 대한 비판과 반성의 공감대가 어느 정도 확산된 데서 기인한다. 또한 전지구적(global) 금융자본주의가 만들어낸 막다른 골목의 출구를 지역(local)에서 찾고자 하는 모색의 결과이기도 하다. 지역공동체에 대한 주목은 시장-국가와 개인 사이에 '지역'이라는 사회적 장(場)을 재구성해내려는 노력이며, 동시에 개별적으로 불안에 대비하라고 요구받는 개인들을 '마을'이라는 인간관계망 안에 위치한 존재로 재호명하려는 시도이기도 하다. 사실 '지역운동', '풀뿌리 운동', '생활정치' 등의 이름으로 이루어져온 이러한 실천들은 경제 위기 이전부터도 꾸준히 있어왔으며, 여성들은 그 실천에서 중추적인 역할을 해왔다(백은미, 2012; 김영선, 2013). 오늘날 지역사회가 자본축적의 논리에 의해 급속히 변화하는 상황에서 구성원들은 자신의 일상생활이 이루어지고 있는 공간에 대해 소속감을 가지지 못하고, 이로 인해 지역사회 구성원들 간 유대감도 가지기 어렵게 되었다. "지역사회운동이 관심을 가져야 할 주요한 부문은 이러한 지역 구성원들의 사회적·공간적 정체성을 고양시키는 운동이라고 할 수 있다"(Lefebvre, 2011).

그래서 2012년 12월, '협동조합기본법'이 시행되고 난 이후, 시장과 국가의 실패를 전제로 하는 '사회적 기업'이나 '협동조합운동'이 '마을 만들기'나 지역공동체를 복원하는 주체로 등장하였다. 지역공동체가 주민과 주민의 직접적인 상호작용으로 형성되는 만큼, 지역주민이 공동의 목표와 가치를 주체적으로 추구하는 것 자체가 자치민주주의를 실현한다고 간주한다. 그렇지만, 이러한 운동은 기본적으로 공공적 권력주체인 중앙정부나 지방정부, 혹은 공공기관의 재정 지원을 전제로 하기 때문에, 중앙정부나 지방정부의 권력구조의 변화를 활동의 대상으로 설정하지 않는 것이 보편적이다. 국가는 미시적 권력을 바탕으로 생활세계의 일상성을 개별화하거나 생활정치를 보수화하려 한다. 생활세계의 곳곳에서 나타나는 권력과 폭력에 대해 저항하는 정치가 생활세계를 조작하는 권력의 정치이자 국가를 두려워하게 하는 '두려움 중독' 정치로 변화한다. 이러한 정치는 생활 파괴의 두려움, 생활고통의 두려움, 공동피해의 두려움을 강요한다.

주민자치의 최고 가치는 해방의 정치와 삶의 정치를 구속하고 제약하는 것이다. 해방의 정치가 개인이나 집단들을 그들의 삶의 기회에 불리하게 작용하는 구속들로부터 자유롭게 해방시키는 것이라고 할 때, 해방의 정치는 삶의 양식과 관련된 것으로서 자아실현의 과정으로부터 흘러 나오는 정치적 이슈와 긴밀하게 연계될 수밖에 없는 삶의 정치이기도 하다.

국가는 사회구성원들의 생활세계를 식민화하려 한다. 그것의 구체적인 현상은 다음과 같다고 생각한다. 첫째, 시간과 공간을 포섭하여 자본의 이윤을 증대시킬 조건을 강화한다. 국민의 일상생활까지 감시하고 관리하는 것이다. 둘째, 관료적 국가기구들의 사회통합적 공공이데올로기를 강화한다. 국민을 포섭하고 관리할 수 있는 관료적 기구들의 합리성을 강화하는 것이다. 셋째, 사회간접시설, 물리적·강제적 관료기구, 사회복지나 서비스를 국민을 포섭하거나 관리하는 정책적 수단으로 전락시킨다.

그래서 주민자치운동은 생활정치의 중요한 전략적 과제를 바탕으로 활동의 정체성을 형성할 필요가 있다. 그것은 생활세계의 식민화를 저지하고 자율적이고 합리적인 의사소통의 세계를 방어하는 생활주체화 운동으로서의 정체성, 권력에 대항하는 지역적 정치운동으로서의 정체성, 그리고 생활세계의 물리적 환경, 문화운동 등을 매우 광범위한 차원(신체적 영역, 환경적 영역, 문화적·인종적·언어적 영역, 인류적 생존 영역 등)에서 전개하는 생활자치 운동으로서의 정체성이다.

3. 지방자치와 주민조직 간의 중층적 관계와 유형별 자치활동

1) 중층적 관계의 유형

주민들의 생활세계는 지속적, 반복적, 무의식적, 사회적 규칙 속에서 살면서 인간과 사회를 총체적으로 재생하는 시공간이어서, 다양한 층위의 접합 현상이 나타난다. 사회적 관계는 생활세계의 시공간을 둘러싼 삶의 명멸 과정을 응축하고 있기

〈그림 7-1〉 지방자치 민주주의의 중층적인 접합 관계 유형

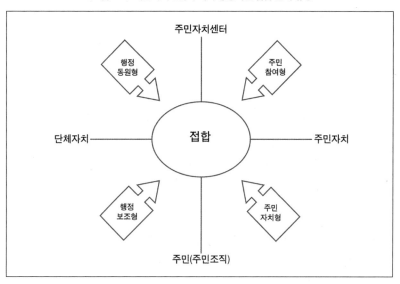

때문이고, 시공간이 고정불변의 것으로 남아 있는 것이 아니라 다층적으로 변형하면서 재생산되기 때문이다.

생활세계에서 사회의 규범과 도덕, 규율이 학습되고, 규칙적이고 반복되는 리듬을 몸에 익히는 것처럼, 공장, 농촌, 직장, 가정, 학교, 군대와 같은 생활현장 안에서 정치와 경제, 집단과 개인, 구조와 행위, 이데올로기와 인식 사이에 중층적이고 복합적인 접합이 이루어진다.

주민자치센터나 주민자치위원회는 생활세계의 시공간에서, 이러한 복합구조 속에서 주민들과 접합하면서 활동한다. 접합이란 어떤 조건 아래 두 개의 다른 요소를 서로 통일시킬 수 있는 연결 형태다. 그것은 항상 필연적이거나 결정된, 절대적인, 필수적인 것이 아닌 연결이라고 할 수 있다. 어떤 담론의 통일성(unity)이란 서로 다양하고 서로 구분되는 요소들을 접합시킨 것인데, 이들은 아무런 필연적 소속이 없기 때문에 다양한 방법으로 재접합될 수 있으며, 중요성을 띠는 통일성은 어떤 담론과 이것이 어떤 역사적 조건 아래 연결될 수 있으나 반드시 그렇게 될 필

요는 없는 사회적 요인들이 접합함으로써 생겨난 연결로 이해하는 것이다.

〈그림 7-1〉은 지방자치 민주주의의 가치와 주체를 융합시켰을 때 나타날 수 있는 다양한 유형의 접합 관계를 필자가 직접 구성하였다. 이 그림은 인터뷰와 텍스트를 분석하고 평가한 결과이다. 추구하는 전략적 가치가 지방자치단체의 자치인가 혹은 주민들의 자치인가에 따라 접합 관계가 다를 수 있고, 주체가 주민자치센터냐 아니면 주민(주민조직)이냐에 따라 다를 수 있다. 그래서 〈그림 7-1〉처럼 지방자치 민주주의의 전략적 가치와 주체를 유기적으로 융합시킬 경우에는 접합 관계의 유형도 중층화되어 나타날 수 있다.

역사적으로 전개되어왔던 '지방자치와 주민자치 간의 중층적 접합 관계'를 〈그림 7-1〉처럼 네 가지로 유형화하여 분석·평가하고 있다. 풀뿌리 민주주의의 최고 수준이 '주민자치형 접합 관계'라고 한다면, 그 반대는 아마도 '행정동원형 접합 관계'일 것이다. 주민자치센터가 이러한 접합 관계의 딜레마를 극복하지 못하는 한, 지역사회의 자치민주주의는 비정치적인 영역으로 제한되거나, 주민을 자치민주주의의 정치적 주체로 전화시키지 못한 채, 지방자치단체의 권력에 정치적으로 동원되는 대상으로 남게 할 것이다.

하지만 지방자치제도의 틀 내에서 실현되는 참여자치 민주주의는 행정과 주민의 생활세계를 연결하는 행정보조적 측면도 배제하기 어렵고, 주민자치행정의 원칙적 규정을 실현하기 위한 주민참여행정도 배제하기 어렵다. 이러한 분석 패러다임으로 보다 깊이 있게 조사하고 분석·평가해보아야 하겠지만, 지역사회의 생활세계에서 실현되고 있는 참여자치 민주주의는 서로 모순적이거나 중층적인 접합 관계를 유지하면서 실현되고 있을 것이다.

2) 유형별 활동과 주민자치의 모순성

국가권력은 참여자치 민주주의를 실현하는 차원에서 주민자치센터의 자치활동을 장려하고 지원한다. 참여자치 민주주의는 주민들 스스로 권력을 지배하는 하나의 패러다임이자, 텍스트로 규정하고 있는 기본 원칙이다. 하지만 지역사회의 생활

<표 7-1> 주민자치센터의 주요 활동 프로그램

자치센터	주요 활동
경북 영주시 장수면 주민자치센터	풍물, 한지공예, 서예, 모둠북, 헬스, 댄스스포츠, 에어로빅
경남 진주시 가호동 주민자치센터	서예, 댄스스포츠, 요가, 풍물, 노래, 탁구, 영어학습(특성화)
충북 제천시 수산면 주민자치센터	보컬밴드, 모듬북, 헬스장, 스포츠 댄스, 컴퓨터교실
경기 수원시 매탄2동 주민자치센터	서예, 유화기초, 영어학습, 난타, 데생, 도자기, 요가, 노래교실, 생활미용, 라인댄스, 스포츠댄스, 인라인, 농구
충남 예산군 대흥면 주민자치센터	풍물, 노인건강체조, 스포츠댄스
전남 나주시 왕곡면 주민자치센터	난타교실, 노래교실
전북 김제시 진봉면 주민자치센터	노래교실, 요가교실, 풍물교실, 건강증진실
서울시 영등포구 대림3동 주민자치센터	풍물, 탁수, 한문, 한글서예, 한국무용, 노래, 경기민요, 장애인풍물, 생활과학, 어린이 영어교실
서울시 강남구 대치1동 주민자치센터	강남문화체육통합센터로 통합 운영(체육교실, 취미교실, 헬스장)

세계에서 나타나는 자치활동의 내용은 국가권력을 중심으로 하는 단체자치와 주민의 자기 지배를 지향하는 주민자치 사이에서 모순적인 접합 관계의 형식으로 규정된다. 주민자치센터와 주민자치위원회가 추진하고 있는 주요 활동의 근거는 다음과 같다. '지방자치법' 제8조 및 '지방자치법 시행령' 제8조에 따라 제정된 각급 지방자치단체의 조례에 주민자치센터와 주민자치위원회를 운영하는 원칙이 규정된 것이다. "① 주민의 복리 증진과 지역공동체 형성 촉진, ② 주민참여 보장과 자치활동의 진흥, ③ 자치기관별 자율적 운영의 유도, ④ 건전한 육성 및 발전을 위한 행·재정 지원 ⑤ 정치적 이용 목적의 배제"라는 원칙이 전체 지방자치단체에 적용된다. '지방자치법'은 풀뿌리 민주주의의 가치인 정치적 자치활동을 배제시켰다. 국가는 주민들의 정치적 자치활동을 배제한 참여자치활동을 진흥시킨다는 모순적 상태에

빠져 있다. 이러한 모순성이 주요 원인이겠지만, 조사한 풀뿌리주민자치센터와 주민자치위원회의 활동은 거의 '취미활동, 지역축제활동, 체육활동, 봉사활동'에 집중되어 있다. 지자체 홈페이지에 게재되어 있는 자료의 내용이 앙상했지만, 〈표 7-1〉은 지방자치단체의 홈페이지를 방문하여 주민자치센터가 운영하고 있는 활동 프로그램을 정리한 것이다.

〈표 7-1〉에서 확인할 수 있지만, 주민자치센터와 주민자치위원회가 운영하고 있는 활동 프로그램은 취미활동과 건강·체육활동이 주를 이룬다. 도시에서는 특히 영어 학습이나 미술기초 학습과 관련된 프로그램을 운영하고 있다. 이러한 프로그램은 '지방자치법'이나 각급 지방자치단체 조례에서 요구하고 허용하는 범위에 들어가는 것들이다. 주민자치위원회가 이러한 프로그램들을 자치적으로 기획하고 운영하는 것만으로도 주민들의 일상생활과 밀접하게 연관되는 생활자치의 한 모습일 수 있다. 하지만 이러한 프로그램들은 지역사회의 공공적 이해를 반영하지 못하고 있고, 또한 주민자치활동과 관련된 주민의식의 향상과 직접적으로 연계되기 힘들다.

〈표 7-1〉에는 제시되지 않고 있지만, 주민자치센터와 주민자치위원회의 주요한 활동 중에 하나가 지역의 축제와 운동회이다. 국비가 지원되는 축제의 수는 약 2400개 이상이고 시군구가 자체적으로 지원하는 축제와 체육행사는 셀 수 없을 정도로 많다. "경남 사천시의 경우, 축제의 명목으로 직간접적으로 지원되는 축제와 체육행사가 총 24개에 달하며, 그 예산도 1년에 26억 원 정도이다"(최호준, 2015). 이러한 행사의 가장 큰 수혜자는 선출직 단체장과 지역의 지원 세력들이다. 그들은 주민들의 자치활동과 무관하게 유권자들을 의식하여 다양한 소비 지향적 행사만을 추구하면서 지역토착세력들에게 적정한 자리를 제공하는 것으로 활용한다.

(1) 행정동원형 의존적 관계

주민들의 생활세계는 사회·경제 조직을 지배하는 한 가지 원칙만이 있는 것이 아니라 한 가지 수준의 실천을 다른 것으로 쉽게 환원시킬 수 없는 복합적인 구조와 주체가 존재한다. 구조와 주체의 복합성을 제기하는 것은 주민들의 생활세계 속에

권력이 투영되는 순간, 권력과 관계를 맺는 방식이 서로 다른 다양한 주민 조직들이
존재할 수 있고, 또한 주민 조직의 활동 내용도 변화될 수 있다. 예를 들면, '역사적
으로 주민들의 생활세계에 큰 영향을 미쳤던 3대 관변 단체는 한국자유총연맹, 새
마을운동중앙회, 바르게살기운동협의회이다. 3대 단체의 회원이 약 412만 명 내외
인 점을 고려하면, 주민 조직의 영향력을 과소 평가하기 어렵다. 3대 관변 단체 회원
들 개개인이 가지고 있는 특수성과 차이성을 무시하는 일반화의 오류에 빠질 수 있
지만, 이러한 단체에 참여하는 주민들은 행정기관에서 실시하는 각종 다양한 행사
(아침 대청소, 지자체에서 주최하는 축제, 기념식, 체육대회, 문화행사, 불우이웃돕기, 각종
관변 행사 등)에 동원되고 있다. 행정 정보에 손쉽게 접하려는 주민, 정치적 이해관계
를 갖고 활동하려는 주민, 지역 내에서 자신의 크고 작은 사업적 이익을 실현하려는
주민, 관변에서 직책을 얻어 명예를 얻으려는 주민, 지방 정치인으로 진출하기 위하
여 지지 기반을 얻으려는 주민 등 다양한 욕구를 해결하려는 주민들이 모여 있음을
쉽게 볼 수 있다(안병순, 2015).

이러한 현상이 나타난 것은 역사적으로 국가기관이나 지방자치단체가 주민자치
를 '주민들의 자기 통치'로 보는 것이 아니라 '권력의 통치 기반'으로 여겼기 때문이
다. 이·통장 협의회, 노인회, 부녀회 등과 같은 주민조직들이 그 대상이었다. 주민
자치센터도 마찬가지이다. 주요한 방식으로 사용되는 것은 주민자치센터의 대표
나 실질적인 재정운영권을 지방자치단체에 소속된 공무원이 맡는 것이다. 주로 면
장이나 동장이 맡는다. 이들은 주민자치위원회의 위원들을 위촉하고 해촉할 권한
이 있다. 각급 지방자치기관은 '지방자치법' 제8조 및 '지방자치법 시행령' 제8조에
따라 제정한 조례에서 주민자치위원회의 구성 방법을 적시하고 있다. 참여할 수 있
는 사람은 ① 당해 지역의 각급 학교, 리장 대표, 주민자치위원회 및 교육·언론·문
화·예술·기타 시민사회단체에서 추천한 자, ② 공개 모집 방법에 의하여 선정된 자
이다. 법률(령)이나 조례의 규정상, 이러한 구성 방식은 풀뿌리 사회에서조차 민주
주의가 실현되고 있다는 판단의 기준으로 작용할 수 있다. 그러나 2000년을 전후
로 주민자치위원회가 구성될 당시, 각급 지방자치기관 및 지방 공공기관의 장이 추
천하고 위촉하는 구조였고, 주민자치센터를 지방행정기관이 관리하는 구조였다는

점을 고려하면, 주민자치위원회는 당해 지역에서 지방 권력과 밀착되어 있는 소위 지방의 유지들이라 할 수 있다. 물론 주민자치위원들이 자발적으로 지원하는 구조이지만, 실질적으로는 주민자치위원회의 위원들은 대부분 지역사회에서 여론을 주도하는 층이면서, 동시에 지방정부나 중앙정부의 통치를 정당화하는 소위 '전령'과 같은 역할을 담당하기도 한다.

주민자치위원회를 비롯한 주민조직들은 정부의 각종 정책에 동원되곤 한다. 특히 주민자치센터 대표는 지방정부가 특정한 정책을 설명하거나 평가하는 대규모 행사에 주민조직 회원들의 참석을 직간접적으로 요구한다. 이·통장협의회, 새마을지도자협의회, 읍면 단위의 부녀회연합, 심지어 노인회 모임과 같은 조직은 형식상 주민자치센터와 독립된 주민조직이지만, 실질적으로는 주민자치센터의 대표가 관리하는 주민조직으로 존재하면서, 각종 지방정부의 각종 동원 정책을 수행한다.

(2) 행정보조형 관료적 관계

중앙정부나 지방정부는 담당하는 사무의 분담이나 조정이 지속되고 있는 상황에서, 정책과 국민 간의 가교 역할을 담당할 주체가 필요하다. 주민자치센터로 전환을 이루기 전에는 동사무소나 면사무소가 이·통장을 매개로 그 역할을 담당하였다. 하지만 주민자치센터로 전환되고 난 이후, 동사무소나 면사무소가 담당했던 업무보다 더 늘어난 상태이다. 기존에 담당했던 업무와 더불어 주민자치센터의 업무까지 수행해야 하는 상황이어서, 주민자치센터의 대표는 주민자치위원회를 정책적 소통의 수단으로 활용한다. "주민자치센터의 입장에서 볼 때, 공무원들이 담당해야 할 공공적 일들을 주민자치위원회가 대신하는 측면을 간과할 수 없어서, 자치단체는 자치위원회에 예산을 배정하여, 주민자치위원회의 다양한 행정 업무들을 보조하고 있지만, 실제로는 주민자치위원회가 자치단체의 다양한 업무들을 보조한다고 보아야 한다"(제천시 공무원 a 인터뷰, 2015.10). 지방정부가 가장 쉽게 활용하는 주민조직은 주민자치위원회와 이·통장협의회이다. 지방정부가 월 1회 이상의 회의를 주도하면서 이러한 주민조직의 자치활동을 보조하는 중층적 관계가 유지되고 있는 것이다.

주민자치위원회는 주민자치센터를 운영하고 자치활동의 내용을 결정하는 주체
이지만, 자치센터를 운영하는 사무국 역할을 행정이 담당하고 있는 상황이기 때문
에, 다양한 자치활동과 관련된 행정을 보조하게 된다. '자치단체들은 보통 주민자
치위원회를 관내 부속기관으로 간주한다. 주민자치위원회가 선거에 미칠 수 있는
다양한 활동들을 문제시하면서, 중앙선거관리위원회에서도 그러한 유권해석을 하
였다. 주민자치위원회의 활동들은 자치단체의 공공적 활동을 위한 기부행위로 보아
야 한다'(이희우, 인터뷰, 2015.10). 주민자치위원회를 구성하는 방식을 고려하지 않을
수 없다. 주민자치위원회는 위원들을 충원할 때 보통 세 가지의 방식을 동시에 취한
다. "면장이나 동장이 추천, 지역 직능단체가 추천, 그리고 공개적인 공고 방식'이다. 하
지만 '대부분의 충원은 공개적인 공고를 통해 이루어지는 것이 아니라, 추천으로 이루
어지고 있다 보니, 주민들의 실질적인 자치활동보다 형식에 그치는 경우가 많다'(제천
시 공무원 b 인터뷰, 2015.10). 주민자치위원회를 "그들만의 리그(Inner Circle)로 바라보
는 것도, 이러한 충원 방식과 긴밀하게 연결되어 있다"(안병순 인터뷰, 2015). "지역 내에
서 자영업자나 토박이들을 중심으로 주민자치위원회의 다양한 활동들을 관변 단체로
변화시키려는 힘이 존재한다"(민상호 인터뷰, 2015.10).

(3) 주민참여형 정치적 관계

지역사회는 행정구역상 읍·면·동과 같은 최소 단위이지만, 주민들의 생활공동
체 및 삶의 터전이고, '삶 주체'를 형성하는 근거지이다. 그래서 이러한 지역사회의
생활세계도 정치적 관계가 응축되어 있다. 특히 '정치적인 것'은 제도화된 정치뿐
만 아니라 생활세계에 존재하는 모든 요소들의 관계를 비제도적인 방식으로도 표
출된다. 생활세계의 모든 요소들이 '정치적인 것'이라고 하는 이유이고, 그 세계에
서 정치적 관계가 형성·유지되는 근거이다. 그래서 대부분이 주민들의 생활세계에
서 발생하는 정치적·비정치적 현상을 밑으로부터의 참여와 자치로 해결하는 민주
주의, 권리와 의무가 생활세계에서 실현되는 민주주의를 최고라고 생각한다.

지역사회의 주민조직들도 정치적 관계를 형성하면서 다양한 층위로 존재한다.
일반적으로 주민자치위원회, 이·통장 협의회, 부녀회, 작목반, 자율방범대 등과 같

은 자생적 주민조직들이 하나의 동이나 면에 약 20여 개 내외이고, 가입한 회원은 최소 200여 명에서 최대 500여 명에 이르기도 한다. 이러한 주민조직들은 경제적 이익만을 추구하는 직능단체의 성격도 보유하고 있지만, 지역사회의 공공적 업무를 주체적으로 담당하는 자치단체의 성격도 보유하고 있다. 지역사회의 자치활동을 대표하는 주민조직이 주민자치센터의 주민자치위원회이다. 주민자치위원회는 행정자치부가 규정하고 있는 주민자치센터의 핵심 기능, 즉 주민자치 기능, 문화여가 기능, 지역 복지 기능, 주민편익 기능, 시민 교육 기능 등을 실질적으로 담당하는 주민조직이다.

그러나 주민조직 내 조직원들은 "선거가 있을 때마다 갈등이 심해져, 주민참여 활동의 본질이 흐려지는 경험을 많이 하였다. 대표적인 선거는 농협조합장 선거, 국회의원 선거, 지방의회 선거 등이다. 선거가 있을 때마다, 주민들은 정치적 권력 주체가 보이지 않는 손으로 작동하는 단체에 가입하곤 했었다"(김영준, 옥천 지역발전위원회[1] 위원, 인터뷰, 2015.10). 이러한 현상은 일상적인 생활세계에서 정치적 관계를 도외시하거나, 정치 활동의 형식과 내용은 선거만으로 간주하는 정치의식과 연계되어 있다고 볼 수 있다.

그런데 주민자치위원회의 활동과는 다르게 주민들의 참여를 활성화시키고자 하는 주민조직이 등장하기도 한다. 경기도 국민동의 경우, "주민자치위원회와 대당 관계를 형성할 주민자치회가 제기되기도 하였다. 자치회의 구성을 반관반민(半官半民)으로 할 것인지, 100%의 자치 권한을 보유할 것인지 등의 쟁점이 있었지만, 주민자치위원회를 대신할 수 있는 풀뿌리 주민조직의 출현해야 한다는 논의가 주민자치위원회 내에서 발생하였다"(민상호 인터뷰, 2015.10).

그래서 "중앙정부나 지방정부가 주민을 통치하는 전략을 포기하지 않는 한, 지배 권력을 재생산하기 위해 주민조직들과 전략적 관계를 형성한다. 주요한 매개체

---

1) 옥천군 안남면 지역발전위원회는 2006년에 결성되었다. 기존에 존재했던 지역개발위원회를 중심으로 했지만, 안남면의 12개 마을에서, 각 마을을 대표하는 2명(이장은 당연직, 1명은 마을에서 선출과 선출위원 등을 합해 총 38명이 지역발전위원회의 위원들이다. 제1기와 제2기 지역발전위원회 위원장은 추대되었지만, 제3기 위원장은 선거를 통해 선출되었다.

는 행정적 정보와 지원이다. 주민조직과 권력이 서로 주고받으면서, 지역사회에 국가권력이나 통치 권력의 주춧돌이 만들어진다. 주민조직들이 자생적인 자치단체의 성격을 유지하지 못하고 관변 단체로 전락하는 핵심적 이유이다"(안병순, 2015).

주민자치센터의 기능은 주민의 참여를 전제로 한다. 주민자치 기능, 문화 여가 기능, 지역 복지 기능, 주민 편익 기능, 시민 교육 기능 등과 관련된 자치활동을 주민자치센터가 결정하여 집행하지만, 그러한 자치활동의 참여 여부는 주민 스스로 결정한다. 그래서 주민조직들은 각종의 자치활동에 주민들을 참여시키기 위한 연고주의적 방식의 조직 활동을 전개한다. 주민자치센터의 자치활동은 주로 '정치적인 것'을 배제하거나 주변화하는 차원에서 이루어진다. 주로 주민들의 생활세계를 비정치적인 것으로 전제한 상태에서, 주민참여를 활성화시키려 하기 때문에, 행정과 주민의 관계는 '온정적이고 시혜적인 관계'로 정착될 가능성이 높아진다.

서울시에서는 "마을공동체운동'에 대한 비판의 목소리도 상당히 높다. 마을공동체운동은 마을지원센터, 마을만들기, 마을개혁과 같은 다양한 프로그램을 구상·집행하면서 전개되고 있지만, 이러한 운동이 서울 시장의 정치적 선거운동의 일환으로 간주될 소지가 많다. 특히 서울이라는 지역적 특성상, 주민들이 마을이라는 정체성을 만들기가 쉽지 않고, 마을공동체운동 참여자가 대부분 시민사회단체에서 활동했던 사람들이어서 그런지, 마을공동체운동의 본질보다, 정치적인 비판이 먼저 제기되고 있다"(이상훈, 인터뷰, 2015.10).

그런데 마을공동체운동이나 주민참여형 자치활동은 주로 생활문화 영역에서 이루어지고 있다. 지역의 전통으로 여겨졌던 생활 속의 문화를 살려내고, 그러한 행사를 통해 지역 주민들을 하나로 모아내자는 것이었다. 예를 들면, "정월대보름 행사, 지역의 상징물 보존 활동, 그리고 지역의 생활문화 역사를 되살리는 활동 등이다. 이런 활동은 기본적으로 주민들의 자발적인 참여와 재능 기부를 전제로 한다. 많은 사람들이 모이는 행사에서, 음식을 준비하거나, 행사를 지원하는 활동들이다. 활동에 필요한 재원은 주민자치위원회의 활동에 배정된 예산이나, 혹은 주민참여예산제를 활용한다"(민상호, 인터뷰, 2015.10).

그래서 주민참여형 정치적 관계를 강조하는 사람들은 다양한 주민조직들이 주민자치위원회에 참여해야 한다고 강조한다. "농민회나 작목반의 경우, 주민자치위원회에 참여하는 것을 놓고서 적지 않은 갈등이 있었지만, 만나서 교류하는 폭이 넓어지고 생각하는 것의 차이를 좁혀내기 위해서라도, 주민자치위원회에 자발적으로 참여해야 한다. 다양한 생활문화 활동을 하는 데 돈이 없을 경우, 주민 참여의 동력이 확 줄어들기 때문이다"(안남면 지역발전위원 인터뷰, 2015.10). 물론 공무원들은 주민들의 다양한 자치활동에 대한 행정적 지원이나 재정적 지원을 위해 보조적으로 참여한다. 이 과정에서 자치단체나 직능단체들이 주민들의 자발적인 자치조직들을 직간접적으로 견인하거나 유인하려 한다. 그래서 김찬동은 주민자치조직의 실제 권한을 강조한다. "주민자치조직들에게 실질적인 권한이 있어야 하고, 지역에서 그러한 권한을 자치적으로 행사할 수 있어야, 진정한 의미의 주민참여형 자치가 실현될 수 있다고 한다"(김찬동·서윤정·서울연구원, 2012, 163).

수도권이나 광역도시의 구청은 보통 80~90여 개의 각종 위원회를 조직하여 운영하고 있다. 이러한 위원회는 주민참여행정의 꽃으로 불리기도 한다. 자치단체의 각종 정책을 심의·자문하거나 결정하기도 한다. 문제는 주민들의 자발적인 참여로 위원회가 구성되어 운영된다면 달라지겠지만, 위원의 구성이 자치단체장의 권한으로 이루어진다면, 각종의 자치단체 위원회는 실질적인 주민자치와는 다르게 단체자치의 정치적 장치로 전락할 수 있다.

따라서 주민참여형 자치활동은 주민자치조직과 지방자치단체 간의 긴밀한 호응관계에서 전개되고, 그 성과를 서로 차지하려는 경쟁관계의 현상도 발생한다. 지방자치단체의 선출직 권력자들은 주민들의 투표권을 놓치지 않으려 하고, 주민자치조직들은 자치활동의 기반을 확대시켜 자치단체로부터 보다 많은 지원을 받으려 한다.

(4) 주민자치형 권력적 관계

주민자치는 말 그대로 주민들 스스로가 자신들이 살아가고 있는 시공간을 다스리면서 지역공동체를 관리한다는 것이다. 주민자치조직들이 다양한 방식으로 지역공동체를 관리할 힘을 가진 상태를 의미한다. 물론 지방자치단체나 중앙정부의 권력에 저항하는 방식이 있을 것이고, 그러한 권력과 공존하는 방식이 있을 수 있다. 그렇지만 주민자치형 권력은 기본적으로 두 가지의 방식의 힘을 확보할 필요가 있다. "하나는 주민들 스스로 협동 작업을 통해 지역의 일을 꾸려나가는 것이고, 다른 하나는 지방행정기관의 운영이나 정책 결정 과정에 주체적으로 참여하는 것이다"(김현, 2015). 이러한 자치의 가장 큰 효과는 주민들 스스로 개인의 잠재적인 능력을 향상시키는 효과일 것이다. 따라서 참여자치 민주주의의 꽃은 '풀뿌리'로 살아가는 주민들이 정치적인 권력과의 관계에서 상호 호응적이거나, 국가권력을 스스로 지배할 수 있는 주체로 전화하는 경우이다. 이러한 경우가 '민주주의의 최고 질'이라는 관점으로 볼 때, 주민들은 권력의 형성과 집행 및 평가라는 순환적 메커니즘에서 실질적인 주체로 존재해야만 한다. 지방자치제도가 지향하는 가치를 단체자치로 제한하거나, 혹은 주민(주민조직)과의 접합 관계를 행정적 동원이나 보조의 수준으로 구축할 경우, 주민들은 참여자치 민주주의의 실질적인 주체로 전화하지 못한다는 것을 반증하는 것이기도 하다.

지역사회 주민들은 자신들의 의지에 반하는 정부의 정책을 접하는 경우가 많다. 지역사회의 공간을 이용해서 수익을 내려는 각종 인허가 정책이 그것이다. 지방자치단체나 중앙정부의 권력이 보유하고 있는 힘이다. 그런데 지역사회에 주민자치형 권력이 형성되어 있을 경우, 주민들이 자발적으로 제안하는 풀뿌리 정책은 공공정책으로 전화될 가능성이 높아진다. 지역사회 주민들 스스로 풀뿌리 정책의 시행 결과로 나타날 지역영향평가를 내리고, 혹은 지역사회에 좋지 않은 영향을 미치고 있는 정책의 폐지를 위해 자치활동을 전개한다면, 지방자치단체의 권력은 주민자치형 권력과 상호 조응적 관계를 형성하지 않을 수 없다.

주민자치형 풀뿌리 정책은 주로 리·면·통 단위의 자발적이고 한시적인 주민대책위원회의 활동과 함께 제안된다. 이미 결정된 인허가를 폐지하는 활동이기 때문에, 적잖은 어려움이 뒤따르지만, 주민들의 자발성에 의존하는 주민대책위원회는 주민자치센터와 '주민자치형' 관계를 유지하면서 활동한다. 주민대책위원회와 주민자치센터는 이 과정에서 서로 갈등 관계를 드러내기도 하지만, 기타 주민조직들은 주민대책위원회의 자치활동과 연대 관계를 형성한다. 주민주치형 권력의 기반

은 오로지 주민들의 참여이기 때문이다. 주민들의 참여를 밑으로부터 이끌어낸 대
표적 사례가 충북 옥천군 안남면 지역발전위원회의 경우이다. "아직까지 풀뿌리
민주주의의 상향식 소통 체계 및 상향식 의사 결정 체계를 완벽하게 구축한 것은
아니지만, 그러한 한계를 넘어서기 위한 보완책의 일환으로, 면민대토론회나 마을
별 순회설명회를 하고 있다"(주교종 인터뷰, 2015.10). 그리고 제천시 수산면 오티리
의 주민대책위원회는 마을에 투기형 수목장 설립을 허가했던 제천시의 정책을 취
소시키기도 하였다. "2014년 2월, 마을의 한 사찰이 수목장 설립 허가를 받아 수목
장 설립 공사를 하려하자, 마을에서는 곧바로 주민대책위원회를 꾸려 투기형 수목
장 설립 허가를 취소시키는 투쟁을 전개하였고, 이 과정에서 수산면 주민자치위원
회나 리장협의회까지 긴밀하게 연대하였다. 제천시가 설립 허가를 내주는 과정 및
사업자가 사업신청서를 제출하는 과정의 문제점들이 드러나, 결국 주민대책위원
회는 제천시를 상대로 투기형 수목장 설립 허가를 취소하게 하였다"(박성배, 주민대
책위 사무국장 인터뷰, 2015).

　이 사례들은 지역사회에서 자주 경험할 수 있는 경우들이다. 그렇지만 주민자치
형 권력이 형성되지 못할 경우, 자치단체에서 이미 승인한 정책을 뒤엎기가 쉽지
않다. 주민자치조직들이 이러한 투쟁에서 승리하기 위해서는 자치단체의 권력을
좌우할 수 있는 주민들의 자발적인 연대 역량을 구축해야 한다. 자치단체의 권력은
항상 지방자치선거의 유권자인 주민들의 동향을 염두에 두지 않을 수 없기 때문이
다. "주민자치조직의 결정대로 공무원이나, 지방자치 행정 체계가 움직일 수 있어
야 한다. 주민이 지역에서 최고의 권력을 행사하고, 공무원들은 주민들의 눈치를
살피면서 지방자치 행정을 집행해야 한다. 말로만 주민이 주인이라고 하는 것이 아
니라, 실제로 주인 노릇을 할 수 있어야 한다"(옥천 지역발전위원장 면담, 2015.10).

　그리고 아래에서 제시하고 있는 서울의 사례는 주민대책위원회와 여러 주민자
치위원회가 공동으로 구축한 주민자치형 권력으로 지역사회의 숙원사업을 해결한
경우이다. 이 사례에서 확인할 수 있지만, 주민자치형 권력이 지역사회의 다양한
시민사회단체, 주민자치위원회, 그리고 지방의회까지 결합해서 만들어지고, 그 힘
을 바탕으로 전투경찰 기동대를 다른 장소로 이전시키고 그 자리에 중학교를 유치

하였다.

서울의 시흥4동 주민자치위원회, 시흥2동 주민자치위원회, 독산동 주민자치위원 이외에 다양한 주민조직들이 주민대책위원회를 결성하여 자치활동을 하였다. "2011년 7월, 기동대를 이전시키고 그 자리에 중학교를 유치하자는 주민대책위원회가 결성되고, 그 대책위원회를 중심으로 서명운동, 주민한마당, 국가기관 제소·질의·방문, 현수막 게시, 서울시청 방문 등의 자치활동을 전개하였다. 정치적 권력을 상대로 하는 자치활동이었다. 그 결과 2012년 9월 10일 주민대책위원회의 활동은 결실을 맺었다. 주민대책위원회가 요구했던 전투경찰 기동대 이전과 중학교 유치가 서울시의회에서 통과된 것이다"(기동대 이전 중학교 유치 주민대책위, 2012.12, 16).

이처럼 주민들 스스로 행정 권력을 배제하고, 주민조직 간의 연대를 통해 자신의 문제를 해결해나가는 주민자치의 유기적 접합 관계가 형성된다. 이러한 유형의 자치활동은 행정 권력을 대상으로 하는 주민 투쟁의 과정에서 활성화되고, 주민자치센터의 주민자치위원회를 주민 투쟁으로 견인하는 결과를 낳고 있다. "자치단체의 권력이 동원하는 활동에 익숙했던 주민조직들은 소위 정치와 행정을 자치단체의 몫으로 인정하고, 번영회·체육회·기관장협의회 등과 같은 비정치적 영역만을 자치활동으로 간주했었다. 이러한 주민조직들은 인맥 관계나 영향력을 이용하면서, 주민들의 참여를 독려하기도 하고, 주민들 스스로 그러한 주민조직에 참여하기를 원하기도 했었다. 하지만 옥천군 안남면의 경우, 지역발전위원회를 중심으로 주민자치형 풀뿌리 권력을 만들었다. 이렇게 된 계기는 주민들 스스로 주민들 방식의 주민자치를 해보자는 것이었는데, 이는 면사무소·우체국·농협 등을 안남면의 분위기로 바꾸자는 의지의 표현이었다"(주교종 인터뷰, 2015.10).

그렇지만 주민들이 단체자치의 일환으로 주민참여제도를 보장하더라도 자치적인 활동에 쉽게 참여하지 못한다. 주민참여라는 대의명분에 공감하고 있는 사람들조차도 합리적으로 판단할 만큼 주민의식이 성숙되어 있는가의 문제에 부딪히곤 한다는 점을 고려할 때, 주민자치형 권력의 기반은 또한 주민들의 자발적 참여를 활성화시킴과 동시에 주민의식의 형성과 연관되어 있는 문제였다. 안남면 지역발전위원회는 이 두 가지의 과제를 해결하기 위해 다양한 주민 참여 행사를 활성화시키고, 동시에 주민들의 참여 속에서 만들어지는 마을신문을 발간하였다. 면민들의 안정과 발전을 기원하는 작은 음악회나 작은 풍물 기원축제, 면사무소 앞 돌탑쌓기, 작은 도서관의 운영, 그리고 옛적부터 전해오다가 단절된 8.15경축면민대동제 등을 하면서2) 50~60명 정도의 청년회가 면 단위 주민행사의 주체로 발전하였고, 주민들 스스로 활동의 성과를 느끼는 감정들이 축적되었다. 대부분의 주민 공동 행사들을 7개 단체 협의로 꾸려서 했는데, 이장단 협의회도 한 주체로 참여하게 되었다. 자치단체나 관에 의존하는 관계에서 벗어나게 된 것이다. 이처럼 주민들은 이러한 활동의 결과를 보면서 변화하기 시작하였다. 소위 토호세력이나 지역 유지라고 하는 사람들도 변화되기 시작하였던 것이다. "옥천 안남면 지역발전위원회는 면장, 이장단 협의회, 주민자치센터를 넘어서는 힘을 확보하였다. 이제는 공무원들이 지역발전위원회의 의견을 전제로, 지방자치정책을 수립해나가고 있고, 지역발전위원회가 모색하는 다양한 생산적 경제공동체의 기반에 대한 정책적 지원을 하고 있다"(김영준, 인터뷰, 2015.10). 지역에서 자생적으로 설립되어 운영되는 언론의 영향이 매우 컸다. 《옥천신문》은 1989년에 창간하고 난 이후, 행정보다 주민의 권리를 부각시켜왔고, 지역의 주민들이 주요 독자였다. 주민들은 《옥천신문》을 거의 생활의 일부로 간주하고 있다. "주민자치활동은 주민참여의식과 같이 출발해서 함께 끝난다 해도 과언이 아니다. 옥천이나 안남면에서 지역공동체운동이 성공적으로 뿌리를 내릴 수 있었던 것은 《옥천신문》 때문이었다. 《옥천신문》은 주민자치활동에 기반을 두는 지역공동체운동의 실질적인 토대였다. 신문이 있었기에 안남면 주민들의 주민참여의식이 자생적으로 높아질 수 있었다"(정순영, 인터뷰, 2015.10). "최근에는 《옥천신문》 외에, 주민들 스스로 만들고 있는 마을신문3)이 주민생활의 주요 부분으로 자리를 잡았다. 옥천군 군민이나, 안남면 면민들

---

2) 이 과정에서 많은 갈등이 발생하였다. 면내에서 힘을 발휘하고 있던 토호세력들이 새로운 주체의 새로운 자치적 활동에 대해 많은 비판을 하였다(주교종 인터뷰, 2015.10).

3) '배바우'라는 제호의 신문은 주민이 편집위원이고 필자이고, 또 독자이다. 글이 투박하고 원색적일지라도, 주민들 스스로 신문을 만든다는 자부심을 아주 크다(정순영, 전 《옥천신문》 편집국장 인터뷰, 2015.10).

은 신문을 읽는 눈과 격이 상당히 높다"(신복자, 인터뷰, 2015.10). 이 소통 매체는 주민과 주민 간의 혹은 주민자치활동에 참여하는 생산적 공동체 간의 관계를 밀접하게 하는 수단이었다. 비록 마을신문을 매개로 하였지만, "소통의 광장은 생활 속에서 민주주의를 실현하는 수단이 되었고, 상호 주체성을 드높여나가는 자발적 작동 메커니즘으로 작용하였다"(Edwards, 2011.8.23).

그리고 주민자치형 권력적 관계는 주민조직과 자치단체 간의 상호 호응성을 유지하고, 주민들의 참여의식을 제고시키는 다른 매개체를 필요로 했다. 자치단체의 공무원이면서, 공무원 노동자의 기본적 권리를 유지하고 강화하려는 공무원노동조합의 역할이 필요하다. 주민자치활동의 다양한 내용들이 자치단체의 정책적 지원과 무관할 수 없는 조건을 고려할 때, 자치단체의 한 주체인 공무원노동조합이 주민자치의 활동과 지속적인 관계를 유지해야만 한다.

4. 대안적 자치 민주주의 모델과 주민조직

1) 주민의 자기 지배 패러다임과 자치민주주의

주민자치센터는 기능 전환이라는 형식을 거쳤지만, 국가권력의 최고 말단조직의 역할과 기능까지 사라진 것이 아니다. 이전의 읍·면·동사무소가 국가행정을 집행하거나 기획하면서 주민들의 생활세계를 통치하고 관리했던 주체였다는 점을 감안하면, 주민자치센터도 그러한 주체로서의 역할을 담당하고 있다.4) 그런데 주

---

4) 정부는 현재 주민자치센터 및 자치위원회를 주민자치회로 변경하는 정책을 추진하고 있다. 2015년 12월 기준, 주민자치회 시범 사업이 전국의 31개 주요 읍·면·동을 상대로 실시되었다. 정부는 주민자치센터나 주민자치위원회의 자치활동을 비판적으로 평가하면서 주민자치회의 주요 활동 영역을 '협의·심의 업무, 위탁업무, 주민자치업무' 등으로 제시하고 있다. 이러한 정책을 추진하는 목적이 자치의 주체인 주민들에게 권한과 책임을 부여하려 한다는 점을 고려하면 매우 유의미하다고 할 수 있다. 하지만 주민자치회의 구성이 관 주도하에 지역대표성을 강화하는 차원으로 접근하고 있기 때문에, 오히려 지역의 토호세력이나 유지들을 중심으로 하는 주민자치가 이루어질 가능

〈그림 7-2〉 생활세계의 권력에 대한 주민의 자기 지배 패러다임

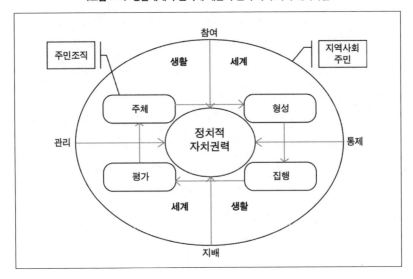

민들이 국가권력과의 관계에서 권력의 정당성을 보장하기 위한 선거의 권한만을
보유한다면, "영합게임(zero-sum game)의 원리로 작동되는 국가권력은 선거 이후에
권력투쟁의 반대 세력을 약화시키기 위한 관료적 엽관주의(spoils system) 정책을 저
지할 수 없다"(Jessop, 1969: 417; Norris, 2008: 108). 중앙정부든 지방정부든 관료적
엽관주의를 기반으로 권력을 유지하고 재생하는 체제를 포기하지 않는다. 그래서
주민들이 자율적이고 자치적인 권력 메커니즘의 주체로 나서게 하는 대신 정치사
회의 권한을 분산시켜 권력의 집중화를 예방할 수 있을 때, '자치 민주주의의 최고
질'이 보장될 수 있다.

　〈그림 7-2〉는 주민들이 자치활동과 권력의 주체로 전화되는 대안적 자치민주주
의 패러다임이다. 그동안 직접 민주주의나 실질적 민주주의를 강조하면서 보편적
으로 제기되었던 담론들을 국가권력의 구조와 통일적으로 연계시킨 패러다임, 즉
주민들의 자기 지배를 위해 국가권력 및 지방자치권력과 주민생활세계를 순환적

―――――――
성이 농후하다.

메커니즘으로 도식화한 것이다. 이 메커니즘은 국가권력의 사회화 모델(김영수, 2014.12)과 지방자치의 다양한 제도적 장치를 변형시켜서 도출한 것이다. 주민조직의 대표적인 것들을 다양한 차원에서 설정할 수 있다. 역사적으로는 한국 해방 정국에서 결성되었던 '인민위원회', 남아공의 '공동체 자치위원회', 그리고 베네수엘라의 각종 '민중위원회' 등이지만, 이 논문에서는 풀뿌리민주주의의 일환으로 조직되어 주민들을 대표하고 있는 '주민자치위원회'를 주민조직의 대표로 상정하고 있다.

주민(주민조직)들이 권력을 실질적으로 지배하고 관리하는 자치 민주주의의 패러다임을 모색하는 데 가치가 있다. 주민자치센터가 중앙정부나 지방정부로부터 독립성과 자율성을 확보한 상태에서, 지역사회의 정치와 행정, 그리고 경제 등의 문제를 스스로 결정하고 집행·평가하는 주체로 전화할 경우, '풀뿌리 민주주의'의 진정한 가치가 생활세계에서 실제로 실현된다고 할 수 있다. 자치 민주주의 패러다임은 생활세계와 긴밀하게 결합되는 '국가권력의 사회화 모델'(김영수, 2014)과 유기적으로 융합될 것이다. "사회구성원이 권력에 대한 자기 지배의 네 가지 구성 요소, 즉 권력참여, 권력관리, 권력통제, 권력소환이라는 민주적 메커니즘으로 국가권력을 지배한다"(김영수, 2014)는 권력 사회화 패러다임과 자치 민주주의의 패러다임의 유기적 접합 관계가 대안모델의 차원에서 제시된다. 이 모델의 핵심은 권력과 권리의 융합으로 '권력거리'의 간격을 좁히고, 주민들 스스로 삶의 자원들을 동원하고 재생산할 수 있게 하는 것이다. '권력거리'란 '권력자와 인민들이 누리고 있는 권리의 형식과 내용을 지표화하여, 인민이 권리를 누리고 있는 지표와 지배자들이 권력을 누리고 있는 지표를 서로 비교했을 때 발생하는 간격의 폭을 의미'한다. 이 폭이 좁은 국가일수록 민주주의의 실질적 요소들이 삶 속에서 구현되고 있다고 간주할 수 있다. 따라서 주민이 '권력과 권리 간의 간격'으로 규정되는 '권력거리'의 주체로 재구성되어야 한다. 두 가지 방안이 있을 수 있다. 하나는 권력을 주민들의 권리에 가깝게 분산시키는 것이고, 다른 하나는 권리를 권력과 거의 동일시될 수 있도록 강화시키는 것이다. 권력과 권리가 융합되고, 권력에 대한 관리와 통제의 권한을 인민이 보유할 수 있어야 한다는 원리이기도 하다.

물론 지방자치단체의 주민자치도 주민소환제도, 주민참여예산제도, 주민감사제도 등을 주민들에게 보장하고 있다. 그러나 이러한 제도들은 자치단체의 권력이 허용하는 범위 내에서 이루어지는 주민자치이다. 주민소환의 절차나 조건을 고려하면 정치적 네트워크를 확보하고 있는 정치조직이 추진할 수 있는 제도이고, 주민참여예산도 자치단체 예산의 일부분을 주민들의 요청에 반영하는 것이지 자치단체 전체 예산의 수립과 평가에 참여하지 못하는 제도이다. 또한 일정 수준 이상의 주민들이 연대 서명하여 청구가 가능한 주민감사제도도 주민들이 직접 감사에 참여하는 것이 아니라 권력기관 간에 이루어지는 감사이다.

진정한 풀뿌리 주민자치는 공동체(commune)적 자치를 실현하여 권리의 주체가 스스로 지배하고 관리하는 사회적 관계를 구축하는 것이다. "중앙정부나 지방자치단체의 정치적 권력에 대한 참여, 통제, 지배, 관리가 제도화된 권력시스템으로 작동하는 것이 아니라, 제도화된 권력과는 무관하게 주민들의 생활세계 속에서 새로운 자치권력체를 형성하여 주민이 자신의 지역사회에서 주체적으로 참여할 수 있는 권력구조, 자율적으로 통제하고 관리할 수 있는 권력구조, 그리고 평가를 바탕으로 소환할 수 있는 권력구조를 정착시켜 나가는 것이 민주주의의 최고 가치에 부합하는 과정이라 할 수 있다"(Perrucci and Pilisuk, 1970: 69; O'Donnel, 2004: 107).

사회적 관계에서 '소외'된 생활세계를 인식하는 것 자체부터가 정치적인 삶을 실현하는 과정이고, 생활세계의 풀뿌리 민주주의를 완성하는 민주주의의 최고 단계라 할 수 있다. 생활세계의 욕망을 둘러싼 권력관계에서 자신을 지배하고 있는 권력으로부터 주체적인 권력을 복원하는 것이기 때문이다. 주민 스스로 자신의 권력을 주체적으로 통제하고 스스로가 권력의 형태를 조작할 수 있을 때, 자신은 소외된 생활세계에서 혹은 조작된 욕망의 세계에서 벗어날 수 있게 된다.

2) 자치민주주의 실현 전략

(1) 자치단체와 주민조직의 융합관계 구축

읍·면·동과 같은 현존 지방단체의 자치체계는 역사적으로 존재해왔던 주민자치와 연계되어 있으며, 주민자치를 실현하는 데 필요한 공공재원을 집행하고 관리해왔다. 주민들의 공공적 생활 영역이 공적 자금으로 유지되는 구조라고 한다면, 그 기금을 조달하고 관리할 공적 권력주체를 배제할 수 없다. 특히 주민참여의식이 높지 않은 지역사회일수록 공공재원에 대한 공적 관리주체가 필요하다. 왜냐하면 주민자치활동에 참여하는 사람들 간에 많은 분쟁이 발생하는데, 대부분의 원인은 공공재원을 집행하는 과정에서 발생하기 때문이다.

주민자치가 자치단체권력을 활용해야 하는 또 다른 이유는 중앙정부로부터 공공재원을 유치하는 사업과 주민자치활동이 긴밀하게 연계되지 않을 경우, 주민들이 자신들의 농업생산성과 연계되지 않는 주민자치활동에 자발적으로 참여하지 않는다. 이러한 어려움을 극복하기 위해서는 주민자치를 추진하는 조직적 주체가 법인격을 갖출 필요가 있다. 주민조직인 법인격체가 공공자금을 확보하여 주민자치형 공공사업을 추진하고, 그 결과들을 축적시켜나가야 한다는 것이다.

옥천군 안남면 지역발전위원회가 주민자치형 주민조직으로 성장할 수 있었던 기반은 공공적 자금을 보유할 수 있었기 때문에 가능했다. 안남면 12마을은 금강 상류지역을 보호하는 역할을 하면서, '주민지원사업비'라는 명목의 공공자금을 지원받고 있었다. 그런데 "지역발전위원회는 이 자금을 각 마을로 전체 배분하지 말고, 일부를 면의 공공적 활동을 위한 기금으로 전환시켰다. 이 기금은 면의 공공적 활동의 정체성을 강화하는 견인차 역할을 하였고, 공공기금의 사용을 둘러싼 다양한 회의체들을 만들고 운영하는 계기로 작용하였다"(김영준, 인터뷰, 2015.10).

주민자치의 새로운 주체를 형성하는 과정이 이미 존재하는 자치권력의 공간을 활용할 필요가 있다는 것이다. 문제는 역사적인 기존의 지방자치가 권력이 주도하는 '관변자치', 혹은 지방의 유지들이 주도하는 '토호자치'를 넘어서는 차원에서, 주민자치와 관련된 자치단체의 역할과 기능이 재정립되어야 한다는 점이다.

(2) 주민자치조직의 사무국에 대한 공공재정 지원

주민자치는 주민들 자신의 완전한 잠재력을 발전시킬 수 있는 지역공동체 사회의 한 통치 형태이다. 이러한 지역공동체 사회는 개인적인 인간의 욕구와 욕망을 실현함과 동시에 공동체적인 발전을 함께 추구하는 모습일 것이다. 문제는 이러한 지역공동체 사회를 만들기 위해 자치활동 시간을 어느 정도 확보하느냐가 관건이다. 인터뷰에 응했던 모든 사람들이 공통적으로 제시하는 말은 '자치활동시간'을 확보하기가 쉽지 않다는 점이었다. 도시의 경우에는 그나마 주부들의 참여를 바탕으로 자치활동을 힘겹게 유지할 수 있지만, 농촌의 경우에는 모두가 동시에 바쁘고 동시에 한가하기 때문에 정기적인 자치활동시간을 만들기가 쉽지 않다는 것이다.

충북 제천시 산하 읍·면·동 중에서 주민자치활동을 왕성하게 하고 있는 제천시 덕산면의 경우, "면내에서 자영소매업을 하고 있거나, 귀농(촌)해서 지역공동체 활동을 하고 있는 사람들이 시간을 낼 수 있어서 주민자치활동을 왕성하게 할 수 있지, 그렇지 않으면 시간을 내서 주민자치활동을 할 사람이 거의 없다. 주민자치활동을 실제로 하기 위해서는 공공재원으로 주민자치센터와 주민자치위원회의 공공사무를 담당할 사무국장을 채용해야만 한다"(김영철, 인터뷰, 2015.11). 주민자치센터 및 자치위원회의 활동과 관련된 지방자치단체의 역할은 그저 재정을 지원하는 수준에 머무르게 하는 대신, 다양한 자치활동의 프로그램이나 주민들을 조직하는 활동 등은 채용된 사무국장에게 일임해야 하는 것이다. 가칭 사무국장은 노동시간 때문에 자치활동시간을 확보하지 못하는 주민자치위원들이나 주민들을 대신해서 자치활동의 활성화에 전념하는 역할을 담당한다.

물론 주민자치활동과 관련된 다양한 모델들이 제시될 수 있다. 하지만 그러한 모델을 작동시키는 주체들에게 활동 시간을 보장하지 않는다면, 다양한 모델들은 또 다른 대리주의적 엘리트 권력주체들을 양산할 수 있다. 주민자치를 위한 법적·제도적 장치가 마련된다 하더라도, 그 장치를 활용하여 자치를 실현할 주체들이 정치 활동의 시간을 확보하지 못한다면, 주민자치제도는 돈과 시간을 많이 보유하고 있는 사람들만의 또 다른 '자치리그'를 형성하는 것과 동일하다.

(3) 생산적인 자치공동체의 형성 및 확대

다양한 코뮌적 공동체 자치는 기본적으로 자립적인 경제생활을 기반으로 하였다. 이러한 기반은 자본주의 사회체제에서 코뮌적 공동체 자치를 지향하든, 대안사회에서 지향하든, 자유로운 개인들의 생산적 기반을 전제로 해야만, 풀뿌리 생활자치를 구체화할 수 있고, 생활자치의 주체들을 지속적으로 형성할 수 있는 것이다. 그 주요한 방식은 공동 소유로 운영되면서도 개인에게 생산적 이득을 보장할 수 있는 생산적 자치공동체이다.

주민들의 생산적 생활세계와 정치적 자치세계가 분리가 아닌 융합을 이루어 내고자 했던 다양한 시도들이 있었다. 베네수엘라가 시도했던 사례에서 다양한 함의들을 추출할 수 있다. 공동체적이고 사회적인 생산경제모델의 출발선은 다양한 소유 형태였다. 차베스 정부는 생산수단을 공동으로 소유한 상태에서 단순히 돈벌이가 아닌 협력을 바탕으로 운영하고 잉여소득을 평등하게 분배하는 대안적 사회경제체제를 시도하였다. 베네수엘라 정부는 2007년 헌법 개정안에서 다섯 가지의 소유 형태를 제시했었다. "첫 번째는 공적소유로서 국가기관의 소유를 의미한다. 두 번째는 전체로서의 민중과 미래 세대의 소유로 정의되는 사회적 소유였다. 이 소유 형태는 간접적인 사회적 소유와 직접적인 사회적 소유로 구분되었다. 간접적인 사회적 소유는 국가가 공동체를 대신해서 운영하는 소유이고, 직접적인 사회적 소유는 도시가 소유권을 행사하는 도시적 소유와 코뮌이 소유권을 행사하는 코뮌적 소유였다. 세 번째는 집단적 소유였다. 이것은 사회집단이나 개인 집단의 소유이다. 집단적 소유의 예로는 협동조합을 들 수 있다. 네 번째 소유는 혼합적 소유였다. 이것은 다른 여러 가지 형태의 소유가 혼합되어 있는 경우였다. 다섯 번째는 사적 소유이다. 사적 소유는 자연인이나 법인에 속한 소유이다. 여기에 소비재뿐만 아니라 생산재도 포함된다"(강남훈, 2009, 56~57).

이러한 소유 형태를 바탕으로 생산자 공동체와 주민자치 공동체의 지역적 결합이 이루어질 필요가 있는 것이다. 옥천군 안남면 지역발전위원회에는 생산자 공동체의 주체들이 대거 참여하고 있다. 좁은 지역에서 발생할 수밖에 없는 관계의 중첩성이 존재하지만, 생산적 자치공동체의 기반이 형성되었던 것이다. "지역발전위원회는 농민회, 자연부락을 중심으로 하는 작목반, 농협이 이끌고 있는 생산자회, 그리고 외부의 유통자본이나 소비자본과 결합된 생산자회 등과 결합할 수 있었던 계기가 있었는데, 그것은 옥천군 급식센터와 옥천살림협동조합이었다. 2015년에는 배바우 경제순환공동체 영농조합을 만들었다. 자그마한 면에서, 출자금이 1억

2000만 원이 만들어진 것 자체가 생산적 공동체 활동의 성과라 할 수 있다. 앞으로는 산수화 경제권역의 주민조직들과 함께 경제공동체 유통센터나 콩나물 공장도 건립할 예정이다. 이러한 경제공동체는 농협을 넘어서는 역할을 담당하고 있다"(김영준, 인터뷰, 2015.10).

(4) 지역의 평생교육 강화로 주민참여의식 향상

어떤 자치모델이든, 새로운 모델을 유지시키고 변화시킬 주체가 필요하다. 그러한 주체를 지속적으로 재생산하는 실질적 기반은 체계화된 주민자치조직뿐만 아니라 주민자치활동에 참여하는 사람들의 주민의식이다. 주민들의 불균등한 의식은 주민자치조직의 정치적인 갈등과 균열의 주요 원인으로 작용하고 있다. 특히 지역사회가 각종 연고주의로 작동되고 있는 측면을 고려할 때, 주민들 스스로 자치단체의 권력에 의존하지 않고 주민자치조직의 권력을 형성하는 주체로 변화될 필요가 있다.

풀뿌리 민주주의는 기본적으로 지역사회 속에 응축되어 있는 정치적 관계를 드러내고, 그 관계 속에서 주민자치권력의 힘을 구축해들어가는 것이다. 그렇지만 중앙정부나 지방자치단체는 관의 관리와 통제 속에서 이루어지는 '풀뿌리 통치'만을 추구하려 한다. 주민자치센터나 주민조직들이 '지역자치교육센터'와 같은 평생교육기관을 주체적으로 운용할 필요가 있다. 이러한 센터가 주민자치권력과 제도화된 권력은 수시로 갈등할 가능성을 내포하고 있다 하더라도, 주민자치활동의 주체들은 이러한 갈등을 주민들의 자발적인 참여의 힘으로 풀어나가야 하는데, 그 힘의 원천은 바로 주민참여의식인 것이다.

그래서 지방자치법이나 조례가 주민자치센터나 주민자치위원회의 활동을 정치적으로 이용하지 못하게 규정하였다. 주민들의 자치활동을 정치적으로 중립화하기 위한 통치전략의 일환이다. 그렇지만 정치적 중립화의 대상은 공무원이지 주민자치활동을 하는 주민들이 아니다. 정치적 중립은 '중립이 아니라 정치권력을 장악한 정치세력의 입장에만 서 있으라는 또 다른 강요'와 같기 때문에, 정치적 중립'은 실질적으로 정치적 무뇌인을 양산하고, 정치적인 주민자치활동을 원천적으로 배제하기 위한 지배세력의 허울에 불과할 수 있다. 오히려 주민자치센터나 주민자치위원회가 주민들의 권리의식을 드높이는 활동을 왕성하게 전개할 때, 풀뿌리 민주주의의 토대는 강화된다. 다양한 시민사회단체들이 정치적 활동을 하면서 시민들의 의식을 향상시키려 하듯이, 주민자치활동도 합리적인 주민참여의식을 향상시키기 위한 전략을 추구해야만 한다.

5. 결론

일상적인 생활세계는 평범하면서도 소박하지만, 견고하고 당연하게 여겨지는 세계이며, 단일하고 지속적인 개인의 정체성을 형성하는 세계이다. "일상적 삶과 일상생활은 재화의 생산뿐만 아니라, 인간 자신과 인간들의 관계가 형성되는 구체적인 삶의 장이다"(최종욱, 1993, 300). 즉 생활현장이란 일상생활의 집합적 경험이 이루어지고 나날의 정치, 나날의 생산과 재생산이 이루어지는 곳이다. 따라서 주민들의 생활세계에서는 사적 영역과 공적 영역의 일상적인 접합이 이루어지고, 권력은 그 접합의 매개 지점에서 자신의 정체성을 드러낸다. 특히 행정 권력은 법과 정책을 집행하는 주체로서, 주민들의 생활세계와 밀접하게 접합되어 있다.

그래서 주민자치센터나 주민자치위원회는 '지방자치법'과 각급 지방자치단체 조례가 허용하는 범위에서 다양한 자치활동들을 전개하고 있으며, 정치적 성격이 드러나는 활동을 거의 하지 않는다. 하지만 지역사회의 주민자치활동은 기본적으로 행정권력과 긴밀하게 결합된 상태에서 전개되고 있다. 네 가지의 자치활동 유형에 따라 주민자치활동의 내용을 제시했지만, 모든 유형에서 나타나는 공통점은 주민자치조직과 행정권력 간의 관계에 따라 주민자치활동의 활성화 여부가 결정된다는 점이다. 지방자치와 주민자치의 접합 관계에서 '자치'의 형식과 내용을 둘러싼 모순이 존재하지만, 양 주체들은 그러한 모순들을 지속적으로 해결하면서 새로운 관계를 형성·유지하고 있다. 각급 지방자치단체의 행정권력은 어떤 유형의 주민자치활동이든 행정적·재정적 지원을 할 수 밖에 없고, 지역주민들도 역시 공공적 재원이 마련되는 상태에서 자치활동을 적극적으로 한다는 것이다. 그렇지만 주민자치형 권력적 관계를 유지하고 있는 주민자치조직들은 공공적 재원이나 공공행정의 지원을 받으면서도 주체적인 자치활동을 전개한다. 이러한 유형의 주민자치활동은 기본적으로 각급 지방자치단체의 힘과 주민자치조직의 힘이 서로 '겨루기'를 하는 관계 속에서 이루어진다. 주민자치형 권력적 관계는 대안적 풀뿌리 자치모델의 원형이라 할 수 있다. 주민자치조직은 자치활동을 통해 각급 지방자치단체의 권력을 통제하거나 관리할 수 있는 제도적 장치를 마련하고, 또한 필요한 경우에 각급 지방자치단체의 권력자들을 감시하고 소환하는 활동까지 전개할 수 있는 것이다. 따라서 대안적 자치모델은 추상적이고 이상향적인 차원에서 모색되는 것이 아니라 주민자치형 권력적 관계에서 제기되는 유의미한 주민자치활동의 형식과 내용을 추출해서 구상할 수 있을 것이다.

참고문헌

강남훈. 2009. 「21세기 라틴아메리카 변혁과 미래 사회를 위한 비전」. ≪미래와 희망≫, vol. 01, 2009년 겨울, 56~57쪽.

고트, 리처드(Richard Gott). 2005. 『민중의 호민관 차베스』. 황건 옮김. 당대.

곽현근·김익렬. 2006. 「주민조직 참여의 편익과 비용에 관한 연구-주민자치센터를 중심으로」. ≪지방정부연구≫, 제10권 제3호.

곽현근·유현숙. 2011. 「지역사회 주민조직 참여가 인지적 사회자본에 미치는 영향에 관한 연구: 주민조직의 유형별 차이를 중심으로」. ≪한국공공관리학보≫, 제25권 제2호.

권순복. 2001. 「읍·면·동 기능전환과 주민자치센터」. 『한국지방자치학회 2001년도 동계학술세미나 자료집』.

김세균. 1989. 「마르크스의 국가관」. ≪철학≫, 31.

김영선. 2013. 「마을 인문학과 여성주의」. ≪사회와 철학≫, 26. 사회와 철학 연구회.

김영수. 2014. 「민주주의 이행기 국가권력의 민주적 사회화 모델-권력구조의 민주적 메커니즘을 중심으로」. ≪민주주의와 인권≫, 14권 3호. 전남대 5.18연구소.

김주원. 2003. 「문화·복지 프로그램에 대한 지역주민 인식분석: 강원도 주민자치센터를 중심
　　으로」. ≪한국지방자치학회보≫, 14(2).

김찬동·서윤정·서울연구원. 2012. 6. 「마을공동체 복원을 통한 주민자치 실현방안」. 『서울연
　　구원 정책과제연구보고서』.

김현. 2015. 「주민참여를 통한 행정과 주민의 만남」. 제2차 민중행정실천대회(2015.1). 전국
　　공무원노동조합.

민상호. 2015. 「서울시 마을공동체 사업에 대한 단상」, ≪Activa Puliticus≫(2015.7). 공무원
　　노조 정책연구원.

민현정. 2011. 「일본 주민조직의 유형과 특성에 관한 연구」. ≪민주주의와 인권≫, 제11권 제
　　2호(2011.6).

박홍순. 2003. 「풀뿌리 네트워크 2년 활동의 성과와 주민자치센터 활성화를 위한 과제」. ≪도
　　시와 빈곤≫, 통권 60호.

백은미. 2012. 「생협운동 경험을 통한 여성들의 살림 가치에 대한 의미 고찰: icoop 생협 부산
　　지역 활동가들을 중심으로」. ≪여성학 연구≫, 22(2): 71~107.

신중진·정지혜. 2010. 「지역공동체 회복을 위한 마을 만들기의 역할과 과제: 수원 화성과 행궁
　　동 사람들의 도전을 중심으로」. ≪정신문화연구≫, 제36권, 제4호.

심익섭. 2002. 「주민자치센터 운영 활성화 방안」. ≪한국지방자치학회보≫, 14(2).

안병순. 2015. 「보수세력 지역지배구조와 진보운동의 과제」. ≪Activa Puliticus≫(2015.7).
　　공무원노조 정책연구원.

안성수·하종근. 2006. 「주민자치센터 운영실태분석과 바람직한 운영방안: 창원시 사례를 중
　　심으로」. ≪도시행정학회보≫, 제19집, 제1호. 한국도시행정학회.

여관현. 2013. 「마을 만들기를 통한 공동체 성장과정 연구: 성북구 장수마을 사례를 중심으로」.
　　≪도시행정학보≫, 제26집 제1호.

오현철. 2006. 「토의민주주의: 이론 및 과제」. 주성수·정상호 엮음. 『민주주의 대 민주주의』.
　　아르케.

＿＿＿. 2007. 「민주주의의 새로운 공간: 한국 공론장의 대안적 발전 모델을 중심으로」. ≪한
　　국정치학회보≫, 제41집 2호. 한국정치학회.

원구환. 2004. 「주민자치센터 이용만족도 제고를 위한 시론적 변수추정」. ≪한국지방자치학
　　회보≫, 16(2).

육동일. 2011. 「지방자치와 지방분권 20년의 성과와 발전 방향」.

이자성. 2012. 「읍면동 주민자치회의 주요 쟁점 및 향후 과제」. ≪경남정책 Brief≫.

이현주. 2002. 「주민자치센터 운영 효율과 방안」. ≪경인논집≫, 9권.

이환범. 1999. 「읍면동 기초 행정조직의 역할 쇄신과 기능 재조정」. ≪한국지방자치학회보≫,
　　11(3).

전원보. 2000. 「주민자치센터의 성공적 실시를 위한 방안」. ≪21세기 정치학회보≫, 14(2)

최근열. 2006. 「주민자치센터의 평가와 정책 과제」. ≪한국거버넌스학회보≫, 제13권 제3호.

최낙범. 2011. 「지방자치 20년, 지방분권의 과제와 전망」. 『경상남도 지방자치 20주년-회고

와 전망』.

최봉기. 2011. 「한국 지방자치발전의 저해요인과 개선과제-중앙과 지방의 관계를 중심으로」. 공명선거 국민토론회.

최종욱. 1993. 「앙리 르페브르의 일상생활비판에 대한 비판적 소론」. ≪어문학논총≫, vol. 12. 국민대학교 어문학연구소.

최호준. 2015. 「지역행사, 누구를 위한 축제인가」. 제2회 민중행정 실천대회(2015.1). 전국공무원노동조합.

함미경. 2003. 「참여자치를 위한 주민자치위원회의 활성화 방안에 관한 연구」. 서울여대 대학원 석사학위 논문.

행정자치부. 1999. 읍면동사무소 기능전환 기본계획.

행정자치부. 2015. 읍면동 주민자치회-풀뿌리 민주주의의 시작입니다.

Edwards, G. 2011. 「하버마스와 사회운동: 무엇이 새로운가?」. ≪실천≫(2011.8). 사회실천연구소.

Lefebvre, H. 2011. 「일상생활에 대한 비판적 지식으로서의 마르크스주의」, ≪실천≫(2011.10). 사회실천연구소.

Diamond, Larry. 1996. "Toward Democratic Consolidation." Larry Diamond & Marc F. Plattner(eds.). *Developing Democracy-Toward Consolidation*. Baltimore and London: The Johns Hopkins Univ. Press, pp.227~240.

O'Donnel, Guillermo. 2004. "Human Development, Human Rights, and Democracy." Guillermo O'Donnell, Jorge Vargas Cullell, and Osvaldo M. Iazzetta(eds.). *The Quality of Democracy: Theory and Applications*. Notre Dame, Indiana: University of Notre Dame Press.

Norris, P. 2008. *Driving Democracy: Do Power-Sharing Institutions Work?* Cambridge: Cambridge University Press.

Jessop, R. D. 1969. "Change and Power in Structural Analysis." *Sociological Review*, vol.17.

Perrucci, Robert and Marc Pilisuk. 1970. "Leaders and Ruling Elites: The Inter Organizational Bases of Community Power." *American Sociological Review*, vol.35.

<인터뷰>
김영준. 2015.10. 옥천지역발전위원회 위원.

김영철. 2015.10. 제천시 수산면 오티리 리장.

민상호. 2015.10, 전국공무원노동조합 정책연구원 연구위원.

민상호. 2015.10. 서울 시흥2동 주민자치위원회 활동. 인터뷰.

박성배. 2015.10. 제천시 수산면 오티리 수목장저지 주민대책위 사무국장

안병순. 2015.10. 전국공무원노동조합 정책연구원 연구위원

유홍운. 2015.11. 제천시 덕산면 전 주민자치위원회 위원장

제천시 공무원 a. 2015.10.

제천시 공무원 b. 2015.10.

이희우. 2015.10. 전국공무원노동조합 정책연구원 부원장.

이상훈. 2015.10. 지역공동체운동 활동가.

정순영. 2015.10. 전 ≪옥천신문≫ 편집국장.

주교종. 2015.10. 충북 옥천군 안남면 지역발전위원회 위원장

신복자. 2015.10. 충북 옥천군 마을신문 ≪배바우≫ 편집국장

제8장
탈자본주의 사회에서의 교육*

김영석 | 경상대학교 일반사회교육과 교수

1. 서론

이 글에서 말하는 탈자본주의 사회란 자본주의적 모순이 인간의 선택에 의해 제거된 사회를 말한다. 자본주의가 초래하는 환경파괴 및 자원고갈 등의 재앙적 결과에 따라 현재와 같은 수준의 기술문명을 영위할 수 없는 상태가 아닌 인간의 선택, 즉 지속 가능하면서도 민주적인 '참여계획경제'의 실현에 의해 현재 이상의 기술문명 수준을 유지할 수 있는 상태를 의미한다.

이 글에서 탈자본주의 사회의 특징을 '민주적 참여계획경제'가 실현된 사회로 전제하는 것은 교육이 창의적인 자기실현과 관련된 활동이 아닌 진학·취업 경쟁의 준비 활동으로 왜곡된 것은 직업세계의 위계적 분업 체계와 관련이 있다고 보기 때문이다. 직업세계의 위계적 분업은 비단 자본주의 사회에서뿐만 아니라 구소련과 같은 중앙집권적 사회주의 사회에서도 사라지지 않았고(장귀연, 2015: 337~338), 이들 국가에서마저 엘리트 직군을 향한 교육 경쟁이 사라지지 않은 이유로 지적되고 있다(박상현, 2005: 95~98). 이러한 점에서 '균형적 직군', '참여계획', '생산수단의 공

* 이 논문은 2013년 정부(교육부)의 재원으로 한국연구재단의 지원을 받아 수행된 연구 (NRF-2013S1A5B8A01055117)의 일환으로 작성되었고, ≪마르크스주의 연구≫, 제13권 3호(2016)에 게재되었다.

유 및 노고에 따른 보상' 등 노동의 위계적 분업의 폐지를 골자로 하는 이른바 참여계획경제 체제는 교육과 관련하여 탈자본주의사회를 논의하는 중요한 기반을 제공하였다.[1]

한편 구소련 체제나 중국과 같은 이른바 사회주의 국가들에서 육체노동과 지식노동의 분할을 극복하지 못하고 엘리트주의 학교교육이 부활하게 된 중요한 계기 중의 하나가 국가주의적 동기에 의한 국제 경쟁의 압력이었다는 점에 주목할 필요가 있다(화이트, 1984: 236~241; 박상현, 2005: 96에서 재인용).[2] 오늘날 노동의 위계적 분업은 지구적 양상을 띠고 있기 때문에, 따라서 교육의 모순이 해소되기 위해서는 지구적 차원의 자본주의 모순의 해소를 전제로 할 수밖에 없다.

위계적 노동 분업의 지구적 차원의 폐지를 전제로 하여 이하에서는 탈자본주의 사회 교육의 특징을 연역적으로 구성해가고자 하였다. 그렇다 하더라도 미래사회의 구체적 특징을 열거하기 위해서는 기존의 논의들을 참조할 수밖에 없다. 탈자본주의 체제의 교육의 특징과 관련하여 참조할 수 있는 연구로 우선 위계적 분업의 폐지를 전제로 한 대안적 노동과 관련된 연구들을 꼽을 수 있다. 기본적으로 교육이 미래 경제활동을 준비시키는 행위라는 점에서 대안적 노동은 대안적 교육의 특징을 설명해주는 중요한 준거가 될 수 있다.

한편 교육은 미래의 경제활동만 준비시키는 것이 아니라 사회적 활동, 즉 시민 생활을 준비시키는 행위이기도 하다. 민주적 참여계획경제하에서 이루어질 수 있는 시민 교육의 특징에 대해서는 조지 카운츠로 대표되는 사회재건주의 교육학자들의 시민교육론을 참조할 수 있다. 사회재건주의자들이 이상적으로 생각하는 사회로 민주적 계획경제체제를 전제했다는 점(애플, 2014: 112~117)에서 이러한 맥락

---

1) 이 글에서 말하는 '민주적 참여계획경제'는 노동의 위계적 분업을 대신하는 경제체제를 구상한다는 점에서 마이클 앨버트(2002)의 파레콘(참여경제)의 기본 개념들을 참조하였다.

2) 한편 일리히 등의 탈학교주의자들은 학교가 지식교육을 독점하고 학교 자체를 위해 기능하려는 관료주의 속성을 가지고 있으며 이는 사회 체제에 관계없이 학교가 교육을 왜곡시키는 주된 원인이 된다고 본다. 심지어 카스트로가 쿠바에서의 생활 자체가 교육적이므로 1980년대까지 대학이 사라질 것이라고 주장했지만 쿠바에서도 학교교육의 대중화는 막을 수 없는 추세가 되었다고 주장한다(일리히, 1970: 34~35).

에서 제시된 다양한 시민교육의 이론 및 방법이 곧 탈자본주의 사회의 교육 방법
및 행태가 될 수 있다.

학교 체제 및 교육자원의 분배 방식에 대해서는 다양한 방식으로 시행되어온 세
속적 대안 교육의 사례를 참조할 수 있다. 대표적으로는 민주적 자유학교의 교육을
참조할 수 있다(애플, 2015 참조). 이는 학교 운영에 있어서 참여적이고 민주적인 의
사 결정을 중시한다는 점에서 그러하다. 거시적으로는 탈학교주의자들의 대안을
참조할 수 있다. 탈학교주의자들은 학교의 해체를 전제로 거시적인 차원에서 교육
자원을 공유하고 분배하는 방식에 대해 선구적인 논의를 제공하였다. 다만 이 글에
서는 현재와 같이 위계적이고 관료화된 학교체제는 해체되더라도 미래의 사회적
활동을 준비시키는 데 있어서 학교는 필수불가결하다는 입장을 견지하고 있다.

이 글의 구성은 자본주의 사회 교육의 모순을 노동의 위계적 분업으로 초래된 업
적주의 및 학습의 소외와 관련하여 살펴보고, 이러한 모순이 제거된 뒤 나타날 수
있는 대안적 교육의 특징에 대해 구체적으로 열거하는 순서로 이루어졌다.

2. 자본주의 체제하에서의 교육

1) 근대 학교교육의 발달과 업적주의

교육은 인류의 역사만큼이나 오래된 행위이지만, 학교를 통한 교육은 근대 이
전까지는 귀족들만의 전유물이었다. 대중을 위한 교육제도가 형성된 계기는 자본
주의 체제의 출현으로 인해 마련되었다(보울스·진티스, 1976: 181~214; 윤종희,
2005). 흔히 근대 학교교육 체제의 발달에 세 가지 요인, 즉 민주주의의 발달, 민족
국가운동, 산업적 효율성 제고를 지적한다. 프랑스 혁명 이후 콩도르세(Marquis de
Condorcet)로 대표되는 교육자들에 의해 대중을 대상으로 한 민주시민교육의 필요
성이 제기되었지만 보통학교 설립 운동을 세계적으로 확산시킨 것은 민주주의가
아닌 민족주의였다고 할 수 있다.[3) 국가에 의한 무상교육체제가 만들어진 것은 민

족국가 운동이 활발하게 전개된 독일에서였다. 충성스러운 국민을 양성하여 국가 간의 경쟁에서 생존한다는 취지에서 만들어진 독일의 의무교육체제가 세계적으로 모방되었다. 그러나 민족국가 운동 역시 중상주의적 패권 경쟁 과정에서 나타난 경제적 국가주의라는 점에서 자본주의 체제의 발달과 관련이 있다.

학교교육이 산업자본주의의 발달과 본격적으로 연계되기 시작한 것은 미국의 사례를 통해 설명할 수 있다. 공장제 공업이 확산되던 시기에 대중을 대상으로 한 초등교육인 보통학교 운동이 전개되었다. 이 학교 체제는 세금에 의해 운영되는 무상교육을 기본으로 하고 있는데, 대중을 대상으로 한 세금 투입이 허용된 것은 자본가들의 지지가 뒷받침되었기 때문이다. 공장제 공업의 발달로 일정한 노동력이 보다 더 많은 작업량을 감당해야 하는 문제가 급박해졌는데, 학교교육을 통해 이 문제를 해결할 수 있다고 보았다(보울스·진티스, 1976: 196). 그렇다고 학교에서 배우는 지식들이 산업 현장과 특별히 관련 있는 것은 아니었으며, 오히려 지식보다는 미래 노동자의 인성적 태도를 훈육하는 데 학교교육의 효과가 있었다(보울스·진티스, 1976: 201~205). 즉 미래의 노동자들에게 필요한 주의력, 질서의식, 단정함, 공손함, 예의바름, 시간 엄수 등의 인성을 기르는 데 학교교육의 주안점이 두어졌다.

그러나 보통교육의 발전이 자연스럽게 중등교육의 대중화로 이루어진 것은 아니다[4]. 중등교육의 발달은 오히려 고등교육(universities)의 확대에 힘입은 것으로 볼 수 있다. 그리고 고등교육의 발전은 중간 관리직 등 화이트칼라 노동자의 출현과 관련이 있다(보울스·진티스, 1976: 241~253). 미국에서 고등교육이 발전하게 된

---

3) 프랑스에서 보통학교 설립을 통한 시민교육이 구체화된 것은 프로이센과의 전쟁의 영향이었으며, 그 계기도 전쟁에서 패배한 유약한 프랑스인을 충성스러운 국민으로 만들기 위한 국가적 요구에서 마련되었다(히터, 2007: 148~169).

4) 윤종희(2010)는 유럽의 경우 중등교육이 형성 과정에서 산업적 효율성보다는 귀족적 성격의 인문교양교육을 강조함으로써 초등교육과 분리되었다고 본다. 반면 미국의 중등교육 형성은 유럽과 달리 법인자본주의의 발달과 진보주의교육의 영향으로 인문교양교육보다는 산업적·시민적 효율성을 강조하였으며, 초등교육의 연장선상에서 발달하였다고 본다. 그러나 중등교육을 탄생시킨 10인위원회의 보고서들에서 보듯이 초기 미국 중등교육의 성격은 자유교양교육과 산업적 효율성 사이의 타협물로 볼 수 있으며, 대학 준비 과정과 노동자 진입 과정으로 중등교육을 트랙화한 점이 그 예라 할 수 있다(Herzberg, 1988).

계기는 남북전쟁 직후 공포된 '모릴법'에 의해 마련되었는데, 이 법안이 제정된 것은 대학(universities)의 발전이 산업혁명을 완수하는 데 있어 필수불가결하다고 보았기 때문이다. 그리하여 '모릴법'에 의해 대학에 대한 연방정부의 대규모 투자가 있었고 이는 대학교육 대중화의 초석을 깔았다. 그리고 고등교육의 발달은 전국적으로 통일된 대학입학자격을 만들 필요를 낳았고 이는 중등학교(Public High School)의 교육과정과 졸업(대입)자격 조건에 심대한 영향을 주었다(Herzberg, 1981: 5). 즉 교육과정의 표준화와 함께 중등학교에서의 업적을 비교할 수 있는 체제가 조성되었고, 이를 바탕으로 성적에 따라 어느 대학에 진학할 것인지가 결정되는 업적주의 체제가 조성되었다. 학력과 학벌이 직업 선택에 영향을 준다는 점에서 업적주의 체제는 학교가 공정한 기회 배분을 담당하는 기관이며, 업적을 통한 노동의 위계화 및 소득의 불평등은 정당한 것이라는 이데올로기적 토대를 제공하였다.

물론 자본주의 체제하에서의 교육이 업적주의로만 환원되어 설명될 수는 없다. 자본주의 체제하에서의 교육은 크게 보아 자본주의적 경제생활의 사회적 관계를 영속화시키는 역할을 수행하며, 업적주의는 이러한 역할 수행의 한 방식으로 볼 수 있다. 업적주의를 통해 숙련되고 다루기 쉬운 노동력을 확보하고 위계화하는 것 이외에도 가치 주입을 통해 이데올로기적 헤게모니를 확립하는 것 역시 자본주의 체제하에서 교육이 담당하는 중요한 기능이라고 할 수 있다. 그러나 세련된 자본주의 체제일수록 업적주의 방식에 의존하여 이데올로기적 정당성을 확보하려는 경향이 강하며, 교육이 마치 경제생활의 성공을 보장해주는 공정한 수단인 것처럼 여기게 만든다.

한편 자본주의 체제하에서도 교육이 해방적 기능을 수행할 수 있다. 제3세계 민중을 대상으로 한 비판적 리터러시 교육이 민중들에게 정치적 각성의 계기를 마련해주었고(프레이리, 1970), 1960년대 미국과 유럽, 1980년대 한국의 사례에서 보듯이 고등교육 기관의 학생들을 중심으로 체제 모순에 저항하는 운동이 형성된 것도 교육의 기능이 작동한 결과라고 할 수 있다. 그러나 자본주의 체제하에서 사회를 개혁할 수 있을 정도의 비판적 사고를 기르는 교육은 일부 사회의 엘리트들에게만 허용된다. 애니언(Anyon, 2011: 21~37) 등의 연구에서 보듯이 사회 체제에 대한 회의를 가능하게 하는 비판적 사고, 문제 해결, 의사 결정을 강조하는 수업은 미국의 상류층의 자녀들이 다니는 학교에서만 강조된다. 업적주의와 관련하여 볼 때, 학습자의 주체적이고 비판적인 사고를 강조하는 진보주의적 교육 방식은 학습자의 해방에 기여하기보다는 일부 계급의 학생들이 노동 위계의 최상위권에 머물러 있도록 하는 데 활용되고 있다(Reich, 1991).

업적주의를 극복하지 않은 상태에서도 평등한 교육을 제공하면 평등한 미래 준비의 기회가 주어질 것이라는 진보적 교육자들의 낙관적 기대는 대부분 실패로 귀결되었다(보울스·진티스, 1976: 37~48). 실증적 자료들은 평등한 미래 준비는 평등한 교육이 아니라 평등한 소득에 의해 결정된다는 점을 말해주고 있다. 즉 자녀의 학교 성적은 학교교육의 질(일부 교사 효과를 제외하고)이 아닌 부모의 경제적 지위에 의해 영향을 받으며(송경원, 2001), 똑같은 성적이나 지능을 가진 학생이라도 미래 소득은 부모의 경제적 지위에 의해 영향을 받는다는 것이다(보울스·진티스, 1976: 41; Walpole, 2003).

한편 신자유주의 체제의 심화는 자본주의 체제가 마련한 근대 학교교육의 기반을 오히려 무너뜨리고 있다. 자동화와 세계화는 단순 일자리마저 기계와 외국의 노동자들에게 넘겨주는 결과를 초래했고, 자본의 교육에 대한 투자 동기는 학교를 통해 양질의 노동자를 양성하는 것으로부터 학교를 통해 수익을 창출하겠다는 것으로 이동하였다(Blacker, 2013: 16~52). 또 대부분이 학교를 졸업해도 양질의 일자리를 갖지 못한다는 점에서 학교교육은 하층계급에게 더 이상 경제적 의미를 주지 못하게 되었다. 그러나 노동에 대한 수요 감소가 대중교육에 대한 투자 수요 감소로 이어진다 하더라도 '산업예비군'의 효용성으로 인해 여전히 업적주의적 경쟁은 강조되고 있다(Blacker, 2013: 79~80).[5]

그러나 학교교육이 수요자에게 주는 경제적 효용성은 서열화된 대학체제의 상부에 진학하는 학생들에게만 한정되며, 그곳을 향한 경쟁은 사실상 부모의 경제력

---

5) 블래커(Blacker, 2013: 89~90)는 신자유주의 시대 범독점적 자본의 연대는 강화된 반면 노동 내부의 경쟁은 강화되었다고 본다.

에 의존할 수밖에 없게 되었다. 학교는 점차 교육으로부터 소외된 학생들의 수용 기관으로 전락해가고 있다. 또 자본의 수익 창출 요구에 따라 (미국의 경우) 교도소가 민영화되듯이 같은 방식으로 학교가 민영화되어가고 있다. 민영화된 교도소와 차터스쿨의 사례에서 보듯이 두 기관의 공통점은 개인업자가 "경영"하지만 국민의 세금으로 운영된다는 것이다. 대부분의 학교는 교육 기능을 상실하고 보호(수용) 기능만을 수행하는 기관으로 변모되어가고 있다.

2) 업적주의와 학습의 소외

경쟁을 강조하는 자본주의 체제하에서 학습의 결과에 따라 노동시장에서 자신의 가치를 높일 수 있다는 점에서 학생들은 보다 더 많은 시간을 학습에 투여한다. 업적주의적 가정에 따르면 학생들이 공부를 더 많이 하기 때문에 더 양질의 인적 자본이 형성될 것이라고 가정해볼 수 있다. 그런데 많은 실증적 연구들은 이러한 가정이 잘못되었음을 보여주고 있다.

첫째, 학습의 효과에서 외적 동기에 의한 학습은 내적 동기에 의한 학습보다 효율성이 떨어진다(베인, 2004: 51~64). 외적 동기는 학습의 결과에 따라 주어지는 사회적 인정, 경제적 보상 등 학습 외적인 보상을 위해 학습의 동기를 찾는 경우를 말하며, 내적 동기는 학습 그 자체가 주는 즐거움에서 학습의 동기를 찾는 경우를 말한다. 여러 가지 조사 결과에 따르면 자본주의 체제하에서 학생들은 외적인 보상을 위해 공부를 한다고 한다. 그러나 외적 동기에 의한 학습은 학습의 효과도 높지 않지만 학습의 자기주도성과 창의성의 발달을 저해한다. 칙센트미하이(2003) 등의 연구에 따르면 천재적인 업적은 내적 동기가 극대화된 상태에서 산출된다. 또한 학습의 결과로 얻어지는 경제적 보상에 만족한 학생들은 평생에 걸쳐 학습을 지속하려는 동기도 높지 않다(베인, 2004: 40~41).

둘째, 자본주의 체제하에서는 학습의 흥미와는 거리가 먼 주제에 대한 학습을 강요한다. 이때 흥미는 학습 과제에 대해 학생이 노력을 들여서라도 도전해보고 싶은 의욕을 말한다(듀이, 1913: 93). 그런데 천재들에 대한 연구 결과를 통해 보듯이 중등학교 시절까지 학교교육을 통해 제시되는 학습 과제는 학습능력이 뛰어난 상위권 학생들의 흥미도 끌기 어렵다(칙센트미하이, 2003). 초중등학교에서 학생들이 학습의 흥미를 느끼지 못하는 근본적 이유는 업적주의적 요구에 따라 삶과 무관한 탈맥락적 지식들이 파편화되어 가르쳐지기 때문이다. 파울로 프레이리가 누구든 그가 처음 안 단어가 정치적 의미를 갖는 것이라면 40시간 만에 읽기 시작할 수 있음을 발견했듯이(일리히, 1970: 52~53) 지식은 삶의 맥락 속에서 가르쳐질 때 가장 흥미로운 학습 소재가 되며 학습의 효과도 크다. 그리고 이는 진보주의 및 사회재건주의 교육자들이 일관되게 주장해온 바이기도 하다. 진보주의 및 사회재건주의 교육자들은 학교 교육과정이 학생의 흥미와 요구를 중심으로 구성되어야 하는데 이를 위해서는 학습내용이 학생이 생활 속에서 접하는 갈등 문제, 나아가 인류의 항구적인 문제들을 중심으로 구성되어야 한다고 주장하였다(Evans, 2005: 37~41). 예컨대 원전문제, 지구온난화 문제, 인권 문제, 생명윤리문제 등 정치적으로 민감하면서도 전통적인 교과 및 학문의 경계를 무너뜨리는 통합적인 주제들이야말로 학생들의 흥미를 끌 수 있는 주제들이다.

그러나 이러한 주제에 대한 비판적 탐구는 애니언(Anyon, 2011)의 연구 등에서 살펴보았듯이 일부 엘리트 학교에서만 허용된다. 자본가 계급은 자신의 자녀들이 생각하는 것을 배우는 것은 선호하지만 모든 아이들이 이러한 주제에 대해 학습하는 것에 대해서는 극도의 혐오감을 보여왔다. 1930~1940년대, 그리고 1960~1970년대 사회적 쟁점 교수를 강조했던 교육개혁운동에 대해 재계와 보수단체를 중심으로 "작은 사회주의자(little socialist)"를 기르는 교육이라는 이념공세가 이루어졌다(Evans, 2005: 59~66; 140~144). 시험이 본격적으로 강조된 신자유주의 교육개혁이 본격화되고 나서는 이념적으로 '안전'하면서도 학습의 효과를 가시적으로 확인할 수 있는 재미없는 내용들만 대부분의 교실에서 다룰 수 있게 되었다.

그 밖에 학교교육의 경제생활 준비 효과 자체에 대해서도 많은 의문이 제기되고 있다. 우선 학교 성적이 직업생활의 능력을 경험적으로 설명하지 못하고 있다. 직업 영역에서의 성취를 설명하는 요인들 중 학교성적은 상관관계가 낮다(Roth et al., 1996)[6]. 이러한 현상에 대해 연구자들은 학교에서 요구하는 사고방식과 직업세계

에서 요구하는 사고방식이 다른 데서 이유를 찾는다(Resnik, 1987). 결국 자본주의
체제하에서의 학교교육은 업적주의가 만든 가상의 능력 기준에 따라 학생을 차별
화하고 있으며, 노동에서 소외를 만들어내듯이 학습에서도 소외를 만들어 낸다.

자본주의 체제는 노동의 위계를 통해 학습의 위계를 만들어내고, 소수에게만 흥
미 있고 자기실현이 가능한 학습을 허용한다. 따라서 교육의 본질 추구는 소수에게
만 자기실현적 학습을 허용하는 자본주의적 모순, 즉 학습의 위계를 폐지하는 데서
출발한다. 다음에서는 어떻게 학습의 위계 문제를 해소할 수 있으며, 이를 가능하
게 하는 여러 가지 사회경제적 전제들을 살펴봄으로써 대안 교육의 형태를 추론해
보고자 하였다.

3. 탈자본주의 사회에서의 교육

1) 탈자본주의 사회의 특징

서두에서 이 글에서 의미하는 탈자본주의 사회는 위계적 분업이 폐지된 민주적
참여경제 체제를 전제로 한다는 점을 밝혔다. 노동자와 소비자의 민주적 참여를 바
탕으로 구성되는 참여경제를 골자로 하는 탈자본주의 사회의 특징은 다양하게 묘사
될 수 있다. 여기에서는 마이클 앨버트(2002: 153~243)가 말하는 파레콘의 주요 개
념들을 활용하여 민주적 참여경제의 핵심적 특징들을 제시하였다.

(1) 민주적 참여경제 체제

참여경제(파레콘)란 생산과 소비를 시장이나 관료엘리트가 아닌 노동자와 소비
자가 민주적으로 결정한다는 것을 의미한다. 이윤 추구를 위한 생산, 자기 과시 및

---

6) 직업생활의 능력에는 학교성적보다는 지능(GMA: general mental abilities)이 더 높은 상관관계를
   갖는다고 알려져 있다(Schmidt and Hunter, 1998).

모방을 위한 소비가 사라지기 때문에 자원 낭비가 줄어들며, 생산 및 소비의 계획
이 지역화·분권화되기 때문에 중앙집권적 계획경제체제보다 비효율에 의한 낭비
도 상대적으로 적어질 수 있다. 한편 자본주의 체제하에서의 생산과 소비가 경쟁의
결과로 주어지는 자원의 집중이나 특권과 같은 보상체계를 기준으로 결정되는 반
면 민주적 참여경제 체제하에서는 개개인의 삶의 유지, 자기실현, 지구의 지속가능
한 미래 등의 관점에서 결정된다. 그리고 이러한 생산 동기의 전환이 가능하기 위
해서는 생산수단의 사회적 소유, 산업적 의사 결정의 민주화, 보상과 편의의 평등
화가 뒷받침되어 있어야 한다.

(2) 위계적 분업의 폐지

파레콘에서는 노동의 위계적 분업의 대안으로 균형적 직군(balanced job complex)
의 개념이 제시된다. 균형적 직군이란 노동자들 간에 직장 내, 직장 간에 직군의 균
형이 이루어진다는 것을 의미한다. 직군의 균형이라는 것은 첫째 직장 내 직무의
배분에서 동등한 권한을 갖는다는 것을 의미하며, 둘째, 본인의 의지에 따라 직장
또는 직무 이전이 가능하며, 셋째, 단순하고 노고가 많이 드는 노동을 균등하여 분
담하며, 넷째, 기술이나 재능이 아닌 노력과 희생의 크기, 즉 노동시간과 강도에 따
른 보상이 이루어진다는 것을 의미한다. 노동의 분화가 완전히 사라지지는 않지만
직무의 분담이 민주적이며, 직무 간에 보상이 평등하다는 점에서 위계적 분업과는
질적으로 차별화되며, 산업분야의 정책 결정과정이 민주적 참여와 자율관리를 바
탕으로 이루어지게 된다.

(3) 글로벌 협치 및 지역 자치

파레콘에서는 지구적 규모의 의사 결정 체제에 대해서는 구체적으로 언급하지
않았지만 서두에서도 논의하였듯이 노동의 위계적 분업의 폐지는 지구적 차원의
자본주의 모순 해소를 전제로 한다. 이는 반자본주의적 세계화가 진행되었다는 것
을 의미하며, 인권·민주주의·생태주의적 소비 등과 같은 가치가 중요한 국제적 규
범으로 등장했음을 의미한다(앨버트, 2002: 23~31). 자국 자본의 이익을 대변해야

할 국가 간의 패권 경쟁 대신 지구와 인류의 지속가능성을 증진시키기 위한 국제적 규범을 촉진하기 위해 국가 간 협력이 중시되는 것이다. 한편 국가 역시 전통적인 개념의 국가 체제는 사라지고 언어적·문화적·지역적 동질성을 유지하는 집단을 대표하여 지구적 문제와 지역적 문제를 연계하는 느슨한 의사 결정 체제로 새롭게 자리매김할 수밖에 없다. 그러나 지구적 규범이 생활에서 실천되는 것은 결국 지역 단위의 의사 결정 체제를 통해서이다. 생태주의적 생산과 소비 및 노동자와 소비자의 균형적 권한 배분을 실천하는 지역 공동체가 가장 중요하면서도 기본적인 의사 결정 단위가 될 수밖에 없다.

2) 탈자본주의 교육의 작동 원리

노동의 위계적 분업이 폐지된 탈자본주의 사회에서의 교육은 노동시장에서의 가치를 높이는 활동이 아닌 교육의 본래적 목적에 충실해질 수밖에 없다[7]. 이때 교육의 본래적 목적은 인간의 자유의지에 따라 본인이 원하는 삶을 살아가는 데 필요한 지식과 기능을 획득하는 과정이라고 규정될 수 있다. 즉 인간의 자기실현이 교육의 중요한 목적이자 교육을 구성하는 기본 원리가 된다. 그러나 한편으로 이러한 자기실현의 과정은 사회적 상황 속에서 이루어질 수밖에 없다. 따라서 사람은 기본적으로 타자와 공존해야 하고, 토론과 타협을 통해 갈등을 해소하고 공동으로 의사 결정하는 방법을 배워야 한다. 이렇게 볼 때 교육은 타자와 공존해야 하는 사회적 상황에서 자기실현을 할 수 있도록 하는 데 필요한 도움을 받는 활동으로 규정될 수 있다. 이는 마치 대안사회에서의 노동이 사회 속에서 자기를 실현하는 활동으로 규정되는 것과 마찬가지이다(장귀연, 2015: 89).

한편 타자와의 공존은 시민적 훈련을 필요로 한다. 인간이 선택할 수 있는 탈자본주의 사회가 지속가능하면서도 민주적인 참여계획경제라고 할 때 타자와의 합리

---

7) 분업의 폐지가 '개개인의 완전한 발현'을 위한 전제 조건이 된다는 것은 마르크스가 일관되게 주장해온 바이다(장귀연, 2015: 105).

적 토론을 통한 의사 결정 능력을 필요로 한다. 즉 탈자본주의 사회의 교육의 목적
과 교육적 행위의 구성 원리는 자기실현과 시민교육으로 압축될 수 있다.

   이러한 원리를 바탕으로 탈자본주의 사회에서의 교육이 민주적 참여경제의 제
도적 장치 내에서 어떻게 수용될 수 있을지를 연역적으로 도출해볼 수 있을 것이
다. 그럼에도 불구하고 몇 가지 쟁점이 제기될 수 있으며, 이에 대한 사항을 미리
규정해둘 필요가 있다.

   첫째, 학교는 필요한가? 탈학교주의자들은 자본주의 국가에서뿐만 아니라 사회
주의국가에서도 학교가 실패했음을 이유로 하여 학교 자체의 폐지를 주장했다. 물
론 학교가 실패하는 이유가 탈학교주의자들의 생각처럼 학교가 학습자의 요구보
다는 학교 자체를 위해서 존재하는 현상에도 기인할 수 있지만 근본적으로는 학교
바깥의 영향이 더 크게 작용한 결과라고 볼 수 있다. 이른바 현실 사회주의 국가들
의 경우도 산업 활동이 위계적인 분업을 바탕으로 조직되었으며, 이로 인해 더 좋
은 직업을 갖기 위한 학교 내에서의 경쟁은 피할 수가 없었다(박상현, 2005). 그러나
위계화된 노동 분업이 폐지되고 직군 또는 직무 간의 비교적 자유로운 이전이 가능
하게 되려면 기존의 관료화된 학교교육체제로는 개개인이 요구하는 경제생활을
효율적으로 준비시킬 수 없다. 이러한 점에서 탈학교주의자들이 학습자원과 교육
수요자를 효과적으로 연결할 수 있는 대안으로 제시한 이른바 '학습망(일리히, 1970:
145~196)'의 구성은 대안적 경제체제에서도 핵심적 장치로 활용될 수 있다. 더군
다나 정보통신망, 온라인대중교육콘텐츠, 온오프라인 학습공동체의 발달은 이러
한 학습망이 이미 현실화되고 있음을 보여주고 있다. 그럼에도 불구하고 학습망이
학교를 온전히 대체할 수 있는지의 문제에 대해서는 반론이 제기될 수 있다. 그 반
론은 시민생활에 대한 훈련의 필요성과 학교가 갖는 보호(custody) 기능의 긍정적
측면[8])에 근거하여 제기될 수 있다. 일정 연령에 이르기까지 부모의 보호에서 벗어
나 민주적인 방식으로 타자와의 갈등을 해소하고 합리적인 집단 의사 결정 능력을

---

8) 라이머(1971: 30~35)는 학교급이 올라갈수록 학교의 보호 기능이 강화됨을 지적하면서, 사회가
  존속하기 위해서는 학년이 올라갈수록 교육기능이 보호 기능으로부터 분리되어야 한다고 하였다.

배양하기 위해서는 집단화된 학교교육을 필요로 한다는 것이다. 다만 학습 조직은 학습자의 요구에 따라 지금보다 훨씬 유연하게 조직되어, 학교 밖의 자발적 학습망과 유기적으로 연계될 필요가 있다.

둘째, 교육체제를 운영하는 정치적 단위는 무엇인가? 교육은 국민국가체제의 수단으로 활용되어왔지만 본래적 의미에서 볼 때 국가의 속성과 충돌할 수 있는 소지가 다분하다. 자신과 차이를 가진 타자의 신선한 자극이 학습을 촉진한다는 점에서 교육은 기본적으로 국가의 경계를 넘어선 인류 상호 간의 자유로운 교섭을 장려한다(듀이, 1916: 163~164). 따라서 국가 간의 갈등을 정치적으로 활용하려는 국민국가의 속성과 교육은 본질적으로 충돌할 수밖에 없다. 그럼에도 불구하고 교육자원의 균등한 배분이라는 측면에서 교육은 권력을 필요로 한다. 탈자본주의 사회라 하더라도 학습자의 요구를 조사하고 이를 바탕으로 공정하게 교육자원(교사, 시설, 교재, 교구 등)을 배정하는 정치적·행정적 행위가 필요하기 때문이다. 반드시 국가의 형태일 필요는 없지만 학습자가 거주하는 기초공동체 내부에서 해결할 수 없는 교육자원의 분배 기능을 수행하는 거시적 정치 단위는 필요하다9).

셋째, 학생의 자발적 요구와 배치되어 의무적으로 부과되는 교육내용이 있는가? 역사적으로 학습자의 흥미와 요구에만 부응하는 교육은 비난을 면치 못했다. 심지어 진보주의 교육을 이끌었던 듀이조차도 깊이 있는 학문적 내용의 학습을 수반하지 않는 찰나적 흥미 위주의 교육 행태를 비판하였다(듀이, 1913: 52). 듀이에 따르면 진정한 흥미란 노력을 들여서라도 학습하고자 하는 욕구이며, 이런 점에서 흥미와 요구 역시 훈련에 의해 길러지는 것이다. 탈자본주의 사회가 학습자의 자기실현을 존중한다고 하지만 공동체 생활에 필요한 주제에 대해 학습하는 것은 의무적으로 부과될 수 있다. 여기서 공동체란 소규모의 지역공동체뿐만 아니라 인류공동체가 포함된다. 상호 간의 의사소통에 필요한 읽기, 쓰기, 말하기 교육을 비롯하여 인류공동체의 생존과 번영에 필요한 기본적인 수학 교육 및 사회와 과학의 다양한 주제에 대한 교육을 모든 학생을 대상으로 실시할 필요가 있다. 회피하는 노동을 분

---

9) 보울스와 진티스(1976: 308)는 이러한 역할을 국가(정부)가 수행해야 한다고 주장했다.

담하기 위한 기본적 노작교육도 의무적으로 부과될 수 있다. 다만 어떤 교육내용이 의무적으로 부과될 것인지는 의사 결정 공동체의 합의를 거쳐야 한다.

넷째, 학교의 선발 기능이 사라지는가? 탈자본주의 사회에서 노동의 분업이 폐지되고 직업의 귀천이 사라진다는 점에서 전통적인 학교의 선발 기능이 사라질 것이다. 회피하는 직업의 경우 인센티브 혹은 균등한 분담, 기계화(인공지능 활용)의 이기를 활용할 수 있다. 그렇다 하더라도 개인이 종사하는 일이 자연스럽게 사회적으로 분화되는 것은 회피할 수 없다. 저마다 잘할 수 있고 좋아하는 일이 다르기 때문이다. 따라서 학교는 학생의 흥미와 요구에 따라 교육과정도 다양화되어야 하며, 개설된 프로그램마다 어느 정도 학습에 필요한 준비 상태를 점검할 필요가 있다. 직업별 소득이 평등화된 핀란드의 경우에서 학과별 입시경쟁률이 가장 높은 학과가 연극학과이듯이(Häkinnen, 2004), 자기실현 효과가 높은 교육프로그램에 들어가기 위한 경쟁이 자연스럽게 유발될 수 있다. 교육자원의 유한성, 학업 준비도 등에 의한 진입 문턱이 존재할 수 있지만 고작해야 대기시간이 길어지는 수준의 장벽이라 할 수 있다.

다섯째, 지식 수준에 따른 차별이 사라지는가? 지식 수준에 따른 노동의 분화가 이루어질 때, 비록 노동의 대가로 주어지는 보상의 크기는 평등화된다고 하지만 공동체 의사 결정 과정에서 지식 수준이 높은 직군의 영향력은 더 커질 수밖에 없으며, 이는 필연적으로 지식노동자와 육체노동자의 구분 및 갈등을 낳을 것이라는 문제 제기가 있을 수 있다. 그러나 과잉 생산 및 소외 노동으로부터의 해방 및 자기실현 욕구의 증가는 학습사회의 출현을 촉진하게 될 것이며, 이는 시민의 교양 수준이 평균적으로 높아지는 것을 의미한다. 또한 시민적 의사 결정은 전문화된 지식을 보조적으로 활용할 뿐 평균적인 교양 수준 정도만을 필요로 하며, 특정 분야에서 전문적인 지식을 가진 사람도 그 밖에 영역에서는 평균적인 교양 수준으로 참여하게 된다. 또 위키피디아와 같은 지식의 민주적 공유 체제가 고도화될 경우 지식의 독점적 소유도 약화되며 지식의 소유로 인한 권력 및 권위의 집중 현상도 현저히 약화될 것이다(라이트, 2010. 274~286).

3) 대안적 교육의 구체적 형태

이상에서 살펴본 대안 교육의 원리와 전제들을 통해 대안 교육의 핵심 원칙들을 다음과 같이 제시할 수 있다.

① 사회 전체의 개방적 학습망과 연계된 유연한 학교체제
② 균형적 직군 체제하에서 직군 및 직무의 이동을 지원하는 교육의 기능
③ 교육의 공급 및 수요의 민주적·참여적 계획
④ 지구적·지역적 의사 결정의 합리성을 제고하기 위한 공통 교양의 증진 및 시민적 훈련
⑤ 타자와의 공존이라는 사회적 압력 속에서 민주적으로 갈등을 해결하기 위한 방법을 익히기 위한 집단적 과정

이러한 원칙들을 바탕으로 민주적 참여경제체제하에서 이루어질 수 있는 학교교육의 작동 방식을 예상해볼 수 있다. 구체적인 학교교육의 모습을 간략히 살펴보면 다음과 같다.

(1) 학교체제

탈자본주의 체제하에서의 학교조직은 학습자의 자기실현 요구에 맞게 개방적 학습망 체제와 병행되거나 이를 학교 조직 내부로 흡수한 학교 조직으로 대체될 것이다. 그러면서도 공동생활에 필요한 시민적 능력을 기르기 위한 집단적 과정을 수행하는 제도로서의 학교는 필요하다.

① 초등교육기관

우선 생산과 분배를 공동으로 의사 결정하는 자치 단위별 초등교육기관(예: K~8)을 운영한다. 초등교육기관은 부모와 사회를 대신하여 보호 기능을 수행하며 모든 학생을 대상으로 시민교육을 실시한다. 그러나 교육 내용은 타자와 공존해야

하는 상황에서 민주적 공동 의사 결정 방식을 체득하는 과정과 관련된 활동으로 한정된다. 여기에는 읽기, 쓰기, 말하기, 기초 수학 교육이 포함되는데 모든 학습의 기초 기능이자 타자와의 효율적인 의사소통에 필요한 기초 기능과 관련된 교과 활동으로 한정된다.

균형적 직군 체제하에서는 회피노동의 분담이 필요하며 따라서 학교교육에서 이를 준비하기 위해 기본 노동 교육(노작교육)을 모든 학생들에게 요구할 수 있다. 그 밖의 과목은 공동체의 문제 중심으로 통합적으로 구성되며, 다양한 주제에 대해 토론하는 방식의 교육이 된다(과학과 사회의 통합 교과). 초등은 주로 지역의 문제를 다루고 고학년으로 갈수록 지구 공동체의 문제를 다룬다. 이상의 과목을 제외한 모든 과목은 선택과목으로 제공된다. 학교는 기본 교육(시민교육과 노작교육)을 제외하고는 학습자가 원하는 학습자원을 제공하는 장소로 변모된다. 예술과 체육은 모든 학생이 참여하되 프로그램은 학습자의 요구에 따라 다양화된다.

② 중등교육기관

중등교육(9~12)은 미래의 삶을 직접적으로 준비하는 과정으로 이루어지며 학교의 보호 기능은 교육 기능으로 대체된다. 즉 기술과 인문교육을 통합하는 종합학교 형태의 학교가 자치 단위마다 설립되지만 학습자의 적성에 따라 다양한 교육 프로그램을 선택하여 수강하는 것으로 집단적 과정이 대체된다. 학문적인 소양이 있는 학생들을 대상으로 고전읽기, 고급수학, 과학실험 등의 교육 프로그램을 제공할 수 있으며, 예술, 연극, 자동차 정비, 제작 등 이에 맞게 특화된 기관에서 교육을 받을 수 있다. 다만 중등교육에서도 언어, 수학, 공동체 문제, 선택형 예체능 교육, 노작교육은 필수로 요구된다.

③ 교육 자원의 배분

한편 학습자원에 대한 수요를 조사하고 배분하는 과정은 기초 공동체 단위에서 이루어진다. 탈자본주의 사회의 유지에 필요한 생산 및 분배의 기본 단위가 정해지면 학습자원의 배분 과정도 그 단위에서 공동 의사 결정을 통해 이루어질 수밖에 없다. 즉 자치 단위별 교육위원회가 구성되고 교육위원회에서 학습 수요를 조사하고 이에 맞게 교사, 교재, 교실을 배분한다. 인터넷이 발달한 현재의 기술 환경에서는 학생과 교사가 각각 공동으로 인터넷을 통해 등록하기 때문에 교사와 학교, 학생의 연계가 용이하다 할 수 있다.

해당 자치단위에서 구할 수 없는 학습자원의 경우 보다 큰 의사 결정 단위에서 배분의 책임을 맡는데, 이는 주로 영재 교육(예술, 수학, 체육), 직업 기술 또는 외국어 교육과 관련된 학습자원의 배분에 한정된다. 영재교육은 주로 대학과 연계되어 이루어지며, 영재학교와 같은 형태는 아니다.

④ 고등교육

대학의 경우 기초학문분야라 할지라도 도서관과 강의실, 실험실 등의 교육 및 연구 시설에 대한 투자가 필요하며, 이에 따라 기초 자치단위별로 설립된 소규모 대학이 설립·제공될 수 있다. 교수가 되고자 하는 사람은 일정한 자격 조건을 충족한 뒤 교수직군에 등록되며, 거주지에 따라 원하는 대학의 학과에 소속되어 강의를 할 수 있다. 거주지를 옮길 경우 대학 및 학과 소속을 비교적 자유롭게 변경할 수 있다. 도서관과 실험실은 공동 사용하며 개인별 또는 공동 연구실을 배정받을 수 있다. 일부 강좌는 교수와 학생이 자발적으로 연계되는 학습망을 활용하거나 온라인 대중강좌(MOOC) 등의 형태로 운영될 수 있다.

한편 농학과 공학, 자연과학, 의학 등 대규모 투자가 필요한 분야는 종합대학 내에 설치하며, 종합대학은 광역 자치단체별로 하나씩 설치된다. 대학 진학은 교사의 추천서나 학과별 시험을 치러서 기본 자질 검증을 통해 이루어지며 선발은 학과공동체(교수, 학생)의 공동 결정으로 이루어진다. 학생들도 교수와 마찬가지로 특정 대학의 학과에 소속되어 공부를 하지만 원하는 경우 타 지역의 대학에서 일부 과목을 자유롭게 수강할 수 있으며, 전학도 자유롭게 할 수 있다. 어느 대학에서 공부를 했는지는 중요하지 않으며 누적된 이수 학점을 통해 특정 직군 진입에 필요한 경력을 인정받을 수 있다. 대학진학률은 화이트칼라 노동자의 감소로 인해 당장은 낮아지겠지만 장기적으로는 학습사회의 실현 및 평생교육에 대한 요구 확대로 활성화될 것으로 보인다.

해외 유학의 경우 학습자원의 공유를 지구적 차원으로 확대하는 차원에서 이해할 수 있으며, 광역 의사 결정 단위 간의 협약에 따라 자유로운 학생 교류가 이루어질 수 있다.

(2) 학교의 의사 결정

학교에서의 규율 및 교육과정에 대한 의사 결정은 20세기 초반부터 지역공동체 또는 단위 학교 수준에서 이루어졌던 민주적 대안교육 체제, 즉 민주학교의 경험을 활용할 수 있다. 애플(2015: 30~46)은 민주학교의 특징으로 첫째, 민주적 구조와 과정, 둘째, 민주적 교육과정을 제시한다. 전자는 교육의 공급자와 소비자인 교사와 학생이 참여하여 학교 운영과 관련된 의사 결정을 수행하는 것을 말하며, 비단 학교 공동체뿐만이 아니라 지역 공동체 단위에서도 이루어질 수 있다. 둘째, 민주적 교육과정이란 교육과정이 인종, 성, 문화, 환경의 다양성 등에 따른 학습자의 다양한 사회적 관심사를 반영하는 것이면서도 학생이 처한 조건을 비판적으로 탐색할 수 있는 주제들로 구성되는 것을 말한다. 콜버그가 교도소와 학교를 대상으로 실험적으로 운영한 바 있는 정의공동체 모델이 민주적 학교의 이념형을 제시한다(Kohlberg, 1976: 190~195). 즉 공동체의 모든 구성원이 일종의 '사회계약'을 통해 규칙을 정하고, 다양한 사회적 관심사에 대한 토론을 통해 지적인 성장은 물론 사회적 연대감을 강화시키는 모델이 그것이다.

(3) 교육과정

자본주의가 해체된 사회적 상황에서 상업 활동에 필요한 공용어라 할 수 있는 영어 교육, 국가주의·민족주의와 관련 있는 국어 교육, 국사 교육 등은 사라지거나 다른 성격의 과목으로 대체될 것이다.

국어 교육은 읽기, 쓰기, 말하기를 중심으로 한 의사소통 교육으로 대체되며, 다양한 주제의 읽을거리와 토론거리가 주어지기 때문에 통섭적 교양을 쌓을 수 있게 될 것이다. 역사 교육은 공동체(지역, 인류)가 직면한 다양한 문제를 중심으로 재구성해 가르치거나, 의사소통 교육의 일부로 활용된다.

수학 교육은 초등은 사칙연산 중심, 중등은 기본적 추론 능력에 필요한 교육을 중심으로 학생들을 가르치며, 이후는 단계별로 원하는 학생에게 제공되거나 학생이 관심을 갖는 분야의 학습에 보조하여 강조된다.

기타 학문적 내용을 기반으로 하고 있는 오늘날의 전통 교과들은 언어와 수학을 제외하고는 통합적 교과들로 대체될 것이며, 대학의 학문체계를 바탕으로 하는 교과 편제는 사라질 것이다[10].

모든 학생들은 공동체 유지에 필요한 기본적인 노동활동을 해야 하며, 여기에는 요리, 가사노동, 농사, 간단한 제작, 수리, 기계 운전 등의 활동이 포함된다.

체육이나 예술은 필수로 요구되지만 그 내용은 학생의 선택에 따라 다양한 프로그램으로 이루어진다. 자치단위의 결정에 따라 수영이나 자전거 타기, 긴급인명구조 등 특정한 내용을 의무적으로 배우도록 결정할 수 있다.

대학은 순수한 지적 호기심을 바탕으로 분화된 기초학문 중심으로 재편되며, 공학, 농학 등과 같은 실용적 학문은 노동 현장과의 연계를 통한 산학연계 교육의 형태가 강화될 것으로 보인다.

외국어 교육의 경우 여행이나 직업적 요구에 필요한 경우에 한정된다. 사회가 복수의 언어를 사용할 경우 학교교육에 이중언어교육이 도입될 수 있다.

(4) 학습 및 평가 방법

교육과정의 기본적 가이드라인은 교사가 제시하지만 교육내용과 학습방법은 학생의 동의를 전제로 한다. 기초 기능을 필요로 하는 학습은 강의와 협력학습의 방법이 사용될 수 있지만, 사회적 주제에 대한 학습은 다양한 형태의 토론 수업과 소크라테스식 방법이 활용될 수 있다. 학생이 선택하는 직업교육은 실습 중심의 교육

---

10) 전통의 기초학문을 중심으로 중고등학교 교육과정을 편성하는 전통은 스콜라주의적 정신훈련론에 입각한 엘리트중심 교육방식이라 할 수 있다. 대안사회의 교육이 미래의 자유로운 노동자를 준비시키는 과정이라 할 때 이러한 인문주의 방식의 교육은 폐지될 수밖에 없다.

방식이 활용될 수 있다.

표준화된 성취시험은 사라지며, 학생의 자기평가와 병행하는 교사별 평가제[11]로 바뀐다. Pass/Unpass, 또는 학생이 어떤 학습활동을 했는지를 기록하는 형태의 평가가 이루어질 수 있다. 평가 방법에 대해서도 학생과의 사전 합의가 있어야 한다.

(5) 교사교육

탈자본주의 사회에서는 다양한 사회적 생산에 참여하는 사람들이 자신의 지식을 공유하기 위해 교육 활동에 참여하기를 원할 것으로 생각된다. 따라서 교육 활동의 자기주도성이 증진하여 교사의 직무 만족도는 높아질 것으로 보인다. 누구든 교사가 되길 원하는 사람들은 해당 분야에서 경력을 갖춘 사람들 중 사범대학에서 최소한의 과목을 수강한 뒤 교사기본인증을 받을 수 있다. 교사인증을 받은 사람은 교육위원회에 교사등록을 한 뒤 학생 및 학교 배정을 받을 수 있다. 교사에 대한 평가는 교육위원회에 등록되며, 이를 바탕으로 교사 관리가 이루어진다.

(6) 홈스쿨링 및 사회교육

학생은 학교를 거부할 권리가 있다. 다만 가정에서 관리되는 학생들은 주기적으로 교육위원회의 관찰과 감독을 받아야 한다. 그러나 가족의 형태가 유연해지고 자녀 양육이 사회화될 경우 홈스쿨링 형태의 교육은 축소될 것으로 보인다. 또한 홈스쿨링이 근대 학교교육 체제에 대한 소극적 저항에서 비롯된 점을 감안할 때 학생의 요구와 흥미를 중심으로 학교가 구성될 경우 홈스쿨링에 대한 요구도 줄어들 것으로 보인다.

(7) 진로 결정

상급학교에 진학하거나 직업을 갖기 위해서는 해당 학교나 직업 현장에서 요구하는 학업 이력을 쌓은 뒤 진출할 수 있다. 예를 들어 의사가 되기 위해서는 의과대

---

11) 핀란드 교육이 성공한 데 평가제도가 중요한 역할을 했다고 볼 수 있다(세이지, 2007: 150~152)

학에서 기본 과목을 수강해야 하며, 의사직군에서 제공하는 훈련과정을 거쳐야 한 다. 또 의과대학에 진학하기 위해서는 사전에 관련 과목을 수강했거나 학과 공동체 와의 면접을 거쳐야 한다. 진학 경쟁이 있을 수 있으나 높은 소득을 위한 경쟁이 아 닌 기본 소양의 검증, 또는 한정된 학습자원으로 인한 경쟁이기 때문에 심각한 사회 문제를 유발한다고 볼 수는 없다. 또한 한편 직군 및 직무의 이동이 자유로운 체제하 에서 진로 결정은 평생에 걸쳐 본인이 원하는 만큼 기회가 주어지며 이는 평생교육에 대한 수요를 유발한다.

(8) 평생교육/직업교육

노동의 위계적 분업이 폐지될 경우 개인은 본인의 다양한 요구나 사회적 의무를 충족하기 위해 평생에 걸쳐 다양한 종류의 사회적 생산에 참여하게 된다. 기본적인 노작교육은 학교에서 이루어지지만 지금 당장 필요한 전문적인 노동 기술을 배우 기 위해서는 직업학교나 노동 현장별로 운영하는 사내 대학(또는 대학위탁교육)이 유 력한 형태의 교육기관이 될 수 있다. 분화된 숙련 기술이 아닌 종합적 숙련 기술이 더 필요하다는 점에서 과거의 도제 교육과 같이 장인으로부터 전수받는 형태의 교 육이 활성화될 것이다[12]. 학교, 대학과 연계된 실용적 산학연계 교육도 강화되며, 대학의 평생교육기능도 활성화될 것이다.

(9) 여가교육

과잉 생산 요구의 감소, 생태적 소비 체제의 정착, 단순·위험 노동의 자동화·기계 화가 촉진되면 여가 시간 및 여가 활동의 종류가 크게 확대될 것으로 예상된다. 학교 교육은 물론 학습망에 의한 여가교육프로그램이 크게 활성화될 것으로 보인다.

---

12) 오늘날 도제식 교육(apprenticeship)은 명시적으로 전달하기 힘든 암묵적 지식을 가르치는 데 효과 적인 교육 방안으로 재조명되고 있다.

4. 결론

유토피아적 기획이나 전망에 대한 논의는 실현 가능성이 희박할 뿐 아니라 실제 그런 사회가 도래했을 때 어떤 부작용이 초래될지 모르기 때문에 학문적 논의에서 회피되어왔다. 그러나 사회의 진보에서 유토피아적 기획이 가져올 수 있는 긍정적 효과 역시 부인할 수 없다. 유토피아는 현실을 비판하는 준거가 될 수 있으며, 대안이 작동하는 방식에 대한 리허설 기회를 제공한다.

대안사회에 관한 유토피아적 기획들이 현실적 설득력을 갖기 위해서는 단순히 희망하는 이상사회의 모습을 그릴 것이 아니라 현실 사회에 존재하는 조건들을 중심으로 대안사회가 작동하는 원리를 설명할 수 있어야 한다. 이상에서 살펴본 대안적 교육이 작동하는 방식은 노동의 위계적 분업의 철폐 및 누구나 쉽게 접근할 수 있도록 교육자원이 공공재로 주어지는 시스템의 구축을 토대로 한다. 그리고 노동의 위계적 분업의 철폐가 어떤 효과를 가져오는지, 교육자원이 어떻게 공공재로 배분되고 그것이 어떻게 학습자의 자기실현에 기여할 수 있는지는 현실 사례들 속에서 얼마든지 발견될 수 있다. 다만 이 글에서는 그러한 사회적 시스템이 어떻게 전지구적으로 확산될 수 있는지 이행전략에 대해서는 논의하지 않았으며, 대안적 시스템의 기획이 가져올 수 있는 전시적 효과에 만족하고자 하였다.

마지막으로 앞에서 제시한 대안적 교육 시스템이 반드시 자본주의 체제의 전면적 탈피를 전제로 하는지에 대해 논의해볼 필요가 있다. 핀란드의 경우처럼 자본주의를 완전히 포기하지 않더라도 정치적·사회적 역량에 따라 훌륭한 교육체제를 만들 수 있지 않는가 하는 것이다. 그러나 거꾸로 핀란드의 사례는 교육개혁의 성패가 자본주의적 생산양식의 대체와 관련이 있다는 점을 잘 보여주고 있다. 우선 핀란드는 지구상의 나라들 중에 가장 평등한 사회이며, 이는 학생들의 평균적으로 높은 학업성취도의 원인이 되고 있다(Sahlberg, 2011: 112~113). 직업 간 소득 분배가 실질적으로 평등화되어 있어서 대학 입시에서 선호되는 학과의 분포가 학생의 자기실현 욕구를 반영한다. 또 학생 간의 경쟁은 적지만 학업성취도는 대단히 높다(세이지, 2007). 학습의 자기주도성이나 흥미 역시 높은 것으로 나타나 학습의 질도 대단히 높다고 할 수 있다. 즉 평등한 사회가 더 좋은 교육을 제공할 수 있다는 점을 잘 보여준다. 반면 자본주의적 모순이 심화된 사회일수록 교육 관련 문제도 심각하다는 것은 미국과 영국, 한국과 일본 등의 사례에서 쉽게 찾아볼 수 있다. 이러한 점에서 볼 때 자본주의적 모순 해소와 교육의 질 사이의 관계는 인과관계가 아니더라도 상관관계의 형태로 파악될 수 있다. 자본주의의 모순이 극도로 심화된 한국 등의 국가는 교육의 질도 그에 상응하게 낮을 수밖에 없다. 핀란드처럼 자본주의의 모순이 비교적 완화된 사회는 교육의 질도 상대적으로 높다[13]. 그러나 문제는 핀란드와 같은 사회가 예외적이라는 것이다. 지구화된 자본주의의 속성상 한 사회의 선택에 따라 점진적으로 모순을 완화하는 것이 어렵다면 교육개혁에 대한 가능성도 낮아질 수밖에 없다. 특히 한국과 같이 경제개혁에 대한 사회적 역량이 낮은 경우 교육의 점진적 개혁은 마치 불가능한 과업처럼 보일 수밖에 없다.

그렇다면 현존하는 조건에서 교육은 사회 발전을 위해 어떤 역할을 할 수 있을 것인가? 교육 그 자체는 평등한 사회를 만드는 데 큰 기여를 하지 못하지만 평등한 사회를 만드는 데 필요한 시민적 각성을 하는 데는 효과가 있다. 제3세계의 비판적 리터러시 교육이나 1960년대(1980년대 한국) 학생들의 각성은 교육이 사회변혁에 어떤 역할을 할 수 있을지 가능성을 보여준다. 결론에 대신하여 마르크스가 한 강연에서 한 말을 제시해보았다.

> "한편으로 적절한 교육 체제를 갖추기 위해서는 사회적 환경의 변화가 필요하다. 그러나 다른 한편으로 사회적 환경의 변화를 촉발하기 위해서는 적절한 교육체제가 마련되어야 한다"(Anyon, 2011: 14에서 재인용).

---

13) 최근 핀란드의 국제학업성취도평가(PISA) 순위가 하락되고 있는 이유로 교육 부문의 정부지출 감소, 소득 불평등의 악화 등의 요인이 지적되고 있다(Sahlberg, 2011: 138).

참고문헌

듀이, 존(John Dewey). 1913. 『흥미와 노력: 그 교육적 의의』. 조용기 옮김. 교우사.

_____. 1916. 『민주주의와 교육』. 이홍우 옮김. 교육과학사.

라이머, 에버렛(Everett W. Reimer). 1971. 『학교는 죽었다』. 김석원 옮김. 한마당.

라이트, 에릭 올린(Eric Ohlin Wright). 2010. 『리얼 유토피아』. 권화현 옮김. 들녘.

박상현 2005. 「대중교육의 이론과 쟁점」. 윤종희·박상현 외. 『대중교육: 역사·이론·쟁점』. 공감.

베인, 켄(ken Bain). 2004. 『미국 최고의 교수들은 어떻게 가르치는가?』. 안진환·허형은 옮김. 뜨인돌.

보울스(Samuel Bowles)·진티스(Herbert Gintis). 1976. 『자본주의와 학교교육』. 이규환 외 옮김. 사계절.

세이지, 후쿠다(福田誠治). 2007. 『영국 교육의 실패와 핀란드의 성공』. 박찬영·김영희 옮김. 북스힐.

송경원. 2001. 「한국의 계급구조와 교육체제」. ≪진보평론≫, 제 10호.

애플, 마이클(Michael W. Apple). 2014. 『교육은 사회를 바꿀 수 있을까?』. 강희룡 외 옮김. 살림터.

애플, 마이클(Michael W. Apple) 외. 2015. 『마이클 애플의 민주학교』. 살림터.

앨버트, 마이클(Michael Albert). 2002. 『파레콘: 자본주의 이후, 인류의 삶』. 김익히 옮김. 북로드

윤종희. 2005. 「법인자본주의와 대중교육의 역사」. 윤종희·박상현 외. 『대중교육: 역사·이론·쟁점』. 공감.

_____. 2010. 「현대 자유주의적 교육개혁의 역사와 지식권의 제도화-세계혜게모니 국가의 교육제도를 중심으로」. 서울대학교 대학원 박사학위 논문.

일리히, 이반(Ivan Illich). 1970. 『학교 없는 사회』. 박홍규 옮김. 생각의 나무.

장귀연. 2015. 「대안적 노동원리: 노동으로부터의 해방과 노동을 통한 해방」. 경상대학교 사회과학연구원 엮음. 『자본주의를 넘어선 대안사회경제』. 한울 아카데미.

칙센트미하이, 미하이(Mihaly Csikszentmihalyi). 2003. 『창의성의 즐거움』. 노혜숙 옮김. 북로드

프레이리, 파울루(Paulo Freire). 1970. 『페다고지』. 남경태 옮김. 그린비.

화이트, 마틴(Martin White). 1984. 「중국과 러시아의 교육개혁」. 이규환·강순원 엮음. 『자본주의사회의 교육』. 창작과비평사.

히터, 데릭(Derek Heater). 2007. 『시민교육의 역사』. 김해성 옮김. 한울 아카데미.

Anyon, J. 2011. *Marx and Education*. New York: Routledge.

Blacker, D. J. 2013. *The Falling Rate of Learning and The Neoliberal Endgame*. Croydon, UK: Zero Books.

Evans, R. W. 2005. *Social Studies Wars: What Should We Teach the Children?* New York: Teachers College Press.

Häkinnen. I. 2004. "Do University Entrance Exams Predict Academic Achievement?" Uppsala University Working Paper 2004: 16.

Herzberg, H. W. 1981. *Social Studies Reform, 1880~1980.* Boulder, CO: Social Science Education Consortium.

_____. 1988. "Foundations: The 1892 Committee of Ten." *Social Education*, Vol. 52, No. 2.

Kohlberg, L. 1976. "Moral Reasoning." in D. Purple and K. Ryan(eds.). *Moral Education ⋯ It Comes with the Territory.* Berkeley, CA: McCutchan Publishing Co.

Reich, R. B. 1991. *The Work of Nations: Preparing Ourselves for 21st-Century Capitalism.* New York: Vintage Books.

Resnik, L. B. 1987. "Learning In School and Out." *Educational Researcher*, Vol. 16, No. 9.

Roth, P. L., C. A. BeVier, F. S. Switzer III and J. S. Schippmann. 1996. "Meta-analyzing the Relationship between Grades and Job Performance." *Journal of Applied Psychology*, Vol. 81, No. 5.

Sahlberg, P. 2011. *Finnish Lessons 2.0: What Can the World Learn from Educational Change in Finland?* New York: Teachers College.

Schmidt, F.L & J. Hunter. 1998. "The Validity and Utility of Selection Methods in Personnel Psychology: Practical and Theoretical Implications of 85 Years of Research Findings." *Psychological Bulletin*, Vol. 124, No. 2.

Walpole, M. 2003. "Socioeconomic Status and College: How SES Affects College Experiences and outcomes." *Review of Higher Education*, Vol. 27, No 1.

제9장

신자유주의 가족을 넘어
돌봄의 정의로운 분배[*]

윤자영 ┃ 충남대학교 경제학과 조교수

1. 들어가며

가부장적 자본주의 경제의 성별 분업을 기초로 한 가족 형태는 노동력 재생산과 돌봄의 위기를 가속화시켜왔다. 1997년 외환위기 이후 신자유주의적 경제질서가 확대되고 2008년 글로벌 금융 위기 이후 부상된 재정 위기를 거치면서 국가는 사회 재생산 체제에서 가족이 작동하는 방식을 변화시켰다. 여성이 전담하던 돌봄노동을 사회화하여 국가가 돌봄의 비용을 부담하면 성 평등적인 맞벌이 가족을 보편화시킬 수 있을 것이라 믿었지만 성 평등적인 맞벌이 체제로의 전환에 성공하지 못했다. 여성의 돌봄 책임을 경감시킴으로써 남녀가 동등하게 노동시장에 참여하여 성 평등적인 가족을 구성할 수 있다는 이러한 믿음은 성인 근로자 모델의 핵심이다. 서구에서도 성인 근로자 모델을 기반으로 하는 가족 모델은 노동시장 참여와 돌봄을 남녀 및 사회와 공정하게 분배하는 데 한계가 있는 것으로 평가되고 있다. 가족이 수행하던 아이와 어르신 돌봄이 보육과 요양의 상당부분이 공적/시장 영역으로 이동했다는 사실은 가족이 여전히 무급 돌봄노동을 둘러싼 광범위한 책임을 지면서 젠더 불평등을 재생산하고 있음을 간과하게 만든다. 저성장 고실업이 지속되고

* 이 논문은 2013년 정부(교육부)의 재원으로 한국연구재단의 지원을 받아 수행된 연구 (NRF-2013S1A5B8A01055117)이다.

있는 데도 개인과 가족이 스스로의 생계를 책임져야 한다는 신자유주의 이데올로
기로 인해 가족은 사회 재생산에 자발적으로 무한의 보상 없는 참여와 기여를 강요
받고 있다.

최근 우리나라에서 전개된 고용 중심의 소득보장 정책은 이러한 성인 근로자 모
델 기반의 가족 모델을 추구하고 있다. 박근혜 정부가 들어선 이후 국정 과제로 제
시된 '고용률 70% 로드맵'은 고용률 제고의 핵심적 대상 집단으로 여성을 지목했
다. 서구 국가에 비해 평균적으로 낮고 출산·양육기에 현저하게 떨어지는 여성 고
용률을 개선하고 본격적으로 여성들을 노동 시장에 참여시키기 위해 제도적 체계
화를 시도했다. 가족의 돌봄 욕구와 가사노동 부담 현실을 '사회화'와 '일가정 양립
지원'이라는 제도 속에서 수용하려고 했지만, 국가와 기업보다는 가족이 일차적인
돌봄노동에 책임을 지고 변화하는 상황에 유연하게 대응할 것을 요구했다. 여성의
돌봄노동 부담 경감을 통해 여성 고용률과 출산율을 제고하려는 목적으로 재정 투
입을 확대해왔던 보육과 돌봄 정책은 목표 달성에 실패했다는 평가를 내리면서 '고
용친화성'을 제고시키기 위한 제도 개선을 주문했다. 이러한 진단은 노동력 재생산
을 위한 돌봄노동의 공정한 분배를 통한 저출산 위기 해결에 근본적으로 역행하고
있을 뿐만 아니라, 남녀의 노동시장의 평등한 참여를 통한 젠더 정의 추구와도 거
리가 멀다. 이러한 정책은 비용효과성과 고용친화성을 높여 여성 고용과 나아가 가
족을 통한 안정적인 소득과 돌봄 보장 체계 구축을 목표로 하고 있지만, 역설적으
로 여성 고용을 유도하고 지지하는 사회 기반을 흔들고 있다.

이 글은 신자유주의적 자본주의 체제에서 성인 근로자 모델을 기반으로 작동했
던 기존 가족 모델의 실패를 극복하기 위한 대안적 모델을 제시하고자 한다. 그동
안 국가는 여성을 포함한 그 누구도 돌봄 책임이 없다고 전제하는 성인-근로자 모
델에 기반하여, 여성이 시장노동에 참여함으로 인해 발생한 돌봄노동의 공백을 공
적으로 지원해왔다. 그러나 자본주의 사회에서 돌봄노동의 사회화는 과잉상품화
로 귀결되었고, 가족이 수행하는 돌봄노동은 비가시화되고 고립되는 결과를 초래
했다. 우리 사회가 직면하고 있는 다양한 사회현상과 문제, 즉 저출산 고령화 현상
의 심화는 성인 근로자 모델을 기반으로 한 신자유주의적 가족의 실패를 반영하는

현실이다. 이에 대해 개인과 가족 차원이 아닌 사회 전체가 돌봄을 조직하고 공급하는 사회화 체계를 구축해야 한다는 기대와 요구가 꾸준히 올라가고 있다. 돌봄을 둘러싼 역사적이고 사회구조적으로 형성된 성별로 구분된 실천, 돌봄에 대한 선호와 동기 및 현실적 제약으로 인해, 성 평등 목표를 달성하기 위해 돌봄노동을 사회가 공적으로 조직할 필요성에 대해서는 어느 누구도 부인하지 않을 것이다. 그러나 가족의 본연의 역할이라 믿어지는 돌봄을 가족과 사회가 어느 정도로 분담할 것인가, 어느 정도로 분담하는 것이 효율적이고 효과적인가에 대해서는 합의된 원칙이 존재하지 않을 뿐더러 합의를 도출하기 위한 근거를 찾아내기도 쉽지 않다. 이러한 질문은 개인의 선택과 권리가 강조되는 신자유주의 시대에도 성별 분업이라는 구조적 문제를 넘어서기 위해 가족과 그 안의 구성원들은 어떠한 권리를 부여받고 역할을 수행해야 할 것인가라는 더 큰 질문과 맞닿아 있다.

　이 글은 이러한 문제를 극복하기 위해서 돌봄의 가치에 대한 인정과 지원을 통해 돌봄을 제공하는 가족과 사회/국가의 유기적 역할을 강화할 수 있는 대안가족 모델과 그러한 모델을 뒷받침하기 위한 사회경제적 조건을 제시한다. 성인 근로자 모델을 기반으로 작동했던 서구의 가족 체제의 실패의 교훈을 살펴보고, 신자유주의적 가족의 성별 노동분업 속에서 묵인되고 비가시화되어 있는 돌봄노동 현실을 비판하면서, 가족 안에서 수행되는 돌봄노동을 가족과 사회, 국가가 어떠한 방식으로 분담할 것인가에 대한 대안을 모색하고자 한다.

2. 성인 근로자 모델 기반 가족의 실패

　성인 근로자 모델은 어떤 면에서 보면 그 이전의 전통적인 형태의 '남성 생계부양자 가족' 모델에서 한 발 나아간 것이라 볼 수 있다. 전통적인 남성 생계부양자 가족 모델은 남성이 주된 소득을 벌어오고 여성은 가족을 돌보는 역할을 가정했고, 여성이 남성에게 경제적으로 의존하는 대가를 치러야 했지만 돌봄노동을 수행할 수 있는 경제적 기반을 제공했다. 유럽을 비롯한 복지 국가는 남녀가 가족 경제에 기여하는 방식에 대해 더 이상 '남성 생계부양자 가족' 모델을 가정하지 않고 '성인 근로자 모델 가족'을 상정했다. 가족 안의 모든 성인이 전일제 임금노동을 해야 한다는 성인 근로자 모델에서 이제 돌봄노동은 어떠한 방식으로 해결되어야 할지가 중요한 이슈가 되었던 것이다.

성인 근로자 모델이 남성 생계부양자 가족 모델보다 진일보한 것으로 평가될 수 있는 이유는 여성이 고용을 통해 남성과 동등한 시민권을 확보할 수 있다는 자유주의 여성주의자의 믿음을 지지하기 때문이다. 성인 근로자 모델은 개인이 자유롭게 선택하는 주체성을 가치 있는 것으로 상정한다. 여성의 노동시장 참여는 여성이 돌봄노동 수행 대신 선택할 수 있는 활동으로 장려된다. 전통에서 근대로 옮겨오면서 인간은 제약을 당하는 존재가 아니라 '선택'을 하는 주체가 되었으며, 결혼과 돌봄 등 가족생활 영역도 그 선택의 대상이 되었다는 것이다. 유럽에서 진행되어온 이러한 개인화(individualization)라는 복지 국가 개혁의 방향은 자립, 자율, 독립과 같은 강력한 이념 위에 서서 북구 사민주의 방식의 정책을 지향했고, 여성의 노동시장 참여와 사회정책에서의 보육에 대한 강조, 사회보장에서 남성과 여성이 동일한 접근권을 가질 수 있도록 하는 것을 강조했다. 복지 의존 가구 구성원과 엄마들의 고용을 장려했고, 아동에 대한 교육과 돌봄 서비스를 확대했으며, 가족과 사업장에서 일가정 양립을 지원하고, 아버지로서의 남성의 역할과 행동을 정책 대상으로 삼았고, 돌봄의 필요와 의무가 있는 가족에게는 그것을 해결할 수 있도록 금전적 지원을 제공하는 것이 공통된 주된 방향이었다(Lewis & Giullari, 2005).

성인 근로자 모델은 복지국가의 발전에 대한 여성주의 비판을 수용한 것이기도 했다. 복지국가 연구자들은 삶을 지탱하고 조직하는 데 있어 국가와 시장의 관계, 사회 층화, 시장 기능의 불확실성과 실패의 위험에서 야기되는 위험으로부터 국가가 노동자를 보호하는 정도, 즉 탈상품화와 복지국가 프로그램이 계급 불평등에 미치는 효과에 따라 국가가 시민의 삶을 매개하는 방식의 다양성이 유형화될 수 있다고 보았다(Esping-Anderson, 1999). 그러나 이러한 시각은 남성 노동자만을 이상적 형태의 시민으로 간주하는 것에 다름 아니라는 비판을 받았다. 분석의 초점은 어떻게 국가가 경제적으로 독립적인 남성 근로자 - 시민에게 연금과 실업급여와 같이 탈상품화될 수 있는 소득 보장을 제공할 것인가에 있었기 때문이다. 다른 사람에게 경제적으로 의존해야 하는 시민, 즉 여성과 아동에게 중요한 급여와 서비스는 어떻게 공급할 것인가는 간과되었다. 시장의 힘으로부터 독립하여 일정 수준의 삶을 유지할 수 있는 정도로 정의되는 탈상품화는 시장에 대한 의존뿐만 아니라 남성에 대한 경제적 의존으로부터의 독립 여부가 주요하게 삶의 조건과 형식을 규정하는 여성의 이해를 반영하지 못한다. 이러한 시각은 결국 복지국가가 기반하는 가족의 성별 분업이 젠더관계에 미치는 효과를 분석하지 못한다는 비판을 받았다(Daly & Lewis, 2000; Sainsbury, 1999). 이에 '탈상품화'뿐만 아니라 '탈가족화', 즉 개인 복지가 가족에게 달려 있는 부담을 완화해야 한다는 개념이 복지 국가의 가족 모델을 새롭게 규정하게 되었다. 가구 구성원의 복지에 대한 주된 책임을 가구가 지는 것을 의미하는 기존의 가족주의 제도와 대립되는 개념이다(Esping-Andersen, 1999: 51).

젠더와 복지국가 연구자인 올로프(Orloff, 2002)에 따르면 노동시장 참여를 통해 복지 제공이라는 '적극적 복지'라는 전반적인 사회정책의 기조 속에서 성인 근로자 모델은 남성 생계부양자 모델에 대한 대안으로 저항 없이 수용되었다. 성인 근로자 모델에 기반한 사회정책은 다양한 탈가족화 정책 중에서도 돌봄노동을 사회화(상품화)해 여성이 수행하던 돌봄노동을 공식 영역에 편입시키는 전략을 바람직한 것으로 보았다(Lewis & Giullari, 2005). 따라서 어린 자녀를 둔 여성이 노동시장에 참여할 수 있도록 보육 서비스 확대에 주된 초점을 두었다. 현금 이전이나 아동 이외의 집단에 대한 돌봄 서비스 제공이라는 탈가족화 정책에는 높은 우선 순위를 부여하지 않았다. 반면 가족 내의 돌봄노동에 대한 남녀의 공정한 분배 문제는 별 관심을 두지 않았다.

이러한 성인 근로자 모델은 서구에서 다양한 형태로 추진되었다. 미스라 외(Misra et al., 2007)는 여성을 노동시장에 참여시키기 위한 일가정 양립정책 관련 복지국가 전략이 여성의 역할을 근로자나 돌봄노동자로 정의하는 데서 차이를 보이고 있다고 지적한다. 어떠한 형태로 여성의 역할을 규정하느냐에 따라 육아휴직, 보육지원, 유연근무제 등의 일가정 양립정책에서 다양성이 드러나고 있다는 것이다.

첫 번째 유형으로서 '보수주의적 일차 돌봄노동자/이차 소득자(primary caregiver/

secondary earner)' 전략은 여성의 역할을 일차적으로 돌봄노동을 수행하고 이차적으로 노동시장에 참여하는 것으로 상정한다. 노동시장에 참여하되 기존 남성이 수행하던 시장노동과 동일한 형태의 전일제 참여를 독려하는 대신, 시장노동과 돌봄노동을 동시에 수행하는 여성에게 돌봄노동을 보상하고자 한다. 이런 전략을 택하고 있는 국가는 오스트리아, 독일, 룩셈부르크, 네덜란드가 포함된다. 이들 국가의 공통점은 돌봄에 대한 수당이나 가족수당이 있고, 육아휴직과 같이 근로자가 돌봄노동을 직접 수행하도록 지원하는 정책들이 발달해 있다. 전일제 대신 단시간근로는 시장노동과 돌봄노동을 결합하는 이상적인 전략으로 여겨진다. 여성의 역할을 일차 돌봄노동자/이차 소득자로 규정하기 때문에 독일은 엄마의 집중적인 돌봄이 필요하다고 판단되는 3세 미만 아동을 수용하는 보육시설에 국가 지원을 하지 않는다. 대신 돌봄수당을 제공하고 자녀를 돌본 시간과 노력에 대해 최장 3년까지 연금 기여금을 국가가 보조해주고 있다. 특히 자녀를 돌보면서 단시간 근로를 한 데 대해 10년까지 연금 기여를 인정해주고 있다. 이러한 정책들은 여성이 전통적인 성역할을 수행하게 하면서 돌봄노동의 가치를 경제적으로 인정하는 것이다. 여성의 돌봄노동자 역할을 일차적으로 전제한다는 점에서 남성 생계부양자 모델에서 멀리 가지 못했다고 평가할 수 있다. 오스트리아 역시 수정된 남성 생계부양자 모델에 기반을 두고 있다(Kreimer & Schiffbaenker, 2002; Auer & Welte, 2009). 엄마의 노동시장 참여를 독려하는 재정적 지원과 선택의 여지를 주지 않는다. 아이를 3년 동안 돌보는 노동에는 재정적으로 지원하지만, 그 이후에는 보육시설을 지원하지 않는다. 따라서 육아휴직을 사용하고 난 뒤 다시 전일제로 일을 계속하기 어려운 상황이 되어 비자발적인 단시간근로로 유입되게 된다. 이러한 정책은 부모가 시장노동과 돌봄노동 가운데 선택할 수 있는 선택권을 보장하지 못하여 결국 여성을 이차 소득자로 유지하는 것이다.

두 번째 유형으로 '자유주의적 1차 소득자/2차 돌봄노동자(primary earner/ secondary caregiver)' 전략은 여성의 역할을 일차적으로 노동시장에 참여하고 이차적으로 돌봄을 수행해야 하는 사람으로 규정한다. 사회정책은 여성의 노동시장 참여를 장려하는 데 초점을 두고 여성이 수행하던 돌봄노동을 국가가 책임지는 노력을 강조하지 않는다. 대신 보육서비스를 시장원리에 따라 시장에서 조직되도록 하고 자유롭게 구매한 보육서비스에 세금 혜택을 제공한다. 영미 자유주의 국가로 분류되는 캐나다, 미국, 영국이 대표적으로 이러한 유형에 속한다. 국가는 돌봄노동의 사회화를 재정적으로 지원하지 않기 때문에 친인척 등의 다른 여성의 무급 돌봄노동과 시장화된 돌봄이 있어야 노동시장에 참여할 수 있다. 여성이 노동시장 참여를 통해 소득을 향상시키도록 하는 정책을 펴지만, 보육서비스 비용을 가족이 지불하게 함으로써 실질 소득이 감소하는 결과가 초래된다.

세 번째 보수주의적 시장노동-돌봄노동 선택 모형은 여성이 시장노동과 전업 돌봄노동 가운데 선택할 수 있는 권리를 부여한다. 국가가 보육시설을 지원하여 전일제 근로를 지원하기도 하지만 육아휴직, 돌봄수당, 단시간 근로에 대한 지원을 통해서 여성이 직접 돌봄의 역할을 수행할 수 있는 선택을 가능하게 한다. 출산 장려 입장과 가톨릭 전통을 갖고 있는 프랑스와 벨기에 같은 국가들이 취하는 이 전략은 여성의 전통적인 가족 내 돌봄노동 수행 역할에 도전하지 않기 때문에 남녀 성역할 변화에 모호한 접근을 취한다는 평가를 받기도 한다. 남성의 돌봄노동 수행 역할을 장려하기보다는 여성이 시장노동과 돌봄노동 수행에 균형을 맞추는 데 초점을 두고 있기 때문이다(Leitner, 2003).

마지막으로 '사회민주주의적 소득자-돌봄노동자(earner/carer)' 전략이라는 가장 이상적인 전략을 들 수 있다. 남성과 여성이 시장노동 참여와 돌봄노동에 동등하게 참여하여 균형을 맞춰야 한다는 비전을 추구한다. 가정 안과 밖에서 수행되는 돌봄노동에 대해 관대한 지원이 제공될 뿐만 아니라, 시장노동과 돌봄노동을 병행할 수 있도록 근로시간도 짧다. 노동시장에 참여하면서 자녀를 돌볼 수 있도록 남녀 근로자는 모두 육아휴직을 사용할 수 있도록 장려한다. 동시에 질 좋은 보육시설이 보편화되어 있어 시장 노동의 기회를 충분히 누릴 수 있도록 하고 있다.

보수주의적 일차 돌봄노동자/이차 소득자 모델과 자유주의적 1차 소득자/2차 돌봄노동자 모델은 모두 성인 근로자 모델을 추진하는데 국가가 여성이 수행하던 돌봄노동을 어떻게 다루고 있는지를 드러낸다. 여전히 여성이 돌봄노동을 직접 수행하도록 하거나, 사회화시킨다 하더라도 개별 가족이 그 비용을 부담하도록 하는

〈표 9-1〉 복지국가의 가족 모델

유형	국가	사회서비스 전달체계	가족의 고용/돌봄 체제
북구 사민주의 국가	스웨덴, 핀란드, 덴마크	공공사회서비스 모델	소득자-돌봄제공자(earner-carer)
대륙유럽	독일, 오스트리아, 네덜란드, 룩셈부르크	보충주의 모델	여성 1차 돌봄 제공자 (primary caregiver)-2차 소득자
	벨기에, 프랑스	공공사회서비스 모델+이용자 선택권	선택
자유주의 복지국가	미국, 영국	자산조사-시장의존 모델	여성 1차 소득자(primary earner)-2차 돌봄 제공자

자료: Misra et al.(2007)에서 정리.

방식이다. 이러한 전략은 돌봄노동에 대한 인정과 공정한 배분을 도외시하고 있어 결과적으로 남성과 여성이 동등한 위치에서 노동시장에 참여하지 못하는 남성 생계부양자 모델을 변형하는 것에 다름 아니다. 우리나라의 가족 모델도 이러한 보수주의적 대륙유럽과 자유주의 북미국가 사이에 위치해 있다고 보인다. 자녀를 둔 모가 경력 단절을 하지 않고 여성도 남성과 동등한 역할을 해야 한다는 점을 강조하는 자유주의적 모델로 유사하지만, 국가가 보육서비스 제공의 재정 지원을 하고 있다는 점에서는 거리가 있다. 그러나 최근 들어 여성의 경력 단절을 예방한다는 명목으로 육아휴직 활성화를 강조하고, 일가정 양립을 위해 단시간근로를 장려하는 지원 정책은 여성을 이차 소득자로 전제하거나 강화하고 있다. 그러나 여성의 가정 내 돌봄에 대해 현금 지원을 통해 돌봄을 보상하거나 장려하지 않는다는 점에서 보수주의적 대륙유럽 모델과 거리가 있다.

성인 근로자 모델은 이념대로 양성 평등을 제대로 구현하지 못하고 있다. 루이스와 지울라리(Lewis & Giullari, 2005)는 성인 근로자 모델에 대해 다양한 반응이 존재할 수 있기 때문이라고 보았다. 여성들이 전통적으로 갖고 있는 '도덕적 책임감'으로 인해 많은 여성들이 돌봄노동을 우선시할 것이므로 성인 근로자 모델로의 이동이 원활하지 않을 수 있다. 돌봄노동에 대해 여성들이 도덕적 책임감을 갖는다는 것은 돌봄노동이 정서적 유대의 성격을 가진다는 사실에서 비롯된다. 바버라 버그

먼(Barbara Bergmann) 같은 미국의 대표적인 여성주의 경제학자는 유급육아휴직 정책에 반대하는데, 육아휴직보다는 가사노동과 돌봄노동의 상품화만이 진정한 성평등으로 가는 길이라고 주장한다(Bergmann, 2008). 그녀는 고닉과 메이어(Gornick & Meyers, 2003)가 성 평등을 위해 제안하는 일가정 양립정책, 즉 유아기 부모의 육아휴직, 보상 수준이 좋은 시간제 일자리, 보육서비스에 대한 정부 지원 가운데, 보육서비스에 대한 정부 지원은 성 평등에 부합하지만 부모가 좀 더 가정에서 시간을 보낼 수 있도록 하는 전자의 두 가지 정책은 성 평등에 위배된다고 주장한다. 스웨덴에서 하는 것처럼 모의 육아휴직을 1년에서 6개월로 줄이고 아버지에게 양도할 수 없는 한두 달의 육아휴직을 제공하는 제도의 성 평등 효과를 지나치게 낙관적으로 바라보고 있다고 주장한다. 여성의 '상품화'를 제고하는 것만이 성 평등을 위한 바람직한 방향이라고 보았던 것이다. 여성은 돌봄 책임이라는 감옥에서 뛰쳐나와야 한다는 메타포, 그리고 돌봄이라는 선호를 표현하려는 성향에 대항해 싸워야 한다는 것, 나아가 남성과 똑같이 행동하고 느껴야 한다는 그녀의 전략은 성인 근로자 모델을 뒷받침하는 것이었다.

성인 근로자 모델의 한계는 여성의 시간제 근로의 확대에서 확인된다. 예를 들어 영국에서 작동하고 있는 성인 근로자 모델은 성인 두 명의 전일제 근로자 가구보다는 1인의 전일제와 1인의 시간제 근로자 가족을 양산하였다. 가족 내 돌봄노동의 불평등한 분업이 여성을 주변부 노동시장 지위로 위치시킨다는 점을 암묵적으로 인정했지만, 그러한 불평등을 교정하는 수단은 여성의 고용을 '경제 성장의 엔진'으로 동원하기 위한 것일 뿐이었다. 결과적으로 여성은 더욱 유연한 근로시간 형태의 일자리를 점하게 되었을 뿐 남성과 똑같이 안정적이고 보수가 높은 좋은 일자리를 차지하지 못했다.

이러한 성인 근로자모델은 대체로 이성애 기혼 가족에서 새로운 성별 분업 체제로 어떻게 이동할 것인가를 다룰 뿐 아니라 복지에 '의존'하고 있던 한부모와 같은 계층에 대한 서구의 복지개혁을 이끄는 모델로 작용했다. 서구 복지개혁 과정은 자녀 양육 책임이 있는 한부모에 대해 시장노동 참여를 우선시하는 규범을 강화하면서 노동시장에 참여하지 않는 한부모에 대한 지원을 축소했다. 성인 근로자 모델은 두 명의 성인이 시장 노동을 하고 그 소득으로 돌봄노동의 대체 서비스를 구입할 수 있는 '정상적'인 이성애 가족을 제외한 다른 형태의 가족의 안정적인 기능을 뒷받침하지 못하는 결과를 가져온 것이다. 올로프(Orloff, 2002; 2006)에 따르면 1990년대 미국의 복지 개혁은 여성도 시장노동에 참여해야 한다는 기대를 강화하고 전업으로 돌봄노동을 수행하는 사람에 대한 경제적 지원을 철회했다. 복지 개혁은 한부모 여성을 당연한 복지 수혜자가 아닌 가족의 생계를 위해 돈을 벌어야 하는 의무와 책임을 가진 존재로 간주하기 시작했다. 이전에도 국가가 돌봄노동에 대해 제대로 지원한 적이 없었지만, 복지 개혁 이후 시장노동을 하지 않는 여성의 엄마노릇은 더 이상 용납되지 않게 되었다. 특히 가난한 한부모 여성이 자녀를 직접 돌볼 사회권이 박탈되었다. 복지 개혁 이후 사회정책은 노동시장 참여와 연동되지 않는 돌봄노동에 대한 지원을 축소하거나 철폐했다. 가족에게 돌봄을 제공하는 사람의 지위에 기반한 복지 수혜 권리가 사라졌기 때문에 돌봄은 사회정책에서 더욱 더 주변화되었다. 복지 개혁 이후 보육서비스 제공에 관심이 제기되었지만 그것은 오로지 복지 수급자의 시장 노동 참여를 촉진하기 위해 필요한 수단적인 서비스 제공일 뿐이었다. 국가가 체계적으로 보육서비스 제공에 나선 것도 아니고 보육서비스에 대한 재정 지원은 한정적이었다.

이러한 미국의 복지 개혁은 성인 근로자 모델을 전제로 했다. 모든 성인은 돌볼 자녀가 있든 없든 고용되어야 하며, 자녀는 본질적으로 고용에 대한 장애이기 때문에 공적 영역은 아동 양육 문제를 다루어야 한다는 것이다. 돌봄노동은 부모가 아닌 누군가 다른 사람이 대신해주어야 바람직한 것으로 간주되었다. 예를 들어 TANF(Temporary Assistance for Needy Families)는 자기 가족 구성원을 위해 수행하는 돌봄에 대한 사회적 지원을 배제했다. 복지 개혁 이후 돌봄노동은 생산적이라고 인정되지 않는 활동이었지만, 수급자가 시장노동을 하느라고 맡긴 남의 자녀를 돌보는 일은 복지 개혁이 생산적이라고 인정하는 12가지 근로 활동 가운데 하나였다. TANF는 다른 사람의 자녀를 돈 받고 돌보는 것은 노동이고 자기 자녀를 돌보는 것은 노동이 아니라고 보는 것이다(Folbre, 2012; Boyer, 2003).

성인 근로자 모델을 전제로 한 복지개혁은 안정적인 가족의 기능을 뒷받침하지 못하는 결과를 가져왔다. 앨벨다(Albelda, 2002)는 복지 수혜에 대해 수급 시한을 정해 놓고 한부모들을 시장 노동으로 내몬 결과 가족에 부정적인 영향을 미쳤다고 지적한다. 복지수혜자 사례 수의 감소와 탈수급자의 고용률 증가로 복지 개혁이 성공했다고 평가했지만, 낮은 보육서비스 질과 안정적이고 신뢰할 만한 서비스를 구하지 못해 방치되는 아동의 문제는 주목되지 않았다. 올리커(Oliker, 2000)는 복지개혁이 아동의 돌봄 수혜에서 불평등을 확대했다고 평가했다. 복지 수급자인 엄마에게 시장노동 참여를 독려하여 자녀를 돌보는 시간을 줄어들게 만들었다는 것이다. 엄마의 시장노동을 장려하기 위해 보육서비스에 대한 재정 지원은 급증했지만, 아동의 건전한 발달을 고려하지 않았기 때문에 보육 서비스의 품질은 전반적으로 매우 낮았다. 엄마와 시간을 보내는 대신 질 낮은 보육 서비스를 받고 자란 아동의 인적 자본에 미치는 영향이 부정적으로 나타날 가능성이 있는 것이다. 복지 개혁 이후 탈수급 여성들은 과로, 피곤, 아이들과 보내는 시간 부족 등을 경험했다(London et al., 2004). 크리스토퍼(Christopher, 2004)는 복지 수급자에서 시장노동에 참여하게 된 한부모들은 시장노동을 하느라 가사 노동을 하기에 충분한 시간이 없을 뿐 아니라, 사회적 네트워크나 지역사회로부터 제공되는 자원에 대한 정보를 수집하고 이용할 시간도 부족했다고 주장한다.

이 성인 근로자 모델을 정착시키기 위해 추진한 사회정책들은 기본적으로 보육 서비스에 대한 비용이 수반되는 것이었고, 성인 근로자 모델이 실패하자 국가는 돌봄노동의 분배를 두고 가족과의 타협을 시도하고 있는 듯 보인다. 2008년 미국과 유럽의 금융 위기 과정에서 두드러진 재정 건전성에 대한 위기 위식이 심화된 이후 국가는 가족에게 무급의 돌봄노동의 부담을 전가시키고 있다. 사회복지지출은 정부회계에서 '소비지출'로 분류되지 SOC나 연구개발과 같이 생산적인 분야에 대한 '투자지출'이 아니다. 아동에 대한 보육과 교육을 위한 지출을 소비지출로 분류하는 이유는 이 지출이 현재 세대에게만 혜택을 주는 소비적 행태라는 인식을 갖고 있기 때문이다. 투자지출과 소비지출의 구분은 국가 회계 관행에 근거를 두고 있을 뿐이며, 실질적으로 현재 세대와 미래 세대에 혜택을 주는 지출을 구분하는 기준에 들어맞지 않는다. 즉 보육, 교육, 돌봄 등은 미래 세대에 혜택을 주는데 미래를 위한 투자가 아닌 현재의 지출로 간주되고 있다. 반면 사회간접자본과 같이 남성이 주로 기여하는 영역은 자본 지출로서 계상되고 있다. 이러한 국가 회계상의 투자와 소비 지출의 구분은 전형적으로 남성의 생산적 노동에 대한 여성의 재생산 노동을 저평가하는 것이라고 볼 수 있다. 국가 재정의 악화가 부각되면 소비지출로 규정되는 사회복지지출은 일차적으로 감축될 가능성이 높은 분야이며 돌봄노동 지원을 위한 재원 마련이 어려워질 가능성이 높다.

3. 성인 근로자 모델과 한국의 맞벌이 가족

1997년 이전 한국 경제가 안정적인 성장 국면에 있는 동안 여성의 노동시장 참여는 개인적인 차원에서의 '자아 실현'이나 성취로 여겨졌다. 1997년 경제 위기 전 고도 경제성장기에 자녀를 돌보는 여성들은 안정적인 전일제 일자리를 보장받았던 배우자를 통해 소득 보장을 제공받았다. 국가의 사회 재생산에 대한 책임의 공백은 기업형 복지가 메우고 있었다(Kim, 2010). 남성 생계부양자 모델이 지배적이었을 때 여성의 시장노동 참여가 반드시 미약하지는 않았다. 후드(Hood, 1986)는 실질적인 생계부양자 역할 수행과 생계부양자 역할 의식은 불일치할 수 있으므로 양자를 구분해야 한다고 주장한다. 부인이 취업을 한 가족에서도 남성은 자신을 주생계부양자로 생각하며 주된 생계부양자 책임과 권한 의식을 포기하지 않는다는 것이다. 생계부양자라는 것은 남성성을 구성하는 핵심 요인이기 때문이다. 따라서 남성 생계부양자 모델이 지배적이라는 것은 규범적 지배성을 의미한다. 그런데 신자유주의적 세계화가 진전되면서 노동시장의 유연화로 인해 남성생계부양자 모델은 규범적 지배력을 상실하게 된다.

남성 생계부양자 모델이 규범적 지배성을 가지고 국가-자본-노동 관계를 규정하고 있었기 때문이 여성의 시장노동 참여는 사적인 차원에서 해결해야 할 문제로 간주되었다. 일가정의 양립은 아직까지 '사회문제'로서 공론화되지 못했다. 신경아(2001)가 지적했듯이, 이미 노동시장에서 남성과의 동등한 참여를 위한 능력과 요구가 커지고 있던 상황에서 여성들의 적응 방식은 다양하게 나타났다. 노동지향적 적응 양식을 취한 여성들은 시장노동을 삶의 중심 목표로 추구하면서 재생산 노동을 그에 맞추어 조직했다. 재생산 노동에 대한 사회적 인프라가 없었기 때문에 재생산 노동은 개인적으로 동원한 타인의 도움에 의존했다. 가족지향적 적응 양식을 취한 여성들은 재생산 노동에 대한 국가의 지원이 없었기 때문에 자녀의 출산, 양육, 교육 등의 활동을 삶의 중심 영역에 두고 시장 노동을 그에 맞추어 조직했다. 시장 노동은 가족의 필요에 따라 시간이나 형태를 조절할 수밖에 없었다.

이 시기에 '모성', 즉 재생산 노동은 여성이 시장노동을 하기 위해서 극복해야 하는 약점이자 개인적으로 해결해야 할 문제로 여겨졌다. 2000년대 초반 여성 근로자의 출산휴가 비용을 사회적으로 분담할 것을 두고 모성보호법률 개정안이 논의되었을 때, 모성은 여성의 개인의 선택이므로 사회적인 보장의 대상이 될 수 없다는 견해가 지배적이었다(신경아, 2001: 105). 논쟁 끝에 여성 근로자의 출산 이후 건강을 회복하는 동안에 대해서 국가가 그 비용을 책임지는 것으로 합의가 이루어졌다. 2002년부터 시행된 육아휴직 1년 급여 지급을 제외하고는 영유아 및 초등학교 자녀를 돌보는 재생산 노동은 개별 가족이 담당했다.

그러나 이후 국가는 돌봄 사회화를 통해 성인 근로자 모델을 기반으로 하는 맞벌이 가족 모델을 보편화시키려는 일련의 정책을 추진했다. 1997년 외환위기 이후 국가는 노동시장유연성의 제고로 인한 사회 재생산의 단위로서 가족의 불안정성이 증가하자 이에 대한 대응으로 돌봄노동의 사회화와 여성 고용 확대를 추진했다. 국가는 실업과 빈곤 위험을 사회화하기 위한 안전망을 도입함과 동시에 가구의 취업자 수의 증가를 통해 가족도 실업과 빈곤의 위험에 대응하게 했다. 국가는 맞벌이 체제를 장려하기 위하여 돌봄노동의 사회화를 주도했다. 가족이 담당하던 무급 돌봄노동은 주요 복지정책에 포함되었다. 돌봄서비스에 대한 국가의 지출은 '생산적 복지'로서 개인의 경제적 자립과 자조를 위한 것으로 정당화될 수 있었다. 신자유주의적인 세계화 시대에 국가가 제공할 수 있는 보장의 핵심은 노동력의 고용가능성(employability)를 증가시키는 것이었다. 신자유주의 이후의 대안으로 각광받게 된 '사회투자론'이 유럽 국가들이나 OECD의 신자유주의 실패에 대한 사회정책적 처방으로 등장하게 되면서 인적 자본에 대한 투자, 특히 아동의 역량과 기회와 고용가능성에 대한 투자를 정당화하게 된다. '생산적 복지'와 그 이후 이러한 기조에서 추진되어온 정책들은 외환위기 이후 여성들의 시장노동을 강조하고, 그러한 시장노동을 전제로 하는 돌봄에 대한 공적 지원을 제공하는 방식으로 전개되었다.

한국 복지국가는 인구구조의 급진적인 변화로 특징지어지는 소위 "돌봄의 위기"에 대한 반응으로서 가족의 무급 돌봄노동을 지원하기 위해 점진적으로 수정되어 왔다. 인구구조의 변화는 국가의 돌봄 지원에 관한 공적인 관심을 촉구했다. 한국의 출산율은 1980년 2.82에서 1990년 1.57, 2000년 1.46, 2011년 1.23까지 인구대체율 이하 수준으로 점차 감소했다.[1] 한국의 출산율은 OECD 중 가장 낮은 수준이다. 1970년부터 2009년 사이에 OECD 국가들 사이에서 멕시코와 터키에 이어 세 번째로 출산율 수준이 급락했다.[2] 한국은 가장 급속하게 고령화하고 있는 사회 중 하나로 빠르게 변하고 있다. 65세 이상 인구가 14~20%에 해당하는 고령화 사회에서 20%를 초과하는 초고령화 사회로 나아가는 데 8년 걸릴 것으로 추정하고 있다. 이에 비해 비슷한 수준에 도달하는 데 미국은 16년, 프랑스는 40년이 걸릴 것으로 추정된다(Phang, 2003).

아이와 노인에 대한 돌봄 제공의 비용에 대한 정부의 지출은 급증했다. 2000년대 중반부터 한국 정부는 가족돌봄을 지원하기 위한 정책을 바꾸었다. 이는 돌봄에 대한 통념과 성별관계에 중요한 변화를 불러일으키는 보육보조금의 확대와 장기요양보험의 도입을 포함하고 있다. 이 정책들은 개별 가정에서 이루어지는 무급 돌봄노동의 부담을 줄임으로써 돌봄의 비용을 사회화하고자 한 것이었다(Seok, 2010; Peng, 2009). 조세 위기에 대한 신자유주의적 대응으로 돌봄에 대한 국가지원이 줄어든 서구 국가들과는 달리(Bezanson, 2006; Bakker & Gill, 2003; Esping-Anderson, 1999), 한국은 돌봄 중심의 사회정책을 점진적으로 발전시켜왔다. 그러나 수당이나 돌봄에 대한 현금 지원의 형태로 돌봄노동을 지원하기보다는 보육과 장기요양

---

1) 통계청(KOSIS).
2) OECD 가족 데이터베이스(www.oecd.org/social/family/database) 표 SF2.1.A의 1970년, 1995년, 2010년의 출산율 참고.

서비스 확대를 우선시했다. 돌봄에 대한 공적 지원은 돌봄 직종의 일자리를 창출하여 무급 돌봄노동자가 유급 노동자로 시간 재분배를 할 수 있도록 했다(Peng, 2010).

이러한 돌봄 사회화 정책은 맞벌이 전일제 가구 모델을 정착시켜 시장노동과 돌봄노동에서의 젠더 격차를 축소시키는 것이 목표였다. 결과는 젠더 격차의 계층적 특성이 명료하게 드러났다는 것이다. 중산층 이상 계층에서 시장노동과 돌봄노동에서의 남녀 격차는 축소됐다. 전일제로 노동시장에 참여할 수 있는 고학력 전문직 여성들은 돌봄서비스 구매를 통해 남성과의 소득 격차를 좁히면서 돌봄노동의 부담도 덜어낼 수 있었다. 반면 저학력 저임금 여성들은 장시간 불안정 시장 노동 위에 돌봄노동의 부담까지 떠안아야 했다. 계층을 초월하여 돌봄노동의 사회화 비용을 정당한 임금을 지급하지 않음으로써 다른 저소득층 여성 근로자에게 전가했다.

자녀를 둔 기혼여성의 노동부담 가중은 대부분의 여성을 옥죄고 있지만 일부 계층 여성의 숨통을 틔워주고 있다. 소득 불평등의 증가와 저임금노동 공급의 확대의 효과가 결합하여 돌봄노동의 재분배가 이루어지고 있다. 부유한 계층의 가족은 가계 생산 대체 서비스의 구매를 통해 가사노동과 돌봄노동에 할애하는 시간을 줄일 수 있게 되었다. 입주 혹은 출퇴근 가사노동자 시장의 확대는 최근 몇 년간 지속적으로 이루어졌다. 그동안 우리나라에서 외국인 가정부가 활성화되지 못했던 가장 중요한 이유는 다른 아시아 신흥공업국에 비해 중산층 이상의 고학력 기혼여성의 취업이 저조했기 때문이지만(이혜경, 2004), 구매력이 높은 고임금 계층 여성의 고용 증가는 입주 가사도우미와 보모 시장을 확대시켰다. 양적으로는 시간이 감소했을 수 있으나 전반적으로 자녀를 돌보는 데 여성의 관리자로서의 새로운 역할이 강화되었다. 밥짓기, 청소하기 등과 같은 부가가치가 낮고 돌봄의 성격이 낮은 가사 서비스는 구매하고 자녀 사교육 정보, 부모 네트워크 형성 등 자녀의 인적, 사회적 자본 형성에 이바지하는 돌봄 시간은 늘었다(최형재, 2008). 중산층 이상의 가족은 더욱 값싸진 가사노동과 돌봄노동에 의존해 '전문적'인 영역의 돌봄을 극대화할 수 있게 된 반면, 저소득 취약 계층의 가족은 사교육비와 생계 유지를 위한 취업으로 정작 자기 자녀는 방치할 수밖에 없는 사회 문제가 대두되고 있는 것이다.

남녀 모두를 1차 소득자로 상정하는 성인 근로자 모델을 기반으로 한 맞벌이 가족 모델은 최근 큰 진전을 보이고 있지 않다. 도시가계조사 분석에 의하면, 맞벌이 가구는 1993년 전체가구의 17.4%에서 2013년 39.5%로 두 배 이상 증가했다. 특히 1998년 24.3%이던 맞벌이 가구가 2003년에는 39.3%로 급격히 증가하여 외환위기를 전후하여 남성생계부양자 모델이 규범적으로뿐만 아니라 현실적으로도 크게 약화되었음을 보여준다. 2008년에는 36.4%로 다소 감소했다. 외환위기 이후 맞벌이 가구 비중이 크게 증가한 이후 더 이상의 비약적인 성과는 없었다(신경아, 2014: 165). 특히 2008년 이후 중고령 여성들의 노동시장 참여가 급속히 확대되고 이들의 고용이 주로 저임금 일자리에서 확대되고 있다. 출산육아기 여성들의 경력 단절을 예방하여 이인생계부양자 모델을 정책적 규범으로 삼았지만, 이것은 그다지 성공하지 못하고 있는 것이다.

4. 비가시화, 저평가된, 그리고 계층화된 돌봄노동

성인 근로자 모델 기반 가족 모델은 무급으로 수행되는 돌봄을 더욱 비가시화시키고 있다. 국가는 맞벌이 생계부양자 모델이 여전히 무급으로 수행되는 돌봄노동을 전제로 하고 있다는 것을 은폐한다. 고실업 현실과 스스로의 생계를 책임져야 한다는 신자유주의 이데올로기로 인해 가족은 사회 재생산에 자발적으로 무한한 투자를 마다하지 않고 있다. 고용 중심의 사회안전망은 오히려 자녀들이 고용되지 못할까봐 불안과 공포에 떨게 만들어 사교육과 취업 경쟁에 가족 모두가 동참하게 만들고 있다. 경력 단절 여성을 문제화하면서 취업을 안 하거나 못하는 여성의 현실을 그들의 나약한 노동 의지나 돌봄이라는 '장애물'을 넘지 못하는 개인 탓으로 돌렸다.

최근의 시간제일자리의 확대, 휴가제도 활성화, 사회서비스 제공 등 일가정 양립지원 제도는 역설적으로 공적/시장/기업 영역에서 돌봄노동과, 노동자의 시장노동과 돌봄노동의 이중적 책임을 사라지게 만들고 있다. 노동시장은 여성 근로자의 참여를 명시적으로 배제하지 않으나 돌봄의 책임은 개인적으로 해결하길 원한다.

가족 안에서의 돌봄을 노동으로 인정하지 않고 가치를 제대로 평가하지 않아 가족 돌봄노동에 대한 저평가를 재생산하고 있다.

시간제 일자리는 여성에게 양날의 칼이다. 양육과 교육에서 엄마의 역할이 절대적으로 강조되는 한국 사회에서 시간제 일자리는 시장노동에 참여하고 싶은 여성에게 현실적인 대안일 수 있다. 다른 한편 시간제 일자리는 단순직을 중심으로 주변부 업무에 한정될 가능성이 높아 노동시장에서 보조적인 지위에 처할 수밖에 없다. 노동시장을 완전히 떠나지 않고 임금노동자로서의 자원과 능력을 어느 정도 유지할 수 있긴 하지만, 남성의 절반의 노동시간에 해당하는 절반의 소득은 가족 내 여성의 협상력을 약화시킨다. 시간제 일자리는 남성생계부양자 모델에 대한 대안으로 제시된 보편적 노동자-돌봄자 체제로의 전환과 거리가 먼, 가족 안에서 돌봄노동을 주되게 전담하는 여성의 역할을 전제로 하고 있다. 남성의 동등한 사회경제적 지위를 확보하기 위한 것이라기보다는 일가정 양립이라는 이데올로기를 통해 남성생계부양자와 여성 이차소득자 모델을 확산시키고 있는 것이다.

여성이 시간제 일자리를 통해 돌봄을 전담하게 하는 모델은 우리나라 노동 현실에서 뿌리내리기 매우 어려운 체제이며 성공한다 하더라도 기업에서 근로자의 돌봄이라는 책임을 비가시화하는 결과를 낳는다. 시간선택제 모델은 안정적인 연공급(생활급) 성격이 강한 일본에서나 가능한 모델로서, 일본에서는 시간제 여성 일자리의 증가로 고용률이 우리나라보다 10%p가량 높은 60%대를 기록하고 있다. 우리나라와 같이 내부 노동시장의 고용 안정성이 낮고[3] 임금 정체가 심한 나라에서 남성 생계부양자가 안정적인 소득원이 될 수 없을 때 여성이 시간제를 희망하기란 매우 어렵다. 시간선택제 일자리가 새로운 여성노동모델로서 정착된다 하더라도 공

---

3) 고용안정 측면에서도 근속 연수(평균값 5.1년)는 25개 회원국 최하위로 평균(10년)의 절반에 불과했다. 근속 연수가 1년 미만인 단기근속자 비율은 35.5%로 가장 높은 반면에 근속 연수가 10년 이상인 장기근속자 비율은 18.1%로 가장 낮았다. "한국은 '초단기 근속' 나라로, 근속 연수 기준으로 고용이 가장 불안정한 나라이다. 임시직 비율(23.8%)은 OECD평균의 두 배가 넘고 29개국 중 폴란드 다음으로 높다. 시간제 노동자의 비율(10.3%)은 중위권 수준이지만 비자발적 취업자 비중(56.0%)은 19개 회원국 가운데 세 번째로 높다.

적 영역에서 가족 및 자녀 돌봄이라는 의제를 제기하고 문제를 풀어갈 수 있는 공식적인 목소리가 사라지게 될 것이다. 돌봄의 책임은 가족 안에서 여성이 사업장과의 갈등과 마찰 없이 해결해야 하는 것으로 간주되기 때문이다. 여성의 일가정양립을 위해 시간제 근로 확대 정책은 단기적으로 여성 고용률을 높일 수 있다. 그러나 근본적으로 사업장이 돌봄 책임을 수용할 수 있는 '가족친화성' 향상에 기여하지는 못한다. 사업장은 근로자의 돌봄 책임으로 인해 발생하는 비용을 보다 적극적으로 수용할 필요가 있는데, 여성의 시간제 일자리 확대는 그러한 비용을 외부화시키는 것이다.

근로자의 돌봄노동의 책임과 수행이 사업장에서 비가시화되는 것은 비단 시간선택제 일자리만은 아니다. 부모휴가의 사용도 이러한 맥락에서 사업장이 근로자의 돌봄의 책임, 욕구를 수용하고 노동비용으로 간주하는 데 한계가 있다. 육아휴직 이용자 수는 꾸준히 증가했다. 2003년에 출산전후휴가자 가운데 18.7%가 육아휴직급여 제도를 이용한 반면, 2015년 기준 62.6%로 증가했으나, 육아휴직 종료 1년 후 동일 직장 고용유지율은 2002년 60.0%, 2010년 47.4%였다가 2011년부터 상승하여 2014년 기준 56.6%를 기록하여 여전히 절반의 여성 근로자가 휴가 사용 이후 같은 직장에 계속 다니지 않고 있다(홍민기 외, 2017). 육아휴직 사용은 허락하지만 직장 복귀 이후 일과 가정을 양립하지 못하는 상황이다. 휴가를 사용하고 돌아온 직장에서 여전히 정시 퇴근이 어렵고 초과 근로가 빈번하다면, 간헐적으로 발생하는 자녀 관련 개인 용무를 처리할 수 있는 외출, 반차, 연차 사용이 어렵다면, 자녀를 돌보면서 직장에 다니기 쉽지 않다. 근로자가 휴가 제도를 이용하는 이유는 일정 기간 동안 자녀와의 시간을 함께 하기를 원해서 휴가를 선택하기도 하지만, 직장일과 영아 돌보기를 병행하기 어렵기 때문이다. 직장과 육아를 병행하기 어려워 휴직을 선택한 경우라면 휴직 이후 더 나은 여건이 되었을 가능성은 전무하다. 아직까지 휴가제도의 사용은 사업장이 돌봄의 책임을 나누기 위한 근본적인 근로문화와 제도를 개혁하는 데까지 나아가지 못하고 있다.

한편 돌봄노동을 수행하는 데 대한 사회적 지원은 휴가제도와 같이 사회보험 원리에 따라 고용보험 가입 이력이 있는 근로자에게만 돌봄노동 수행을 지원하며, 가족 내 돌봄제공자에 대한 경제적 지원은 여성의 노동시장 진출을 저해하는 것으로 간주했다. 예를 들어 보육시설 확대는 여성들의 노동시장 참여를 장려하고 양육수당은 돌봄노동에 대한 보상을 제공하여 여성이, 특히 저소득층 여성이 시장노동 대신 전업 엄마노릇을 선택할 것이라는 시각이다. 우리나라의 양육수당은 엄밀한 의미에서, 즉 가정에서 아동보육을 전담하는 대가로 주어지는 수당이 아니기 때문에 여성의 상품화에 반드시 부정적인 효과를 가질 것이라 예측할 수는 없다. 물론 시설이 아닌 다른 형태의 돌봄서비스, 개별화된 돌봄서비스의 사용을 확대한다는 점에서 바람직한 방식의 돌봄노동의 사회화는 아닐 수 있다. 그러나 보육서비스-양육수당에 대한 대립적 이해는 노동시장 참여를 위한 돌봄 지원만 '바람직한' 돌봄 지원으로 전제하는 인식을 반영한다. 가족 생계 지원을 곧 돌봄노동 수행에 대한 지원으로 동일시하면서 수당 형태의 지원은 가족 내 성별 분업을 강화한다며 반대하는 경향이 있었다. 상품화된 사회서비스의 90% 이상이 여성 노동자로 이루어져 노동시장의 성별직종분리를 강화하고 있거나, 분업이 가능한 기혼부부를 모델로 수당의 정책 효과를 단정하고 있다거나, 저소득층 여성의 노동시장 참여가 높은 우리나라 현실에서 전업으로 돌봄노동을 수행하고자 하는 여성의 욕망도 존재할 수 있다는 사실을 간과한다.

정부의 일자리 창출 정책, 2008년 노인장기요양보험 시행과 더불어 저소득 취약계층 대상 사회서비스 바우처 사업으로 사회서비스 일자리가 증가했지만, 사회서비스 근로자들은 저임금과 불안정 고용에 시달리고 있다. 서비스 제공 기관의 자유로운 진입을 허락하여 기관 간 경쟁을 심화시키고 저임금 불안정 노동을 구조화하고 있으며, 정부가 책정한 물가상승률로 따라잡지 못하는 낮은 수가로 인해 민간 사업주가 이윤을 남기기 위해 근로자에게 서비스 제공의 비용을 전가하여 임금 수준이 낮다. 수가가 서비스 제공자의 경력을 반영하지 않아 근속이 늘어도 임금이 올라가지 않으며, 이용자의 서비스 이용 중단과 함께 일자리를 잃고 다음 일자리로 연결이 바로 되지 않을 경우 상당 기간 동안 소득이 없는 상태로 전락하게 된다. 요양급여 수급자에게 급여 제공을 중단하게 되는 일은 갑작스럽게 일어나서 안정적 일자리 유지가 불가능하다(윤정향, 2016). 보육서비스 이용 대신 양육수당을 이용하는 어린이가 증가하면서 정원 확보에 어려움을 겪는 어린이집은 보육교사를 해고하게 된다. 이 밖에도 부실한 서비스를 제공하는 기관과 부정하고 불투명한 회계 관리에 대한 정부의 관리·감독의 부실, 서비스 제공자들에 대한 열악한 처우, 고용불안, 요양보호사에 대한 성희롱과 인격 모독, 아동학대 사건에 대해 개별 보육교사 문책과 처벌 등 문제가 심각하다. 민간 시장 중심의 사회서비스 전달체계와 임시일용 고용형태로 인해 일자리의 양적 확대와 질적 개선이 답보 상태에 머물고 있다.

돌봄정책은 장시간 근로문화와 불안정한 노동시장에 따라 가족의 돌봄노동이 유연하게 대응하도록 요구하고 있다. 보육서비스 확대가 여성 고용률이나 출산율 증가로 이어지지 않았다는 사실은 보편적 보육서비스 정책의 실패로 간주되었다. 고용을 통해 세금을 낸다거나 출산을 통해 돌봄노동을 수행하겠다는 약속이 실현되지 않는 복지 서비스 지출은 재정 낭비로 간주되었다. 여성 고용에 대한 지원과 아동의 돌봄 수요 만족이라는 사회화의 방향 속에서 돌봄서비스의 확대는 보편과 선별의 논란 속에서도 큰 맥락에서 그 근간이 훼손되지는 않았다. 그러나 수혜 대상자 확대 이후 매년 논란이 되고 있는 보육료 지원의 재정 부담 문제는 양육수당이 도입되면서 이러한 방향성을 근본적으로 흔들었다. 2000년 초반부터 추진되어온 보편적 돌봄 지원 정책은 돌봄 부담을 경감하기 위한 질 좋은 서비스 제공이라는 보육정책 목표에서 보육·돌봄정책을 맞벌이 가구 중심의, 여성 고용 효과를 제고하기 위한 정책 목표를 강조하기 시작했다. 직장어린이집 활성화와 어린이집 입소에서 맞벌이 우선 순위를 부여하는 보육서비스의 고용연계를 강조하면서, 보편적 돌봄서비스 접근을 부분적·실질적으로 제한하고자 양육수당을 확대하고 시간제 보육서비스를 확충하였다. 돌봄노동의 가족화가 여성의 고용가능성 제고라는 다소 역설적인 맥락에서 등장하기 시작한 것은 2014년 9월에 발표된 '여성고용 후속·보완 대책: 일하는 부모(working parents)를 위한 일·가정 양립 지원'이다. 이 대책은 그간의 보육서비스 지원이 맞벌이 부부 등 실수요자 중심으로 추진되지 않았다고 강조한다. 보육지원을 무상의 시설 이용 중심으로 제도화하다 보니 비취업모와 영아가 시설을 과다 이용하게 되는 결과를 가져왔다는 것이다. 보육서비스가 필요하지 않는 비취업모에게도 종일반 서비스를 제공하였고, 보육시설에서는 취업모 자녀보다 조기 귀가하는 비취업모 아동을 선호하게 되어 결과적으로 취업모 자녀가 차별받는 불합리함이 존재한다는 것이다. 낮은 수가와 인건비 부담이 비취업모 자녀를 선호하는 원인이 되고 있음에도 불구하고(윤자영, 2013), 비취업모 자녀의 과잉 수요로 인해 취업모 자녀가 불이익을 받고 있음을 부각시켰다.

정부는 만 0~2세 아동을 대상으로 맞춤형 보육을 통해 여성의 고용가능성 제고를 목적으로 보육서비스제도와 양육수당 제도를 개편했다. 맞춤형 보육은 취업·구직·장애·다자녀·임신·한부모·조손가정·입원·학업·저소득층·다문화 등에 해당하지 않는 가정을 이용 대상으로 하고 있다. 전업주부의 자녀는 오전 9시부터 오후 3시까지 1일 7시간 미만으로 운영되는 맞춤반을 이용하게 된다. 애초에 보육서비스 지원을 이용하지 않는 가구에게 형평성 차원에서 지급하기 시작한 양육수당은 보육서비스가 필요하지 않는 가구의 과잉 수요로 인해 재정 부담이 가중되자 일하지 않는 엄마의 시설 이용을 줄이고 직접 돌보도록 하는 인센티브로 역할하기 시작했다(유해미 외, 2011:2). 이제 양육수당은 일하지 않는 엄마에게 고비용의 보육서비스 대신 저비용의 사랑의 노동을 수행하도록 요구한다. 이러한 맥락에서 양육수당은 돌봄노동 수행에 대한 적절하고 온당한 지원이라기보다는 안정적인 보육서비스 지원을 흔들 가능성을 안고 있다.

맞춤형 보육이 부모의 다양한 양육지원 방식에서의 선택권을 보장하거나, 취업모의 전일제 보육서비스 우선순위 이용에 어떠한 영향을 미칠지 아직은 분명하지 않다. 그러나 바우처 방식의 보육서비스 전달체계는 보육서비스, 양육수당, 시간제 보육 간의 자유로운 선택을 보장하고 고용가능성을 제고하는 데 한계가 있다. 바우처 제도는 제한적이지만 소비자의 선택권 보장을 통해 공급자 간의 경쟁을 초래하고, 이것은 서비스 질의 향상과 가격 하락을 가져와서 서비스 효율성을 증진시킬 것을 목표로 한다. 이용자 중심인 바우처 운영체제는 제공 기관의 선택이 제한되는 공급자 중심 체제와 달리 제공 기관을 선택할 수 있도록 한다. 그러나 바우처를 도입한다 하더라도 소비자 선택권이 제대로 행사된다는 보장은 없다. 바우처 제도가 소비자 선택권, 공급자 간 경쟁을 통한 서비스 품질 향상과 같은 효과를 갖기 위해서는 바우처 제도를 적용할 수 있는 적정 규모의 시장이 형성되어 있어야 한다. 그러나 공급자 입장에서 이용자가 안정적으로 확보되지 않는 불확실한 시장은 수익이 아닌 손실을 가져다줄 뿐이며 선택권을 제약할 것이다.

5. 노동-돌봄 대안 가족 체제를 위하여

돌봄노동의 상품화에 기반을 둔 성인 근로자 모델은 남녀의 동등한 시장노동 참여라는 양성 평등 목표를 달성하는 데 실패할 가능성이 높다. 돌봄노동이 개인 간 관계를 기반으로 하여 감정노동적인 요소를 갖고 있기 때문에 완전하게 상품화하는 것이 가능하지 않기 때문이다. 완벽하게 상품화하는 것이 불가능한 것이 돌봄노동의 특성이라면 돌봄노동의 상품화는 노동시장에서의 젠더 정의를 실현하는 데 한계가 있고, 결국 외주화되지 못한 무급 돌봄노동을 가족 내의 여성이 수행하게 만들어 가족을 시장에 종속시키는 결과를 초래한다.

왜 대안가족 모델이 돌봄을 중심으로 새롭게 모색되어야 하는가? 돌봄에 대한 새로운 인식을 가진 사람들은 돌봄에 대해 도구적으로 접근하여 돌봄이 '인적 자본'이나 '사회투자'로서 경제 성장에 긍정적 기여를 한다는 점을 강조해왔다. 그러나 돌봄을 그보다 훨씬 더 넓은 맥락에서 사회발전, 사회 재생산의 중요한 구성 요소로서 보는 시각도 존재한다. 사회가 돌봄을 문제화하는 방식은 중요한 성별, 계급, 인종 관계와 불평등에 대해 중요한 사회적 의미를 지닌다. 국가가 성별에 기반한 편견을 극복하고 시민권을 통합적인 방식으로 구성하기 위해서 돌봄노동과 시장노동 수행에 똑같은 의미의 시민권을 부여해야 한다(Standing, 1999). 복지국가는 돌봄을 조직하고 가치를 부여하는 방식을 규정한다. 복지국가는 돌봄이 필요한 의존자들의 복지 욕구를 충족시키고자 급여와 서비스를 제공하는 것이 목적이지만, 국가가 무엇을 하느냐, 그리고 어떠한 조건에서 급여와 서비스를 제공하느냐는 특정 가족 형태와 성별 관계를 지지하는 암묵적인 목표를 지니게 된다. 또한 '특정' 집단의 사회 재생산과 출산, 자녀에 대한 투자를 지지하게 되는 중대한 결과를 낳게 된다.

돌봄은 인간의 생존과 사회 재생산, 사회발전에 필수적인 한 요소이다(Razavi,

2007). 보편적 복지 국가의 역할과 미래를 구상할 때 국가, 시장, 가족이, 그리고 남녀가 어떻게 돌봄 책임을 분배할 것인가는 핵심적인 의제가 되었다. 그러나 복지국가라는 이념과 실천에서 돌봄노동과 경제에 어떠한 지위를 부여하고 구체적 의제를 설정할 것인가에는 다양한 시각이 존재한다. 돌봄은 이데올로기적으로, 실천적으로 중의적인 함축을 지니고 있기 때문이다. 오랫동안 가부장제 사회에서 돌봄의 주된 공급자이자 관리자로서 역할을 강제받았던 여성들에게 돌봄은 여성을 억압하고 불이익을 떠안기는 핵심적인 고리이다. 돌봄에서 해방되어 시장노동으로, 즉 상품화되어 남성 부양자에게 의존적이지 않은 탈가족화를 달성하는 것은 성 평등의 하나의 과제였다. 복지국가는 돌봄노동을 사회화하여 여성이 상품화될 수 있도록 기반을 마련해야 하지만 다른 한편 돌봄은 인간의 동시대적인 생존과 지속가능한 사회 재생산에 반드시 필수불가결한 가치 있는 일임을 인정해야 한다. 지나친 상품화는 돌봄을 위한 자원을 소진시켜 돌봄에 대한 접근 기회를 축소한다. 소위 돌봄의 위기라고 하는 것은 생존을 위해 돌봄을 필요로 하는 의존자들에게 돌봄의 기회가 차별적이고 서열화되어 있음을 지칭한다. 이러한 시각에서는 복지국가는 돌봄을 형평성 있게, 지속가능하게 생산할 수 있는 가족 모델을 추구해야 한다.

저출산 고령화라는 인구학적 경향과 신자유주의적 경제 질서의 지배라는 사회경제적 변화는 돌봄 경제를 어떻게 재조직, 건설할 것인가라는 과제를 복지 국가에게 던진다. 돌봄 경제를 재조직하기 위해서는 돌봄의 이상적인 윤리적 가치가 새로운 사회를 건설하는 패러다임이 되어야 한다는 점뿐만 아니라(조혜정, 2006; 허라금, 2006; 마경희, 2010), 돌봄이 공적 혜택(public benefit)이 있다는 것을 강조할 필요가 있다. 돌볼 권리와 돌봄을 받을 권리에 대한 추상적 정의를 넘어서서 보다 실천적인 사회정책적 요구를 제시해야 한다. 돌봄이 국가, 시장, 가족, 공동체(비영리조직) 간에 생산되고 분배되는 방식을 이해하는 '돌봄 다이아몬드'라는 개념은 돌봄 경제가 어떻게 변화되고 있고 재조직할 것인가를 구상하는 유용한 틀이다(Razavi, 2007).

국가-시장-가족-공동체 간에 돌봄을 공정하게 생산하고 분배하기 위해서는 돌봄 책임에 부과된 다양한 불이익을 극복해야 한다. 그러나 다양한 옵션들 간에 긴장이 존재한다. 한편에서는 돌봄을 지원하고 가치를 두고자 하는 희망에서 비롯된 정책 제안을 내놓고, 다른 한편에서는 공적 영역에 적극 진출할 수 있도록 돌봄의 의무로부터 해방시키기 위한 정책 제안을 내놓는다. 여성을 가족 내의 주된 돌봄수행자로 국한시키지 않으면서 어떻게 안정적인 사회 재생산을 이룰 수 있도록 돌봄을 보상하는 가족 모델을 구현할 수 있을 것인가? 이상적으로는 사회는 여러 가지 다른 형식의 돌봄(유급과 무급)의 필요성을 인정하고 가치를 부여하여야 한다. 그러나 이러한 일은 돌봄노동이 다시 여성이 전담하도록 하는 방향이 되어서는 안 된다는 것이 기본 전제일 것이다.

성인 근로자 모델의 실패는 시장 노동뿐만 아니라 돌봄노동 간의 선택을 보장할 필요가 있음을 시사한다(Daly, 2011). 선택을 진정으로 보장하기 위해서는 다양한 정책 메뉴가 제공되어야 한다. 시장노동과 돌봄노동을 수행할 수 있는 시간, 돌봄 서비스를 이용할 수 있는 재정 지원과 서비스 접근권, 돌봄 제공자를 위한 돌봄 수당 등이 모두 마련되어야 진정한 선택이 가능할 것이다.

이러한 맥락에서 프레이저(Fraser, 1997)의 보편적 돌봄수행자 모형(universal caregiver model)은 돌봄노동에 기존의 임금노동에만 부여된 '생산적 노동'의 지위를 부여한다. 이 모델은 근대성에 기반한 시민의 개념이 인간을 자율적이고 독립적인 존재로 상정하는데, 이는 본질적으로 상호의존적인 존재로서 삶을 유지하기 위한 돌봄의 상호 교환의 책임을 가진 인간성을 인정하지 않는다고 비판한다. 즉 대안적인 시민권은 돌봄수행을 자격 요건에 포함시켜 남녀 모두의 기본적 시민적 역할로 재분배되어야 한다. 시장에서 거래되지 않는 사적인 영역에서 행해지는 행위도 시장노동과 똑같은 '생산'적인 노동임을 밝히는 것은 경제에서의 여성의 기여와 역할을 강조하는 페미니스트들의 주요한 활동이기도 했다. 경제 행위를 화폐 가치를 가진 재화와 서비스 생산의 관점에서가 아니라 무급 노동을 포함한 노동 시간의 관점에서 분석할 때 경제의 절반 이상이 여성들의 기여로 이루어지고 있다고 페미니스트들은 주장해왔다. 돌봄노동과 가사노동은 한 경제 체제의 필수적인 부분이며 경제 분석의 기본적인 틀로 통합되어야 한다는 것이다(Power, 2004). 경제 체제의 필수적인 돌봄노동을 남녀에게 공평하게 재분배해야 한다고 주장하는 것이다.

시장노동을 유일한 '바람직한' 행위로 상정하고 여성 고용률을 제고하기 위해 돌봄 정책을 도구화하는 방향을 지양하고, 남녀가 시장노동과 돌봄노동을 공평하게 분담하는 노동-돌봄 체제, 프레이저가 주장한 '보편적 돌봄수행자 모델'에 기반한 가족 모델을 지향해야 한다. 북구 사회민주주의 국가의 소득자-돌봄 제공자(earner/carer) 전략은 여성이 시장노동 참여와 돌봄에 똑같이 참여해야 하는 것으로, 남녀가 똑같이 돌봄과 시장노동에 균형을 맞춰야 한다는 비전을 추구해왔다. 가정 안팎의 돌봄에 대해 관대한 수준의 지원을 제공하고 있고 근로시간도 짧다. 남녀 모두 육아휴직을 선택할 수 있도록 독려되며, 질이 좋은 보육시설이 보편화되어 있다. 이러한 북구 사민주의 국가의 비전이 우리 사회에 과연 성공적으로 작동할 수 있을까? 북구 사민주의 국가의 모델이 어느 정도 성 평등을 성취할 수 있었던 것은 노동시장이 완전고용에 가까운 일자리를 제공할 때였다. 일을 하면 최소한 일정 수준 이상의 임금을 받을 수 있고 억지로 노동력을 팔지 않더라도 가족이 최소한의 인간다운 생활을 할 수 있을 때이다. 지금은 저임금 일자리일지라도 고용을 늘려서 '일을 통해 빈곤을 탈출'하게 하는 적극적 복지 속에서, 시장은 나쁜 일자리를 만들고 국가는 이를 보완하기 위해 재정을 투입한다. 이러한 상황에서 노동 시장 참여만으로 최소한의 소득을 보장받기 어렵고, 돌봄을 선택하고 받을 수 있는 권리를 뒷받침하기 어려울 것이다.

1) 돌봄노동 수행의 안정적, 성 평등적, 계층적 형평성

근로자의 직접 양육을 위한 휴가 등 시간 지원과 근로자의 직접 양육에 대한 대체 서비스 간의 유기적이고 체계적인 분담 구조를 강화할 필요가 있다. 최근의 돌봄정책은 유동적인 노동시장 상황에 부응할 수 있도록 유연한 가족화 정책을 추진했다. 휴가 사용, 맞춤형 보육, 양육수당 간의 자유로운 선택적 이용은 여성의 고용 유지와 가능성을 제고하는 데 효과적인 듯 보였다. 그러나 사용자 입장에서는 근로자의 선택에 따라 인력 운용이 불확실해지는 거래 비용이 초래될 수도 있다. 따라서 만 0~1세 영아기에 집중적으로 휴가제도를 사용하고, 만 2~10세 아동을 위해 보편적이고 체계적인 공공 보육·돌봄서비스를 제공해야 한다. 예측 불가능한 돌봄의 필요가 발생했을 때 쓸 수 있는 단기 가족돌봄휴가제도, 병가, 외출, 반차, 연차 사용이 용이해져야 한다.

부모의 돌봄서비스 선택권 강화는 보육서비스 접근권 보장과 돌봄서비스 근로자의 근로조건 개선을 함께 고려해야 한다. 보육서비스, 양육수당, 시간제보육 등의 선택지는 부모가 필요에 따라 자유롭게 이용할 수 있는 선택권을 높이는 것처럼 보이나 예측 불가능한 보육 수요로 인해 시설의 안정적인 운영이 어려워지고 이는 보육서비스 접근성을 낮추는 폐해가 있다. 장기적으로 양육수당은 질 좋은 보육 서비스 공급 체계의 기반을 흔들 가능성이 있다. 양육수당이 확대되어 보육서비스에 대한 수요가 감소한다면 안정적 운영에 어려움을 겪는 보육시설이 퇴출될 것이다. 이렇게 되면 양육수당과 보육시설 사이의 실질적 선택이 불가능해질 수 있다. 양육수당 제도가 영유아 자녀를 둔 기혼 여성의 취업에 부정적인 영향을 미치지 않으면서도 양육 방식 선택권을 보장하는 방식으로 운영되기 위해서는 보육시설의 공급을 안정화해야 한다.

돌봄노동의 남녀 간 공정한 분배가 제고되어야 한다. 남성이 돌봄에 참여할 수 있는 인센티브를 강화해야 한다. 육아휴직 이용의 소득대체율 인상을 통한 아빠의 달 제도 도입과 활성화는 원칙적으로 남성의 돌봄노동 참여에 인센티브가 될 수 있다. 그러나 이러한 제도를 도입한 스웨덴의 사례가 시사하는 바는 남성 육아휴직의 활성화가 가져올 돌봄노동의 공정한 분배 효과가 미미하다는 것이다. 스웨덴에서도 아빠 가운데 40%는 육아휴직을 전혀 하지 않고, 육아휴직을 내는 사람도 3분의 2는 최대한으로 보장된 두 달을 모두 쓰는 사람은 드물다. 한 달에서 두 달로 아빠 휴가를 연장하는 방식으로 제도를 개혁했으나 효과는 그다지 크지 않았다(Eriksson, 2005). 무엇보다 남성 비정규직은 파파쿼터제가 도입되어도 활용할 가능성이 없다면 혜택의 계층 간 형평성 문제가 제기될 수밖에 없다. 보다 근본적인 문제는 돌봄노동이, 특히 자녀를 둔 부모의 경우 1~2년 안에 끝나는 문제가 아니라고 했을 때 일상적으로 모든 근로자의 표준근로시간 및 실근로시간을 줄이는 것은 가족 내 돌봄서비스의 공급을 가능하게 할 것이다. 남성의 가사노동시간이 여성의 취업 여부에 거의 영향을 받지 않는다는 사실은 남성들이 이미 장시간 노동으로 돌봄노동을 수행할 여유시간이 없음을 방증한다. 주당 근로시간 단축이 시행된 이후 1999년에서 2009년 사이 남성이 가사 및 돌봄노동에 할애하는 시간이 상당히 증가한 것을 보면(윤자영, 2010), 표준근로시간의 단축은 남성이 돌봄노동에 더욱 참여할 수 있도록 만들 것이다.

가족이 수행하는 무급의 돌봄노동을 정책적으로 지원한다고 했을 때 유일하게 가능한 방법은 돌봄노동자에게 '가사노동임금'이나 '월급' 등 현금을 지급하는 것이라 잘못 오해되기도 한다. 과거 서구에서 여성운동이 이러한 요구를 했던 적도 있지만, 여성의 사회권을 옹호하는 집단이 우선시하는 정책은 아니다. 전업주부라는 경제활동 상태를 준거로 그들에게만 월급을 지급하는 것이 무급 돌봄노동을 지원하는 유일한 방법은 아닐 뿐만 아니라, 임금노동자이면서도 돌봄노동을 수행하는 다른 경제활동 상태 집단과의 형평성에도 어긋난다. 중요한 것은 임금노동 수행 여부에 상관없이 가족 돌봄에 대한 경제적 지원이 필요하다는 것이다. 임금노동을 하느라 여가 시간이 부족한 것이 고용된 엄마들이다. 시장 노동에 참여하는 여성도 돌봄노동을 수행하여 이중 노동 부담의 짐을 떠맡고 있다. 아무리 돌봄노동이 사회화된다고 하더라도, 아이를 깨워서 아침을 먹이는 것, 우는 아이를 어르고 달래 보육시설에 보내는 것, 아이를 시간 맞춰 데려오기 위해 동료와 상사의 눈치를 보면서 정시 퇴근해야 하는 것, 퇴근 후 아이를 씻기고 아이와 함께 놀아주고 시간을 보내는 것 대부분이 여성의 몫, 혹은 일하는 아빠도 해야 할 일이다. 대부분의 취업주부가 전업주부보다 긴 시간 노동하게 되는 것은 취업을 하더라도 요구되는 돌봄은 여전히 남아 있기 때문이다. 따라서 임금노동 수행 여부에 상관없이 돌봄 책임이 있는 가족의 경제적 욕구를 지원하기 위해 관대한 아동 수당 혹은 가족 수당을 지급하는 것이 적절한 방법이라고 생각된다. 가족 돌봄에 대한 지원이 없다면 부족한 비용을 벌충하고자 부모는 오랜 시간을 저임금노동에 할애할 수밖에 없다. 가족 돌봄에 대한 지원과 함께 돌봄노동은 즐겁고 생산적이고 유대감을 높이는 활동이 될 것이다. 이러한 수당은 기본소득 제도와 맞닿아 있는데, 노동가능성과 고용 지위에 상관없이 모든 사람에게 보편적인 소득을 보장해야 한다는 기본소득은 일, 생산, 복지에 대해 근로연계복지와는 다른 패러다임을 제시하고 있다. 기본소득의 가장 중요한 이념적 출발점은 '정의로운 사회란 개인이 노동시장에 전적으로 의지하지 않고도, 또는 타인의 임금소득에 전적으로 의지하지 않고도 인간적 삶을 꾸려갈 수 있는 일정한 물적 조건이 제공되는 사회'라는 데에 있다(van Parijs, 1995). 그러나 기본소득 도입 자체가 돌봄노동의 공정한 분배로 이어지지는 않는다. 가족이 수행해야 하는 돌봄의 필요를 충족할 수는 있지만, 돌봄노동 수행의 불이익이 잔존할 때 남성들을 돌봄의 영역으로 끌어들이는 데는 한계가 있기 때문이다(윤자영, 2016).

아동수당은 재정 부담을 고려한 정책적 우선순위 선정에서 여전히 보육시설이냐 아동수당이냐의 선택적인 문제로 들어가게 될 경우 보육시설보다는 중요하지 않다고 여겨진다. 어떠한 형태이든 '수당'의 효과는 곧바로 여성이 돌봄 책임을 선택하도록 만들 것이기 때문이다. 그러나 의존자의 복지는 돌봄서비스와 더불어 구매해야 하는 재화의 소비로 달성된다. 서구에서도 가족수당이나 아동수당이 돌봄에 대한 보상으로 도입된 적은 없었다. 가족에게 자녀 양육에 필요한 물질적 비용을 어느 정도 지원해준 것일 뿐이다(Daly, 2011). 돌봄노동이 상실소득이라는 형태의 '비용'을 발생시킨다는 지점은 사회정책에서 그보다 훨씬 이후부터 반영되기 시작한 것이다. 프랑스를 비롯한 서유럽의 아동양육지원정책은 자녀를 양육하는 직접 비용과 간접 (시간)비용을 분리한다. 보통 직접 비용은 자녀를 위해 부모가 지출하는 돈을 의미하며 간접 비용은 자녀를 키우기 위해 필요한 시간, 즉 무급 돌봄노동시간을 지칭한다. 역사적으로 출산율이 낮았던 프랑스와 같은 국가에서 출산 장려 정책으로 직접 비용에 대한 지원으로 아동 혹은 가족수당이 도입되었다. 간접 비용에 대한 지원은 자녀를 키우기 위해 써야 하는 시간을 엄마의 시장 노동 참여로 직접 하지 못하게 될 때 보육서비스 이용을 지원하는 형태로 도입된다. 우리나라는 자녀 양육에 필요한 직접 및 간접 비용에 대한 공적 지원이 일체 없는 상태에서 소득계층에 따른 차등 보육료 지원이 모의 취업 여부와 상관없이 도입되었다. 보육료 지원은 모의 취업을 조건으로 하지는 않았지만 장려하기 위한 돌봄의 사회화 맥락에서 도입되었기 때문에 간접 비용에 대한 지원이라 할 수 있다. 대체로 아동수당이 없는 국가, 즉 자녀 양육의 직접 비용에 대한 지원이 없는 나라일수록 아동의 빈곤율이 높은데, 보육시설과 아동수당이라는 양자택일적인 상황은 결과적으로 여성의 시장노동참여를 전제로 한 돌봄 시간, 즉 간접 비용만 지원하여 아동과 그 가족을 빈곤에 처하게 할 가능성이 높다. 앞서 논의한 신자유주의적인 정책 기조는 기본적으로 사회 재생산 비용을 개별 가정에 전가하고자 하는 경향이 있다. 자녀 양육에 소요되는 직접 비용을 아동수당의 형태로 사회화하여 국가의 의존자에 대한 사회보호 수준을 높일 필요가 있다. 노인에게 기초노령연금과 노인장기요양보험이라는 제도로 돈과 돌봄 시간에 대한 지원을 동시에 제공하고 있듯이 아동에 대해서도 아동수당과 보육서비스지원 체계를 동시에 갖출 필요가 있다.

마지막으로 중요한 것은 시장 영역의 돌봄노동자의 임금 수준을 제고해야 한다는 것이다. 돌봄노동자의 임금 수준 제고는 서비스 이용자와 근로자 모두를 이롭게 할 것이다(Folbre, 2006). 돌봄노동자들이 높은 임금을 요구하면 돌봄이용자의 지불능력과 충돌할 것이라는 인식은 돌봄노동자의 근로조건 개선에 장애가 된다. 돌봄노동자의 근로조건과 서비스의 질의 관계에서 우리가 취할 수 있는 두 가지 선택이 있는데, 저비용-고이직률-낮은 질이라는 저진로(low-road) 전략을 취할 것이냐 아니면 고비용-상응하는 노력과 높은 질이라는 고진로(high-road) 전략을 위할 것이냐이다. 고진로 전략으로 나아가기 위해서는 돌봄노동자들은 경제적 보상이 아니라 보람과 사랑, 사명감으로 일한다는 주장에 도전해야 한다. 돌봄노동자들이 강한 내재적 동기로 일을 시작했다 하더라도 제대로 보상되지 않을 때 소진될 뿐만 아니라 그러한 내재적 동기는 점차 약화될 것이다. 저비용-고이직율이라는 저진로 전략은 서비스 질을 하락시킨다.

2) 근로시간 단축을 통한 공평한 노동시장 참여와 시간 재분배

돌봄노동을 사회화하는 데 투입되는 재정 지원을 절감하면서 남녀가 시장노동과 돌봄노동에 공평히 참여할 수 있기 위한 장기적이고 궁극적인 전략은 노동시간 단축이다. 장시간 노동 체제는 우리 가족과 이웃을 충분히 돌볼 시간을 제약한다. 장시간 근로가 만연한 노동시장에서 여성 근로자는 시간 부족을 경험하고 그 피해는 돌봄을 받을 권리를 박탈당하는 가족에게 전이된다.

근로시간 단축을 위해서는 장시간 노동체제를 제도화하는 인센티브 구조를 바꿀 필요가 있다. 정형옥(2006)은 근로기준법의 연장 근로시간에 대한 보상의 성별 효과를 분석한 결과 여성에 비해 남성의 초과근로를 유도하고 있음을 밝히고 있다. 그 결과 일단 일자리를 가진 남성 배우자가 초과 근로를 하도록 하는 자발적이고 극단적인 형태의 남성 시장소득자-여성 전업돌봄자 구조가 온존할 수밖에 없다. 초과근로 수당을 현행 50%가 아닌 그 이상으로 올려서 초과근로에 대한 사용주와 근로자의 유인 모두를 차단해야 할 것이다.

노동시간 유연화, 즉 주당 40시간 노동 규범을 깨뜨리는 것은 남성중심적인 노동시간 규범을 깨는 것이라고 볼 수도 있지만, 유연화 정책은 성별 불평등을 축소하기보다는 증가시키는 방식으로 제도화되는 경우도 존재한다. 유연화는 남성지배적인 산업에서 연장근로의 증가의 형태를 띠는 경우도 있고, 남성의 장시간 근로와 여성의 파트타임이 결합하여 변형된 남성생계부양자 모델의 지속이라는 형태로 나타나는 데 기여하기도 한다. 3일 10시간, 4일 8시간, 4일 10시간 등과 같은 집중근무제나 탄력근무제는 남성 성인 근로자 모델을 전제로 한 근로시간체제이다. 특정 일 또는 특정 주에 법정 노동시간을 초과할 수 있는 제도는 근로자의 선택권보다는 기업 수요 측의 요구로 활용될 가능성이 더 높기 때문에 노동계에서 반대해왔다. 이제는 가족 부양 책임을 가진 근로의 현실에 부합한 근로시간 유연화를 보다 활성화할 필요가 있다. 가족 책임과 근로 현실을 반영한 근로시간체제는 일일 근로시간 단축과 일일 근로주기에서 발생할 수 있는 돌봄 필요에 유연하게 대응할 수 있는 것이어야 한다. 5일 6시간 근무, 근로시간대 조정, 야간 혹은 휴일 근로 제한 등은 하루 단위의 근로자 일상에서 일과 가정을 용이하게 할 수 있는 근로시간 유연화 방식이다.

6. 글을 마치며

자본주의적 발전 과정 속에서 점진적으로 일어난 저출산 고령화와 돌봄의 공백은 신자유주의 가족의 실패로 나타난 현상이다. 전통적 가부장제는 가족 내 돌봄을 여성의 남성에 대한 종속, 자식의 부모에 대한 종속을 통해 제도화함으로써 인간의 생존과 사회 재생산을 위한 필요를 만족시키는 돌봄노동을 지원했다. 자본주의의 확대는 임금노동을 통해 경제적 자립의 기회를 제공함으로써 가족 내 무급 돌봄노동자가 해방될 수 있는 기초를 제공했다. 자본주의는 여성에게 가부장적 권력에 저항할 수 있는 경제적 독립을 가능하게 했지만 동시에 여성을 포함한 모든 개인이 돌봄노동에 힘과 노력을 헌신하는 행위에 불이익을 가했다. 다시 말해 가부장제는 돌봄에 가치를 부여하지만 돌봄노동자를 종속적 지위로 묶어놓은 반면, 자본주의는 돌봄노동자를 해방시켰지만 돌봄의 가치를 저하시켰다. 이러한 가부장제와 자본주의의 불편한 결혼은 신자유주의 가족 모델을 지속시키고 있다.

신자유주의 가족을 넘어 대안 가족 모델을 고민하는 데 돌봄노동에 대한 이해와 천착이 필요하다. 돌봄이란 밥 짓고 빨래하는 단순한 가사 행위에 한정되는 것이 아닌 정서적 유대에 기반한 노동이다. 시장에 맡겨두면·필연적으로 과잉상품화를 겪을 수밖에 없는 계약적 특성을 가진다. 인간생존과 사회 재생산에 필요한 돌봄은 유급과 무급 돌봄노동의 결합으로 가능하다. 여성이 돌봄노동을 할 것이냐 말 것이냐를 넘어서 어떻게 적절하게 균형을 맞출 것인지, 돌봄의 질을 높이기 위해서는 어떻게 조직해야 하는지, 돌봄의 비용과 책임에 대한 분배를 좀 더 폭넓게 이론화해야 한다.

돌봄노동의 상품화를 조건으로 하는 성인 근로자 모델은 고용 중심 사회보호에서의 남녀 불평등, 돌봄노동에 대한 시장 노동의 우위 재생산, 가족 내 성별 분업의 변형과 지속에 대한 무관심을 드러냈다. 돌봄노동의 필요성을 인정하고 가치를 부여해야 한다는 것은 그러한 성인 근로자 모델을 넘어 대안 가족 모델을 구상하는 데 중요하게 고려해야 할 사항이다. 우리나라 헌법 제 119조 2항의 경제민주화는 '국가는 균형 있는 국민경제의 성장 및 안정과 적정한 소득의 분배를 유지하고, 시장의 지배와 경제력의 남용을 방지하며, 경제주체 간의 조화를 통한 경제의 민주화를 위하여 경제에 관한 규제와 조정을 할 수 있다'는 것이라고 한다. 헌법이 천명하는 경제민주화는 가족을 포섭해야 한다. 가족도 '경제'의 한 부분이기 때문에, 시장

경제와 무급돌봄경제 간의 균형 있는 성장과 안정, 적정한 보상의 분배, 시장 영역
의 가족/돌봄에 대한 지배와 힘의 남용 방지, 시장노동과 돌봄노동 수행 주체 간의
조화와 동등한 참여를 보장하는 것은 바로 헌법 정신이다.

참고문헌

마경희. 2011. 「보편주의 복지국가와 돌봄-여성주의 복지정치를 위한 시론」. ≪페미니즘 연
　　구≫, 11(2), 85~116쪽.
신경아. 2001. 「노동시장과 모성, 가족의 문제: 남성중심적 노동자 모델을 넘어서」. ≪경제와
　　사회≫, 제51호, 97~122쪽.
_____. 2014. 「신자유주의시대 남성 생계부양자의식의 균열과 젠더관계의 변화」. ≪한국여
　　성학≫, 30(4), 153~187쪽.
유해미·강은진·조아라. 2015. 『2015 보육정책의 성과와 과제』. 육아정책연구소 연구보고서.
윤자영. 2010. Do Koreans Care More or Less? Changes in Care Sector in Korea 1999-2009.
　　Paper presented at the 생활시간연구 국제회의(2010.11.19.~20, 서울).
_____. 2013. 『일·가정 양립 지원정책 고용영향평가 연구』. 고용노동부·한국노동연구원.
_____. 2016. 「돌봄노동과 기본소득 모형」. ≪여성학논집≫, 33(2), 3~29쪽.
윤정향. 2016. 「바우처서비스 공급체계 문제점과 개선방안」. 2016년 사회서비스 4대 바우처
　　노동실태조사 토론회. 한국여성노동자회·한국돌봄협동조합협의회.
이혜경. 2004. 「한국내 외국인 가정부 고용에 관한 연구」. ≪한국인구학≫, 27(2), 121~153쪽.
정형옥. 2006. 「근로시간과 보상제도의 성별효과: 근로기준법을 중심으로」. ≪여성학논집≫,
　　23(2), 39~76쪽.
조혜정. 2006. 「후기 근대적 위기와 '돌봄 국가'적 패러다임 전환을 위한 시론」. ≪사회과학
　　논집≫, 37(1).
최형재. 2008. 「자녀교육과 기혼여성의 노동공급」. 한국노동연구원.
허라금. 2006. 「보살핌의 사회화를 위한 여성주의의 사유」.≪한국여성학≫, 22(1).
홍민기·김근주·윤자영. 2017. 『일가정양립 지원 제도의 노동시장 효과』. 한국노동연구원.

Auer, M. and H. Welte. 2009. "Work-Family Reconciliation Policies without Equal
　　Opportunities?" *Community, Work and Family*, 12 (4), pp.389~407.

Albelda, Randy. 2002. "Fallacies of Welfare-to-Work Policies." *Lost Ground*. South End Press.

Bakker, I. & Gill, S(eds.). 2003. *Power, Production and Social Reproduction: Human In/security in the Global Political Economy*. Palgrave macmillan.

Bergmann, B. R. 2008. "Long Leaves, Child Well-being, and Gender Equality." *Politics and Society*, 36(3), pp.350~359.

Bezanson, K. 2006. *Gender, the State, and Social Reproduction: Household Insecurity in Neo-liberal Times*. University of Toronto Press.

Boyer, K. 2003. "At Work, At Home? New Geographies of Work and Care-giving under Welfare Reform in the US." *Space and Polity*, 7(1), pp.75~86.

Christopher, K. 2004. "Welfare as we [don't] know it: a review and feminist critique of welfare reform research in the united states." *Feminist Economics*, 10(2), pp.143~171.

Daly, M. 2011. "What Adult Worker Model? A Critical Look at Recent Social Policy Reform in Europe from a Gender and Family Perspective." *Social Politics*, 18(1), pp.1~23.

Daly, M. & Lewis, J. 2000. "The concept of social care and the analysis of contemporary welfare states." *British Journal of Sociology*, 51(2), pp.281~298.

Duffy, M. 2005. "Reproducing Labor Inequalities. Challenges for Feminists Conceptualizing Care at the Intersections of Gender, Race, and Class." *Gender and Society*, 19, pp.66~82.

Eriksson, R. 2005. Parental Leave in Sweden: the effects of the second daddy month. Working Paper Series no. 9.

Esping-Anderson, G. 1999. *Social Foundations of Postindustrial Economies*. Oxford: Oxford University Press.

Folbre, N(ed.). 2012. *For Love and Money: Care Provision in the United States*. New York, Russel Sage Foundation.

Fraser, N. 1997. *Justice interruptus: critical reflections on the "postsocialist" condition*. New York: Routledge.

Gornick, J. C. & Meyers, M. K. 2003. *Families that work: policies for reconciling parenthood and employment*. New York: The Russell Sage Foundation.

Himmelweit, S. and Perrons, D. 2006. "Gender and fiscal roles: how can we afford the rising cost of care?"
http://www.levyinstitute.org/pubs/CP/May2006_symposium_papers/paper_Himmel weit_Perrons.pdf

Hood, J. C. 1986. "The Provider Role: Its Meaning and Measurement." *Journal of Marriage and Family*, 48(2), pp.349~359.

Kim, P. H. 2010. "The east asian welfare state debate and surrogate social policy: an exploratory study on Japan and South Korea." *Socio-Economic Review*, 8, pp.411~435.

Kreimer, M. and H. Schffbaenker. 2002. "The Austrian Care Arrangement and the Role of

Informal Care for Social Integration." In Paper presented at the Workshop The Family, Social Care and 'Care' Policies in European Welfare States, 19-20 April 2002, Copenhagen.

Leitner, S. 2003. "Varieties of familialism: the caring function of the family in comparative perspective." *European Societies*, 5(4), pp.353~375.

Lewis, J. and Giullari, S. 2005. "the adult worker model family, gender equality and care: the search for new policy principles and the possibilities and problems of a capabilities approach." *Economy and Society*, 34(1), pp.76~104.

London, A. S., Scott, E. K., Edin, K., & Hunter, V. 2004. "Welfare reform, work-family tradeoffs, and child well-being." *Family Relations*, 53(2), pp.148~158.

Misra, J., Budig, M. J., and Moller, S. 2007. "reconciliation policies and the effects of motherhood on employment, earnings and poverty." *Journal of Comparative Policy Analysis: Research and Practice*, 9(2), pp.135~155.

Oliker, S. 2000. "Examining care at welfare's end." In M. H. Meyer (ed.). *Care work: gender, class and the welfare state*. New York: Routledge.

Orloff, A. S. 2002. "explaining US welfare reform: power, gender, race and the US policy legacy." *Critical Social Policy*, 22, pp.96~118.

_____. 2006. "Farewell to Maternalism? State Policies and Mothers' Employment." in Jonah Levy(ed.). *The State After Statism*, Cambridge MA: Harvard University Press.

Peng, I. 2009. The political and social economy of care: republic of Korea Research Report 3 UNRISD.

Phang, H. S. 2003. Rapid Aging and Labor force changes in Korea. Paper presented at the International Seminar on Low Fertility and Rapid Ageing organized by Korean National Statistics Office and Korean Association of Population.

Power, M. 2004. "Social Provisioning as a Starting Point for Feminist Economics." *Feminist Economics*, 10(3), pp.3~19.

Razavi, S. 2007. "The political and social economy of care in a development context: conceptual issues, research questions and policy options." concept paper for UNRISD research project on Political and Social Economy of Care.

Sainsbury, D(ed.). 1999. *Gender and welfare state regimes*. Oxford: Oxford University Press.

Seok, J. E. 2010. "Public long-term care insurance for the elderly in Korea: Design, Characteristics, and Tasks." *Social Work in Public Health*, 25, pp.185~209.

Standing, G. 1999. *Global labour flexibility: seeking distributive justice*. Basingstoke: Palgrave Macmillan.

van Parijs, P. 1995. *Real Freedom for All: What (if Anything) Can Justify Capitalism?* Oxford: Oxford University Press.

지은이

정성진 경상대학교 경제학과 교수

장시복 목포대학교 경제학과 교수

그렉 샤저(Greg Sharzer) 경희대학교 글로벌커뮤니케이션학부 교수

하태규 전 경상대학교 사회과학연구원 학술연구교수

김어진 전 경상대학교 사회과학연구원 학술연구교수

최상한 경상대학교 행정학과 교수

김영수 전 경상대학교 사회과학연구원 학술연구교수

김영석 경상대학교 일반사회교육과 교수

윤자영 충남대학교 경제학과 조교수

경상대학교 사회과학연구원 경상대학교 사회과학연구원은 사회과학 전 분야의 유기적 연계와 협동을 통해 노동문제를 비롯한 주요 사회문제와 국내외 문제를 연구하고 있으며, 매년 수행한 공동연구와 학술대회 및 워크숍의 연구성과를 '사회과학연구총서'(한울엠플러스(주) 간행 단행본 시리즈)로 간행하고 있다. 경상대학교 사회과학연구원은 2001~2016년 한국연구재단 지원 대학중점연구소로 선정되어 전임연구교수를 중심으로 공동연구를 수행해왔으며, 전문학술지 ≪사회과학연구≫와 ≪마르크스주의 연구≫[한울엠플러스(주)]를 정기적으로 발간하고 있다.

인터넷 홈페이지 http://iss.gnu.ac.kr

이메일 iss@gnu.ac.kr

한울아카데미 1939
경상대학교 사회과학연구원 사회과학연구총서 48권

대안사회경제모델의 구축

ⓒ 정성진 외, 2017

엮은이 ｜ 경상대학교 사회과학연구원
시은이 ｜ 정성진·장시복·그렉 샤저·하태규·김어진·최상한·김영수·김영석·윤자영
펴낸이 ｜ 김종수
펴낸곳 ｜ 한울엠플러스(주)
편집   ｜ 김경희

초판 1쇄 인쇄 ｜ 2017년 5월 22일
초판 1쇄 발행 ｜ 2017년 5월 31일

주소 ｜ 10081 경기도 파주시 광인사길 153 한울시소빌딩 3층
전화 ｜ 031-955-0655
팩스 ｜ 031-955-0656
홈페이지 ｜ www.hanulmplus.kr
등록번호 ｜ 제406-2015-000143호

Printed in Korea.
ISBN 978-89-460-5939-9 93330

* 가격은 겉표지에 표시되어 있습니다.

이 도서의 국립중앙도서관 출판예정도서목록(CIP)은 서지정보유통지원시스템 홈페이지(http:// seoji.nl.go.kr)와
국가자료공동목록시스템(http://www.nl.go.kr/kolisnet)에서 이용하실 수 있습니다.
CIP제어번호: CIP2017012839

이 책은 경상대학교 사회과학연구원이 수행한 한국연구재단 지원 대학중점연구소 과제, '대
안사회경제모델 연구'(NRF-2013S1A5B8A01055117)의 3차년도(2015.12.1~2016.11.30) 연
구 결과를 엮은 것입니다.